# GIGANTEN

## 25 ROCKMUSIKER IM PORTRÄT

Ernst Hofacker

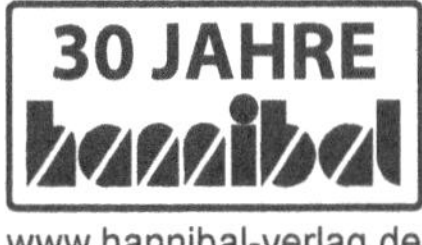


www.hannibal-verlag.de

Impressum

Der Autor: Ernst Hofacker
Deutsche Erstausgabe 2011

Druck: Artpress Druckerei GmbH, www.artpress.at
Coverfoto: © Udo Frank / F1Online / picturedesk.com
Coverdesign: bw-works.com, Wien

Lektorat: Uwe Schleifenbaum
Satz und Layout: Michelle Li
Bilder Innenteil: Getty Images



Hannibal Verlag, ein Imprint der KOCH International GmbH,
A-6604 Höfen
www.hannibal-verlag.de

ISBN: 978-3-85445-363-5
Auch als E-Book erhältlich mit der ISBN 978-3-85445-364-2



Printed in Austria

# GIGANTEN

*Für Brigitte und Sylvia*

# INHALT

# PROLOG

*Helden und Opfer*

Ursprünglich bezeichnet die Legende eine literarische Gattung irgendwo zwischen Märchen und Sage. Populäre Geschichten also, die von außergewöhnlichen Begebenheiten erzählen. Im modernen Sprachgebrauch freilich bezeichnet der Begriff auch die Helden dieser Geschichten. So nennen wir heute gerne jene Menschen Legenden, die es durch ihre Taten zu dauerhaftem Ruhm gebracht haben. Neben den großen Akteuren der Weltgeschichte sind das vor allem auch Persönlichkeiten des öffentlichen Lebens, ganz besonders aus Sport und Kultur. Ein an Legenden in beiderlei Sinn des Wortes überaus reiches Gebiet ist die Musik, immer wieder hat sie dramatische Geschichten von strahlenden Helden und tragischen Opfern hervorgebracht. Ganz besonders gilt das für die Rockmusik, allenthalben und inflationär schließlich geistert der Begriff der Rocklegende durch die Medien.

25 legendäre Musiker beziehungsweise Bands, darunter unvergessene Stars, aber auch fast vergessene Pioniere, in jedem Fall aber großartige Baumeister des Genres, mithin wahre Giganten des Rock, werden in diesem Buch vorgestellt.. Dabei hat sich der Autor nach Kräften bemüht, Dichtung und Wahrheit auseinander zu halten, die in der Legende mitunter unentwirrbar zusammenfließen.

Jede Kunst braucht den Humus, aus dem sie erwächst, und jeder Künstler braucht seine Kulisse, ein Umfeld, das ihn formt, animiert, inspiriert. Der Humus der Rockmusik ist eine tiefgreifende kulturelle Umwälzung, die in der ersten Hälfte des letzten Jahrhunderts ihren Anfang nahm und die Popkultur sowie ihre Protagonisten, darunter die hier versammelten Musiker, nachhaltig prägte. Schauen wir also zunächst kurz zurück auf die Geschichte dieser Musik.

Entstanden ist die Rockmusik in den Fünfzigerjahren, als junge Künstler in den USA begannen, Einflüsse der schwarzen und der weißen Musik zu mischen. In den großen Ballungszentren des ländlichen Südens und des industrialisierten Nordens, dort, wo Afroamerikaner und Weiße auf engstem Raum zusammenlebten, hatten sich bereits in den Dreißiger- und Vierzigerjahren deren Kulturen angenähert. Schwarze hörten weiße Radiosender, freuten sich am Samstagabend auf die landesweite Übertragung der *Grand Ole Opry*-Show aus Nashville, während sich gleichzeitig weiße Kids für den aufregenden Rhythm'n'Blues und die nicht weniger emotionale Gospelmusik begeisterten, ein Gebiet, das ausschließlich die lokalen schwarzen Sender beackerten. Die rasend schnelle Verbreitung der Massenmedien und deren primär an kommerziellen Interessen ausgerichteten Programme begannen auf diese Weise die bis dahin streng praktizierte Rassentrennung in den USA kulturell aufzuweichen.

Die Folgen waren naturgemäß zuerst in der populären Musik zu spüren. Ab Beginn der Fünfzigerjahre entwickelte sich der Rock'n'Roll, ein neuer Stil, der, um es vereinfachend zu sagen, das Beste aus Country und Blues verschmolz. Plötzlich sangen weiße Teenager wie Schwarze, allen voran Elvis Presley in Memphis, und auf der anderen Seite nahmen Musiker wie Ray Charles und Chuck Berry wie selbstverständlich Stilelemente und auch das Repertoire des Country & Western in ihre Musik auf. Der Moment, als jener Elvis bei RCA seinen Plattenvertrag unterschrieb, dort am 27. Januar 1956 seine erste Single *Heartbreak Hotel* herausbrachte und in der Folge zum ersten Superstar des Rock'n'Roll wurde, lässt sich als der Beginn dessen festhalten, was wir heute als Popmusik kennen.

Presley und seine Zeitgenossen – Jerry Lee Lewis, Little Richard, Buddy Holly und andere – waren Helden nicht nur jenseits des Atlantiks. Auch in Europa sorgten ihre Platten, damals fast ausschließlich Singles, für Furore. Mindestens genauso wichtig wie diese Platten waren die ersten Tourneen schwarzer Musiker in Europa Ende der Fünfziger- und zu Beginn der Sechzigerjahre, allen voran das von den Deutschen Horst Lippmann und Fritz Rau organisierte *American Folk & Blues Festival*. Diese Konzerte pflanzten die Kunde vom Blues über ethnologisch interessierte Akademikerzirkel hinaus direkt in die Herzen einer jungen Generation, die von der biederen Unterhaltungsmusik ihrer Väter gelangweilt war und den Jazz als zu anspruchsvoll und elitär empfand. Rock'n'Roll, Rhythm'n'Blues und der Skiffle, ein in England gezüchteter kurzlebiger, nichtsdestotrotz einflussreicher Bastard aus Country-Rhythmen, Folkharmonien und der Vitalität des R'n'B, waren in den Ohren der englischen Teenager weit besser. Musik, die Spaß machte, zu der man tanzen konnte.

Vor allem der leicht zu spielende Skiffle ließ eine ganze Generation englischer Kids zur Gitarre greifen. Die Folgen sind bekannt. Wenige Jahre später tauchten die Beatles auf und überschütteten ihr Publikum mit einer neuen Musik von bis dahin ungekannter Vitalität. Die Liverpooler hatten den ursprünglichen Rock'n'Roll ihrer US Vorbilder mit Folk, Soul und nicht zuletzt den Traditionen der englischen Music Hall angereichert und daraus Songs von ansteckender Lebensfreude destilliert. Innerhalb kürzester Zeit entstand in England eine vielfältige Szene, die alsbald höchst erfolgreich den originär amerikanischen R'n'B und Rock'n'Roll unter dem Banner der »British Invasion« in die USA reimportierte. Jenseits des Atlantiks traf der britische Beat auf eine junge Generation, die den Blues kaum kannte, den Rock'n'Roll längst vergessen hatte und sich mit Surfmusic, Girl Groups und dem standardisierten Fließband-Pop der im New Yorker Brill Building konzentrierten Musikverlage behalf. Folglich rannten die Beatles und ihre Kohorten bei den amerikanischen Teenagern offene Türen ein. An den Universitäten des Landes begannen Studenten die Wurzeln ihrer Kultur zu erkunden. Dabei entdeckten sie die reiche Folktradition der USA, adaptierten sie für eigene Songs, in denen sie aktuelle Themen behandelten und die sie in zeitgemäße Arrangements steckten. Der Protestsong wurde zum Popmedium, dessen frühe Helden Bob Dylan, Phil Ochs und Joan Baez hießen.

So entstand ab Mitte der Sechzigerjahre in der westlichen Welt eine universelle Popmusik, die, ausgehend von Rock'n'Roll, Beat und Folk, im Laufe der Jahre eine Unmenge von Subgenres ausbildete. Die einen erfanden den Folkrock, die anderen den Countryrock, der Blues mutierte zum Bluesrock, weiter zum Hardrock und endlich zum Heavy Metal, derweil am entgegengesetzten Ende des musikalischen Spektrums der ambitionierte Prog- und Art Rock entstand. Einige versuchten gar, die Rockmusik mit der europäischen Klassik zu kombinieren, während an der amerikanischen Westküste Folk, Country und Rock die Grundlage für das introvertierte Singer/Songwriter-Genre bildeten. Schließlich verbanden sich der jamaikanische Ska und Rocksteady mit der weißen Rockmusik zum Roots Reggae, während führende Virtuosen des Jazz nun ebenfalls Rockelemente integrierten. In späteren Jahrzehnten kamen immer wieder neue Strömungen hinzu – World Music, Electronic, Funk, Disco, Techno, Latin – all das vermischte sich miteinander zum heute kaum noch zu überschauenden Sammelsurium unterschiedlichster Stile.

Erstaunlich, dass die Gitarre, das Wappentier der Rockmusik, nach fünf Jahrzehnten ungebrochener Popularität auch unter den Jugendlichen des neuen Jahrtausends als Coolness-Ausweis erster Ordnung gilt. Wie sonst sind die Legionen junger Gitarrenbands zu erklären, die unverdrossen aus ihren

Probenräumen strömen und das alte Feuer des Rock eifrig am Brennen halten – egal aus welchem der fünf Erdteile sie gerade kommen.

So wenig ihr Gitarrenlärm im schrillen Konzert des globalen Mediengewitters zu überhören ist, so wenig lässt sich bestreiten, dass sie sich zum überwiegenden Teil aus den Quellen des guten alten Rock bedienen. Es ist, wie es immer war: Jeder Musiker holt sich Anregungen in der Vergangenheit, kombiniert sie mit eigenen Ideen, aktuellen Perspektiven und nicht zuletzt dem Energielevel seiner Zeit. Dass die Rockmusik sich diesem ewigen Wechselspiel zwischen Vergangenheit, Gegenwart und Zukunft nie verweigerte, hat sie so langlebig gemacht. Überraschend ist das nicht, bedenkt man, dass der Vater der Rockmusik, der Rock'n'Roll der Fünfzigerjahre, ja selbst schon als Mischling auf die Welt kam. Wie sang dereinst Muddy Waters: »The blues had a baby and they named it Rock'n'Roll.« Bleibt nachzutragen: Die Mutter hieß Country.

Unlösbar verbunden mit der Geschichte der Rockmusik sind einige der faszinierendsten, begabtesten und eigenwilligsten Künstler, die das vergangene Jahrhundert hervorgebracht hat. Zwei von den großen Pionieren des schwarzen Blues waren Muddy Waters, dessen Chicago Blues einer der tragenden Pfeiler des Rock wurde, und B. B. King, der mit seinem so eleganten und attraktiven Gitarrenton Generationen von Novizen an den sechs Saiten inspirierte und bis heute ein glänzendes Beispiel für professionelle schwarze Entertainment-Kultur gibt.

Chuck Berry, dessen Songs der Rockmusik und auch der Gitarre einen Großteil ihres Vokabulars schenkten. Bob Dylan ist der zweifellos wichtigste Poet der Rock. In den Achtzigerjahren erfand er sich neu, streifte das ungeliebte Image vom Chefideologen der Sixties-Generation endgültig ab und streunt seitdem als rastloser »song and dance man« über den Planeten.

John Lennon und Keith Richards waren zentrale Figuren der beiden Bands, die in den Sechzigerjahren als das Maß aller Dinge galten. Ersterer musste nach dem Ende der Beatles einen neuen künstlerischen Weg finden und den Beatle in sich exorzieren, letzterer gilt bis heute als unkaputtbares Rollenmodell des Rock'n'Roll-Lifestyle, wobei er ganz nebenbei in vorderster Reihe mit den Rolling Stones dafür sorgte, dass sich die Popmusik vom ursprünglichen Diktat der Jugendlichkeit emanzipieren konnte. Ray Davies und die Kinks, Van Morrison, Pete Townshend und Eric Clapton, allesamt Briten, gaben, jeder für sich, dem Rock in seiner stilbildenden Epoche entscheidende Impulse und schlugen sich dann ihren jeweils ganz eigenen Weg durch die Zeitläufte. Davies wurde zum Godfather of Britpop und weisen Chronisten des englischen Lebensstils, Morrison zum vielleicht größten Soulbarden weißer Hautfarbe, Townshend zum hochintelligenten Chefneurotiker des Rock und Clapton, der vielleicht größte weiße Bluesgitarrist, überstand schlimmste Schicksalsschläge, um im neuen Jahrtausend endlich am Ziel seiner langen Reise, bei sich selbst, anzukommen. Prägende Figuren im Windschatten der Beatles, Stones, Kinks und Bob Dylans waren der Amerikaner Jimi Hendrix, der erst nach England kommen musste, um Gehör zu finden, und dann wie ein Komet am Pophimmel verglühte. Und Pink Floyd, die mit kühler mathematischer Präzision neue Klanguniversen erforschten, nachdem sie ihren genialischen Gründer Syd Barrett verloren hatten. Zu den prägenden Figuren gehörte auch Peter Green, der, nachdem er mit Fleetwood Mac dem britischen Blues zu Hit-Ehren verholfen hatte, ein ähnliches Schicksal wie Barrett erlitt und irrlichternd in den Abgründen seiner fragilen Psyche verschwand. David Bowie hob 1969 als »Major Tom« ab zu seiner *Space Oddity*, kehrte als *Starman* zurück und erfand das Rollenspiel als tragendes Karriereprinzip des Pop. Zur gleichen Zeit zerbrachen drüben in San Francisco Creedence Clearwater Revival, deren knorrige, von Blues und Country beeinflusste Rocksongs ein Dauerabonnement in den Hitlisten hielten, was sie zeitweise beliebter als die Beatles gemacht hatte.

Einige Musiker ernteten nie den ganz großen Ruhm, dafür aber erwiesen sie sich als Visionäre, die im Alleingang die Saat für ein ganzes Genre legten. Zum Beispiel Gram Parsons. Seine traurige Geschichte ist vom Format einer klassischen Südstaaten-Tragödie, seiner Gefährtin Emmylou Harris hinterließ er ein Vermächtnis, das sie zu einer der eindrucksvollsten und langlebigsten Karrieren im US-Musikbusiness inspirierte. Auch den englischen Free war nur einen kurzer Moment des Ruhms vergönnt, bevor diese vielleicht beste Bluesrock-Band ihrer Zeit an sich selbst zerbrach und Paul Kossoff, einer der begabtesten Gitarristen des klassischen Rock, seine übergroße Sensibilität mit dem Leben bezahlte. Ähnlich talentiert wie Kossoff, schlug sich der Ire Rory Gallagher mit sprichwörtlicher Bodenständigkeit durch seine turbulente Karriere. Bis heute gilt er als Musterbeispiel des unprätentiösen Rockstars, und doch wurde auch er zum Opfer seines unsteten Musikerlebens.

Zu den bis heute gefeierten Ikonen der Siebzigerjahre gehören Led Zeppelin, die ihren bleischweren Blues zum phantastischen, schillernden Heavy Rock aufpumpten. Seit ihrem Ende im Jahr 1980 wuchsen ihr Ruhm und ihr Einfluss ins Überlebensgroße, Generationen von jungen Musikern verehren sie bis heute als die definitive Rockband. Auch Bob Marleys Ruhm nahm nach seinem Krebstod im Jahr 1981 eher zu als ab. Der Jamaikaner gilt als Pionier des Roots Reggae, er gab dem Pop bis heute wirksame Impulse, verehrt wird er zudem für die Spiritualität, die seine Musik und seine Haltung als Künstler auszeichnete. Ebenfalls Ikonen des Seventies-Rock wurden die kalifornischen Eagles, deren Geschichte beispielhaft steht für die Entwicklung der noch einigermaßen unschuldigen Rockszene der Sechzigerjahre zum drogenverseuchten Millionenbusiness der Achtziger allerdings hinterließen Glenn Frey, Don Henley & Co. auf ihrem Weg ein rundes Dutzend Songs für die Ewigkeit. Eine der schlimmsten Tragödien der Rockgeschichte ist die der

Südstaatenrocker Lynyrd Skynyrd. Mit einem Flugzeugabsturz begann eine unfassbare Serie von Todesfällen – und doch hat die Band bis heute überlebt.

Bruce Springsteen brach dereinst auf, um sein *Promised Land* zu suchen. Was er fand, war am Ende das Amerika von 9/11 und George W. Bush. Heute ist Springsteen zum Elder Statesman des US-Rock gereift, respektiert nicht nur als Musiker, sondern auch als Sprecher eines liberalen Amerika. Sein Bruder im Geiste ist Tom Petty, der mit den Heartbreakers hartnäckig und, wenn's sein muss, gegen alle Regeln des Business seine Vision der perfekten Rockband verfolgt – mit dem Resultat einer inzwischen erstaunlichen Anzahl von Klassikern, die auf sein Konto gehen. Petty gehört bereits zur zweiten Generation von Rockmusikern, wie auch der viel zu früh verstorbene Stevie Ray Vaughan, der als letzter großer Virtuose der Popmusik dem Rock eine nachhaltige Bluesspritze verpasste.

Manche der genannten Musiker fesseln seit Jahrzehnten ihr Publikum, manche wurden gar zu herausragenden Persönlichkeiten der Zeitgeschichte. Von all ihnen erzählt dieses Buch. Es verfolgt ihren Weg, berichtet von den Anfängen, dem Aufstieg, den Triumphen, aber auch von den Tragödien. Nicht jeder, der seinen Traum vom Ruhm wahr machte, hatte als Mensch das Rüstzeug, das es braucht, um mit den Belastungen des Erfolgs klarzukommen. Und bei einigen schlug das Schicksal grausam zu.

Natürlich erhebt die Riege der hier vorgestellten Künstler keinen Anspruch auf Vollständigkeit, den einen oder anderen berühmten Musiker wird der Leser vermissen. Die Auswahl ist streng subjektiv. Es ging mir nicht darum, die Besten, Wichtigsten, Erfolg- oder Einflussreichsten zu versammeln, stattdessen entschied ausschließlich mein persönliches Interesse.

Eins jedoch ist den hier vertretenen Künstlern gemeinsam, sie alle wurden zu prägenden Persönlichkeiten, mehr noch, zu Giganten der Rockmusik. Und: Jedes einzelne dieser 25

Porträts erzählt seine eigene, spannende Geschichte. Es sind solche von Helden und Opfern – Legenden, fürwahr.

.........................................

Zum Teil wurden die hier versammelten Porträts im Laufe der letzten Jahre bereits in verschiedenen Magazinen wie *Musikexpress*, *Guitar*, *GoodTimes* und *Eclipsed* veröffentlicht. Einige sind für diesen Band neu geschrieben worden, die restlichen Beiträge wurden gründlich überarbeitet, ergänzt und aktualisiert.

Zu großem Dank verpflichtet bin ich Monika Koch, die das Projekt auf Anhieb unterstützt und in kürzester Frist zur Veröffentlichung gebracht hat. Großer Dank geht auch an Milena Henn und Christina Gattys von Gattys Global, ohne deren wunderbares Engagement dieses Buch nicht veröffentlicht worden wäre. Ganz abgesehen von Milenas famosem Kaffee, der jede Reise wert ist. Ein ganz herzliches Dankeschön auch an die Zeitschriftenredakteure, die dieses Buch durch ihre Aufträge überhaupt erst angestoßen und mit ihren akribischen Redigaten so manchen Fehler gleich im Vorfeld eliminiert haben. Vor allem sind da zu nennen Chris Hauke, Lars Thieleke, Sebastian Westphal, Jürgen Ehneß, Marcel Thenee, Isabell Raddatz & Philipp Opitz, Christian Stolberg, Peter Seeger, Fabian Leibfried, Bernd Matheja, Marcus Wicker und Steven Thomsen. Thanks, buddies! Einen letzten Blick auf das fertige Manuskript warf Uwe Schleitenbaum – bedankt, Huey!

Liebe Freunde haben bei der Entstehung der einzelnen Essays geholfen, wichtige Hinweise gegeben, kritische Fragen gestellt, manches als Blödsinn entlarvt und mich gelegentlich aufmerksam vor dem Vergaloppieren bewahrt – danke vor allem an Gabriele Werth, Dr. Hanns Peter Bushoff und meinen Bruder Kalle!

Last but not least: Thanks, Keith Richards, Davey Johnstone and Nick Woodland for making me pick up the guitar and play – what a beautiful journey!

Und, wie immer: Danke, Emmi!

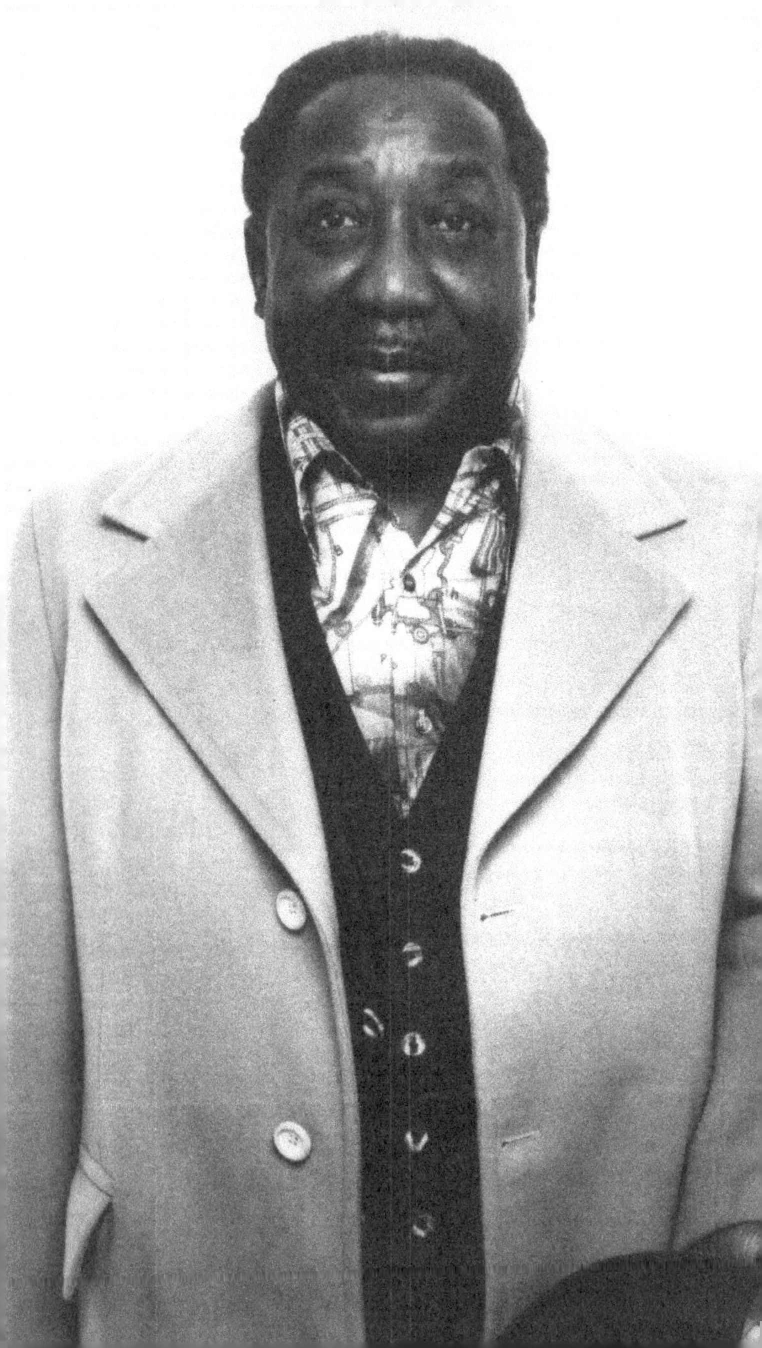

## BLUES-BUDDHA

*Muddy Waters – I'm A Man*

NOVEMBER 1981, Checkerboard Lounge, Chicago, Illinois: Wie ein Buddha thront der alte Herr auf einem Barhocker im Zentrum der kleinen Clubbühne. Umgeben ist er von der Creme der internationalen Rockszene, namentlich den Herren Jagger, Richards, Wood, Wyman und Watts. Mit all der Begeisterung, die ihnen seit ihren Anfängen in den verräucherten Kaschemmen der Londoner Vororte geblieben ist, dreschen die Rolling Stones ein uraltes Riff. So alt wie die Rockmusik, so alt wie der Blues, so alt vielleicht wie die Musik selbst. Ausgelassen krakeelt ihr Sänger, der dürre weiße Engländer in den roten Sportklamotten, immer wieder die Losung der Stunde: »I'm a maaaan!« Derweil ruht der Blick des schwarzen Mannes mit den fast mongolischen Gesichtszügen wohlgefällig auf den jungen Musikern, die wie aufgedreht um ihn herumtänzeln. Sie alle könnten seine Söhne sein. Und in gewissem Sinne sind sie es auch. Nach bald siebzig turbulenten Jahren stellt Muddy Waters weise lächelnd fest: Seine Botschaft ist angekommen, die nächste Generation hat die Fackel aufgenommen und wird sie weitertragen.

..................................

Als dieser McKinley Morganfield, wie er tatsächlich heißt, im Jahre 1913, vermutlich am 4. April, in einer kleinen Holzhütte im Mississippi-Delta das Licht der Welt erblickt, ist der Blues noch weitgehend die obskure Freizeitbeschäftigung einiger weniger schwarzer Landarbeiter. Auf dem Land ist er ein archaischer Folkstil, gespielt zu Gitarre, Banjo oder Harp, den außerhalb der riesigen Baumwollplantagen und der von Schwarzen bevölkerten Juke Joints kaum jemand kennt. Erst nach dem Ersten Weltkrieg findet er den Weg auf das noch junge Medium Schallplatte, in den großen afroamerikanischen Siedlungen solcher Metropolen wie New York, Chicago oder St. Louis und bei den umherreisenden Vaudeville und Medicine Shows kann man nun eine den Bedürfnissen eines breiteren, aber nach wie vor schwarzen Publikums angepasste Version dieser Musik hören. Gespielt wird sie eher wie der inzwischen modern gewordene Jazz, benutzt wird dabei dessen Instrumentarium, und gesungen wird dieser Blues – Verstärker gibt es nicht – von kräftigen Ladies mit noch kräftigeren Stimmen. Ihre Namen lauten Ma Rainey oder Bessie Smith. Zu regionaler Bekanntheit haben es auch einige Männer gebracht. Ruhelos ziehen sie von Ort zu Ort und bringen ihre Lieder auf Farmfesten und Tanzveranstaltungen zu Gehör. Blind Lemon Jefferson, Blind Willie McTell, Son House, Leroy Carr und Charley Patton sind die bekanntesten unter ihnen.

So viel aber ist klar: Ob auf dem Land oder in Metropolen, in der von strikter Rassentrennung beherrschten Gesellschaft ist der Blues ausschließlich eine Sache der Schwarzen. Das weiß natürlich auch der junge McKinley Morganfield. Zusammen mit seiner Familie lebt er auf der riesigen Stovall Farm nahe Clarksdale, rund achtzig Meilen südlich von Memphis. Ein Ort von geradezu mythologischer Bedeutung für den Blues: Nicht nur wächst hier in jenen Jahren mit Muddy Waters einer der größten Musiker des Jahrhunderts heran, auch endete hier das Leben der »Kaiserin des Blues«, wie sie sie nannten, eben jener Bessie Smith, die in der Nacht zum

26. September 1937 mit dem Auto verunglückte und wenige Stunden später im G.T. Thomas Hospital an den Folgen ihrer Verletzungen starb. Die in Clarksdale gelegene Kreuzung der Highways 49 und 61 gilt zudem als legendäre »Crossroads«, wo der ebenso legendäre Robert Johnson zu Beginn der Dreißigerjahre dem Teufel seine Seele verkauft haben soll. Überdies ist Clarksdale die Heimat späterer Stars wie Ike Turner, Sam Cooke und John Lee Hooker.

In den Dreißigerjahren hat sich McKinley, inzwischen ist er in seinen Zwanzigern, in der vom Rhythmus der Baumwolle beherrschten Welt der Plantagen eingerichtet. Schon als Kind hat er die Baumwolle auf den Feldern gepflückt, so wie es hier alle tun, mit allerlei Jobs verdient er sich in den harten Zeiten der Depression jedoch ein paar Dollar hinzu. So verkauft er schwarz gebrannten Whiskey, baut Fallen auf, um die Felle der gefangenen Tiere zu verkaufen – und macht Musik. Als Halbwüchsiger hat er zunächst auf der Mundharmonika gespielt, mit siebzehn aber sind die zwei Dollar fünfzig gespart, von denen er nun seine erste Gitarre kauft. Der Junge, den alle Muddy nennen, weil er als Kind so gerne im sumpfigen Flussgelände spielte, sieht die bekanntesten Bluesmänner der Gegend, darunter neben Patton vor allem Big Joe Williams mit seiner neunsaitigen Gitarre und Son House, der zum großen Vorbild wird. Auch Robert Johnson erlebt der junge Muddy, allerdings jagt ihm dessen Hexerei auf der Gitarre einen dermaßen großen Schrecken ein, dass er, so wird berichtet, fluchtartig das Weite sucht. Sehr bald jedoch hat Muddy die grundlegenden Gitarrentechniken erlernt, vor allem das Spiel mit dem Bottleneck entwickelt er zu großer Perfektion. Seine Fähigkeiten sprechen sich herum, so dass Son Sims, eine lokale Größe in Clarksdale, ihn in sein aus Fiddle, Mandoline und Bass bestehendes Stringquartett aufnimmt.

In den Jahren der Depression beginnen Hunderttausende afroamerikanischer Landarbeiter in die großen Städte des Nordens zu ziehen, wo sie in Fabriken, vor allem denen der

Autoindustrie, Arbeit zu finden hoffen. Für die Menschen aus dem Mississippi-Delta wird neben der Drei-Millionen-Metropole Chicago zunächst mal das nur halb so weit entfernte und mit nur 800.000 Bewohnern erheblich kleinere St. Louis zum Ziel ihrer Träume. Inzwischen ist Muddy längst klar, dass er es als professioneller Musiker schaffen will. Einige seiner Kumpels haben bereits Schallplatten gemacht, etwa Skip James und Son House. Die Plattenfirmen aber sitzen in den großen Städten, und dort gibt es lukrative Jobs für Musiker. 1940 packt Muddy seine Gitarre ein und zieht nach St. Louis. Hier leben einige der bekanntesten Blueser, darunter Lonnie Johnson, Big Joe Williams und Roosevelt Sykes. Allerdings ist der große, kräftige Mann aus Clarksdale ein Landei durch und durch, es fällt ihm schwer, seine Heimat und besonders seine Großmutter Della, bei der er aufgewachsen ist, zu verlassen. Nach nur zwei Monaten, in denen er erkennen muss, dass sie in St. Louis nicht auf ihn gewartet haben und sein Ruhm von daheim ihm dort gar nichts nutzt, kehrt er heimwehgeplagt zurück. Wieder heuert er auf Stovalls Plantage als Traktorfahrer an. 27 Jahre ist er nun alt und gilt als einer der begabtesten Musiker des Deltas. Zudem ist er Vater einer fünfjährigen Tochter mit Namen Azelene. Ehefrau Mabel allerdings ist nicht die Mutter, wegen seiner dauernden Untreue hat sie ihn ohnehin längst verlassen – zeitlebens war Muddy ein nimmermüder Schürzenjäger. Schlechte Aussichten also, das Musikbusiness scheint in weite Ferne gerückt. Was Muddy indes nicht ahnt: Seine »Entdeckung« steht unmittelbar bevor.

..................................

Im Sommer 1941 startet eine kleine Expedition in den Süden der USA. Sie besteht aus Professor John Wesley Work III. von der Fisk University in Nashville, Tennessee, und dem Volkskundler Alan Lomax von der Library of Congress in Washington D.C. Die beiden Forscher wollen afroamerikanische

Folkloremusiker aufstöbern und deren Songs für die Nachwelt dokumentieren. Oder, wie es Lomax in einem Bericht formuliert: »Die vereinbarte Studie sollte objektiv und erschöpfend die musikalischen Gewohnheiten einer einzelnen Negergemeinde im Delta erforschen.« Man einigt sich darauf, mit dem Coahoma County und dort speziell der Gegend von Clarksdale den bevölkerungsreichsten Landstrich des Deltas aufzusuchen. Am 29. August erreichen Lomax und Work Stovalls Farm. Immer wieder stoßen sie bei ihren Erkundungen auf den Namen Muddy Water, wie er sich inzwischen nennt (das fehlende S wird er erst später in Chicago hinzufügen). Sie machen den Mann ausfindig und können sein anfängliches Misstrauen schnell zerstreuen.

Am Nachmittag des 31. August bauen sie ihr Equipment in Muddys Haus auf. Zu dem klobigen, stolze 68 Kilogramm schweren Schallplattenaufnahmegerät Presto, Modell D, gehören 12-Inch-Glasschallplatten, in deren Wachsbeschichtung ein Stichel die Rille schneidet. Während Work sich um die Technik kümmert, gibt Muddy einige seiner Songs zum Besten, zwischendurch befragt ihn Lomax über Entstehung, Ursprünge und Techniken. Beides, die Songs und das Interview, werden aufgezeichnet. Die Aufnahmen landen umgehend im Archiv der Library of Congress (das faszinierende Dokument ist heute erhältlich auf dem Album *The Complete Plantation Recordings*), Muddy allerdings erhält bald darauf von Lomax zwei Schallplatten, auf denen die Songs *Country Blues* und *I Be's Troubled* (das spätere *I Can't Be Satisfied*) enthalten sind. Es ist dies die letzte und entscheidende Initialzündung, die Muddy braucht, um seine Profikarriere zu starten. Wie er Jahrzehnte später dem US-Journalisten Paul Oliver erzählt: »Ich hörte mich wirklich zum ersten Mal. Als mir Mister Lomax die Platte vorspielte, dachte ich, Mann, der Junge kann wirklich den Blues singen!« Im Juli 1942 kehren Lomax und Work noch einmal zurück und nehmen weiteres Material auf, diesmal spielt Muddy auch in Begleitung des Sons Sims Quartetts.

Wie viele seiner Folkblues-Kollegen benutzt Muddy auf den *Plantation Recordings* offene Gitarrenstimmungen, vornehmlich G- und E-Dur, wobei er auf den Basssaiten mit dem Daumen die rhythmische Begleitung zupft, während er mit den anderen Fingern auf den hohen Saiten per Bottleneck die typischen heulenden Fills und Verzierungen erzeugt. Zusammen ergibt das einen so komplexen Klang, dass kaum jemand glaubt, dass dabei nur eine einzige Gitarre im Spiel ist. Zu Muddys ausgeprägter Technik kommen seine kräftige Stimme, die er bei aller Emotionalität des Vortrags kontrolliert einsetzt, sowie ein im Countryblues jener Jahre noch höchst seltenes, intuitives Gespür für einen kompakten Songaufbau – Qualitäten, die Lomax schon bei diesen ersten Sessions erkennt und die Muddy in den folgenden Jahren zum Begründer eines ganzen Genres machen werden. Wobei man allerdings in Rechnung stellen muss, dass Muddys Songs und die seiner Zeitgenossen oft keine Eigenkompositionen, sondern Weiterentwicklungen bereits bekannter Vorlagen anderer Künstler waren. So besteht etwa zwischen Robert Johnsons *Walking Blues*, einer anderen Version, die Son House eingespielt hat, und Muddys *Country Blues* mehr als nur eine starke Ähnlichkeit.

Die Erfahrung mit Lomax ermutigt Muddy, nun endlich den großen Schritt zu wagen: 1943 siedelt der inzwischen 30-Jährige nach Chicago über. Dort, auf der Southside, befindet sich die größte Siedlung afroamerikanischer Bürger nördlich der Mason-Dixon-Line – und folglich auch ein großes, höchst lebendiges Amüsierviertel, das sich um die Maxwell Street angesiedelt hat. Hier versucht der Mann aus Clarksdale Fuß zu fassen, nachdem er sich zunächst in einer Papierfabrik, später dann als Lastwagenfahrer, verdingt hat, um seinen Lebensunterhalt zu verdienen. Nachts aber ist er auf der Clubmeile unterwegs, wo der lebenslustige Musiker jede Menge Kontakte schließt. Zu seinen Kumpels gehören bald Leute wie Big Bill Broonzy, Eddie Boyd, Jimmy Rogers und der Pianist Sunnyland Slim. Mit Rogers beginnt Waters nun seinen Stil weiterzuentwickeln, gemeinsam jammen die beiden und experimentieren mit Tonabnehmern und Verstärkern. Ein weiterer Freund, Blue Smitty, bringt Muddy das Fingerpicking in der Standardstimmung bei, die Waters bis dahin noch kaum verwendet hat. Und er wechselt von der akustischen, mit einem Tonabnehmer ausgerüsteten Gitarre auf ein elektrisches Gretsch-Modell.

1947 – Waters gehört inzwischen zu den gefragtesten Musikern der noch kleinen Southside-Szene – nehmen die Dinge Gestalt an. Sunnyland Slim verschafft ihm die Chance, an einer Session für das Aristocrat Label teilzunehmen. Der Song, der dabei entsteht, heißt *Johnson Machine Gun*, die noch verbliebene Studiozeit nutzt Muddy, um zwei seiner eigenen Stücke, *Gypsy Woman* und *Little Anna Mae*, einzuspielen. Leonard und Phil Chess, die das marode Label gerade gekauft haben, wissen nichts damit anzufangen und lassen die Aufnahmen bis zum Februar 1948 im Schrank. Erst dann werfen sie sie auf den Markt, allerdings bleibt Muddys Plattendebüt ohne Resonanz. Wenig später aber platzt der Knoten, im April, nach einer zweiten Session, kommen *I Can't Be Satisfied* und *Feel Like Going Home* heraus. Innerhalb von gerade mal 24 Stunden ist die Auflage bis auf einen kleinen Rest vergriffen.

Zwar hat Muddy inzwischen eine feste Band, der neben Jimmy Rogers als zweitem Gitarristen vor allem der junge Harpvirtuose Little Walter angehört, die aber ist auf der Platte nicht zu hören. Waters spielt allein, begleitet lediglich von dem Bassisten Big Crawford.

Trotzdem bringen diese frühen Aufnahmen bereits die Formel des Chicago Blues Waters'scher Prägung auf den Punkt. In den Dreißigejahren noch war der Country Blues der aus dem Süden zugewanderten Afroamerikaner den Einflüssen von Vaudeville, Jazz und dem populären Swing begegnet, wobei sich das Piano als dominierendes Instrument herauskristallisiert hatte. Jetzt aber, nach dem Weltkrieg, beginnt sich die elektrifizierte Gitarre als Hauptinstrument durchzusetzen.

Sie verändert das Klangbild des Blues, der wesentlich härter, rauer, aggressiver und weniger geglättet daherkommt als beispielsweise die Rhythm'n'Blues-Hits des so erfolgreichen, vom Swing beeinflussten Louis Jordan. Leute wie Muddy Waters, Howlin' Wolf und der in Detroit beheimatete John Lee Hooker unterstreichen mit ihrem direkten, rüden Vortragsstil Bodenständigkeit und Verwurzelung der Musik im Leben der einfachen Leute. Kurz: Die meistens ohne viel Aufwand eingespielten Platten treffen den Nerv der Menschen und klingen genauso frisch und ungehobelt wie die zahllosen, meist mit Gitarre, Piano, Harp, Bass und Drums besetzten Bands in den Kneipen der Amüsierviertel. Hinzu kommt, dass die großen Plattenfirmen, die im Zweiten Weltkrieg wegen der Schellack-Rationierung ihre Produktion einschränken mussten, das vermeintlich wenig lukrative Geschäft mit der »Race Music« den kleinen unabhängigen Firmen überlassen. Die wiederum sind wendig und können schnell auf den sich ändernden Markt reagieren. Wie Leonards Sohn Marshall Chess einmal anmerkte: »Wenn du am Freitagnachmittag eine Platte produziertest, war sie schon am Samstagabend fertig und du konntest sie den Leuten in den Kneipen verkaufen.« So schießen in Chicago Labels wie Chess (das 1950 aus der Firma Aristocrat Records hervorgeht), Checker, Parrot und J.O.B. Records aus dem Boden, die den wachsenden Bluesmarkt unter sich aufteilen.

Muddy profitiert davon. Seine Platten gehen weg wie warme Semmeln, und, noch wichtiger, er hat mit seiner Band jede Menge Gigs. In den folgenden Jahren ist er mit Little Walter, Jimmy Rogers und dem inzwischen hinzugestoßenen Pianisten Otis Spann praktisch ununterbrochen unterwegs. Zu den zahllosen Auftritten in der Windy City gesellen sich ebenso viele auf dem immer größer werdenden Blues Circuit, der bis tief in die Südstaaten und sowohl in den Osten nach New York wie auch weit in den Westen reicht. Trotzdem: Chess und Chicago bleiben seine Heimat. Bald schon ist Muddy, den mit Labelboss Leonard Chess eine enge Freundschaft verbindet, gemeinsam mit dem Bassisten, Komponisten und Organisations-Tausendsassa Willie Dixon so etwas wie das musikalische Wappentier der Firma. Seine Erfolge weisen ihn als den Big Boss Man des Chicago Blues aus, Songs wie *Rollin' And Tumblin', Part 1*, *Rollin' Stone*, *I'm Your Hoochie Coochie Man*, *I Just Want To Make Love To You* oder *Mannish Boy* werden Hits und machen ihn zum Star. Weshalb der inzwischen in seinen Vierzigern angekommene Mann aus Clarksdale noch lange nicht abhebt. Sein Geld gibt er aus für schöne Autos und tadellose Kleidung, ansonsten aber bleibt er der immer freundliche und gleichmütige Kumpel aus dem Delta.

..................................

Bis etwa 1955 hält seine Erfolgssträhne an, dann gehen die Verkäufe auf dem schwarzen Markt allmählich zurück – Rock'n'Roll und mit ihm neue Helden wie Bo Diddley und Chuck Berry, den Muddy selbst zu Chess vermittelt hat, betreten die Szene. Zwar kann Waters nach wie vor mit Konzerten gutes Geld verdienen, auf dem Plattenmarkt aber spielt die Musik nun woanders. Da kommt ihm Ende der Fünfzigerjahre ein Umstand zur Hilfe, der nicht ohne Bedeutung für seine weitere Karriere und den ungeheuren Einfluss des Chicago Blues auf die spätere Rockmusik bleiben wird. Ein junges, weißes Publikum beginnt sich für das Folkerbe des Landes zu interessieren und entdeckt so den Blues. Nicht unbedingt den aus Chicago, viel mehr den ursprünglichen Folk- und Country blues des Südens. Dahinter steckt ein intellektuelles, ethnologisches Interesse, man identifiziert sich mit dieser authentischen Kultur und beginnt, ihre Vertreter aus düsteren Kaschemmen in das Scheinwerferlicht der weißen, bildungsbürgerlichen Unterhaltung zu holen. So betritt auch Muddy Waters am 3. Juli 1960 die Bühne des renommierten Newport Jazz Festivals. Seine explosive Performance geht in die Annalen ein. Die Aufnahmen, veröffentlicht auf dem Album *At Newport 1960*

(Chess/MCA, 2001) zählen zu den besten seiner Karriere, die Platte wurde vom US-Magazin *Rolling Stone* im Jahr 2003 gar unter die 500 besten Alben aller Zeiten gelistet. Nicht zuletzt wohl auch wegen des Ann-Cole-Originals *Got My Mojo Working*, das bis heute elektrisiert.

1958 reist Muddy zusammen mit Otis Spann ins ferne England – mit überraschenden Folgen. Die Folkies im Königreich erwarten einen in Ehren ergrauten Baumwollpflücker von der Sorte Big Bill Broonzys, der zur akustischen Gitarre vom entbehrungsreichen Leben der Schwarzen im Süden erzählt. Der Irrtum könnte größer nicht sein. Als Waters mit seiner Fender Telecaster loslegt, bekommt das fassungslose Publikum raubeinigen, wüsten Chicago Blues zu hören – laut, aggressiv, voller sexueller Anspielungen und alles andere als zahm. Da steht ein Mann, der ganz im Hier und Jetzt verwurzelt ist, mit den romantischen Vorstellungen der akademischen Ethnologen nichts zu tun hat und das Leben in vollen Zügen genießt. Die englische Presse ist geschockt, jede Menge junge Briten aber sind hellauf begeistert. Darunter nicht wenige, die bald zum ersten Sturmtrupp des britischen Bluesbooms gehören, allen voran Alexis Korner, Cyril Davies und viele, die sich in deren Bands finden werden.

Muddy ist Profi genug, um dem Ethno-Affen Zucker zu geben. Im September 1963 geht er in das Tel Mar Recording Studio in Chicago und nimmt mit dem jungen Gitarristen Buddy Guy sowie Willie Dixon und dem Drummer Clifton James *Folk Singer* auf, eine bedächtig und mit leiser Leidenschaft inszenierte Rückkehr zu den Wurzeln. Die lärmenden Ingredienzien des Chicago Blues – E-Gitarre, Harp und Piano – bleiben hier außen vor, stattdessen nimmt Muddy den Unplugged-Trend um schlanke dreißig Jahre vorweg. Mit intensiven Neueinspielungen von Eckpfeilern seines Repertoires wie *Feel Like Going Home* und *Long Distance* sowie Genreklassikern à la *Good Morning Little Schoolgirl* oder *Big Leg Woman* gelingt ihm ein funkelndes Highlight seines reichen

Katalogs. Neben *Live At Newport 1960* gehört *Folk Singer* zu seinen wichtigsten Alben (die Langspielplatte hatte sich gerade erst durchgesetzt, Muddys Klassiker waren samt und sonders als Singles erschienen, auf einer Langspielplatte zusammengefasst wurden sie erstmals 1957 für *Best Of Muddy Waters*.

Ebenfalls 1963 geht Waters mit dem von Horst Lippmann und Fritz Rau veranstalteten »American Folk Blues Festival« auf Europatournee. Mit dabei auf diesem Kreuzzug für den Blues sind Kollegen wie Memphis Slim, Big Joe Williams und Sonny Boy Williamson II. Die Konzertserie, die ab 1962 regelmäßig die Alte Welt bereist, gilt heute als wichtigste Inspiration und entscheidende Geburtshelferin der ersten europäischen Rockgeneration. Im Frühjahr 1964 absolviert Muddy noch eine weitere Englandtournee. Anschließend ist der Blues fest verankert in Hirn und Herz eines weißen Publikums und zur entscheidenden Grundlage einer neuen internationalen Popmusik geworden.

Als mit den Rolling Stones am 10. Juni 1964 eine Gruppe englischer Bluesjünger während ihrer ersten US-Tournee in den berühmten Chess Studios auftaucht, um dort Material für eine EP einzuspielen, steht Muddy Waters, so jedenfalls wird Keith Richards später behaupten, im weißen Overall im Foyer des Gebäudes und streicht die Decke. Marshall Chess und einige andere haben bis heute starke Zweifel an Richards' Geschichte, Fakt aber ist, dass es für Muddy in diesen Jahren auf dem heimischen Plattenmarkt nicht sonderlich gut läuft. Das schwarze Publikum tanzt inzwischen lieber zu den Songs aus Motowns Hitschmiede, denn Muddys Musik gilt als antiquiert. Da trifft es sich gut, dass die Auftritte der Waters Band in weißen Clubs langsam aber sicher zahlreicher werden. Prompt kommt Marshall Chess, so etwas wie der Jugendbeauftragte des Labels, auf die Idee, den Hippies den Blues als Trojanisches Pferd zu verkaufen. Er schickt Muddy 1967 mit ein paar jungen schwarzen Musikern ins Studio und lässt sie Waters' Klassiker im angesagten psychedelischen

Rockstil aufnehmen, also mit ausufernden Gitarrensoli à la Hendrix und modernen studiotechnischen Tricks. Das Ergebnis nennt er *Electric Mud*, die Platte wird zum ermutigenden Verkaufserfolg. Die Kritik jedoch zerreißt das Werk in der Luft und schüttet kübelweise Hohn und Spott über die Beteiligten. Tatsächlich ist *Electric Mud* alles andere als künstlerisch befriedigend ausgefallen, trotzdem zeigt es Wirkung. Nach und nach turnt es ein völlig neues Publikum auf Muddys Musik an. Sogar Chuck D, einer der einflussreichsten Vertreter der heutigen HipHop-Szene, wird dieser Platte mehr als dreißig Jahre später seine Bekehrung zum Chicago Blues verdanken (dokumentiert im faszinierenden Kinofilm *Godfathers And Sons*, der 2003 im Rahmen von Martin Scorseses grandioser Filmreihe *Blues* erschien). In eine ähnliche Kerbe schlägt eine deutlich gelungenere Kooperation, die Muddy 1968 mit dem Album *Fathers And Sons* eingeht, als er mit seinen weißen Schülern Mike Bloomfield, Paul Butterfield und Donald »Duck« Dunn zusammenspielt.

In den Siebzigern aber scheint der Ofen für Muddy endgültig aus zu sein. Er nimmt zwar noch Platten auf, die allerdings kaum noch interessieren. Kein Wunder, Chess ist längst Geschichte und der Vater des Chicago Blues nun an die sechzig. Seinen Stil hat er vor mehr als dreißig Jahren entwickelt, seine großen Klassiker in den frühen Fünfzigern produziert und seinen Status als Säulenheiliger der Rockmusik seit Ewigkeiten inne. Aber: Er hat ein Leben lang Musik gemacht und dabei in unzähligen Konzerten eine kraftvolle Performance und Routine entwickelt, von der die Rockkids nur lernen können. Einer seiner gelehrigsten Schüler, der texanische Gitarrist Johnny Winter, erkennt das und tut, was zu tun ist: Er bringt Muddy im Oktober 1976 mit alten Weggefährten wie dem Harpvirtuosen James Cotton und dem Pianisten Pinetop Perkins zusammen, verzichtet auf jegliche Anbiederung an den Zeitgeschmack und lässt die alten Löwen noch einmal aus dem Käfig – laut, live und ohne Netz oder doppelten

Boden. Dabei verzichtet er auf nachträgliche Korrekturen des knorrig-kraftvollen Bandsounds und setzt voll auf die pure Kraft der Veteranen-Performance (die er freilich mit seiner Gitarre selbst kräftig befeuert). Das Ergebnis ist *Hard Again*, ein triumphales Comeback, das Muddys Karriere revitalisiert, ihm einen Grammy einbringt und den Auftakt bildet zu einer Trilogie, die sich mit *I'm Ready* und *King Bee* vollendet.

Während in England der Punk tobt, ist Muddy plötzlich wieder voll da – in einem Alter, in dem sich andere in die Rente verabschieden. Da ist es nur recht und billig, wenn ihm die inzwischen selbst in die Jahre gekommenen Rolling Stones im November 1981 in Chicagos Checkerboard Lounge ihre Aufwartung machen. Einst hatte deren Generation den Blues von Muddy übernommen, nun waren sie selbst an der Reihe, das Erbe weiterzureichen. Muddy sieht es mit weisem Lächeln – the blues had a baby and they named it Rock'n'Roll.

.....................................

Nur anderthalb Jahre nach diesem denkwürdigen Abend in der Checkerboard Lounge war Muddy Waters tot. Am 30. April 1983 erlag er in seinem Haus in Westmont, Illinois, einem Vorort von Chicago, den Folgen einer Lungenkrebserkrankung. Gerade siebzig Jahre war er alt geworden. Seinen Job hatte er getan, besser wohl als alle anderen. Denn seine Musik, der urbane, elektrifizierte Chicago Blues, bildete die vielleicht wichtigste Grundlage des Rock. Und damit das Rückgrat einer musikalischen Kultur, die wie keine andere das jugendliche Lebensgefühl in der zweiten Hälfte des 20. Jahrhunderts prägte.

Heute, bald 30 Jahre nach Muddy Waters' Tod, ist der Blues in den dominanten Stilen der modernen Popmusik vielleicht nicht mehr so deutlich zu vernehmen wie zu Lebzeiten dieses Ausnahmemusikers, trotzdem aber ist er eingebrannt in die musikalische DNA der Generation, die Bühnen und

Charts des 21. Jahrhunderts bevölkert. Für die Rocker gilt das nicht weniger als für HipHopper und auch für diejenigen, die von den glorreichen Tagen des *Hoochie Coochie Man* auf der Southside von Chicago nie gehört haben.

*Empfehlenswert:*

**Muddy Waters – His Best 1947 To 1955**
Bis weit in die Fünfzigerjahre hinein veröffentlichten Künstler ihre Musik in der Regel auf Singles, also kleinen 45er-Schallplatten, die Langspielplatte setzte sich erst im Laufe der Sechzigerjahre als dominantes Medium durch. Hier versammelt Chess die großen Erfolge von Muddy Waters zum ersten Mal auf einem Album. Zu hören sind die frühen Singles des Mannes aus Clarkdale: Rauer, archetypischer Chicago Blues, den er zumeist mit seiner Band, bestehend aus Little Walter, Jimmy Rogers, Otis Spann, Elgin Evands und Ernest Crawford, beziehungsweise Willie Dixon, aufnahm. Später hundertfach gecoverte Klassiker wie *I Can't Be Satisfied*, *Baby Please Don't Go*, *I'm Your Hoochie Coochie Man* oder *Mannish Boy* im Original – archaisch, vital, mit unbändiger Kraft. Aufnahmen wie diese bildeten ein Jahrzehnt später den Bauplan des Bluesbeeinflussten Rock.

**Folk Singer** (1964)
Zu Beginn der Sechzigerjahre waren die Originale des Chicago Blues ins Abseits geraten. Die jungen Musiker der sogenannten Britischen Invasion hatten den Blues aktualisiert und in aufregenden Pop verwandelt, die schwarze Musik wiederum hatte sich zum Soul entwickelt und junge Label wie Motown und Stax waren drauf und dran, den Soul zum wichtigen Pop-Faktor zu veredeln. Für die alten Bluesleute interessierten sich höchstens noch akademische Folk-Forscher. Muddy Waters zog daraus die Konsequenz und spielte 1963 einige seiner Klassiker in rein akustischen Arrangements neu ein.

Seinerzeit war auch diesem Projekt kein großer Erfolg auf dem Plattenmarkt beschieden, dafür aber überzeugt das Album bis heute durch seine feierliche Intensität – Blues von geradezu kammermusikalischer Qualität.

**Hard Again (1977)**

1976: Im Herbst seiner langen Karriere traf Muddy Waters auf den texanischen Gitarristen Johnny Winter. Winter nahm die inzwischen 62-jährige Blueslegende unter seine Fittiche, stellte eine passende, zu Teil aus Waters' alten Weggefährten bestehende Band zusammen und ließ die Veteranen in einem kleinen Studio in Westport, Connecticut, von der Leine. Das Repertoire, darunter Oldies wie *Mannish Boy* und *I Want To Be Loved*, war nicht neu, wohl aber die ungeheure Dynamik, die Spontaneität und die hörbare Begeisterung, mit der hier alle Beteiligten zur Sache gingen. Schon lange nicht mehr hatte man Waters mit dermaßen gewaltiger Kraft singen und spielen gehört. Das Album läutete denn auch ein triumphales Comeback ein. *Hard Again* zeigt einen Elder Statesman des Blues, der auch einer nachgewachsenen Rock-Generation noch mächtig unter die Haut fahren konnte.

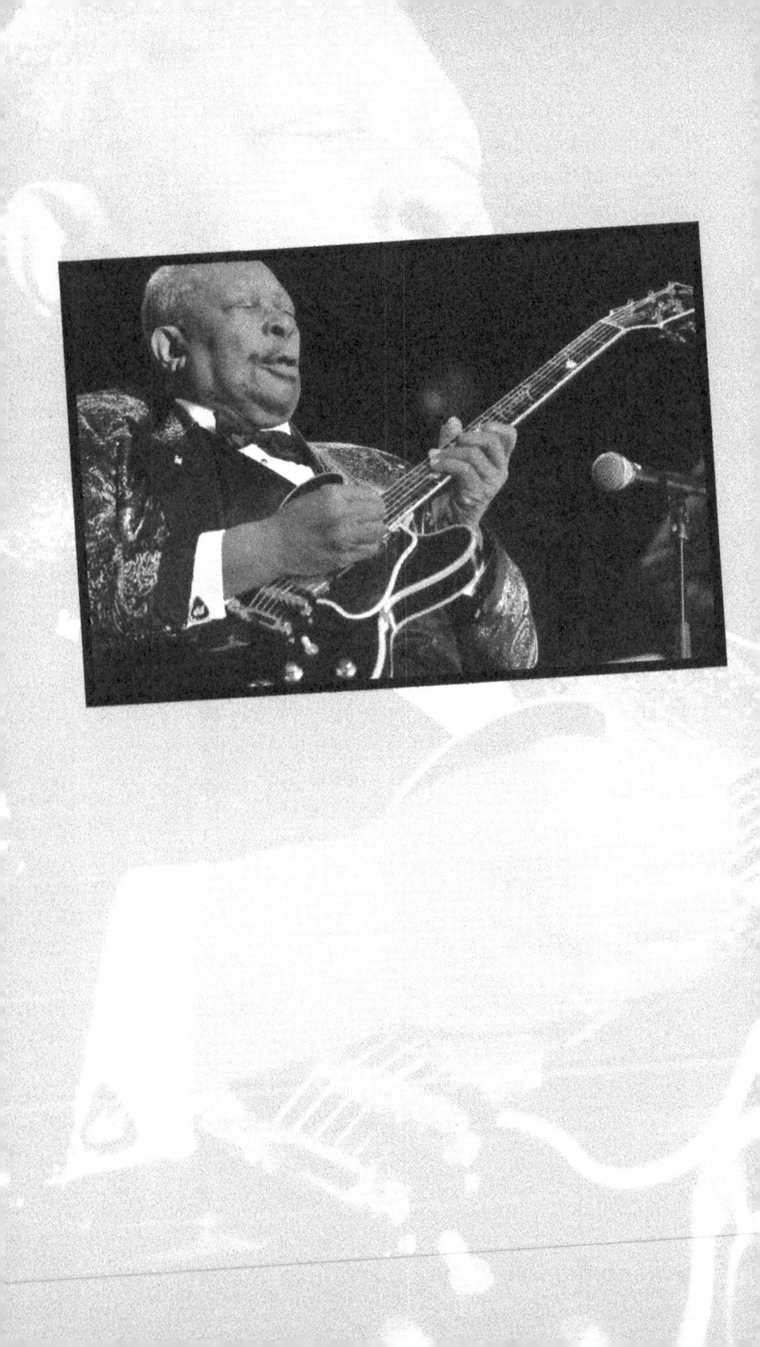

## GRANDADDY GUITAR

*B. B. King – Duett mit Lucille*

LÄNGST hat der Blues seinen Platz in den vornehmen Konzertsälen gefunden. Zum Beispiel in der Philharmonie des Münchner Gasteigs, durch die an diesem Abend, irgendwann Mitte der Neunzigerjahre, der erdig schwere Groove einer vielköpfigen Band rollt. Er strotzt vor Vitalität, stampft mit dem Temperament einen jungen Pferdes in den Saal und bleibt dabei doch präzise wie ein Seziermesser. Die Männer in ihren gepflegten Anzügen, Drummer, Bassist, Gitarrist, drei Bläser und der Mann am Klavier, knüpfen einen dichten und mächtigen Klangteppich. Keiner von ihnen drängt sich ins Rampenlicht. Das bleibt einem anderen vorbehalten, einem freundlichen, schon etwas älteren Herrn und seiner wie immer elegant in Schwarz auftretenden Geliebten: Mister B. B. King nebst Lucille.

Jeder weiß, wofür B. B. King und seine Gitarre – eine der ganz wenigen in der Musikgeschichte, die es zu einem eigenen Namen gebracht hat – stehen: für den Blues. Nichts weniger also als die wohl bedeutendste Musik, die das schwarze Amerika hervorgebracht hat. »Louis Armstrong der Blues-Generation« haben sie ihn genannt, und die amerikanische Discjockey Association ehrte den Mann mit der Gibson

ES 355 im Jahr 1996 mit dem schlichten Titel »King Of The Blues«. Mehr ist eigentlich nicht zu sagen, denn tatsächlich dürfte kaum ein Gitarrist auf den Planeten Pop und Rock nicht von B. B. und seiner Musik beeinflusst sein. Ob Jimi Hendrix oder Jeff Beck, Ritchie Blackmore oder die Vaughan-Brüder – ohne King wären sie nicht die geworden, die sie sind. Dabei träumte der Grandseigneur mit dem spitzbübischen Lächeln einst nur von einer kleinen Farm, einem Traktor, einer Frau und zwei, drei Kindern.

..................................

Das Leben, in das der kleine Riley B. King am 16. September 1925 auf einer Farm bei Itta Bena, nahe Indianola, Mississippi, hineingeboren wird, ist kein leichtes. Die Zeiten der Sklaverei sind zwar längst vorüber, die Schwarzen aber gelten dort unten im Mississippi-Delta nach wie vor als Menschen zweiter Klasse. Die Rassentrennung ist hier so rigide wie eh und je, und viel mehr als einen Job auf einer Farm oder Baumwollplantage können die Männer nicht erreichen, während die Frauen im besten Fall als Hausmädchen unterkommen.

Die Startbedingungen sind hart, für Riley ganz besonders. Denn die Mutter Nora Ella verlässt Vater Albert wegen eines anderen, als der Junge gerade fünf ist. Nur vier Jahre später schon stirbt sie, gerade 27-jährig. Ein schlimmer Schock für Riley, mit neun ist er auf sich allein gestellt. Zwar kümmern sich die Großeltern um ihn, seinen Lebensunterhalt aber muss er jetzt selbst verdienen. Er schlägt sich bei verschiedenen Herren als Houseboy durch. Trotzdem geht er zur Schule, die fünf Meilen dorthin muss er jeden Tag zu Fuß bewältigen. Allerdings darf er morgens erst los, wenn die zehn Kühe gemolken sind. Wie er dem US-Magazin *Blues Access* 1999 erzählte: »Das Schlimmste war das frühe Aufstehen. Morgens, wenn es draußen auf den Feldern noch kalt war.« Einen Dollar verdient er pro Tag – und ausgerechnet ein Brötchengeber entpuppt sich als erster musikalischer Förderer des Jungen. King: »Zwei Monate lang behielt Mister Flake Cartledge, bei dem ich damals arbeitete, die Hälfte meines Lohns ein. Und dann kaufte er mir von dem Geld, es waren dreißig Dollar, eine Gitarre.«

Zeit für die Musik hat Riley indes kaum. Er schuftet auf einer Baumwollfarm. Erntemaschinen kommen erst Ende der Vierzigerjahre auf, in den Dreißigern werden die Früchte des Baumwollstrauches noch wie seit Jahrhunderten per Hand gepflückt. Archie Fair, der Prediger in der Holiness Church des Dorfes Kilmichael, zeigt ihm die ersten Gitarrengriffe. An den Wochenenden fährt Riley mit seiner roten Stella-Gitarre nach Indianola und spielt dort an den Straßenecken. Eine entscheidende Phase, denn: »Ich sang Gospel-Songs. Aber nur die Leute, die den Blues hören wollten, gaben mir auch Geld. Also wurde ich Bluessänger.« An manchen Tagen macht er auf diese Weise mehr Dollars als in einem Monat auf dem Traktor. Erstmals denkt er daran, es mit der Musik zu versuchen: »Als ich sah, dass sie Münzen in meinen Hut warfen, hoffte ich, gut genug zu werden, dass sie es immer machen würden. Sie tun es bis heute.«

Zu Beginn der Vierzigerjahre ist der ländliche Blues längst in die Metropolen des Südens und bis rauf nach Chicago vorgedrungen. Dort aber verändert er sich, wird lauter, aggressiver und seine Themen werden andere. Riley hört genau zu. War er als Junge noch vernarrt in die Cowboysongs von Roy Rogers, so hat er nun sein Herz für die Gospelmusik der schwarzen Kirchen entdeckt. Er liebt die Sänger der großen Big Bands, Walter Brown von Jay McShanns Orchester oder Al Hibbler, der bei Duke Ellington singt. Überhaupt, die Big Bands, ihre Musik und ihr elegantes Auftreten elektrisieren ihn. Count Basie, Jimmy Lunceford, Benny Goodman, sie sind seine Helden. Später wird B.B. King in seinen Bands immer, selbst in den magersten Zeiten, auch einen Bläsersatz beschäftigen. Und er registriert, wie Charlie Christian ab 1939 im Benny Goodman Sextett das Gitarrenspiel revolutioniert, wie der belgische Jazzgitarrist Django Reinhardt seinen unverwechselbaren Stil entwickelt und Pioniere wie Lonnie Johnson oder T-Bone Walker der Bluesgitarre ihre ureigene Sprache erschließen. All das saugt der junge Riley gierig in sich auf. Als Leadsänger sammelt er erste Erfahrungen in Gospelgruppen und begleitet sich dabei auf der Gitarre. Längst zählt er zu den Besten in seiner Gegend. Nun wird es Zeit, so glaubt er, eine Platte zu machen.

Im Mai 1946 beschließt Riley, die Baumwollfelder seiner Kindheit erst einmal hinter sich zu lassen. Mit seiner Gitarre und zwei Dollar fünfzig in der Hosentasche trampt er die hundert-und-ein-paar Meilen über den Highway 49, entlang am »Ol' Man River«, hinauf nach Memphis, Tennessee. Nicht allzu weit weg, aber eine völlig andere Welt für den Bauernjungen aus dem Delta. In den Städten des Nordens bietet das Leben für Schwarze mehr Möglichkeiten. Im Süden gibt es klare Regeln: »Du durftest nicht wohnen, wo du wolltest, du musstest weiße Frauen in Ruhe lassen. In Städten wie Chicago aber war das anders. Du durftest heiraten, wen du wolltest, und konntest dir sogar ein Auto kaufen. Außerdem konntest du dir einen feinen Anzug leisten, wir im Süden hingegen trugen tagaus, tagein diese Arbeitsoveralls ...«.

Traumhafte Aussichten für den passionierten Traktorfahrer Riley. Der besucht nun in Memphis seinen Cousin, den später ebenfalls zu Ruhm gekommenen Bluesbarden Bukka White. Zehn Monate lang wird der 21-Jährige bleiben. Die wichtigste Lektion, die Bukka ihn lehrt: »Wenn du ein Bluessänger oder ein Musiker sein willst, zieh dich an, als würdest du zu einer Bank gehen, um Geld zu leihen.« Das Klischee vom Blueser mit der Zigarette im Mundwinkel und der Whiskeyflasche in Reichweite ist King schon damals zuwider. Wer ihn jemals auf der Bühne sah, hat einen gepflegten Herrn in bester Garderobe und mit vorbildlichen Manieren erlebt.

1947 kehrt King zurück nach Indianola. Ihn quält das Heimweh, und er sehnt sich nach Martha, die er zwei Jahre zuvor geheiratet hat. Im Spätherbst 1948 aber siedelt er endgültig um nach Memphis, damals das musikalische Zentrum des amerikanischen Südens. Kaum in der Stadt, macht der 23-Jährige erstmals auf sich aufmerksam, als er in der Radioshow des späteren Bluesstars Sonny Boy Williamson (bürgerlich Aleck »Rice« Miller und nicht zu verwechseln mit dem 1948 bei einem Raubüberfall in Chicago mit einer Eispicke ermordeten Harp-Pionier John Lee »Sonny Boy« Williamson) auftreten darf. Williamsons Gitarrist Robert »Junior« Lockwood, zeitweise Begleiter des legendären Robert Johnson, kennt B. B. aus gemeinsamen Tagen in Indianola. Bald bekommt King eine eigene zehnminütige Radiokolumne beim Sender WDIA, wo er unter dem Titel »King's Spot« das Gesundheitswässerchen »Peptikon« bewirbt. Die Sendung ist so populär, dass sie zum »Sepia Swing Club« erweitert wird, Rileys eigener Show, in der er Jazz, Blues und Gospel vorstellt. Allerdings braucht der frischgebackene Radiostar einen griffigen Namen. Zunächst nennt er sich nach der legendären Straße, in der sich die wichtigsten Clubs in Memphis befinden, Beale Street Blues Boy, verkürzt das aber bald schon zu Blues Boy und dann B. B.

1949 kennt man ihn und seine musikalischen Fähigkeiten in Memphis. Er nimmt erste Tracks für Jim Bulleits Bullet Records auf, wenig später unterschreibt er einen Kontrakt bei Modern Records. Seine Platten sind zwar noch keine Hits, machen ihn aber in der Region populär und sichern ihm genügend Jobs in den Liveclubs der Stadt. Als Produzent für B. B.'s Frühwerk zeichnet in diesen Jahren oft ein rühriger junger Weißer namens Sam Phillips verantwortlich, zu dessen Kunden auch Howlin' Wolf, Rufus Thomas und der blutjunge Roscoe Gordon zählen. Bald wird er sein eigenes Studio eröffnen und Elvis Presley, Carl Perkins, Johnny Cash und all die anderen entdecken.

B.B. steht nun bald jede Nacht auf der Bühne. Einer dieser Abende kostet ihn fast das Leben. In einem Club in Twist, Arkansas, geraten zwei Männer in Streit, in der Folge kommt es zu einem Brand im Zuschauerraum. Alle flüchten nach draußen, auch B. B. Als er aber bemerkt, dass er seine Gitarre vergessen hat, rennt er zurück in das lichterloh brennende Gebäude. Er kann seine Gitarre retten, trägt aber schwere Verbrennungen davon. Am nächsten Tag erfährt er, dass sich die Männer wegen einer Kellnerin namens Lucille geprügelt haben. Fortan nennt er seine Gitarre so – das Instrument soll ihn immer daran erinnern, niemals wieder wegen einer Frau eine solche Dummheit zu begehen.

.....................................

1951 schafft B. B. King den nationalen Durchbruch. Allerdings ausschließlich bei einem schwarzen Publikum, denn in den Tagen vor Rock'n'Roll geht kein Weißer in die Konzerte eines schwarzen Bluessängers, und umgekehrt haben Schwarze bei den Konzerten weißer Künstler nichts verloren. Gleiches gilt für Schallplatten, der weiße Pop- und der schwarze Rhythm'n'Blues-Markt sind zwei verschiedene Welten. Zum Ende des Jahres gelingt B. B. King mit einer Komposition seines Kollegen Lowell Fulson, dem *Three O'Clock Blues*, der erste nationale R'n'B-Hit. Und der lässt Kings eleganten Gitarrenstil schon in ausgereifter Form hören. Der 26-Jährige hat die verschiedensten Einflüsse in seinem Spiel vereint. Ein wenig vom rauen Countryblues eines Blind Lemon Jefferson, ein paar Licks von T-Bone Walker, dem wohl ersten Bluesgitarristen, der sein Single-Note-Spiel elektrisch verstärkte, ein wenig von der wendigen Eleganz des Jazzers Charlie Christian, dazu B. B.s charakteristische Bendings, mit denen er versucht, den Klang der Pedal Steel und Hawaiian Guitar zu imitieren, und nicht zuletzt sein ganz eigenes Vibrato – all das vermengt King zu einem Stil, der bis heute unter Tausenden beim ersten Ton als seiner erkennbar ist. Dazu ist schon in diesem frühen Stadium seiner Karriere eine ungeheure Ökonomie und geschickte Dramaturgie in seinen Soli zu erkennen. Lässt but not least: Schon jetzt beherrscht er das virtuose Frage-und-Antwort-Spiel zwischen Gesangsstimme und Instrument meisterlich. Oder, wie er selbst es einmal sagte: »Wenn ich singe, spiele ich in meinem Kopf; und in dem Moment, wo ich aufhöre, mit dem Mund zu singen, singe ich mit Lucille weiter.«

Zeit also, die Dame an B. B.s Seite einmal näher zu betrachten, schließlich ist seine Musik ohne sie nicht denkbar. Lucille ist eine semiakustische Gibson ES 355 T, die stereo ausgelegte Weiterentwicklung des Ursprungsmodells ES 335. Die Gitarre ist aufgrund ihres Ahorn-Korpus mit massivem Sustainblock recht schwer, und hat, ungewöhnlich für eine Halbakustische, keine F-Löcher. Das Griffbrett ist aus Ebenholz, die Hardware vergoldet. Dazu gibt's je zwei Tone- und Volume-Regler sowie den Varitone-Schalter, mit dem sich der Klang von fett und satt bis dünn und kristallklar variieren lässt. Das Finish ist schwarz, bespannt ist sie mit einem Saiten-Satz der Stärke 010–054. Seit 1982 baut Gibson eine Nachbildung von Lucille als B. B. King Signature Model.

Mit dem *Three O'Clock Blues* und weiteren Hits wie *You Know I Love You*, *Woke Up This Morning* (das sich mit der Scheidung von Martha im Jahr 1952 beschäftigt), *Please Love Me* oder *Every Day I Have The Blues* beginnt B. B. King sein Territorium über Memphis auszudehnen. 1952 startet er seine erste nationale Tour. Spätestens jetzt ist die Straße sein Zuhause, allein im Jahr 1956 absolviert er stolze 342 Konzerte. Kreuz und quer durch die USA beackert er mit seiner fünfzehnköpfigen Band nun den sogenannten Chitlin Circuit, das Netz der Clubs, in denen schwarze Musik live gespielt wird.

Als im Zuge der Rock'n'Roll-Welle Mitte der Fünfzigerjahre erstmalig schwarze Musiker wie Chuck Berry, Little Richard, Ray Charles und Bo Diddley der Sprung in den weißen Mainstream gelingt, bleibt B. B. King allerdings außen vor. Zum Teil, weil seine Plattenfirma Crown nicht, wie etwa Chess in Chicago, in der Lage ist, sich den Gepflogenheiten des weißen Marktes anzupassen. Auch ABC Paramount, wohin

King 1962 wechselt, schafft es nicht, den Bluesstar auf dem weißen Markt zu etablieren. Zum anderen aber gilt der elegant arrangierte Big Band Blues, den B. B. spielt, nach wie vor als Race Music. Ein intellektuelles weißes Publikum akzeptiert den Blues allenfalls als romantisierten Akustik-Folk mit Authentizitätsstempel vom Baumwollfeld. Weiße Kids interessiert das Thema noch gar nicht.

Erst Mitte der Sechzigerjahre beginnt sich die Situation zu ändern. Eine Generation von jungen weißen Musikern entdeckt den Blues für sich und übernimmt das Kommando im Mainstream. Britische Bands wie Beatles, Rolling Stones, Yardbirds und Animals bringen den Blues und den in Amerika schon wieder vergessenen Rock'n'Roll zurück in ihr Ursprungsland. Dort wiederum treten junge Gitarristen wie Mike Bloomfield (Butterfield Blues Band), Steve Katz (Blues Project), Henry Vestine (Canned Heat) und Jim Gurley (Big Brother & The Holding Company) auf den Plan, die sich ausdrücklich auf den schwarzen Blues, wie er federführend von Muddy Waters, John Lee Hooker, Howlin' Wolf und anderen entwickelt worden war, berufen. Sie begeistern ein weißes Mittelstandspublikum, das sich nun seinerseits aufmacht, die Originale zu entdecken. 1968 tritt B. B. King beim renommierten Newport Folk Festival auf, es folgt ein erster Gig in Bill Grahams berühmtem Rocktempel Fillmore West in San Francisco. Ein Jahr später tritt King gar im Vorprogramm der legendären Altamont-Tournee der Rolling Stones auf.

Bezeichnend für die Situation, in der sich schwarze Blueser noch Mitte der Sechzigerjahre befinden, ist eine Anekdote, die B. B. King dem Magazin *Blues Access* erzählte: »Damals waren die Beatles das Heißeste, wovon ich je gehört hatte. In einem Magazin las ich, wie ein Interviewer John Lennon fragte, was er am liebsten mal tun würde. Er antwortete: Gitarre spielen wie B. B. King! Ich bin fast vom Stuhl gefallen und konnte nicht glauben, was ich las ... Ich war so glücklich zu wissen, dass einer der berühmtesten Leute in der Welt meinen

Namen kannte, nicht meine Musik, nur meinen Namen – das tat so gut.«

Die Akzeptanz beim weißen Publikums beschert King über den kommerziellen Erfolg hinaus auch die ersehnte Anerkennung als Musiker. Das Rockpublikum verehrt ihn nicht in erster Linie als Bluessänger und Songwriter, sondern vor allem als Virtuosen, dessen Spiel sich im Repertoire praktisch jedes Rockgitarristen wiederfindet. Was nun noch fehlt, ist ein echter Welthit, und selbst der gelingt dem inzwischen 45-Jährigen im Jahr 1970. *The Thrill Is Gone* vom Album *Completely Well* (1969) ist ein Lied mit trauriger Vorgeschichte. 1966 geht B. B.s zweite, 1958 mit der 15 Jahre jüngeren Sue geschlossene Ehe in die Brüche. Wie auch bei seiner ersten Ehe hatte sich schnell gezeigt, dass eine Beziehung B. B.s ruhelosem Leben on the road nicht standhalten konnte. Kurz nach der Scheidung erinnert er sich an diesen Song, einen 1951er-Hit von Roy Hawkins, einem Pianisten, der zu seinen Labelmates bei Modern Records gehörte und später bei einem Autounfall einen Arm verlor. King nimmt die Nummer auf und legt all seine Trauer um die gescheiterte Liebe in seinen Gesang. Den Rest besorgt Lucille. Diese fünf Minuten Musik lassen die Welt aufhorchen, endlich ist B. B. King auch den Menschen ein Begriff, die sich weder für den Blues noch für Gitarrenvirtuosen interessieren.

Und plötzlich wird der Mann, der sich über zwei Jahrzehnte lang in den übelsten Kaschemmen der US-Südstaaten plagte, von der weißen Unterhaltungsindustrie hofiert. Engagements in Las Vegas und den Musiktempeln der westlichen Welt folgen, und die Creme der Popszene will mit ihm arbeiten. Einige Kollaborationen, etwa die mit den Schülern Peter Green (*In London*, 1970) oder die mit den (Jazz) Crusaders um Wilton Felder und Joe Sample (*Midnight Believer*, 1978), gelingen, andere aber, zum Beispiel *Friends* (1974), eine verunglückte Exkursion in den modischen Phillysound, können nicht überzeugen. Kings Status als Elder Statesman des Blues und Vaterfigur der Rockmusik indes bleibt auch von misslungenen Alben unberührt.

Als B. B. seinen 60. Geburtstag feiert, hat er stolze fünfzig Alben auf dem Buckel. In einem Alter, wo andere von ihren Karrieren in der Vergangenheitsform sprechen, erlebt er eine neuerliche Renaissance und startet in den dritten Frühling. Bei einem Konzert in Dublin stehen 1987 U2 im Publikum. Nach der Show trifft man sich. Die Iren bewundern den Gitarrenpionier, und Bono erfüllt nur zu gern B. B.s Wunsch, einen Song für ihn zu schreiben. King erzählt die Story in den Liner Notes zu *Lucille & Friends* (1995): »Ein Jahr später rief mich Sid (Seidenberg, Kings Manager) an und sagte, dass Bono einen Song für mich geschrieben habe. Er sagte, dass sie in Fort Worth spielen, und dass ich die Show für sie eröffnen könne. Er hatte den Song für uns beide geschrieben, um ihn zusammen zu singen. Wir probten ihn, und als ich dann zum Finale in dieser Nacht zurück auf die Bühne kam und wir *When Love Comes To Town* sangen, standen 40.000 Leute auf. 40.000 Leute!« Mit 63 Jahren findet sich der Bluesdaddy plötzlich in den Single-Charts wieder und wird von der MTV-Generation gefeiert.

Er nimmt's gelassen und tut, was er immer schon tat: live spielen, möglichst viel. Immer noch gibt er bis zu 250 Konzerte im Jahr, und wenn er mal wieder an einem Studioalbum arbeitet, lassen auch Größen wie die Rolling Stones alles stehen und liegen und tanzen vollzählig an, um den alten Herrn im Studio zu unterstützen. So geschehen 1997, als die Engländer die Arbeit an ihrem Album *Bridges To Babylon* unterbrechen, um als Backing Band B. B.s Track *Paying The Cost To Be The Boss* für das Album *Deuces Wild* neu einzuspielen.

Ein anderer, der schon zu Beginn seiner Karriere in den frühen Sechzigern keinen Hehl daraus machte, dass er B. B. fast alles verdankt, nimmt im Jahr 2000 gar ein ganzes Album mit dem inzwischen 75-jährigen Grandaddy auf. *Riding With The King*, das funkensprühende Gemeinschaftswerk mit Eric

Clapton, wird prompt zum bestverkauften Album in B. B.s langer Laufbahn.

Fünf Jahre später feiert der King seinen achtzigsten Geburtstag auf einer Welttournee – mit einer vorläufigen Bilanz, die ihresgleichen sucht: mehr als neunzig Alben, dreizehn Grammies, ungezählte weitere Ehrungen und Preise, eine Biografie, die zum Geburtstag erscheint, ein zehn Millionen Dollar teures B. B.-King-Museum in Indianola, eröffnet im Sommer 2005, und nicht zuletzt ein nagelneues Studioalbum. Kein Grund indes, die Hände von nun an in den Schoß zu legen. King tourt nach wie vor und nahm zuletzt 2008 mit *One Kind Favor* ein neues Album auf, das mit einer Rückkehr zum puristischen Blues seiner frühen Tage überraschte.

........................................

Sein Erfolgsgeheimnis hat dieser wohl größte aller Bluesmänner einst selbst verraten: »Ich bin eigentlich immer nur so gut wie bei meinem letzten Gig. Also glaube ich nie, ich hab's geschafft, sage nicht: ›Hey, ich bin B. B. King!‹« Der ist er aber trotzdem. Und bereuen tut er gar nichts.

Höchstens eine Sache, wie er fröhlich dem US-Journalisten Steven Sharp erzählte, als der ihn fragte, was er anders machen würde, könnte er noch einmal ganz von vorn anfangen: »Vielleicht würde ich aufs College gehen, um mehr über Musik zu lernen. Auf jeden Fall aber würde ich nicht vor vierzig heiraten!« Klar, wenn man fünfzehn Kinder von fünfzehn Frauen hat.

*Empfehlenswert:*

**Live At The Regal (1965)**
Der König auf der Höhe seiner Kunst. Wohl keines von Kings Alben fängt besser die elektrisierende Performance des Meisters, das berauschende Zusammenspiel zwischen ihm und

seiner präzisen Begleitband und nicht zuletzt die orgiastische Atmosphäre im Auditorium ein als dieses, aus zwei Shows im Chicagoer Regal Theater zusammengestellte Live-Dokument vom November 1964. King hatte zwei Jahrzehnte auf dem Chitlin Circuit hinter sich, stand voll im Saft und bot dem enthusiastischen Publikum einen Querschnitt seines frühen Schaffens, darunter Highlights wie *How Blue Can You Get*, *Everyday I Have The Blues* und *Worry, Worry*.

**Reflections (2003)**
Das vielleicht beste Album im ohnehin großartigen Spätwerk. Für *Reflections* holte King diverse Koryphäen, darunter Joe Sample, Nathan East und Clapton-Sidekick Doyle Bramhall II., zusammen, um dann mit ihnen gemeinsam unter Aufsicht des Produzenten Simon Climie das ganze weitläufige Spektrum seines Blues- und Jazz-getränkten Königreichs zu durchmessen. Üppige Arrangements mit Bläsern und Streichern, genügend Raum für inspirierte Gitarrensoli und eine für einen 77-Jährigen überraschend beseelte, kraftvolle Gesangsleistung – elegant, zeitlos, außer Konkurrenz.

**Anthology**
Von den vielen Karriere-Retrospektiven dieses Ausnahmemusikers die wohl umfassendste – *Anthology* deckt auf zwei CDs den Zeitraum von 1963 bis zur Jahrhundertwende ab und konzentriert sich dabei vor allem auf die Sechziger- und frühen Siebzigerjahre, als King zweifelsohne seine wichtigste Musik einspielte. Zu hören sind neben Klassikern wie *Payin' The Cost To Be The Boss* und *Don't Answer The Door* natürlich auch das legendäre *The Thrill Is Gone*, mit dem der damals 44-Jährige seinen ersten und einzigen Welthit landete. Die 34 Tracks liefern einen repräsentativen Querschnitt durch Kings lange Karriere. Wer sich für das Frühwerk aus den Fünfzigerjahren interessiert, dem sei die Compilation *Best Of The Blues Guitar King 1951-1966* ans Herz gelegt.

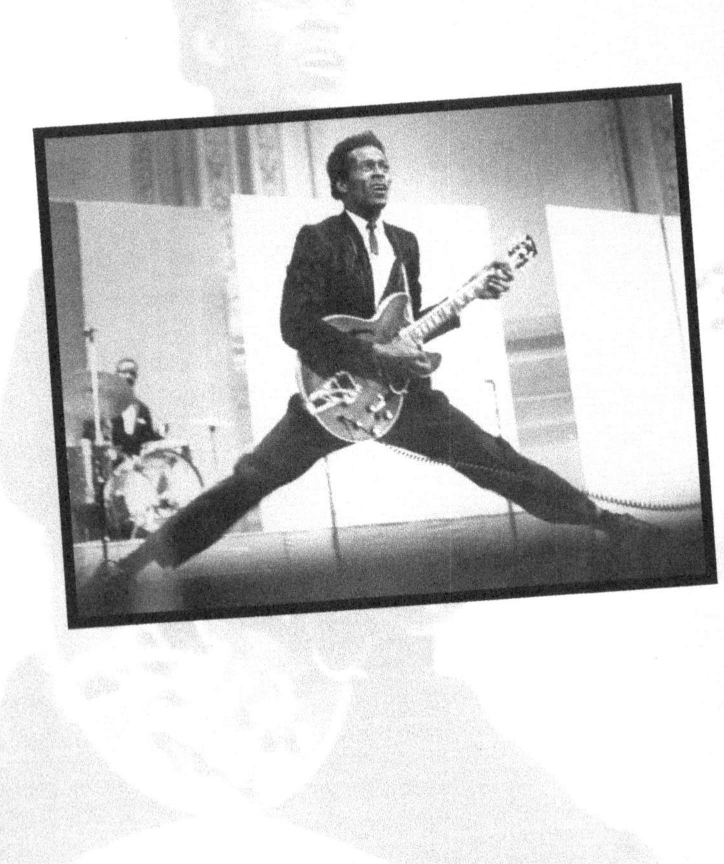

## REELIN' AND ROCKIN'

*Chuck Berry, Lehrmeister mit Entengang*

»WENN Du Rock'n'Roll einen anderen Namen geben willst, nenn' ihn einfach Chuck Berry!« Kein Geringerer als John Lennon war es, der die Bedeutung unseres Helden mit diesem Ausspruch einst auf den Punkt brachte. »Deep down in Louisiana, close to New Orleans ...« Dort in den Southern Swamps war's zwar nicht, aber in Chuck Berrys Geburtsstadt St. Louis, Missouri, hätte die kleine Holzhütte aus *Johnny B. Goode* ebenso stehen können. In diesem Song, Berrys wohl berühmtesten, prophezeit der Sänger seinem Protagonisten: »Some day your name will be in lights.« Die Grundidee der Popmusik: Zieh los mit deiner Gitarre, schreib einen coolen Song, werde reich und berühmt!

........................................

Keiner der frühen Helden des Rockzeitalters verkörperte diese Idee so perfekt wie Chuck Berry: Er war der begabteste Songwriter von allen, weder Buddy Holly, Eddie Cochran und Bo Diddley noch Jerry Lee Lewis oder Elvis, die ohnehin kaum selbst Songs schrieben, konnten ihm da das Wasser reichen. Und als Instrumentalist war Berry stilprägend wie kein anderer der frühen Rock'n'Roller, da mögen »der Killer« Lewis und der größenwahnsinnige Mr. Penniman alias Little Richard noch so sehr auf ihre Pianos gehämmert haben – Onkel Chuck war derjenige mit der breitesten musikalischen Basis.

Sein Background war durchaus bürgerlich, er war kein armer Baumwollpflücker wie Muddy Waters und John Lee Hooker. Charles Edward Berry, geboren am 18. Oktober 1926, war ein gebildetes und kultiviertes Mittelstandskind. Seine Mutter war immerhin Lehrerin, und die große Familie wohnte im besten Viertel, das in der damals noch strikt der Rassentrennung verhafteten Südstaaten-Metropole St. Louis für Schwarze zugelassen war. Chucks musikalischer Horizont reichte schon in Kindertagen von der Blues-Lady Billie Holiday und dem Jazz-Intellektuellen Duke Ellington über George Gershwins Kompositionen bis hin zu frühen Hillbilly-Stars wie Jimmie Rodgers und Roy Acuff. Er wusste sehr genau, was er da tat, und war wohl der Erste, der die mitunter tumbe weiße Countrymusik und ihre starre Form in Hirn und Hose eines smarten Schwarzen tauchte, also gleichsam mit Rhythm'n'Blues durchlauferhitzte. Womit er die für kommende Jahrzehnte gültige Formel für Rockmusik schuf.

Auch seine Qualitäten als Entertainer standen denen des frühen Elvis, denen des wilden Lewis oder denen des überdrehten Little Richard nicht nach. Das Bild des verschmitzt grinsenden Mannes mit der roten Gitarre, der die Bühne im Duckwalk quert und dabei listig die Augen rollt, dürften selbst Menschen kennen, die sich nie sonderlich für Musik interessiert haben. Und seine Songs sowieso, die gehören zur grundlegenden Popbibliothek wie Dierkes Weltatlas in den Erdkundeunterricht. *Maybellene*, *Sweet Little Sixteen*, *Roll Over Beethoven* oder *Rock'n'Roll Music*, um nur die bekanntesten zu nennen, definieren bis heute nicht nur musikalisch das, was wir unter Rock'n'Roll verstehen, sie zeichnen auch ein präzises Bild der Lebens- und Gefühlswirklichkeit von Teenagern in den Fünfzigerjahren – einer der Hauptgründe für seinen immensen Erfolg auf dem weißen Mainstream-Markt. Im Popbereich war er in dieser Hinsicht der erste Afroamerikaner, der mit originär schwarzer Musik die Portemonnaies weißer Plattenkäufer leerte.

Wo andere aus Blues, Hillbilly und Rockabilly im besten Fall ihren persönlichen Stil destillieren, kreiert Berry nicht nur diesen, sondern intuitiv dazu noch weitere wichtige Zutaten, auf die Pop seitdem zurückgreift: Neben den musikalischen Duftmarken ist das vor allem seine damals auf dem Popmarkt kaum gepflegte, geradezu journalistische Storyteller-Perspektive. Bruce Springsteen erklärte das Jahre später so: »Er hatte einen tollen Blick fürs Detail. Nimm den Song *Nadine*, darin singt er von einem ›kaffeefarbenen Cadillac‹. Ich hatte so einen Wagen noch nie gesehen, als ich den Song zum ersten Mal hörte, aber ich konnte ihn mir in diesem Moment genau vorstellen. Diese Dinge haben auch mein Songwriting immens beeinflusst.«

In Chucks Elternhaus gehörten Literatur, Theater und Bibelzitate zur geistigen Grundnahrung. Kein Wunder also, dass sich seine Poptexte von den damals üblichen, willkürlich aneinander gereihten Romantikklischees deutlich unterschieden. Seine Songs spielten in der Wirklichkeit, beinhalteten also auch soziale Kommentare – im Pop der Fünfzigerjahre ein absolutes Novum. Seine bildhafte Poesie hatte mehr von einer TV-Reportage in Reimform. Mit seinen so hintergründigen wie sprachverliebten Texten machte er zudem auch umgangssprachliche Wortspielereien im Pop salonfähig – was sich wenige Jahre später nachhaltig auf die Arbeiten von Bob Dylan, John Lennon und Mick Jagger auswirken sollte. Ebenso übrigens auch Berrys konkurrenzlos sicherer Sinn für Form und Ökonomie beim Schreiben *und* Spielen.

Und dann ist da noch etwas, das Berry im Unterschied zur zeitgenössischen Konkurrenz in den Rang einer über den Dingen thronenden Ikone erhebt: Mit seiner Gitarre schuf er ein einzigartiges Rock'n'Roll-Vokabular. Er entwickelte nicht nur seinen eigenen Vorrat an musikalischen Markenzeichen, er definierte mit seinem Spiel sogar – einzigartig in der Popgeschichte – das kleine Einmaleins für jeden, der nach ihm die Gitarre in die Hand nahm, um damit zu rocken. All die großen, stilprägenden Bands der Rock-Ära wären ohne Chuck Berry nicht denkbar. Fast im Alleingang etablierte er die Gitarre als führendes Instrument der weißen Popmusik. Auch wenn Männer wie Hank Williams oder Elvis gerne mit Gitarre vor ihr Publikum traten, sie benutzten das Instrument ausschließlich zur rhythmischen Begleitung. Berry indes setzte sie gleichermaßen als Rhythmus- und Soloinstrument ein, was bis dahin nur in den Bluesclubs von Chicago üblich war. Wie ein Klavier benutzte er die sechs Saiten, begleitete seinen Gesang mit rhythmischen Figuren auf den tiefen und setzte zwischen die Zeilen Fills, die er auf den hohen spielte – bis heute das grundlegende Prinzip der Rockgitarre. Der entscheidende Trick: Berry spielte kaum je Single Notes, er doppelte sie immer, spielte grundsätzlich mindestens zwei Saiten gleichzeitig an, wodurch sein voller, dynamischer Ton zustande kam. Keith Richards von den Rolling Stones, wohl Berrys gelehrigster Schüler, hat dafür eine so simple wie einleuchtende Erklärung: »Dieser Typ ist einfach riesengroß und hat riesige Hände – an ihm sehen diese dicken Gibsons aus wie eine Ukulele.« Trotzdem verfügte Berry durchaus über technische Fertigkeiten und eine große spielerische Eleganz. Sein Spiel speiste sich zu gleichen Teilen aus der Kunst der frühen Jazzvirtuosen wie Charlie Christian, aber auch aus dem rauen, zupackenden und effektvollen Stil eines Muddy Waters und, ganz besonders, T-Bone Walker. Dazu finden sich Spuren der Hillbilly-Musik von Gene Autry und Kitty Wells, die Chuck in seinen Kindertagen im Radio hörte. Nicht zuletzt borgte er sich jede Menge Zutaten beim Ende der Vierzigerjahre höchst erfolgreichen Combo-Swing von Louis Jordan, einem seiner frühen Idole.

All die musikalische Kultiviertheit allerdings verbarg er gerne hinter seinen Bühnenkaspereien. Überhaupt, er war von

Anfang an ein begnadeter Entertainer, sein »Duckwalk« ist dabei nur der berühmteste von vielen weiteren Späßen, mit denen er sein Publikum seit je in den Bann zieht.

..................................

Dabei fängt der junge Chuck erst spät an, sich für die sechs Saiten zu interessieren. Zunächst reichen ihm vier – erst als 16-Jähriger sattelt er von der Tenorgitarre um auf eine richtige Sechssaitige. Viel lernt er von seinem frühen Mentor Ira Harris, einem Schüler Charlie Christians. Über die Jahre formt sich sein Stil in den Clubs von St. Louis, der entscheidende Schritt dürfte aber das Zusammentreffen mit Johnnie Johnson und dessen Trio sein, dem sich der bereits 27-jährige Berry Silvester 1953 anschließt. Hier trifft ein mit allen Wassern gewaschener Bluespianist auf einen geborenen Spaßvogel mit überdurchschnittlichen Fähigkeiten als Gitarrist und jeder Menge musikalischer Phantasie.

Um der Wahrheit die Ehre zu geben: Berry schloss sich dem Johnny Johnson Trio nicht als bescheidenes neues Mitglied an, vielmehr muss man den Vorgang eine freundliche Übernahme nennen, gegen die sich Johnson aus guten Gründen nicht wehrte. Einen besseren Frontmann hätte die Truppe nicht finden können. Das war gut fürs Geschäft, und das wusste der Profi Johnson sehr genau. Berry und Johnson werden mit ihrer Truppe schnell zur Hauptattraktion auf den Bühnen der Stadt, vor allem im Cosmo Club in East St. Louis. Die einzige Konkurrenz stellte die Band von Ike Turner dar.

Im Mai 1955 kommt es in Chicagos Chess Studios zu Berrys erster, durch Vermittlung von Muddy Waters zustande gekommenen Aufnahmesession. Der Titel zeigt exemplarisch, wie Chuck aus dem Pre-Rock'n'Roll-Pop jener Tage seinen ureigenen Stil zimmert: Ursprünglich hieß die Nummer *Ida Red* und war 1938 ein Country-Hit von Bob Wills. Der Song gehört schon eine Weile zu Berrys Bühnenrepertoire, wie auch einige andere Country-Songs, denn das gemischtrassige Publikum im Cosmo hört diese Musik gerne. *Ida Red* hat sich unter Berrys Händen allerdings in einigen entscheidenden Punkten verändert. Chuck hat den Text umgeschrieben – er handelt jetzt von einem untreuen Mädchen – und ihn mit jeder Menge Cadillacs, Coupé de Villes und sonstigen Symbolen des Nachkriegslebensstils aufgemotzt. Dazu hat er die Nummer gleichsam tiefer gelegt, ihr einen strammen Backbeat sowie ein Intro von ebenso großer Spannung wie rhythmischer Finesse verpasst. Zwischendrin hat er noch schnell das erste wirklich große Gitarrensolo der Rockgeschichte aus der Hüfte geschossen. Nach 2:18 Minuten ist *Maybellene*, wie der Song nun heißt, vorbei – und der Rock'n'Roll hat, ein Jahr bevor Elvis der nationale Durchbruch gelingt, seine musikalische Visitenkarte. Was sich übrigens auch an den Verkaufslisten ablesen lässt: Platz 1 in den R'n'B-Charts, immerhin Platz 5 in den landesweiten Pop-Charts. Aufschlussreiche Fußnote zum gelungenen Einstand: Berrys ureigene Mischung aus Country und Rhythm'n'Blues, damals völlig neu, löst Irritationen über seine Hautfarbe aus. Außerhalb von Memphis ist er schließlich noch völlig unbekannt, kaum jemand hat ein Bild von ihm gesehen, und so vermuten nicht wenige, dass es sich da wohl um einen Weißen handeln müsse. Chess Records trägt bewusst nichts zur Aufklärung bei und verschickt stattdessen absichtlich überbelichtete Promotion-Fotos.

Das Kleingedruckte auf der Single jedoch hat es in sich und beschert Berry eine seiner wichtigsten Lektionen im Plattenbusiness. Als Autoren nennt das Plattenlabel zur größten Verwunderung des Künstlers neben dessen Namen auch die von Russ Fratto und Alan Freed. Tiny Moore und Bob Wills hingegen, die Komponisten von *Ida Red*, das für *Maybellene* immerhin Modell stand, verschweigt man. Mit Freed hat Berry bereits zu tun gehabt, er ist eine nationale Berühmtheit und gilt mit seiner wöchentlichen Show beim New Yorker Radiosender WINS als einflussreichster R'n'B-Discjockey des

Landes. Freed hat *Maybellene* als Erster gespielt und ist so durchaus mitverantwortlich für den Erfolg der Platte. Von Fratto aber hat Berry nie gehört. Wie sich herausstellt, ist der Mann der Vermieter der Räumlichkeiten, in denen Chess Records sich niedergelassen hat. Aus Gefälligkeit hat Leonard Chess die beiden Männer am Erfolg von *Maybellene* beteiligt. Eine Hand wäscht die andere, in den Fünfzigerjahren im Musikbusiness wie auch woanders gängige Praxis – allerdings auf Kosten der Künstler. In seiner Autobiografie sagt Berry dazu: »Bei meiner ersten Tantiemenabrechnung stellte ich erstaunt fest, dass jemand namens Russ Fratto und dieser Alan Freed, mit dem ich telefoniert hatte, Mitautoren des Songs waren. Als ich später mit Leonard Chess darüber sprach, behauptete er, dass der Song mehr Aufmerksamkeit erhalten würde, wenn bekannte Namen darunter stünden. Da ich unbekannt war, schien mir seine Argumentation einleuchtend – zumal er vergaß zu erwähnen, dass auch die Tantiemen aufgeteilt wurden.«

Im Anschluss an *Maybellene* gelingt Chuck Berry eine lupenreine Serie, jeder Song ein Treffer, ach was, allesamt werden sie Instant-Klassiker: Neben den schon genannten sind dies *Carol*, *Back In The USA*, *Too Much Monkey Business*, *Reelin' And Rockin'*, *You Never Can Tell*, *Let It Rock* und andere mehr. Wer sich mit diesen Berry-Stücken auseinandersetzt, entdeckt schnell die typischen, von Gitarristen-Generationen nachgebeteten Merkmale seines Spiels. Das klassische Chuck-Berry-Intro etwa, exemplarisch zu hören in *Johnny B. Goode*, mit seiner von der Terz zum Grundton aufsteigenden Melodielinie, die dann in einem Stakkato von Grundton und Quinte ihren Gipfel findet. Der Trick funktioniert bis heute – noch immer lässt sich jedes Kneipenpublikum zwischen St. Louis und St. Petersburg mit diesem Intro anstandslos von null auf hundert bringen. Geklaut hat Berry die Idee zu diesem Intro, wie er einmal verriet, bei Louis Jordans Band. Interessante Variationen lässt Chuck auf *Carol*, *Sweet Little Sixteen* und

*Brown Eyed Handsome Man* hören, wo er das Ganze mit einer leicht karibischen Note anreichert.

Double Notes, gerne auch als Bendings, sowie die immer wieder auftauchenden Boogie-Muster sind aber nicht das ganze Geheimnis von Chucks einzigartigem Stil. Und auch die berühmte kirschrote Gibson ES 355 mit ihrem charakteristisch warmen und aggressiv-kräftigen Ton macht allein noch keinen Berry. Zu all dem kommt zusätzlich ein Phänomen, das sich musikalisch kaum definieren lässt: Chucks Musik swingt. In seinem Fall bedeutet Rock'n'Roll mehr Roll als Rock. Dieser eigenartige, irgendwo zwischen gerade gespieltem Viervierteltakt und Shuffle schwebende Swing ist das eigentliche Geheimnis von Chucks so ungeheuer ansteckenden Grooves. Besonders deutlich zu spüren ist das in den Originalaufnahmen von *Sweet Little Sixteen*, *Sweet Little Rock'n'Roller* oder auch *Down The Road A Piece* (aus der Feder von Don Raye und 1946 ein Hit für Amos Milburn). Der amerikanische Journalist Clive Anderson umschrieb das mal mit den kaum übersetzbaren Worten »... nothing is forced but everything swings«. Diesen nicht stampfenden, eher sachte schaukelnden Rhythmus hat Berry von seinen großen Vorbildern, allen voran Louis Jordan und Nat King Cole, übernommen.

Ein Stilmerkmal, das die direkte Verwandtschaft des Rock'n'Roll mit dem Big-Band- und Western-Swing der Dreißiger- und Vierzigerjahre offenbart. Berry verschmolz diese Rhythmik mit der emotionalen Kraft des R'n'B und den Harmonien der Hillbilly-Musik. Wer die superbe, sparsam spielende, aber umso druckvoller groovende Chuck Berry Band mit Pianist Johnnie Johnson und Drummer Ebby Hardy – ohne Bassist! – auf ihren frühen Aufnahmen hört, der kann verstehen, warum englische Teenager wie elektrisiert in die Läden rannten und Gitarren kauften, als sie Ende der Fünfzigerjahre diese unwiderstehlichen Rhythmen erstmals hörten.

Zurück zu Chuck: Er gehört schnell zu den erfolgreichsten Künstlern des Rock'n'Roll, landet einen Hit nach dem anderen und bringt es bald zu Wohlstand. Einen jähen Einschnitt, von dem er sich eigentlich nie recht erholen wird, bringt jedoch das Jahr 1960: In einem umstrittenen Justizverfahren wird ihm vorgeworfen, eine 14-jährige Indianerin, die als Prostituierte gearbeitet hat, in seinem Nachtclub angestellt zu haben. Grundlage der Anklage ist der sogenannte Mann Act, ein seit 1910 bestehendes Gesetz, das es verbietet, Minderjährige von einem US-Bundesstaat in einen anderen zu bringen, wenn dabei »unmoralische Absichten« eine Rolle spielen. Bereits kurz nach Inkrafttreten des Gesetzes hatte man den schwarzen Boxweltmeister Jack Johnson mit Hilfe dieses Gesetzes für einige Zeit aus dem Verkehr gezogen – auch das Verfahren gegen Berry hat einen deutlich rassistischen Hintergrund. Im Oktober 1961 wird der Musiker für zwei Jahre in den Knast geschickt. Spätestens jetzt wird der Mann, der dem Rock'n'Roll so viel Lebensfreude geschenkt hat, bitter und misstrauisch. Zwar erlebt er mit der britischen Rock-Revolution, die ihm als wichtigste Inspiration ihren Tribut zollt, auch eine gewisse Rehabilitation im eigenen Land. Seine Songs werden durch Dutzende von Coverversionen, vor allem die der Beatles und Rolling Stones, wieder zu Hits. Als Hitparadenkünstler ist Berry selbst jedoch weg vom Fenster.

Seinen Wert freilich hat er nie in erster Linie an Hitparadenplatzierungen festgemacht. Die entscheidende Rolle spielt für ihn von jeher – und da ist er Amerikaner durch und durch – die Summe, die er am Ende des Tages nach Hause bringt. Und die stimmt, auch in den Sechzigerjahren kann er zufriedenstellende Gagen fordern. Seine Kosten halten sich ohnehin in Grenzen. Längst schon bezahlt er keine festangestellte Band mehr, stattdessen macht er es sich zur Angewohnheit, vor Ort mit fremden Begleitgruppen zu spielen, die zum einen nicht teuer sind (mit Berry möchte jeder junge Musiker spielen) und zum anderen seine Songs ohnehin auswendig kennen. Wie ein Handelsvertreter in Sachen Rock'n'Roll reist er ohne weitere Begleitung zu seinen Konzerten, sein Gepäck besteht tatsächlich nur aus seiner Gitarre und einem Handköfferchen mit dem Allernötigsten. So nutzt Chuck seinen Ruhm in den folgenden Jahrzehnten vor allem, um live mit meist zweifelhaften Begleitbands sein Geld zu verdienen.

Dass er sich dabei nicht seinen Ruf ruiniert, liegt an seiner Gottvater-ähnlichen Status, den er als Chef-Architekt der Rockmusik vor allem bei jungen Kollegen genießt. Als 1969 in Toronto das erste echte Rock'n'Roll-Revival-Festival stattfindet, reist sogar Beatle John Lennon mit dem Kollegen Eric Clapton im Schlepptau an, um dem Meister öffentlich Referenz zu erweisen. Die Generation Woodstock hat ihren Chuck willig in die Arme geschlossen.

1972 erlebt er sogar einen unverhofften Karrierehöhepunkt: Anlässlich eines England-Besuchs nimmt er einige Stücke mit englischen Musikern auf. Das Material reicht allerdings nicht für ein ganzes Album. Also wird die zweite Seite von *The London Sessions* mit zur selben Zeit im Königreich entstandenen Live-Aufnahmen bestückt, darunter das zwölfminütige *My Ding-A-Ling*. Das Stück, das seit den Fünfzigern zu Berrys Bühnerepertoire gehört, ist zwar nichts besonderes, bietet ihm aber reichlich Gelegenheit zur Interaktion mit dem Publikum. Die Plattenfirma veröffentlicht einen zweiminütigen Zusammenschnitt des launigen Spektakels als Single und landet damit überraschend einen Nr.-1-Hit – Chucks erster überhaupt! Der findet's prima, lässt sich für seine anspruchslosen Konzerte weiterhin fürstlich entlohnen und ansonsten den lieben Gott einen guten Mann sein.

.................................

Erst 1986 taucht der Altmeister wieder im Scheinwerferlicht der Medien auf. Der Regisseur Taylor Hackford setzt ihm zum 60. Geburtstag ein Denkmal mit dem dokumentarischen Kinofilm Hail! Hail! Rock'n'Roll, der auch ein Konzert des Jubilars im ehrwürdigen Fox Theatre in St. Louis unter der musikalischen Leitung von Keith Richards zeigt. Die interessantesten Szenen darin sind nicht unbedingt die aus dem Konzert, sondern die von den Proben. Man sieht einen genervten Richards und einen zickigen, sturen Berry streiten wie die Kesselflicker – und zwar darum, wie das Intro von Carol nun richtig gespielt wird. Natürlich setzt sich Chuck durch. Und als Richards behutsam Kritik an den Einstellungen von Berrys uraltem Fender-Verstärker äußert, giftet der alte Mann zurück: »Ich bin Chuck Berry, nicht du. Und ich bin 60 Jahre lang mit meinem Setting und mit meiner Musik durchgekommen. Also werde ich daran nichts ändern!« Was können ihm diese weißen britischen Grünschnäbel schon vom Rock'n'Roll erzählen? Inzwischen ist er 83 Jahre alt – und sieht das wohl kein bisschen anders. Go, Chuck, go!

*Empfehlenswert:*

**Chuck Berry Is On Top (1959)**
*Maybellene* liegt gerade vier Jahre hinter ihm, das Gefängnis noch vor ihm, da wirft Chess mit dieser Sammlung von Einzelaufnahmen ein Album auf den Markt, das die Essenz von Chuck Berrys frühem Schaffen darstellt. Fast jeder Song ein Volltreffer: *Maybellene* natürlich, *Carol*, *Sweet Little Rock'n'Roller*, *Almost Grown*, *Little Queenie*, *Roll Over Beethoven*, *Around And Around*, nicht zu vergessen *Johnny B. Goode* – alles was gut und erfolgreich war. Dazu weniger Bekanntes, nichtsdestotrotz echte Berrys, etwa *Jo Jo Gunne* und *Hey Pedro*, ein beschwingter Ausflug ins Latin-Fach.

**The Definite Collection**
Alles drauf, alles drin – jedenfalls alles, was man auf eine einzelne CD packen kann. 30 Songs, darunter neben den unverzichtbaren Klassikern aus den Fünfzigern auch die Perlen späterer Jahre wie *You Never Can Tell* oder *Promised Land*. Wer sich intensiver mit Berrys Werk auseinandersetzen möchte,

sollte sich die beiden 4-CD-Box-Sets *His Complete 50s Chess Recordings* und *His Complete Chess Recordings 1960–1966* zulegen.

**Hail! Hail! Rock'n'Roll (DVD)**

Im Jahr 2007, 20 Jahre nach der Uraufführung, erschien dieser knapp zweistündige Film von Taylor Hackford auch auf DVD. Anlässlich des 60. Geburtstags von Chuck Berry entstanden, zeigt er zu etwa gleichen Teilen Interviews mit Berry, dessen Familie und diversen befreundeten Musikern, Aufnahmen der Geburtstags-Konzertgala, die im Fox Thetare von St. Louis stattfand, sowie die im Vorfeld veranstalteten Proben mit einer von Keith Richards geleiteten Band. Neben der packenden Performance des Meisters, unterstützt von Gaststars wie Etta James, Linda Ronstadt, Eric Clapton, Julian Lennon und Robert Cray, überzeugt der Film vor allem durch die authentische Darstellung der Proben, wo es gelegentlich hoch herging. Neben dem eigentlichen Film enthält das 2-DVD-Set reichlich Bonus-Material, darunter eine weitere Stunde mit bislang unveröffentlichtem Material von den Rehearsals, sowie eine ebenfalls 60-minütige Making-Of-Dokumentation. Unbedingt empfehlenswert!

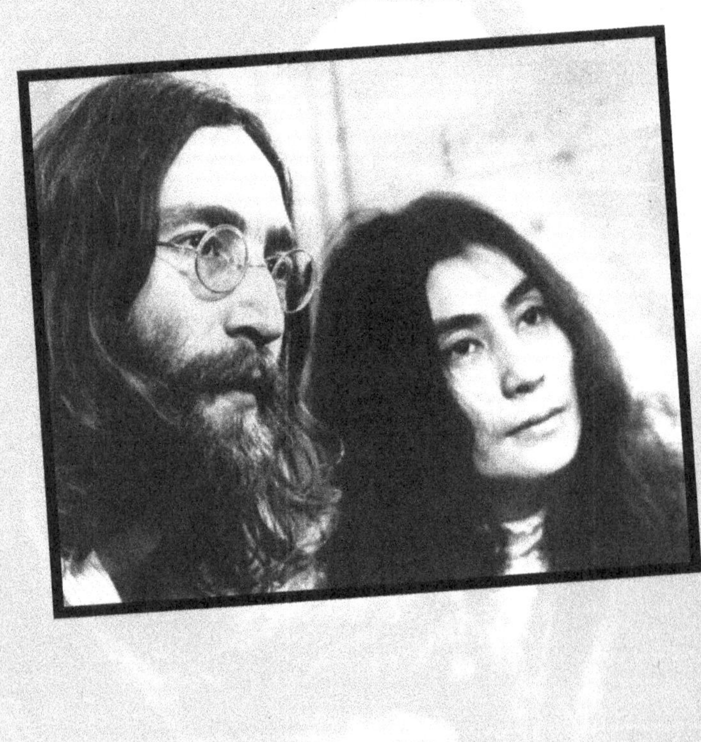

## WORKING CLASS HERO

*John Lennon – der Beatle, der keiner mehr sein wollte*

EGAL konnte er einem nicht sein, das nicht. John Winston Lennon polarisierte. Und John Ono Lennon, wie er sich seit dem 22. April 1969 nannte, erst recht. Für die einen war der Mann mit der Nickelbrille ein Heiliger, für die anderen ein neureicher Spinner. Für subversiv und gefährlich hielt ihn der US-Geheimdienst, die überwältigende Mehrheit der westlichen Jugend hingegen sieht bis heute in ihm den Nobelpreis-verdächtigen Friedenskämpfer und das Genie hinter den Beatles.

Ob die kleine japanische Hexe ihn nun verzaubert, irregeleitet oder doch nur begleitet hat auf einem Weg, den er ohnehin gegangen wäre – was spielt das für eine Rolle bei einem Vermächtnis, das so stark ist wie *Imagine* und *Strawberry Fields Forever*? Fakt ist: Der Mythos Lennon ist heute, 30 Jahre nach dem Tod seines Helden, größer denn je. Ohne weiteres darf man behaupten, dass mindestens neun von zehn Bundesbürgern mit seinem Namen etwas anzufangen wissen. Und nicht nur die. Wo westliche Kultur leitet, da ist John Lennon populär. Ein Bekanntheitsgrad, den allenfalls Jahrhundertgenies wie Picasso oder Chaplin erreichen. Die Probe aufs Exempel ist überflüssig, zu präsent ist Lennon auch in der Wirklichkeit von heute. Und sei es, weil die russische Stadt Jekaterinburg dem Co-Komponisten von *Yellow Submarine* zum 65. Geburtstag ein drei Meter langes gelbes Unterseeboot-Modell spendierte, das nun friedlich in einem See nahe der Stadt dümpelt. Aus dem Bullauge, so vermeldet die Nachrichtenagentur Agence France Press, grüßt freundlich John in Plastik. Oder weil man einen neu entdeckten Planeten nach ihm taufte und, naheliegender, der Liverpooler Flughafen seit einigen Jahren schon John Lennon Airport heißt.

Vielleicht begann John Lennons zweites Leben, das nach den Beatles und das, um das es hier gehen soll, schon an jenem 9. November 1966, als er in der Kunstgalerie Indica am Londoner Mason Square auf eine Leiter kletterte, um an der Decke das nur mit einer Lupe zu entziffernde Wort »Yes« zu finden. Da dürfte John kaum geahnt haben, was die Bekanntschaft mit der wundersamen, für die eigenwillige Installation verantwortlichen Künstlerin ihm bringen würde. Vielleicht aber häutete sich der Noch-Beatle auch erst am 25. März 1969 entscheidend. Von da an hütete er gemeinsam mit Yoko Ono, die er fünf Tage zuvor geheiratet hatte, für eine Woche im Amsterdamer Hilton Hotel öffentlich das Bett. »Bed-In« nannten sie die Aktion, dem Frieden wollten sie damit eine Chance geben. Oder offenbarte sich der wahre, der echte, der nackte John zum ersten Mal am 11. November 1968 auf dem Cover von *Unfinished Music, No.1: Two Virgins*, einem Album mit kaum anzuhörenden Klangcollagen, die wohlmeinende Geister in der Nähe von John Cages Begriff der Konzeptmusik ansiedelten? Selbst sexuell befreiten Hippies war das Plattencover mit den textilfreien Künstlern, frontal und wenig schmeichelhaft abgelichtet, peinlich. Weshalb die Plattenfirma EMI die Scheußlichkeit verschämt in braunes Packpapier wickeln ließ und die US-Behörden im Januar 1969 über 50.000 Exemplare beschlagnahmten.

Spätestens seit der Sache mit *Two Virgins* war klar: Bei Beatle John war mit allem zu rechnen. Verlassen konnte man sich bei ihm auf gar nichts, mit Ausnahme seiner rückhaltlosen Radikalität. Wer nur genau genug hingesehen hatte, der ahnte schon in frühen Beatles-Tagen, dass Johns Ambitionen über die eines Posterhelden hinausreichten. Außerhalb der Band hatte er bereits 1964 mit der Gedicht- und Cartoonsammlung *In His Own Write* sowie dem Folgeband *A Spaniard In The Works* irritiert. 1966 dann hatte ihn sein ruheloser Geist nach Spanien und auf einen Truppenübungsplatz im Niedersächsischen getrieben, wo er mit Richard Lester die Avantgardekomödie *How I Won The War* drehte. Aus purer Langeweile, zuvor hatten die Beatles die Tourneen aufgegeben. Denen hatte er übrigens bereits zu Beginn des selben Jahres mit der berüchtigten »Wir sind populärer als Jesus«-Bemerkung ihre ersten unangenehmen Schlagzeilen und damit einen hässlichen Fleck auf dem Bild der allseits geliebten, fröhlichen Viererbande beschert.

.....................................

Nun aber, 1969, als seine Beatbrüder Paul, George und Ringo noch überlegen, wo's nach dem Split der Gruppe hingehen soll, hat sich John als Enfant Terrible einer Popszene profiliert, in der es auch ohne sein Zutun von Verrückten, Spinnern und seltsamen Heiligen wimmelt. Die »War is over«-Kampagne, Scheidung von Cynthia, Toronto Rock'n'Roll Revival, *Revolution No. 9*, Plastic Ono Band, Autounfall in Schottland, Hochzeit in Gibraltar, Jaggers *Rock'n'Roll Circus*, Pressekonferenz in einem Leinensack, Fototermin auf der Abbey Road, Bed-Ins in Amsterdam und Montreal, *Give Peace A Chance* und *Cold Turkey* – in den turbulenten Jahren 68/69 scheinen Johnandyoko überall gleichzeitig zu sein. Das schillernde Paar beherrscht die Schlagzeilen weltweit und ist sich offenbar für nichts zu schade. Ach ja, den MBE-Orden, den die Queen den Pilzköpfen wegen außergewöhnlicher Verdienste um die Exportwirtschaft verliehen hatte, gibt Lennon auch zurück.

Aus Protest natürlich. Neben dem britischen Engagement im Biafra-Konflikt und Uncle Sams Krieg in Vietnam passt ihm auch der Umstand nicht, dass *Cold Turkey* in den Charts nichts zu melden hat.

Reichlich anmaßend, ambitioniert und politisch für einen simplen Popstar. Aber als solcher versteht sich dieser John Lennon sowieso nicht mehr. Und auch ein Beatle will er nicht länger sein, spätestens seit er Ono heißt. Verständlich. Klaus Voormann, Freund und Vertrauter seit frühen Hamburger Tagen, fasst die damalige Stimmung im Beatles-Lager unsentimental zusammen: »Dieses ganze Beatles-Ding empfand John zum Ende als Mühlstein um den Hals. Und nicht nur er, auch George und Paul, sogar Ringo. Die Jungs konnten einfach nicht mehr sie selbst sein.«

Lennon zieht die Notbremse als erster. Die anderen hat er im Herbst 1969 wissen lassen, dass seine Zeit als Beatle abgelaufen ist. Bevor er damit öffentlich rausrückt, will er allerdings noch warten, bis Allen Klein den neuen Vertrag mit EMI ausgehandelt hat. Bekanntlich ist es dann Paul McCartney, der das Ende der Band am 10. April 1970 der Presse mitteilt. Da aber sitzt John mit seiner Yoko schon längst draußen in der Grafschaft Berkshire. Westlich von London in Sunningdale, wo beide ein Jahr zuvor das Anwesen Tittenhurst Park erworben haben, beschäftigt er sich damit, den Beatle in sich zu exorzieren.

Den kalten Heroinentzug hat er im Sommer 1970 bereits hinter sich, nun ist er dabei, mit Hilfe der Urschrei-Therapie von Professor Walter Janov die Traumata seiner Kindheit aufzuarbeiten. Als das musikalische Ergebnis dieses Jahres, Johns erstes echtes Soloalbum *John Lennon/Plastic Ono Band*, im November erscheint, muss die Popgemeinde erst einmal schlucken. Das hier hat rein gar nichts zu tun mit den Jungs aus Liverpool. Lennons neue Songs, Sachen wie *God*, *Mother*, *Isolation* oder *Working Class Hero*, kommen spröde daher. Karg instrumentiert, ein bisschen Gitarre, rumpelnde Drums, brachiale Piano-Akkorde. Keine leichte Kost, wirklich nicht. Und thematisch so radikal wie kein Album zuvor. Rücksichtslos zerrt John hier aus den düstersten Winkeln seiner Seele hervor, was ihm zu schaffen macht. Gefühle wie Angst, Zerrissenheit, Entfremdung und Enttäuschung. Schon die Songtitel lassen kaum Fragen offen. Der vater- und weitgehend mutterlos aufgewachsene Junge aus der Arbeiterklasse, der es zu Weltruhm gebracht hat und nun daran fast zerbrochen ist, legt die Karten auf den Tisch. Und schert sich einen Dreck darum, ob irgendwer von ihm ein neues *All You Need Is Love* erwartet. *Help* war nur die Ouvertüre gewesen, jetzt geht's ans Eingemachte, »Mama don't go-uaaah! Däääh-ddy come home«. Nie zuvor war ein Popmusiker so nackt vor sein Publikum getreten. Zu nackt für die meisten – *Plastic Ono Band* verkauft sich bescheiden, nicht nur nach den Maßstäben eines Beatle.

Aber die bis zur Selbstaufgabe aufrichtige Platte hält ein paar unwiderstehliche Melodien bereit und, wichtiger noch, sie hilft John, seinen Weg aus den Sechzigern zu finden. Um dem Mythos Beatles den endgültigen Garaus zu machen, gibt er dem US-Magazin *Rolling Stone* ein ausführliches Interview. Und redet Klartext. Thema Beatles: »Das Ganze war ein Traum. Ich glaube nicht mehr an den Traum.« Oder Yoko: »Yoko ist mindestens so wichtig für mich wie Paul und Dylan zusammen.« Noch Fragen?

.....................................

Im Frühling 1971 wird durchgeatmet auf Tittenhurst. *Plastic Ono Band* hat einen künstlerischen Pflock eingeschlagen, der die drei experimentellen Alben davor – neben *Two Virgins* noch *Life With The Lions: Unfinished Music No. 2* und *Wedding Album* (beide 1969) – vergessen macht. Und John hat eine wichtige Lektion gelernt: Will er ein Hitalbum haben, dann muss er die Sache mit dem nötigen Zuckerguss versehen. Oder wie er selbst sagt: »Bring deine politische Botschaft mit etwas Honig rüber.« Für sein nächstes Album holt er also neben bewährten Kräften wie Alan White (später Yes), Klaus Voormann und George Harrison Cracks wie Nicky Hopkins, Jim Keltner und Jim Gordon. Überdies nimmt Produzent Phil Spector die in Ascot eingespielten Tracks mit nach New York, wo er sie nach dem Vorbild des Beatles-Abgesangs *Let It Be* (1970) mit Bläsern und Streichern anreichert. *Imagine*, veröffentlicht am 9. September 1971, ist dann tatsächlich radiofreundlich und, wie sich bald schon zeigen soll, absolut hitträchtig.

Die Themen von *Imagine* sind natürlich dieselben wie die des Vorjahres. Das gallige *How Do You Sleep* ätzt in Richtung Paul, mit dem John über heftigstem Streit ums liebe Geld und nicht zuletzt wegen des unschönen Gezerres ums Beatles-Management bis auf weiteres gebrochen hat. Hinter dem fröhlichen Barrelhouse-Pop von *Crippled Inside* verbergen sich ein paar unerbittliche Bemerkungen zum Thema Selbstbetrug – to whom it may concern. *Jealous Guy* ist das in eine süßliche Ballade gebettete Bildnis der Eifersucht, anrührend und doch schonungslos. *I Don't Wanna Be A Soldier Mama I Don't Wanna Die* erklärt sich in seiner düsteren Monotonie von selbst. Brillante Krönung des Ganzen aber ist der Titeltrack. Eine Pianoballade mit simpel gesetzten Harmonien und sparsamster Begleitung, nur hier und da mit verhaltenen Streichern gezuckert. Yoko selbst bestätigt später, wie zentral John das Anliegen dieses Songs ist: »*Imagine* war etwas, was er der Welt unbedingt sagen wollte.« Vielleicht gerade wegen seiner unschuldigen Naivität und der kindlichen Einfachheit der Grundidee wird *Imagine*, als Single ausgekoppelt am 16. Oktober 1971, praktisch über Nacht zur Friedenshymne einer ganzen Generation.

Auch wenn *Imagine* nach dem starken Tobak von *Plastic Ono Band* wie Lennon light anmutet, John ist zufrieden. Er hat bewiesen, dass er nicht nur seinen künstlerischen Weg gefunden hat, er hat auch gezeigt, dass er damit am Markt erfolgreich bestehen kann. Streicheleinheiten für das geschundene, längst aber nicht uneitle Ego.

Nun, da sich John solo bewiesen hat, kehrt er zurück zum politischen Aktivismus, dem er sich gemeinsam mit Yoko verschrieben hat. Und das funktioniert nach bewährter Manier – der Künstler ist die Botschaft, das Medium die Nachricht, und John und Yoko alles auf einmal. Die Beschaulichkeit des abgelegenen Tittenhurst ist nun passé, am 3. September 1971 geht das Paar nach New York. England wird John nicht wiedersehen und Amerika bald von den beiden hören.

In New York massiert sich zu Beginn der Siebzigerjahre die junge politische Szene des Landes. Der Vietnam-Krieg, längst zum Fiasko für die US-Regierung geworden, eint so unterschiedliche Gruppierungen wie die Black Panthers mit Angela Davis, die kindsköpfigen Yippies um Abbie Hoffman oder auch die anarchistische White Panther Party von MC5-Manager John Sinclair. Dieses radikale Anti-Establishment, dem auch Leute wie Allen Ginsberg, Bobby Seale und Jerry Rubin angehören, nimmt die berühmten Aktivisten aus Swinging London mit offenen Armen auf. Und die lassen sich nicht lange bitten, treten nun bei allen möglichen Veranstaltungen auf und nutzen ihre Popularität, um Solidarität mit den neuen Waffenbrüdern im Geiste zu demonstrieren. TV-Shows, Benefizkonzerte oder Demos für einsitzende Gesinnungsgenossen, John und Yoko sind dabei. Der Ex-Beatle und die bei Beatles-Fanatikern verhasste Yoko sind nun geachtete und einflussreiche Galionsfiguren der Gegenkultur, die in jenen Jahren noch vom naiven Glauben an den Erfolg der eigenen Mission beseelt ist.

Johns Kunst allerdings tut all das nicht gut. Im Frühjahr 1972 gehen die Lennons ins Studio und nehmen mit Elephant's Memory, einem Musikerhaufen, den sie in Greenwich Village aufgetan haben, ein neues Album auf. Yoko hat bei acht der zehn Studiosongs mitkomponiert. Und John, der auf den Alben davor sein Innerstes nach außen gekehrt hatte, hat nun den Protestsänger in sich entdeckt. Songs wie *Woman Is The Nigger Of The World*, *Sunday, Bloody Sunday*, *Angela* oder *John Sinclair* sind weniger Pop als vertonte Agitation. Und die ist nun mal naturgemäß platt, auch wenn sie von einem Beatle ausgebrütet wird. Hinzu kommt, dass das musikalische Spektrum auf *Some Time In New York* vom archaischen Folkblues über eigenwillige Reggae-Anleihen und polternden Rock bis hin zur spectoresken Wall Of Sound reicht – homogen ist das nicht, und besonders sorgfältig verarbeitet auch nicht. Da macht die als Bonus-Disc beigegebene Live-Platte mit Aufnahmen aus dem Londoner Lyceum und einem Gastauftritt bei Frank Zappas Mothers Of Invention den Kohl nicht fett. Das Album enttäuscht.

Auch privat steht Ärger ins Haus. Die US-Behörden fordern John im März 1972 auf, das Land zu verlassen. Begründet wird dies mit Lennons Verurteilung wegen Marihuana-Besitzes in England 1968, tatsächlich aber steckt dahinter, dass der US-Geheimdienst John und Yoko subversive Aktivitäten unterstellt. Man will die beiden loswerden. Es ist der Beginn einer zermürbenden vierjährigen Auseinandersetzung mit den Behörden. Der Startschuss zu einer weiteren, nicht weniger zermürbenden Periode in Johns Leben folgt bald darauf.

……………………………………

Im Dakota Building, an der Westseite des Central Parks gelegen, finden die Lennons im Mai 1973 eine neue Bleibe. Das Haus wird zum Zentrum des Lennono-Universums, privat, künstlerisch, geschäftlich. John hat wieder ein Zuhause. Im Sommer beginnt er mit den Aufnahmen zur nächsten Platte, *Mind Games* (1973). Enttäuscht hat er zur Kenntnis genommen, dass zu viele seiner neuen, politisch vermeintlich so engagierten Freunde doch eher der Spaßfraktion angehören. Überdies dämmert ihm, dass letztlich auch dem größten Revoluzzer das seelische Hemd näher ist als die sozialpolitische Hose. Die große Politik lässt er also links liegen und richtet den Blick wieder verstärkt auf den eigenen Seelenfrieden. Den hohen Standard von *Imagine* und *Plastic Ono Band* aber kann das Album nicht halten – die wirklich packenden Momente sind zu wenige, zu willkürlich scheinen die Themen gesetzt. Immerhin, der Titeltrack bringt es zum mittleren Hit.

John hat nun alles erreicht. Er ist Lennon Superstar, linkes Gewissen der Rockaristokratie und genialischer Solokünstler. Sogar die Sache mit Yoko haben die Fans, so scheint es, gefressen. Dabei brodelt es heftig unter der harmonischen Oberfläche. Seit fünf Jahren ist das Paar mehr oder weniger ununterbrochen, Tag für Tag, Nacht für Nacht und Stunde um Stunde, zusammen. Nicht, dass sie einander überdrüssig wären, aber ihre überaus intensive Beziehung raubt ihnen zusehends die Luft. Im August ist Yoko klar, dass sie handeln muss, will sie nicht riskieren, dass John irgendwann ausbricht. Zumal sie sieht, dass dem Gatten die Reize der jungen Assistentin May Pang nicht verborgen geblieben sind. Zwar behauptet John später, dass Yoko ihn im September 1973 schlicht »rausgeschmissen« hat, ganz so derb aber will sie nach eigenem Bekunden die vorübergehende Trennung nicht inszeniert haben, die als Johns »Lost Weekend« in die Annalen eingeht.

Wie dem auch sei, im Herbst findet sich John plötzlich in Los Angeles wieder. May ist mit Yokos Segen zu seiner Gespielin aufgestiegen, und mit den Kumpels Harry Nilsson, Ringo Starr und Keith Moon teilt er ein Strandhaus in Malibu. Seit seinem 23. Lebensjahr ist er Ehemann gewesen, jetzt, mit 33, unversehens wieder Junggeselle. Und der lässt es krachen. Zur Freude der Boulevardpresse, die keine Gelegenheit auslässt, die Eskapaden des ehemaligen Beatle auszuschlachten. Zweifelhafter Höhepunkt: Eines Abends fliegt Mister Lennon aus einer Bar in Los Angeles – sturzbesoffen und mit einer Damenbinde auf dem Haupt. Parallelen zu Hamburger Tagen sind augenfällig, plötzlich ist John wieder der ruppige, launische Zyniker, der sich seinerzeit auf offener Star-Club-Bühne auch gern mal eine Toilettenbrille um den Hals gehängt hat.

Musik macht er auch noch. Genau dieselbe wie damals im Star-Club, den Rock'n'Roll, der ihn in den Fünfzigerjahren elektrifiziert hat und den er immer noch so sehr liebt. Gemeinsam mit Phil Spector verlegt John die regelmäßigen Saufgelage gelegentlich ins Studio, wo er Standards wie *You Can't Catch Me* und *Sweet Little Sixteen* von Chuck Berry, Larry Williams' *Bony Moronie* und *Be My Baby* von den Ronettes aufnimmt. Dumm nur, dass Spector inzwischen den einen oder anderen Trip zu viel eingeworfen hat, gern mit dem Revolver rumfuchtelt und dabei auch schon mal in die Studiodecke feuert – sch(l)ussendlich macht sich der Produzent im Dezember mitsamt den Bändern aus dem Staub. Lennons Rock'n'Roll-Sause ist damit vorerst geplatzt.

An anderer Front entspannt sich die Lage: In Malibu empfängt John Paul McCartney und Gattin Linda, sogar gemeinsame Sessions sind überliefert. Trotzdem, Miss Pang und ihr Junggeselle haben das kalifornische Lotterleben im Frühling 1974 satt. Sie kehren zurück nach New York und nehmen ein Apartment an der East 52nd St. Umgehend beginnt John, ein neues Album einzuspielen. *Walls & Bridges* heißt es und erscheint am 26. September. Einmal mehr aber hat Lennon nur durchwachsene Qualität zu bieten. Geniestreichen wie *Whatever Gets You Thru The Night* oder *# 9 Dream* steht Überflüssiges wie das Instrumental *Beef Jerkey*, Mittelmaß wie *Surprise, Surprise* und Blödsinn wie *Ya-Ya* entgegen, dazu das Selbstmitleid von *Nobody Loves You (When You're Down And Out)*. Ein ähnliches Bild wie auf *Mind Games* – beide Platte wirken zerrissen, stellenweise schlaff und hingeschludert.

Elton John, Pianist auf *Whatever Gets You Thru The Night*, hat mit John gewettet, dass der Track ein Nr.-1-Hit werden wird. So geschieht es. Am 16. November 1974 löst der Song *You Ain't Seen Nothing Yet* von Bachman Turner Overdrive an der Spitze der Billboard Charts ab, Johns erste Nr. 1 als Solokünstler. Seine Wettschuld, einen gemeinsamen Auftritt, löst er am 28. November im Madison Square Garden ein. Es wird seine letzte öffentliche Performance sein. Und Yoko ist Zeugin. Ihr Eindruck: »Ich saß da mit zugeschnürtem Hals, weil er so einsam aussah da draußen.« Nach der Show treffen sie sich kurz, und John beschreibt das später so: »Als ich von der Bühne kam, stand sie da, und wir sahen uns an. Es war wie damals in der Indica Gallery.«

Bis zur endgültigen Versöhnung dauert es noch einige Wochen. Nachdem John mit David Bowie gearbeitet hat – sie schreiben zusammen *Fame* – kehrt er zurück ins Dakota Building. Etwa zur selben Zeit, im Januar 1975, ergeht in London ein Gerichtsurteil, das die Beatles als eingetragene Firma endgültig auflöst.

Die verschollenen Rock'n'Roll-Tapes hat Phil Spector inzwischen zurückgeschickt und John noch ein paar weitere Oldies eingespielt. *Rock'n'Roll*, das im Februar 1975 erscheint, wird in der damaligen Szene jedoch mit Enttäuschung registriert. Heute aber, mit dem Abstand der Jahre, zählt das Album zu den Höhepunkten in Lennons Schaffen. Mit sicherer Hand hat der alte Kiezrocker hier ein paar Goodies aus den Fünfzigern durch die Zeitmaschine gejagt, ohne ihnen den rauen, ursprünglichen Charme zu nehmen. Die Arrangements von Klassikern wie *Stand By Me*, *Be-Bop-A-Lula* oder *Peggy Sue* sind originell, wirken frisch und atmen doch den Geist der klassischen Jukebox-Ära. Perfektes Handwerk, das Mr. Winston O'Boogie als immer noch kraftstrotzenden und leidenschaftlichen Rock'n'Roller ausweist.

.........................................

Johns Odyssee zu sich selbst ist mit der Rückkehr zu Yoko nach 16 Monaten beendet. Er ist nun geläutert, bereit für die Wirklichkeit und ein Leben ohne die Insignien und Maskeraden des Rockstars. Zur Krönung dieses Jahres, in dem sich so viele Kreise für ihn schließen, wird der 9. Oktober. Pünktlich zum 35. Geburtstag schenkt ihm Yoko seinen Sohn Sean. Noch während sie schwanger ist, hat John einen folgenschweren Entschluss gefasst: Er will seinen Job als Musiker an den Nagel hängen, sobald der Kleine auf der Welt ist. Keine neuen Alben, keine Konzerte, keine neuen Songs. Im Februar 1976 läuft sein Plattenvertrag aus. Er wird ihn nicht verlängern. Lieber kümmert er sich um den Haushalt und den kleinen Jungen, wäscht Windeln, oder besser: lässt sie waschen, und lernt, wie ausgiebig kolportiert wird, Brot zu backen. Sein alter Freund Klaus Voormann, ebenfalls 1975 Vater geworden, besucht kurze Zeit später mit seiner Familie die Lennons im Dakota Building. Was er vorfindet, ist ein perfektes Familienidyll, nur eben mit vertauschten Rollen: Yoko mehrt das Vermögen und John, in Business-Dingen eine Niete, kümmert sich um die »home front«. Wie Voormann in seiner Biografie berichtet, plaudern die Rocklegenden an jenem Tag über wunde Babyhintern, Ringelblumensalbe und die Geheimnisse des Reiskochens.

Am 27. Juni 1976 geschieht dann endlich, worauf die Familie so lange gewartet hat: John erhält eine unbefristete Aufenthaltserlaubnis und die begehrte Green Card. Endlich kann er unbeschwert reisen. Die Lennons machen ausgiebig Gebrauch von der neuen Freiheit und besuchen unter anderem Hongkong, Südafrika, Singapur und Japan, wo sie den Sommer 1977 verbringen. Das Leben als Privatier scheint John Spaß zu machen, indes: Der Künstler, der Musiker, der Poet in ihm, sie alle schlummern nur. Eines Tages würden sie erwachen. Und Yoko ahnt das – auch wenn das Paar am 27. Mai 1979 den nicht totzukriegenden Gerüchten um ein Comeback mit einer ungewöhnlichen Aktion begegnet: In der New York Times und Zeitungen in Rom und Tokio schaltet es eine ganzseitige Anzeige, mit der es sich an jene wendet, »die uns nach dem Was, Wann und Warum fragen«. Der wortreiche »Liebesbrief von John und Yoko« sagt: Uns geht's gut, und die Familie ist uns das Wichtigste.

Dass den 39-jährigen Lennon im Sommer des folgenden Jahres plötzlich doch wieder der Hafer sticht, liegt an der New-Wave-Truppe B-52's. Auf den Bermudas hat John in einem Club deren Song *Rock Lobster* gehört. Sofort fühlt er sich an Yokos Musik erinnert und beginnt wieder zu schreiben. Yoko in New York tut desgleichen, und Anfang September hat das Paar 25 neue Songs fertig. Der nächste Schritt führt in die New Yorker Hit Factory Studios.

Die Single *(Just Like) Starting Over* erscheint am 23. Oktober, das Album *Double Fantasy* drei Wochen später. Sofort wetzt die Kritik die Messer. Enttäuscht moniert man die süßlich-gelackte Produktion, die ewig gleiche Leier vom Liebesglück zwischen John und Yoko, die offenbar völlige Ignoranz moderner Strömungen wie New Wave und Punk und, natürlich, den Umstand, dass Yoko die Hälfte der Songs beigesteuert hat. Hätten die Schreiber genauer hingehört, sie hätten registriert, dass *Double Fantasy* konsequent Johns alter Maxime folgt, die er schon zu Beginn seiner Solojahre erklärt hat: »Für die Beatles war jeder Song, jede Platte, jeder Film wie ein Tagebuch. Nur war uns das nicht bewusst. Bei der Arbeit mit Yoko wurde mir das erst klar.« So auch jetzt. Immer schon hat John, mehr als jeder andere Songwriter, seine Alben als persönliche Bekenntnisse angelegt. Und hier, 20 Jahre nach den Anfängen in Hamburg, zehn Jahre nach den Beatles und fünf Jahre nach seinem Ausstieg, gibt er den Blick frei auf sein Leben als Vierzigjähriger. Er bekennt: Ich liebe, ich bin glücklich, ich bin mit mir im Reinen. Es ist der Dezember 1980. Was sollte jetzt noch schiefgehen?

..............................

30 Jahre ist das nun her – und viele wissen wohl noch heute, wo sie waren und was sie gerade taten, als gemeldet wurde, was keiner glauben wollte. John Lennon starb in den Abendstunden des 8. Dezember 1980, nachdem er vor dem Portal des Dakota Building von einem psychisch kranken Fan namens Marc David Chapman mit mehreren Schüssen niedergestreckt worden war. Stunden zuvor, als er mit Yoko das Haus verließ, um in den Record Plant Studios zu arbeiten, hatte er ihm

noch ein Autogramm gegeben. Dabei entstand ein Foto, das letzte des lebenden Lennon, das ihn zusammen mit seinem späteren Mörder zeigt. Als um 23.15 Uhr Ortszeit im New Yorker Roosevelt Hospital Dr. Lynne offiziell Lennons Tod bekannt gab, löste die Nachricht eine weltweite Schockwelle aus, spontan versammelten sich überall trauernde Fans, um Johns Lieder zu singen.

Wenn sich je über einen Künstler sagen ließ, dass er in seinem Werk weiterlebt, dann über diesen hier. Vielleicht, weil John Lennon bei seinem Hochseilakt im Popzirkus auf ein Netz immer verzichtet hatte. Für ihn zählte nur das: *Gimme Some Truth*! Kein Grund, ihn, Yoko und all das, was die beiden taten, zu idealisieren. Sie liebten, sie stritten, sie meinten es ernst und waren dabei albern – oft genug zwei nervensägende Spinner. Aber sie waren echt.

Lennons Songs stehen nicht nur für eine einzigartige Persönlichkeit, sie stehen auch für eine Ära, in der Popmusik sich anmaßte, etwas zu bedeuten. Geträumt hat eine ganze Generation von Frieden, Gerechtigkeit, Liebe und Rock'n'Roll. Gesungen hat davon ein Junge aus der englischen Arbeiterklasse. Ein *Working Class Hero*, die Füße auf dem Boden, den Kopf in den Wolken: »Ich war immer ein Rebell. Aber ich wollte auch geliebt und geachtet werden, nicht nur der großmäulige, verrückte Poet und Musiker sein. Aber ich kann nicht sein, was ich nicht bin.«

*Empfehlenswert:*

**Imagine (1971)**

Zusammen mit dem ein Jahr zuvor veröffentlichten *John Lennon/Plastic Ono Band* bildet *Imagine* den Kern des Lennon'schen Soloschaffens. Nicht nur ist dies das erfolgreichste Soloalbum in der Karriere des Ex-Beatles, es bietet auch die wohl bekanntesten Klassiker aus seiner Feder. *Imagine* natürlich, die ewige Friedenshymne, das fröhlich mit Saloon-

Piano dahin rumpelnde *Crippled Inside*, das bittere *How Do You Sleep*, mit dem der enttäuschte John seinen langjährigen Partner Paul McCartney anging, und nicht zuletzt das verstört-melancholische *Jealous Guy*. Ein zeitloses Meisterwerk.

**Working Class Hero – The Definitive Lennon**
Der ganze Lennon auf zwei CDs. Eine rundum gelungene Zusammenstellung der schönsten, bekanntesten, wichtigsten und erfolgreichsten Songs aus John Solo-Jahren. Neben den Schlüssel-Tracks der großen Alben *Plastic Ono Band* und *Imagine* finden sich hier Songs aus *Double Fantasy* und dem posthum veröffentlichten *Milk & Honey* ebenso wie die Hitsingles *Whatever Gets You Thru The Night* und *Give Peace A Chance* – 38 Tracks, die keine Wünsche offen lassen. Ausgespart bleibt natürlich die Musik, die Lennon mit den Beatles gemacht hat.

**John Lennon/Plastic Ono Band – Classic Albums (DVD)**
Im Rahmen der zu Recht hochgelobten *Classic-Albums*-Reihe haben sich die britischen Macher auch John Lennons so wichtiges Solowerk von 1970 vorgenommen. Der Film leuchtet detail- und tiefenscharf aus, wie Lennon den schwierigen Schritt vom gewesenen Beatle zum eigenständigen Solokünstler vollzog und seziert die Entstehungsgeschichte der zentralen Songs des Albums, darunter *Mother*, *Working Class Hero*, *God* und *Power To The People*. Zu sehen sind neben jeder Menge Originalaufnahmen von damals auch Zeitzeugen und Beteiligte wie Yoko Ono, Ringo Starr, Arthur Janov (Begründer der »Urschrei-Therapie«), Bassist Klaus Voormann, *Rolling-Stone*-Herausgeber Jann Wenner und andere. Hochgradig spannend und weit mehr als »nur« eine sehr gute Dokumentation, ist dies die akribische Rekonstruktion der wohl wichtigsten Phase im Leben des Künstlers John Lennon.

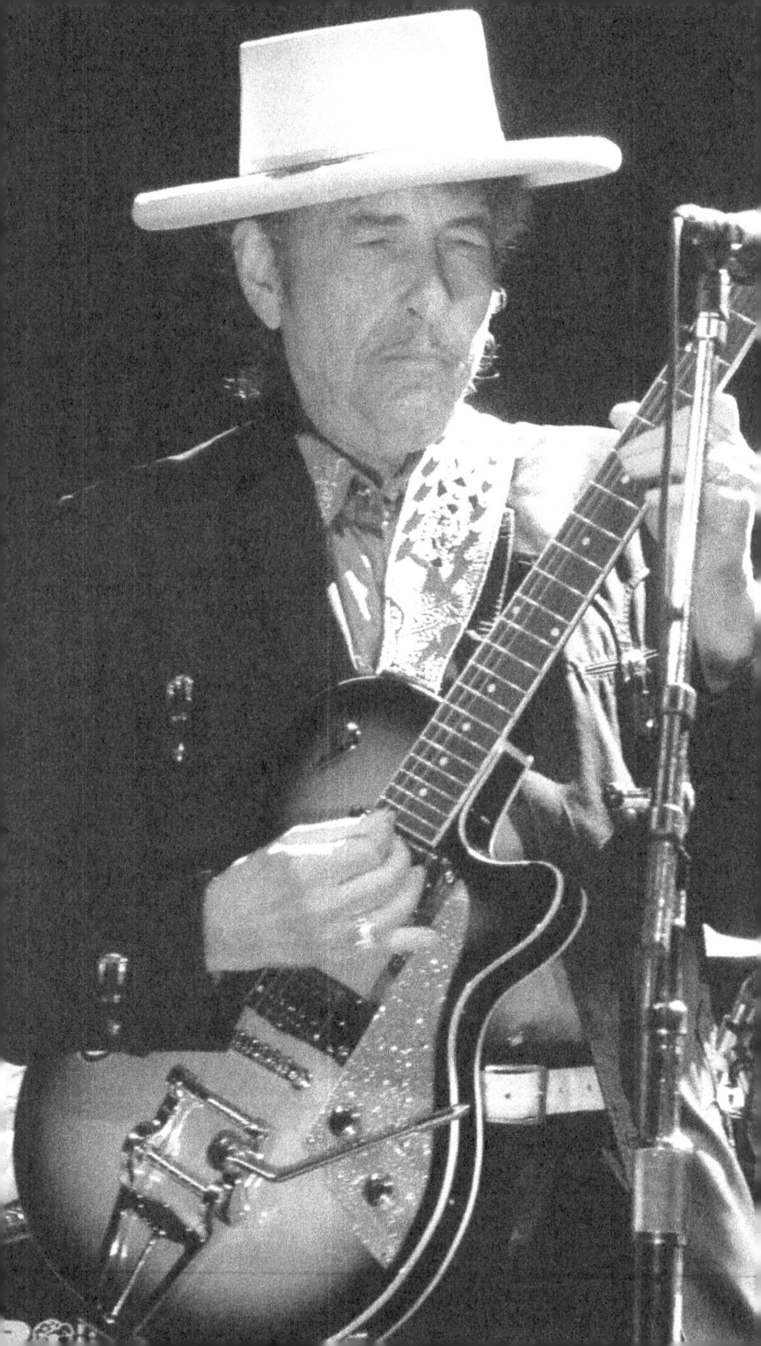

# MR. TAMBOURINE MAN

*Das zweite Leben des Bob Dylan*

»How does it feel to be on your own, with no direction home, like a complete unknown, like a rolling stone?« Wir wissen nicht, ob sich Bob Dylan Mitte der Achtzigerjahre diese Frage aus seinem wohl berühmtesten Song selbst gestellt hat. Wenn, dann dürfte die Antwort deprimierend ausgefallen sein: einsam, hilflos, verkannt. Zwei Jahrzehnte nach seinen eindrucksvollsten Triumphen fühlte sich die größte aller Pop-Legenden künstlerisch tot. Sicher, immer noch brachte er regelmäßig neue Platten heraus, und immer noch war er auf Tournee. Aber er hatte den Kontakt zu sich selbst, zu seinen Songs, zu seiner inneren Flamme verloren. Und die, die ihn da draußen sehen wollten, schienen das zu spüren, sie wurden weniger, unaufhaltsam. Er wusste es, und er verzweifelte daran.

Er war der Big Boss Man des Sixties-Pop gewesen, der »Picasso of song«, wie ihn Leonard Cohen einmal nannte. Im Alleingang hatte dieser Messias der Jugendkultur die Poplyrik auf literarisches Niveau gehievt und damit eine Revolution in der Unterhaltungsmusik ausgelöst. Die Textzeilen seiner bekanntesten Songs wie *Like A Rolling Stone*, *Mr. Tambourine Man* oder *Blowin' In The Wind* nahmen der Baby-Boomer-Generation gleichsam das Denken ab. Was Dylan sang, war ideologisches Gesetz, auch wenn er genau das monierte – »don't follow leaders, watch the parkin' meters«. Gegen alle Widerstände riss er dazu die Grenzen zwischen Folk und Rock ein und inspirierte eine Generation von nachfolgenden Musikern. Sein Auftreten, seine Songs und seine Haltung machten ihn zur alles überstrahlenden Leitfigur und etablierten den neuen Typus des unabhängigen und emanzipierten Popkünstlers.

All das hatte er in seinen Zwanzigern erreicht. Kaum auf dem Gipfel, schlug er freilich schon den ersten Haken. Zum Ende dieses turbulenten Jahrzehnts initiierte er mit seiner Hinwendung zum Country eine Rückbesinnung des Rock auf die musikalischen Wurzeln und entwickelte obendrein eine mürrische Kauzigkeit, die so gar nicht zur »Love & Peace«-Euphorie seiner Anhänger passen wollte. In seinen Dreißigern bereits wirkte Dylan wie ein Fossil, ein Frühvollendeter, dessen Aktivitäten, etwa die Hinwendung zum Christentum oder die chaotische *Rolling-Thunder*-Tournee, bei der er maskiert auftrat, vom nachgewachsenen Publikum als spleenige Launen eines mysteriösen alten Mannes belächelt wurden, der ohnehin nicht mehr viel zu sagen hatte.

Er konnte es drehen und wenden, wie er wollte, für ewig würde er eine Art Moses der Popkultur bleiben, derjenige, der die steinernen Gesetzestafeln von den nebligen Höhen des Berges Sinai mitgebracht hatte. Dieses Werk, dieses Künstlerleben reklamierte das Publikum als Eigentum. Mit Alben wie *Subterranean Homesick Blues*, *Highway 61 Revisited* und *Blonde On Blonde* hatte Dylan der Jugendbewegung ihren Katechismus geschaffen. Den hatte sie in Besitz genommen und ihrem Schöpfer seinen wohlverdienten Platz als unangefochtener Gottvater auf dem Thron der Popkultur zugewiesen, zur Rechten Elvis, zur Linken die Beatles. Kult und Werk waren damit zur Ewigkeit und der Künstler zum Stillhalten verdammt. Eine Gegenwart oder gar Zukunft würde diesem Götzen der Vergangenheit verwehrt bleiben. Dylan blieb Dylan blieb Dylan. Lebendig begraben.

Ein Status, der ihm die Luft zum Atmen nahm. Viel hätte nicht gefehlt und der Mann, den nicht wenige für den bedeutendsten amerikanischen Künstler des 20. Jahrhunderts halten, wäre mit gerade mal 46 Jahren in Rente gegangen: »Es war an der Zeit aufzuhören. Die Vorstellung, mich zur Ruhe zu setzen, beunruhigte mich nicht im mindesten. Ich hatte mich mit diesem Gedanken angefreundet und mich längst an ihn gewöhnt.« So schreibt Dylan in seinen Erinnerungen *Chronicles Volume One* (Hoffmann & Campe, 2004) über seine seit Beginn der Achtzigerjahre schwelende künstlerische Krise, die Ende 1987 ihren Höhepunkt erreicht hatte. Was war geschehen? Und was war es, das ihn nur kurze Zeit später zum glatten Gegenteil eines Rücktritts veranlasste, als er beschloss, sich am eigenen Schopf aus dem Sumpf zu ziehen, die *Never Ending Tour* und damit sich selbst neu zu erfinden?

.....................................

Am Ende des Jahres, das international durch das allmählich einsetzende Tauwetter von Gorbatschows Glasnost und hierzulande durch die unrühmliche Barschel-Affäre geprägt wurde, hat Bob Dylan in der Tat »fertig«: Hinter ihm liegen eine 18 Monate währende Welttournee mit Tom Petty & The Heartbreakers sowie eine Konzertreise, die er mit den Althippies von Grateful Dead absolviert hat. Auch dem wohlwollendsten Fan dürfte bei dieser nur sechs Konzerte umfassenden Dead-Tour aufgefallen sein, wie lustlos, geradezu apathisch Dylan sich phasenweise durch die Sets geleiert hat – dokumentiert auf dem wenig aufregenden Album *Dylan & The Dead* (1989). Nicht viel besser hat er sich auf der Petty-Tournee präsentiert. Zumindest empfand dies ein Großteil des Publikums. Bei gedimmtem Licht bot er irritierende, mitunter fast wie absichtlich vermurkst klingende Interpretationen seiner Klassiker – und verlor bei all diesen Konzerten zwischen den Songs nicht ein einziges Wort. Die ihn begleitenden Heartbreakers konnten da kaum etwas retten. Die vielerorts enttäuscht abwandernden Zuschauer hatten den Eindruck, dass hier einer nicht wirklich mit Freude dabei war – Dylan, der Miesepeter.

Auch seine Alben leiden nach *Infidels* (1983) unter, gelinde gesagt, schwankender Qualität. Kann *Empire Burlesque* (1985) noch überzeugen – jedenfalls mit Abstrichen –, so enttäuscht *Knocked Out Loaded* (1987) mit schwachen Ideen und einer eigenwilligen Songauswahl, die Material aus verschiedensten Sessions versammelt. Dazu schielt die Produktion halbherzig auf den Zeitgeist und sucht mangelnde Substanz unter Plüsch und Plunder zu verbergen. Auch das im Frühling 1988 eingespielte *Down In The Groove* macht keine Ausnahme. Mit nur vier Eigenkompositionen zählt es zu den schwächsten Arbeiten in Dylans langer Karriere.

Er selbst sieht das ganz genau so. In seiner Autobiografie berichtet er: »Ich fühlte mich erledigt, war ein ausgebranntes Wrack. In meinem Kopf rauschte es zu laut, und ich konnte es nicht abstellen. Wo ich auch hingehe, bin ich ein Troubadour der Sechziger, ein Folkrock-Relikt, ein Verseschmied aus vergangenen Tagen, ein fiktives Staatsoberhaupt aus einem Land, das keiner kennt.« Dieser Bob Dylan, sein Mythos, sein Ruhm, seine Legende haben den Künstler Robert A. Zimmerman offenbar unter sich begraben. Und dem ist lange schon klar, dass dies seinen Fans ziemlich wurscht ist. Schon 1974, als er zum ersten Mal nach den Heldentaten der Sechzigerjahre mit The Band auf Tournee ging, haben sie ihn gescholten, weil er nicht brav den romantischen Bänkelsänger der Folk-Ära respektive den rebellischen Bilderstürmer der *Blonde-On-Blonde*-Jahre mimte. Gab es nicht schon damals vereinzelte Buhrufe, weil er seine Klassiker rücksichtslos zu entstauben wagte, statt die eigene Legende feierlich in nostalgische Sepia-Farben zu tauchen? Spätestens seit diesem denkwürdigen Jahr hatte sich zu Dylan-Konzerten immer eine Menschenmasse eingefunden, die lieber in der eigenen Vergangenheit schwelgen wollte, als dem Sänger das Recht einzuräumen, sein Werk neu zu deuten.

Dabei war er doch nur ein »song and dance man«, wie er es bei einer Pressekonferenz schon in den Sechzigern verkündet hatte, eher Hofnarr jenes Aufbruchs als dessen Spiritus Rector. Vordergründig mochte das scherzhaft geklungen haben, und doch war es die Wahrheit. Seine jedenfalls. Verstanden hatte das damals keiner. Und auch später nur die Wenigsten.

Nun, in den Achtzigern, ahnt er, dass mehr nötig sein würde als nur ein neuerlicher Haken, mit dem er Markt, Medien und Publikum verwirren könnte. Er muss sich selbst, den Robert Zimmerman aus Hibbing, Minnesota, ein für allemal abkoppeln vom Mythos Bob Dylan, den er ohnehin nur noch mit ungesunden Mengen Alkohol erträgt. Er muss den Messias der längst sakrosankten Pop-Revolution exorzieren. Und er muss sich ein gänzlich neues Publikum suchen. Dazu erklärt er in *Chronicles*: »Ich brauchte ein neues Publikum, weil mein damaliges mehr oder weniger mit meinen Platten aufgewachsen war und mich nicht mehr als neuen Musiker akzeptieren konnte, was verständlich war. In vieler Hinsicht hatte dieses Publikum seinen Zenit überschritten, und seine Reflexe waren hinüber. Sie wollten nicht teilnehmen, sondern zuschauen. Das war okay, aber das Publikum, das mich entdecken sollte, musste eines sein, das nichts von gestern wusste.«

Er zieht die Konsequenzen: Schluss mit der ewigen Mühle aus mehr oder weniger zeitgemäßen Albumproduktionen, anschließender Promotionarbeit mit Interviews und darauffolgender, aufwändiger Tournee. Nichts davon. Statt dessen: alles eine Nummer kleiner. Kein Zeitdruck mehr, Tourneen lieber in Clubs und Hallen, mit kleiner Bandbesetzung sowie auf das Nötigste beschränkter Produktion. Und: keine Interviews mehr! Warum sich offenbaren, wenn das Werk den Künstler doch auf der Bühne hinreichend erklärt? In Sachen Publikum hat er schnell einen Masterplan: »Ich rechnete mit drei Jahren, weil ich dachte, dass sich nach dem ersten Jahr viele ältere Leute ausklinken, aber jüngere Fans im zweiten Jahr ihre

Freunde mitbringen würden, so dass es unterm Strich gleich viele bleiben«, so spekulierte er. »Und die würden im dritten Jahr wiederum ihre Freunde mitbringen und gemeinsam die Keimzelle meines zukünftigen Publikums bilden.«

Wobei Dylan nach durchwachsenen Alben und durchaus angeschlagener Reputation auch seinen Marktwert in den Achtzigern realistisch einschätzt: »In Wirklichkeit war ich gerade gut genug für Club-Konzerte. Ich konnte kaum kleinere Hallen füllen.« In der Tat, bei allem Ruhm der überlebensgroßen Legende – das Rock- und Pop-Publikum der Achtzigerjahre verehrt längst andere Helden als den inzwischen 46-jährigen Schöpfer von *Like A Rolling Stone*. Im Frühling 1988, kurz nach den Aufnahmen zum launigen Allstar-Treffen *Traveling Wilburys* (1989, mit Tom Petty, George Harrison, Jeff Lynne und Roy Orbison), beginnt Dylan in New York mit den Proben zur sogenannten *Interstate 88*-Tour, die ihn anlässlich der Veröffentlichung von *Down In The Groove* bis Ende des Jahres kreuz und quer durch die USA führen soll. Die angeheuerte Tourband ist tatsächlich so klein wie noch nie, sie besteht aus nur drei Musikern: G. E. Smith an der Gitarre, Marshall Crenshaw, in den Achtzigern selbst erfolgreicher Songwriter und Solokünstler, am Bass sowie Schlagzeuger Christopher Parker. Zusammengestellt hat die Band nicht Dylan selbst, sondern sein alter Weggefährte Elliott Roberts. Kurz vor dem Tourstart wird Crenshaw durch Kenny Aaronsson ersetzt. Am 7. Juni ist es soweit: Als Dylan mit seinem Trio die Bühne des Concord Pavillon in Concord, Kalifornien, betritt und mit dem Opener *Subterranean Homesick Blues* den ersten von 13 Songs dieses Abends spielt, ist das der Beginn von etwas, das bis heute nicht endete.

.................................

Schon die Setlist jenes denkwürdigen Konzerts in Concord spricht Bände: Kein einziger Song des (zu diesem Zeitpunkt noch nicht veröffentlichten) neuen Albums *Down In The Groove* wird gespielt. Lediglich *Drifting Too Far From Shore* ist im Programm, ein Albumtrack von *Knocked Out Loaded* und auf der B-Seite der just erschienenen Single *Silvio* veröffentlicht. Der Rest: ausnahmslos Klassiker, darunter *Masters Of War*, *Like A Rolling Stone*, *Maggie's Farm* und *Boots Of Spanish Leather*. Das Material wird in strammen Arrangements präsentiert, ohne Backgroundsängerinnen und ohne zusätzliche Instrumentalisten (lediglich Neil Young steuert als Gast bei zwei Songs seine einzigartige Gitarre bei). Dylan macht Ernst, stellt sich seinen Songs und verzichtet auf die lustlose Verhunzung des eigenen Mythos. Stattdessen greift er beherzt in seine riesige Repertoire-Kiste und förderte daraus zutage, was ihm gerade in den Sinn kommt. Er nimmt die Songs, die eigentlich unantastbaren, wirft sie sich selbst und seinen Begleitern zum Fraß vor und lässt bewusst offen, was daraus werden würde. Kein Wunder also, dass bei den insgesamt 71 Konzerten dieser ersten Etappe der *Never Ending Tour* 92 Titel zu Live-Ehren kommen.

Bei den ersten Gigs spielt sich die Band frei, rockt rau und hemdsärmelig und verpasst den Stücken eine kräftige Energie-Dosis. In der Regel verlaufen die Abende nach folgendem Muster: ein halbes Dutzend Stücke mit Band, dann ein kurzer, zwei bis drei Songs umfassendes Akustikset, bei dem sich Dylan von G. E. Smith begleiten lässt, und abschließend ein elektrisches Finale mit noch einmal vier bis fünf Songs.

Das Projekt lässt sich gut an. Der Altmeister scheint zufrieden, er hat sich offenbar am eigenen Schopf aus dem Sumpf gezogen. Wie wichtig es Dylan mit dem Entschluss ist, kontinuierlich über das ganze Jahr hinweg Konzerte zu geben, lässt sich aus einem Detail in den Verträgen seiner Begleitmusiker ersehen: Darin ist geregelt, dass der Unterzeichner an mindestens 280 Tagen im Jahr für Konzerte zur Verfügung stehen muss. Zum Vergleich: Ein Kalenderjahr hat durchschnittlich 250 Arbeitstage – minus Urlaubsanspruch.

Für 1989 nimmt sich Dylan denn auch jede Menge vor. Im Frühling tourt er durch Europa und setzt das Ganze im Sommer in den USA fort, wo er mit nur kurzen Unterbrechungen bis Mitte November unterwegs ist. Die Jahresbilanz umfasst 99 Shows. Damit nicht genug, auch auf dem Plattenmarkt lässt Dylan jede Menge hören. Neben dem bereits erwähnten Live-Dokument der Tour mit Grateful Dead ist es vor allem sein neues Studioalbum *Oh Mercy*, entstanden im März und April in New Orleans unter der Regie von Daniel Lanois, das die Fans aufhorchen lässt. Lanois ist es gelungen, Dylans neuen Songs ein zeitgemäßes, einheitliches Soundgewand zu schneidern, das weder poliert noch modisch wirkt. Zudem gehören Stücke wie *Political World*, *Most Of The Time* oder *Everything Is Broken* zum Besten, was Dylan in den Achtzigerjahren zustande bringt. Erstmals seit *Infidels* wirkt ein Dylan-Album homogen und in sich schlüssig. Die Kritiker, die bislang über die Konzerte der *Never Ending Tour* die Nase gerümpft und Dylan als Plattenkünstler bereits abgeschrieben haben, überschlagen sich vor Begeisterung.

Der Mann mit der asthmatischen Quengelstimme hat sich erfolgreich neu erfunden. Auch 1990 füllt Dylan bis zum Rand mit Tourneen, Plattenaufnahmen und sonstigen Aktivitäten, darunter gar die Gründung eines Shops für Kinderbekleidung, den er zusammen mit seiner Cousine Beth Zimmerman in Los Angeles eröffnet. Der Name der Boutique: *Forever Young* – was sonst? Nach einer kurzen Wintertournee vollendet er im April die Sessions zu seinem nächsten Studioalbum, dem etwas schludrigen *Under The Red Sky*, bevor er Ende des Monats mit den Traveling Wilburys – nur noch zu viert, da Roy Orbison am 6. Dezember 1988 verstorben ist – ein zweites Album einspielt. Danach bis zum Ende des Jahres wieder Konzerte, Konzerte, Konzerte. So geht das nun schon im dritten Jahr, den Titel »hardest workin' man in show business« hätte Mr. Zimmerman redlich verdient.

Viele stellten sich in jenen Jahren die Frage, was es nun eigentlich mit dieser *Never Ending Tour* auf sich hat (der Begriff stammt vom britischen Journalisten Adrian Deevoy, der Dylan im Herbst 1989 für das Magazin Q interviewt hatte). Presse und Publikum wunderten sich, dass eine gefeierte Legende wie Bob Dylan rastlos wie ein Fliegender Holländer des Rock'n'Roll durch die Konzerthallen geisterte. Hatte er das wirklich nötig? Und was wollte er damit erreichen? Dylan selbst hat dazu in diversen Interviews Aufschlussreiches geäußert. Zum Beispiel 1997 in London: »Ich bin Musiker, nicht einer, der sich ab und zu mal eine Platte kauft. Für mich ist das alles mehr als nur Entertainment. Das ist mein Job, mein Gewerbe, mein Handwerk. Auf der Bühne zu stehen ist für mich so natürlich wie das Atmen.«

Dylan tut das, was ein Dichter und Musiker eben tun muss: Er zieht umher und verbreitet sein Werk. Dabei bemüht er sich, seine Musik so wahrhaftig und authentisch wie möglich unter die Leute zu bringen. Wozu wiederum Handwerk notwendig ist, und an dem arbeitet er kontinuierlich. In den ersten Jahren der *Never Ending Tour* konzentriert er sich dabei vor allem auf die Band und auf sein Gitarrenspiel, in den letzten Jahren scheint er zunehmend an seiner Gesangstechnik zu feilen. Seit einigen Jahren hat er zudem die Gitarre zur Seite gelegt und steht auf der Bühne meistens hinter einem kleinen Keyboard, das an die Farfisa-Orgeln der Sechzigerjahre erinnert.

Was die Qualität der Konzerte betrifft, so galt von Anfang an: Wer jeden Abend 100 Prozent Risiko geht, haut zwangsläufig gelegentlich daneben. So brauchten Dylan und seine Band, die vor allem zu Beginn der Neunzigerjahre mit diversen Personalwechseln zu kämpfen hatte, bis etwa 1993, um im Repertoire eine Sicherheit und Routine zu entwickeln, die sie vor Ausrutschern schützt. Um seinen spontanen Launen gerecht werden zu können, müssen die Musiker das komplette Repertoire des Meisters beherrschen. Kein leichter Job, nicht umsonst gelten Dylans Begleiter seit Jahren als die besten

Sessionmusiker, die in der Szene zu haben sind. Der wohl wichtigste Stabilitätsfaktor der Tourband kam am 10. Juni 1989 in Person des Bassisten Tony Garnier hinzu – er ist bis heute dabei und fungiert als musikalischer Direktor.

An Plattenaufnahmen, der nach landläufiger Meinung vornehmsten Pflicht eines musizierenden Künstlers, hat der verdiente Columbia Recording Artist Dylan dagegen nach 1990 erst mal nur noch bedingtes Interesse. Nach *Under The Red Sky* beschließt er, zunächst keine weiteren Alben mehr aufzunehmen, höchstens solche, die wenig Aufwand erfordern und sich nicht an den Bedürfnissen des Popmarktes orientieren. Was er mit *Good As I've Been To You* (1992) und *World Gone Wrong* (1993), kargen Sammlungen obskurer Folksongs zur Akustikklampfe und Harp, kurz darauf bestätigt. Der rein akustisch eingespielte Live-Mitschnitt *MTV Unplugged* entsteht 1995 quasi im Vorbeigehen. Völlig egal ist ihm der Mythos, der sich um sein Platten-Werk gebildet hatte. Anlässlich der Veröffentlichung von *Love And Theft* 2001 äußert er sich dazu in der Rückschau überraschend radikal: »Ich habe immer entweder mit schlampigen Produzenten gearbeitet oder mit Blendern oder Nichtskönnern. Und deshalb konnte ich meine Songs auch immer erst auf der Bühne weiterentwickeln und die Dinge richtig stellen.«

Eine der Hauptintentionen der *Never Ending Tour* war von vornherein Dylans Bedürfnis, seinen eigenen Songs auf den Grund zu gehen und ihrem verborgenen Spirit nachzuspüren. Dazu braucht er weder die Maske der in den Klatschspalten gefeierten Prominenz noch den ewig gleichen Marketing-Kreislauf der Plattenindustrie und schon gar keinen Produzenten, der ihm sagt, wie seine Musik klingen muss. Eine Handvoll vertrauter Musiker und ein Publikum, mit dem er durch seine Musik kommunizieren kann, reichen ihm bis heute völlig, um diesen Prozess in Gang zu halten.

.................................

Natürlich aber war über das permanente Touren mit regelmäßig rund 100 Konzerten pro Jahr der Poet und Songwriter Bob Dylan nicht verloren gegangen. Ganz im Gegenteil, der scheint mit der kathartischen Erfahrung der beiden Folkalben und seiner Weigerung, den Gesetzen des Marktes zu gehorchen, so frei und inspiriert wie lange nicht. Allmählich hat Dylan wieder begonnen zu schreiben und seine Erfahrungen on the road zu verarbeiten. Im Januar 1997 hat er genügend Material beisammen, um sich, wiederum mit Daniel Lanois, in die Criteria Studios in Miami zurückzuziehen. In nur elf Tagen spielt er dort *Time Out Of Mind* ein, das am 30. September veröffentlicht wird. Endlich, nach sieben Jahren Pause, bekommt sein Publikum ein Album mit neuen Songs – und das überrascht mit wahrhaft biblischer Kraft. Dylan behandelt Themen wie Einsamkeit, Alter, Liebe und Krankheit mit der Autorität eines alten Bluesmannes, sein brüchiger Gesang geht unter die Haut, und die spartanische, höchst eindringliche musikalische Begleitung wirkt, als läge ein schwerer und düsterer Nebel über den Tracks. Herausragend das bedrohlich-zögerliche *Love Sick*, das beklemmende *Not Dark Yet* und das fast 17-minütige, geradezu hypnotische *Highlands*. Und siehe da, plötzlich ist Bob Dylan auch als Plattenkünstler wieder relevant. Die drei Grammies, die er für *Time Out Of Mind* erhält, darunter den für das »Album des Jahres« und die »beste Rock-Gesangsdarbietung«, scheinen nur noch eine Formsache.

Dabei hätte Dylan die Veröffentlichung dieses grandiosen Albums womöglich gar nicht mehr erlebt, wäre er nicht am 25. Mai in Los Angeles gerade noch rechtzeitig in eine Klinik eingeliefert worden. Die Diagnose: Histoplasmose, eine lebensgefährliche Lungen-Infektion, die bereits den Herzbeutel angegriffen hat. Dylan erholt sich rasch, nach wenigen Tagen schon wird der Patient nach Hause entlassen. Im September ist er wieder fit genug, um im italienischen Bologna ein ganz besonderes Konzert zu geben. Beim Eucharistischen Welt-Kirchenkongress spielt er vor 350.000 Menschen, darunter auch Papst Johannes Paul II., der ihm nach dem Auftritt die Hand reicht.

1999, die *Never Ending Tour* geht inzwischen in ihr zwölftes Jahr, scheidet nach sieben Jahren und insgesamt 739 gemeinsamen Shows der Gitarrist und Multiinstrumentalist Bucky Baxter aus. Er wird ersetzt durch Charlie Sexton, so dass die Band zum neuen Millennium aus Sexton, Tony Garnier, Drummer David Kemper und dem Pedal-Steel-Virtuosen Larry Campbell besteht. Das neue Jahrtausend beginnt für Dylan, wie das alte geendet hat: Allein im Jahr 2000 gibt er 112 Konzerte. Nicht anders 2001: Diesmal sind es 105 Konzerte in 13 Ländern auf vier Kontinenten. Dazu kassiert er einen Oscar für den Song *Things Have Changed*, den er zum Kinofilm *Wonder Boys* beisteuert. Die größte Freude jenes Jahres für die Fans aber dürfte das neue Studioalbum *Love And Theft* sein. Das Schwarzweiß-Cover zeigt den Meister mit smartem Menjou-Bärtchen und mürrischem Blick, die Musik indes ist alles andere als griesgrämig. Wo *Time Out Of Mind* Schwermut ausstrahlte, erscheint *Love And Theft* geradezu leichtfüßig. Diese Songs sind nicht düster, sie wirken lebendig, humorvoll, herzlich. Stilistisch konzentrieren sich Dylan und Band auf Traditionelles wie ursprünglichen Rockabilly, Western Swing und Country-Blues. All das klingt frisch, direkt, unverkrampft. Auch thematisch gibt sich Dylan hier weit weniger grüblerisch. Nicht wenige Kritiker schätzen *Love And Theft* sogar noch höher ein als dessen Vorgänger und ziehen nicht ganz zu Unrecht Parallelen zu Dylans legendären *Big Pink*-Sessions mit The Band in den Sechzigerjahren. Wenig überraschend, dass das Album im folgenden Jahr den Grammy für das »beste zeitgenössische Folkalbum« einheimst.

Der Sommer 2003 steht für Dylan im Zeichen des Kinofilms *Masked And Anonymous*, den er mit dem Regisseur Larry Charles dreht und in dem er – neben Leinwandstars wie Jeff Bridges und Penélope Cruz – den abgetakelten Rocksänger Jack Fate spielt. Erfolg ist dem Projekt zwar kaum beschieden, immerhin aber hinterlässt der Streifen durch den gleichnamigen Soundtrack seine Spur in Dylans Plattenkatalog. Trotz der Dreharbeiten bringen es Dylan und Band auch 2003 noch auf knapp 100 Konzerte – ein verlässlicher Wert, in den folgenden Jahren bis einschließlich 2009 werden es jedes Mal um die hundert sein.

Und regelmäßig darf sich die Gemeinde über neue Alben freuen. 2006 erscheint *Modern Times*, eine vitale, musikalisch tief im Rhythm'n'Blues der Nachkriegszeit verwurzelte Songsammlung, die, mitten in der für Amerika so schwierigen Bush-Ära, die desillusionierte Perspektive des fahrenden Sängers einnimmt, der alles gesehen hat und doch noch genügend Humor für den einen oder anderen zynischen Scherz aufbringt. 2009 veröffentlicht der inzwischen 68-Jährige *Together Through Life*, für das er diesmal fast sämtliche Lyrics mit Robert Hunter, dem ehemaligen Texter von Grateful Dead, gemeinsam schreibt und noch deutlicher auf die reiche Tradition amerikanischer Prä-Rock-Musikstile zurückgreift. Akkordeon, Steel-Gitarre, Fiddle und Mandolinen sind allgegenwärtig und doch organisch eingebettet in die gestählte Musikalität seiner Bühnenband.

.....................................

23 Jahre ist er nun auf seiner *Never Ending Tour*. Dylans Band besteht derzeit neben dem unverwüstlichen Tony Garnier aus Drummer George Receli, den Gitarristen Stuart Kimball und Charlie Sexton (nach sieben Jahren Pause im Oktober 2009 zurückgekehrt) sowie dem Geiger Don Herron. Immer noch variieren die Setlists der einzelnen Konzerte von Abend zu Abend. Dylan scheint seine Ziele erreicht zu haben – die Flucht des Robert Zimmerman vor dem übermächtigen Bob Dylan ist geglückt. Seine musikalische Reputation hat er schon lange wiedergewonnen. Mehr noch: Seine Alben seit *Time Out Of Mind* bilden ein einzigartiges Spätwerk, das auch in den Augen

ernstzunehmender Kritiker neben den frühen Ruhmestaten stabilen Bestand hat.

Den Spaß am Spielen hat er ohnehin längst wiedergefunden – kaum würde er sonst die Strapazen des dauernden Tourens auf sich nehmen. Darüber hinaus aber hat er tatsächlich auch sein Publikum erneuert. Wer heute zu einem Dylan-Konzert geht, möchte keine pflegeleichte Best-Of-Revue, stattdessen will er auf der Bühne den mythenumrankten Fahrensmann sehen, der aufrecht durch die Zeitläufte gewandert ist und in seinen Liedern von dieser Wanderschaft erzählt, der tröstet, verschreckt, erinnert und gelegentlich zum Weinen bringt. Musikalische Überraschungen inbegriffen. Zum Beispiel die vom November 2009, als er mit *Christmas In The Heart* plötzlich eine ganz normale Weihnachtsplatte herausbringt, mit 15 ganz normalen Weihnachtsliedern drauf, ganz normal gespielt und, für seine Verhältnisse, ganz normal gesungen. Vor 20, 30 Jahren hätte ihn ein solcher Schritt unweigerlich vor die Tribunale der internationalen Kulturkritik geführt, wo unbarmherzig über die künstlerische Integrität des Komponisten von *The Times They Are A'Changin'* gerichtet worden wäre. Zwar sind diesmal nicht wenige geschockt und ratlos, dennoch hält sich die Aufregung in relativen Grenzen – auch ein Indiz dafür, dass sich Dylan die künstlerische Bewegungsfreiheit, die er damals so schmerzlich vermisste, in den letzten beiden Jahrzehnten Zug um Zug zurückerobert hat. Mag ihn die breite Masse nach wie vor als den überlebensgroßen Dichterfürsten der rebellischen Sechzigerjahre sehen, diejenigen, die in seine Konzerte gehen, wissen, dass Bob Dylan mit dem Establishment nichts am Hut hat und, hellwach und unbestechlich, seiner längst wieder gefundenen inneren Flamme folgt, unabhängig von Zeitgeist und kommerziellen Zwängen. Was da auf den Bühnen – großen, kleinen, amerikanischen, europäischen, solchen in der Provinz und solchen in den Metropolen – im einzelnen passiert, kann die treue Gemeinde auf Unmengen von privaten Mitschnitten nachhören, die in Fankreisen zirkulieren und seismographisch genau den jeweiligen Stand der Dinge auf dem »Planet Bob« wiedergeben.

Inzwischen hat Dylan im Rahmen seiner *Never Ending Tour* weit über 2.000 Konzerte in allen Teilen der Welt gespielt. Zum Vergleich: Vom Beginn seiner Karriere 1962 bis zum Sommer 1988 waren es ganze 485! Und ein Ende des Marathons ist nicht abzusehen. Sollte die niemals endende Tournee dennoch eines Tages aufhören, Bob Dylan hatte außerhalb der Konzerthallen immer noch eine große Zukunft – als Radiomoderator. Seit Mai 2006 erfreut der Mann, für den das Radio in der Kindheit und Jugend die Nabelschnur zur Welt der Musik bedeutete, an jedem Mittwoch die Hörer des US-Satellitensenders »XM« mit seiner *Theme Time Radio Hour*. Darin stellt er als Moderator selbst gewählte Songs zu ausgesuchten Themenkomplexen vor. Mal geht es dabei um »Weather«, mal um »Mothers«, mal den »Devil«, »Flowers« oder, natürlich, »Drinking«. Die Sendung ist ein Riesenerfolg, der englische *Observer* schwärmt: »Ein Triumph! Anders als alles andere!« Und der *Boston Herald* attestiert: »Er ist informativ und witzig – sein Geschmack ist makellos!« Man möchte hinzufügen: Er ist charmant und amüsant obendrein. Denn zwischen den Songs gibt Dylan mit sonorer Raspelstimme und in dem ihm eigenen Sprechsingsang jede Menge Wissenswertes aus dem Leben obskurer Musiker zum Besten. Wer könnte das besser als ein alter Herumtreiber wie er, der inzwischen auch den Weg nach Hause gefunden hat?

*Empfehlenswert:*

**Highway 61 Revisited (1965)**
Das erste durchgehend elektrische Werk in Dylans Katalog und gleichzeitig die Momentaufnahme einer kulturellen Revolution. Noch waren die Beatles drüben in England ihrer naiven Phase nicht ganz entwachsen, da schnappte sich Dylan eine Rock'n'Roll Band und nahm mit *Like A Rolling Stone* das

Manifest der noch jungen Jugendkultur auf, stellte in *Ballad Of A Thin Man* Opportunismus und Heuchlertum bloß und beschwor im grandiosen elfminütigen Alptraum von *Desolation Row* die Apokalypse moderner Zivilisation. Nach diesem Album war Pop nicht mehr das, was er bis dahin gewesen war. Plötzlich war Pop hart, böse, politisch, poetisch und gleichzeitig sexy und cool. Und Dylan war Gott.

**Dylan (Compilation)**

Die wohl gelungenste und sorgfältigste Zusammenstellung von Dylan-Songs aus sämtlichen Dekaden seiner nunmehr fast 50-jährigen Karriere. Seine folkloristischen Anfänge sind auf diesem 51 Songs umfassenden 3-CD-Set ebenso vertreten wie die großen Klassiker der Sechzigerjahre, die introvertierten Meisterstücke der *Blood On The Tracks*-Ära, der gelegentlich erratische Output der Achtzigerjahre und auch einzelne Tracks der großartigen Alben der letzten Jahre. Das Ganze steckt in einer liebevoll ausgestatteten Box mit 40-seitigem Booklet. Perfekter Grundkurs für angehende Dylanologen.

**No Direction Home (DVD)**

Im Jahr 2005 drehte der amerikanische Starregisseur Martin Scorsese eine zweiteilige TV-Dokumentation über Dylans Aufstieg vom unbekannten Provinzsänger zum Superstar der Swinging Sixties. Der Film konzentriert sich also auf die Zeitspanne von Ende der Fünfzigerjahre bis etwa 1966, als Dylan mit dem Material seines Doppelalbums *Blonde On Blonde* in England auf Tournee ging. Gerahmt von ausführlichen Interviewsequenzen mit dem Sänger, montiert *No Direction Home* zeitgeschichtliches Originalmaterial mit Filmaufnahmen aus dieser frühen Phase von Dylans Karriere. Herausgekommen ist dabei ein intensives Zeit- und Künstlerporträt, das trotz seiner insgesamt dreieinhalb Stunden Laufzeit nicht eine Sekunde langweilt und interessante Aufschlüsse über Dylan, seinen Aufstieg und nicht zuletzt die Sechzigerjahre gibt.

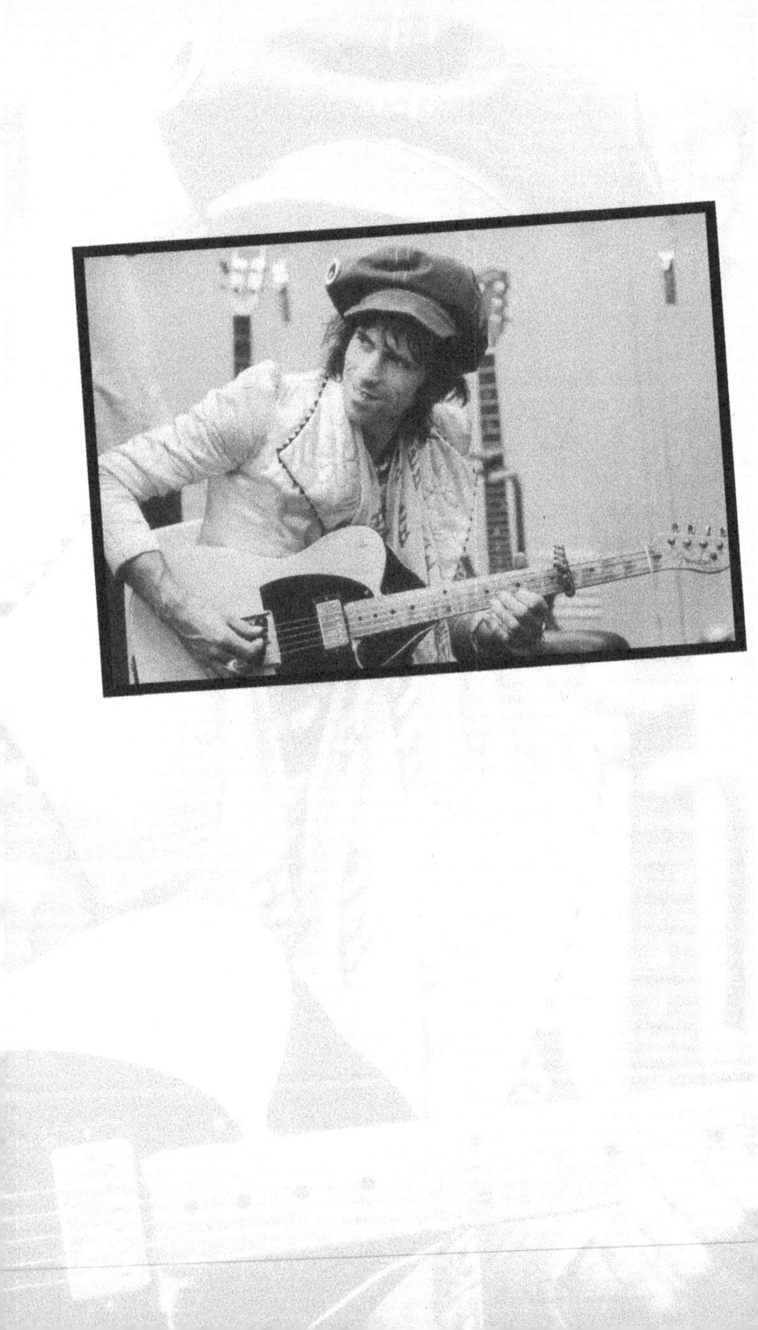

# DES TEUFELS RECHTE HAND

*Das kleine Einmaleins des Keith Richards*

DEN einen gilt der Gitarrist der Rolling Stones als schlampiges Genie, den anderen allenfalls als geniale Schlampe. Unnachahmlich brachte es Keith Richards einst selbst auf den Punkt: »It's five strings, three chords, two fingers and one asshole!« Der Reihe nach …

.......................................

***One Asshole - Keith Richards:*** »Wäre ich nicht ein erfolgreicher Musiker geworden, ich hätte wohl als Gammler geendet, aber als einer mit Niveau.« Eine charmante Selbsteinschätzung, die als Schlüssel gelten darf zur Persönlichkeit dieses Mannes, den ein Musikerkollege mal einen »Muddy Waters in the making« nannte. Richards, geboren mitten im vom Naziterror geprägten englischen Kriegswinter 1943, hat sich bis auf den heutigen Tag sein ebenso einfaches wie pointiertes Weltbild bewahrt. Hitlers Bombardements nahm er persönlich, noch heute erzählt er gerne, dass »der Führer hinter mir her war, kaum dass ich auf der Welt war«. Tatsache (oder schöne Legende): Als Klein Keith in seinem ersten Jahr mit Mama Doris vom Einkaufen zurückkehrte, fand er sein Elternhaus zerstört – eine V1 war buchstäblich in Keiths Kinderbett detoniert. Unser Held war knapp davongekommen.

Ähnlich betrachtet Richards auch seinen mehr als zwei Dekaden währenden Zermürbungskrieg mit der Staatsmacht diverser Länder: »Ich war eine ganze Zeit lang die Nr. 1 auf ihrer Liste!« Mal erteilten sie ihm, wie einst in Frankreich, Einreiseverbot; mal zerrten sie ihn, wie im heimischen England, vor den Kadi und steckten ihn 1967 gar in den Knast; mal buchteten sie ihn, wie 1972 in den USA, ein, weil er sich mit einem Bullen geprügelt hatte; und zu guter Letzt, 1977 in Kanada, nahmen sie ihn hoch und klagten ihn des Drogenhandels an, was bekanntlich um ein Haar zu einer mehrjährigen Haftstrafe geführt hätte. Keith gegen den Rest der Welt – so lief das, zumindest aus Sicht des notorisch eigensinnigen Instinktmenschen Richards, dessen Moralkodex schon immer näher an dem eines Karibik-Piraten als dem des durchschnittlichen Westeuropäers orientiert war.

Seit Mr. Rock'n'Roll allerdings in die Jahre gekommen und inzwischen gar Großvater geworden ist, hat sich auch sein Verhältnis zur Obrigkeit geändert: »Heute wollen sie Autogramme von mir«, grinst der mittlerweile 66-Jährige. Dass er trotzdem nach wie vor von Dämonen getrieben ist, ahnt jeder, der zum Beispiel *Losing My Touch*, seine düster in Verlust und Paranoia getauchte Ballade vom Jubiläumsalbum *40 Licks*, mal genauer anhört. Nicht umsonst nannte ihn Ober-Satanist Kenneth Anger mal »des Teufels rechte Hand«. Soweit das öffentliche Image. Dahinter indes verbirgt sich eine komplexe Persönlichkeit, die selbst engsten Freunden mitunter verschlossen bleibt. So dürfte es nicht nur Stones-Novizen überraschen, dass Keiths Alter Ego Mick Jagger den Mann, der für Legionen von Gitarristen das supercoole Rollenmodell abgab, auch heute noch als »extrem schüchternen Menschen« einschätzt, »der unter Leuten nicht wirklich aus sich herauskommt«, wie der Sänger in der DVD-Dokumentation *Four Flicks* wissen lässt. Die 2007 im Alter von 91 Jahren verstorbene Mutter

Doris plauderte schon vor langer Zeit aus, dass die lebendigste Leiche des Rock'n'Roll »etwas von einem Muttersöhnchen« hatte. Andererseits zögert Richards keine Sekunde, etwa ungebetenem Besuch aus dem Publikum auf der Bühne eigenhändig mit der geschwungenen Telecaster den Scheitel zu ziehen.

Mit zunehmendem Alter hat der ein Leben lang durch die Welt zigeunernde Richards zudem die Werte der Familie entdeckt. Seit Jahren schon lebt er mit Frau und Kindern in einem Refugium bei Weston im US-Bundesstaat Connecticut. Mit Ehefrau Patty Hansen, einem ehmaligen Fotomodell, hat er nunmehr 26 gemeinsame Ehejahre hinter sich – für einen Mann, der in der öffentlichen Wahrnehmung nach wie vor als Synonym für die Dreifaltigkeit von Sex & Drugs & Rock'n'Roll steht, eine überraschend lange Zeit. Es sieht so aus, als sei die Familie dem Gitarristen zur unverzichtbaren Stütze und Kraftquelle geworden. Er selbst beschreibt es in der ihm typischen Mischung aus Pragmatismus und Philosophie: »Wenn du die Chance hast, es mal auszuprobieren, mach es, denn es ist eines der speziellsten Dinge, die du auf dieser Erde erfahren kannst. Es ist das letzte fehlende Teil des Puzzles, das dir zeigt, worum es im Leben geht.«

Ein Mann mit vielen Facetten also – der als Musiker zu einem der großen Originale der Rock-Ära wurde. Wer, wie die britische Journalistin Barbara Charone schrieb, »mit fünf um alles in der Welt Roy Rogers« sein wollte, einem britischen Gericht ins Protokoll diktierte, dass er nicht beabsichtige, »über die Armseligkeit der herrschenden Moral zu streiten« und überdies auf seine Plektren die Worte »Ich bin unschuldig« drucken ließ, der schlägt sich auch als Künstler seinen ganz eigenen Pfad durch das Dickicht der Möglichkeiten und Irrwege.

..................................

***Two Fingers - Richards' Spiel:*** 1958, mit 15 Jahren, bekommt der halbwüchsige Keith seine erste Gitarre – und er wechselt an die Sidcup Art School, eine der berühmt-berüchtigten englischen Kunstschulen jener Tage, wo das Lehrpersonal offenbar nicht sonderlich daran interessiert ist, was die Schüler im Unterricht treiben. Keith jedenfalls nutzt seine drei Jahre dort, um intensivst seinen Chuck Berry zu lernen und sich zudem mit authentischem US-Blues vertraut zu machen, bis heute die zwei tragenden Säulen seines Spiels. Der frühe Keith reproduziert zunächst, was er von seinen Vorbildern gelernt hat. Dabei klingt er gelegentlich noch etwas ungestüm, hektisch und vermasselt den einen oder anderen Ton, schön zu hören im Solo bei *Little By Little* vom ersten Album der Band. Aber er hat auch schon große Momente, etwa in *It's All Over Now* vom Juni 1964, an dessen Solo sich nach eigenem Eingeständnis Kollege Springsteen in seinem Jugendzimmer im fernen Freehold, New Jersey, seinerzeit die Finger blutig übte. Richards' Gefühl für rhythmisch prägnante Melodieriffs allerdings wird schon in dieser, stilistisch noch wenig ausgeprägten Frühphase deutlich.

Nach den Aufnahmen zu *Between The Buttons* (1967) kommt es zur entscheidenden Wende in Keiths Spiel. Erstmals seit Jahren in der Tour-Platte-Tour-Tretmühle hat er wieder Zeit, Musik zu hören. Er beschäftigt sich intensiv mit sehr frühem Blues, entdeckt Charley Patton und Robert Johnson und noch einiges mehr: »Mein Spiel blieb irgendwie auf der Stelle stehen – und ich auch«, wie er dem britischen Journalisten David Dalton erzählte. »Als ich dann damit anfing, in ein paar alte Blues-Platten aus den Zwanziger- und Dreißigerjahren reinzuhören, fielen mir diese merkwürdigen Gitarrenstimmungen auf. Da hatten diese Burschen irgendwann einmal eine Gitarre in die Finger gekriegt, und oft war sie halt irgendwie gestimmt, und so lernten sie, darauf zu spielen.«

Außerdem beginnt Richards, mit anderen Musikern zu arbeiten. Einer von ihnen: Ry Cooder, der sich da schon intensiv mit früher US-Folklore beschäftigt hat. Von ihm lernt er die damals im Pop noch ungebräuchlichen und allenfalls von Slide-Gitarristen benutzten offenen Stimmungen in G-, D- und E-Dur. Erstmals setzt er diese Tunings auf *Beggars Banquet* (1968) ein. Es ist das erste Album, das er als Gitarrist mehr oder weniger alleine bespielt, denn Kollege Brian Jones hat zu diesem Zeitpunkt das Interesse an den sechs Saiten längst verloren. Sein einzig nennenswerter Beitrag sind die markanten Bottleneck-Licks auf *No Expectations*.

Bestes Beispiel für Keiths Power Chords im Open Tuning: *Street Fighting Man*, das mit verfremdet aufgenommenen Akustikgitarren eingespielt wurde. Oder *Jumpin' Jack Flash*, das er in Open D spielt. *Honky Tonk Women* (1969), angeblich von Cooder inspiriert, ist indes ein frühes Beispiel für die offene G-Stimmung. Ein weiteres Charakteristikum von Richards' Spiel ist hier erstmals in Reinkultur zu hören: das lose improvisierte, von Pausen geprägte Akkordspiel, nur verbunden durch sparsam gesetzte Licks. Das einfache Allerwelts-Akkordgerüst des Songs erhält so eine unverkennbare, dynamische Riff-Struktur. Das Prinzip ist ähnlich wie beim Malen nach Zahlen, nur dass Richards bewusst die eine oder andere Zahl umgeht. Die Licks in *Honky Tonk Women* dokumentieren überdies auch Richards zunehmendes Interesse an Countrymusik – die noch junge Freundschaft zu Gram Parsons beginnt erste Früchte zu tragen. Dessen Einfluss wird allerdings erst auf späteren Songs wie *Wild Horses* (1971), gespielt mit einer Akustikgitarre im sogenannten Nashville-Tuning, oder dem grandiosen *Torn And Frayed* vom 1972er-Meisterwerk *Exile On Main St.* deutlich.

In den Jahren zwischen 1968 und 1972 integriert Richards nicht nur neue Tunings in sein Spiel, er findet auch seine ganz eigene Sprache als Gitarrist. Wo andere mit abgefahrenen Sounds experimentieren (Jimi Hendrix) oder neue Maßstäbe in Sachen Virtuosität setzen (Jimmy Page, Jeff Beck, Eric Clapton), stellt Richards sein Spiel ausschließlich in den Dienst des Songs, beschränkt sich auf einfachste Mittel und versucht, das Spektrum seiner Möglichkeiten innerhalb der formalen Limitierungen des Blues-geerdeten Rock zu erweitern. Mit seiner Gitarre wird er nicht zum gefeierten Neuerer, sondern zum Stilisten mit ureigener Handschrift. Songs wie *Brown Sugar*, *Gimme Shelter* oder das archetypische *Start Me Up* sind in ihrer souveränen Beschränkung aufs Wesentliche und mit ihrem traumwandlerisch sicheren Drive von keinem anderen Gitarristen denkbar. Dabei ist diese Sorte Trademark-Riffs nicht mal das einzig Charakteristische an Richards' Spiel. Er entwickelt zudem einige Marotten, etwa die immer wiederkehrenden typischen Sus4-Vorhalte im Akkordspiel. Und, allerdings erst in späteren Jahren, die gerade bei Balladen gern abenteuerlich knapp am »korrekten« Ton vorbeigezogenen Bendings (wunderbar zu hören auf *Sleep Tonight*, 1986).

Seit den Siebzigern hat sich an Richards' Gitarrenstil nicht viel geändert, und seinem Vokabular hat er seit den Tagen von *Jumpin' Jack Flash*, abgesehen von Details, nicht allzu viel hinzugefügt. Warum auch – Richards' Stil ist längst unverkennbar. Dabei hat er nie einen Hehl daraus gemacht, dass ihm Virtuosität ohnehin vollkommen egal ist. Heute geht es ihm darum, mit seinen Mitteln, und dazu gehört auch seine Band, seine ganz eigene Vision von Rock'n'Roll umzusetzen.

..................................

***Three Chords - Richards' Musik:*** Als Keith Richards 1962 mit Mick Jagger und Brian Jones die Rolling Stones gründet, lernt er von Letzterem, einem damals puristischen Blues-Apostel, jede Menge über den Chicago Blues, studiert die alten Meister von Jimmy Reed über Muddy Waters bis hin zu Slide-As Elmore James. Der junge Chuck-Berry-Freak dringt so immer tiefer ein in die damals für einen weißen britischen Jugendlichen noch reichlich mysteriöse Welt der schwarzen Musik. Und – von nicht zu unterschätzender Bedeutung – Richards und Jones entwickeln eine grundlegende musikalische Idee der Rolling Stones: Sie verweben ihre Gitarren miteinander, bis die zwei Instrumente wie eins klingen. Richards selbst erklärte das später so: »Ab einem gewissen Punkt weißt du nicht mehr, wer was macht. Da ist nichts mehr auseinander zu halten.« Die frühen Stones sind eine astreine Zwei-Gitarren-Band, die sich einen Dreck um die klassische Aufteilung von Rhythmus- und Leadspiel kümmert. Richards: »Du kannst ja auch nicht in einen Laden gehen und eine Leadgitarre kaufen. Du bist Gitarrist und spielst Gitarre.« Jeder macht alles, mal spielt der eine ein paar Slide-Licks, mal der andere ein paar Boogie-Muster. Exemplarisch für dieses frühe Zusammenspiel der String Twins Jones/Richards: *It's All Over Now* von 1964, wo Jones' cleane Akkorde und Richards' sauber gehackte Rhythmus-Riffs fast unentwirrbar zusammenfließen.

Interessanterweise verliert Richards genau in dem Moment seinen kongenialen Gitarrenpartner Jones, als er beginnt, seinen musikalischen Horizont und damit seine Fähigkeiten als Gitarrist zu erweitern. Der Neue bei den Stones, der 1969 angeheuerte, trotz seiner jungen Jahre mit allen Blueswassern gewaschene Mick Taylor, entspricht eher dem klassischen Typus des Leadgitarristen. Sein Ton ist elegant, sein Spiel virtuos, seine Technik brillant. Der Vorteil: Richards lernt jede Menge von Taylor. Und er kann in den späten Sechziger-, frühen Siebzigerjahren, ungestört vom weit unten in der Bandhierarchie angesiedelten Gitarrenpartner, seine Architektur des Stones-Sounds weiterentwickeln. Wie sehr die Band musikalisch Richards' Vision entspricht, zeigt sein gebetsmühlenartig wiederholtes Bekenntnis: »Wozu sollte ich ein Soloalbum machen? Es würde sich doch nur wie ein Stones-Album anhören.« Erst 1987 nimmt er aus Frust über Jaggers Solo-Eskapaden seine eigene Soloplatte in Angriff.

Der Nachteil im Zusammenspiel mit Mick Taylor: Zwar schätzt Richards dessen Virtuosität sehr wohl, allerdings muss er sich neben dem begnadeten Solisten zwangsläufig wieder eher auf die Rhythmusarbeit beschränken und mit der statischen Aufteilung in Lead- und Rhythmusgitarre abfinden. Seit Ron Wood den 1974 ausgestiegenen Taylor ersetzt hat, kann

Richards seine ursprüngliche Idee der ineinanderfließenden Gitarren oder »ancient form of weaving«, wie er es nennt, wieder verfolgen. Er erklärt den Unterschied zwischen Taylor und Wood so: »Mick gehört zu den Gitarristen, mit denen man nie das hinbekommt, was mit Ronnie möglich ist, nämlich sich gegenseitig die Bälle zuzuspielen.«

Konzert in der Berliner Waldbühne, 1998: Die Stones spielen *Thief In The Night*, die Tonart ist eine gebräuchliche, G-Dur. Richards singt und streut zwischen die Akkorde seine typischen Licks. Plötzlich verrutscht er um einen ganzen Bund nach oben, spielt exakt einen Halbton über dem Rest der Band – mit entsprechend misstönendem Effekt. Erschrockene Gesichter allenthalben, Keith grinst linkisch, schlendert zurück in die zweite Reihe. Wenige Monate später: Der Autor interviewt den Meister in New York. Frage: Wie kommt es, dass dir nach all den Jahren solche Anfänger-Fehler unterlaufen? Keith: »Du glaubst gar nicht, wie nass so ein Griffbrett sein kann, wenn es regnet.« Aber Keith, in Berlin war bestes Sommerwetter! »Okay, hör zu: Auf der Bühne zählt nur der Moment! Im Unterschied zum Studio hast du dort nur einen Take. Live spielen ist eben gefährlich, jederzeit kann etwas schief gehen. Vielleicht macht es ja deshalb so viel Spaß.« Eine Anekdote, die Richards' Philosophie als Musiker auf den Punkt bringt. Wer braucht auswendig gelernte Kunststücke? Wer will dröges Handwerk mit Netz und doppeltem Boden? Richards' Attitüde ist die des Jazzers. Eine Haltung, die sich auf den von biederen Akkordarbeitern und eitlen Posern dominierten Rockbühnen dieser Welt nur noch selten findet. Und die sich zum Beispiel in den Sessions auf *Four Flicks* (*Extreme Western Grip*, *Well Well*) in Reinkultur und phasenweise natürlich bei den Konzerten beobachten lässt (in dieser Hinsicht unbedingt zu empfehlen: Martin Scorseses meisterhaftes Stones-Porträt *Shine A Light* von 2008). So betrachtet, sind die Rolling Stones im tiefsten Grunde ihres Herzens eine Jazzband und Keith Richards näher an Louis Armstrong als an Jimi Hendrix oder Stevie Ray Vaughan. Darin ist er Leuten wie John Lee Hooker oder Muddy Waters, die sich um das klassische Bluesschema nie sonderlich scherten, nicht unähnlich.

.................................

*Five Strings - Richards' Gitarren:* Das Image vieler klassischer E-Gitarrenhelden ist entweder mit der Fender Stratocaster oder Gibsons Les Paul verbunden. Jimi Hendrix, Eric Clapton, Jeff Beck und Rory Gallagher selig etwa gehören zur Strat-Fraktion, Jimmy Page, Paul Kossoff und Duane Allman, um nur ein paar zu nennen, sind Paula-Fans. Mit der Fender Telecaster indes sind, wenn wir von Status Quo und weniger bekannten Virtuosen wie Roy Buchanan oder Mick Ronson mal absehen, eigentlich nur zwei Leute wirklich berühmt geworden: Bruce Springsteen und Keith Richards – beide übrigens Spieler, die weniger Wert auf Virtuosität sowie klang- und spieltechnische Innovation legen als auf einen klaren Vintage Sound. Dabei kommt Keith erst spät auf den Geschmack. Als er die Tele für sich entdeckt, müssen sich die Stones schon Rock-Opas schimpfen lassen. Denn erst ab der 1972er-US-Tournee setzt Richards diese älteste in Serie gebaute E-Gitarre regelmäßig auf der Bühne und im Studio ein.

Vorher, in den Sechzigerjahren, benutzt er andere Gitarren. Zunächst, in den frühen Jahren, eine Harmony Meteor Sunburst, eine damals preiswerte US-Alternative zur teuren Gibson 335. Ab etwa 1965 wird Richards, wie auch die Beatles, von Epiphone mit dem damals populären Casino-Modell ausgestattet, im Prinzip auch dies eine 335-Variante, allerdings ohne Sustainblock und mit P-90-»Eselsohr«-Pickups statt Humbuckern. Wenig später dann besitzt er seine erste Les Paul, eine Standard Sunburst mit Bigsby-Vibratosystem aus den späten Fünfzigerjahren. Die Les Paul gehört für die nächsten Jahre zu seinen Hauptinstrumenten, häufig benutzt er zudem eine schwarze Les Paul Custom, die so genannte

»Black Beauty« mit drei (!) doppelspuligen Tonabnehmern, zu hören auf *Beggars Banquet.* Etwa zur selben Zeit stößt er überdies auf ein obskures Instrument, die nach seinem Erfinder Dan Armstrong benannte Plexiglas-E-Gitarre aus dem Hause Ampeg. Sie gehört neben den Les Pauls für einige Jahre zu seinem Standard-Handwerkszeug. Heute wird die Ampeg Dan Armstrong übrigens wieder hergestellt, Ron Wood benutzt sie gelegentlich, und auch Dave Grohl spielt eine.

Als Richards ab Ende der Sechzigerjahre häufiger mit offenen Tunings spielt, ärgert er sich darüber, dass die im G-Tuning um einen Ganzton heruntergestimmte dicke E-Saite wegen ihrer nun sehr geringen Spannung reichlich störend dröhnt. Keiths Lösung: Weg damit! Zumal drei Dominanten im Akkord eine zuviel sind. Folgerichtig taucht die Idee auf, eine echte Fünf-Saiten-Gitarre zu bauen, die es bis dahin nicht gibt.

Während der Aufnahmen zu *Exile On Main St.* lernt Keith den Gitarrenbauer Ted Newman-Jones III kennen, dem er den Auftrag gibt, ein solches Instrument zu bauen. Die Schwierigkeit dabei: Eine Fünfsaitige braucht nicht nur fünfpolige Tonabnehmer, sie benötigt auch einen speziellen Sattel, eine spezielle Bridge und womöglich auch eine andere Griffbrett-Breite. Richards spielt das Wunderwerk aus der Werkstatt von Newman-Jones eine Zeit lang, unter anderem auf der US-Tournee 1972, allerdings wird die Gitarre sehr bald gestohlen. Seit Mitte der Siebzigerjahre kristallisiert sich aber immer stärker Richards' Vorliebe für die klobige und an sich wenig vielseitige Telecaster heraus. Sein favorisiertes Exemplar blieb bis heute ein butterscotch-blondes Modell aus den frühen Fünfzigerjahren, das er auf den Namen »Micawber« tauft. Er benutzt sie ausschließlich für Songs in Open G. Ihre Besonderheiten: Sie hat im Unterschied zum Serienmodell einen PAF Humbucker in der Halsposition, nachträglich eingebaute Mechaniken sowie eine nicht originale Messingbrücke.

Bis in die Achtzigerjahre benutzt er zudem oft eine schwarze Telecaster Custom von 1972. Sie, »Micawber« und Keiths zweitliebste Tele (»Malcolm«), ebenfalls aus den Fünfzigern, jedoch mit Naturfinish, sowie eine weitere Sunburst Tele, Baujahr 1967, gehören bis heute zu seinen wichtigsten Bühnengitarren. Für Standardstimmungen hat er lange Zeit, von 1989 bis 1995, eine weiße Music Man Silhouette, eingesetzt, der er immerhin attestiert, es qualitätsmäßig als erste Gitarre seit Jahrzehnten mit den Fünfzigerjahre-Klassikern von Fender und Gibson aufnehmen zu können. Während der letzten Welttourneen sieht man ihn immer häufiger mit zwei Gibson Semi Acoustics. Die eine ist eine Cherry Red ES-355, die andere eine schwarze ES-355 (mit großem Crown Inlay am Headstock). Beide Gitarren sind mit Bigsby-Systemen ausgestattet. Keith benutzte die 355 auf der *Licks*-Tour besonders gerne, etwa bei Songs wie *Gimme Shelter*, *It's Only Rock'n'Roll*, *Satisfaction* oder *Rock's Off*. Überdies nimmt er auch hin und wieder eine Stratocaster in die Hand, eine Mary Kay-Strat von 1958, die er einst Ron Wood abkaufte und schon im Chuck Berry-Film *Hail! Hail! Rock'n'Roll* (1987) benutzte. Bei Songs wie *Midnight Rambler* setzte Keith zuletzt auch gerne eine 59er-Les Paul Junior mit Double Cutaway ein.

Noch ein Wort zu den aktuell verwendeten Verstärkern: Seit der *Bridges To Babylon*- und *No Security*-Tour (1998/99) hat Keith an seinem Set Up nichts Wesentliches verändert. Grundsätzlich lässt sich dazu sagen: Vintage-Technik für Sound, am besten, man hört das uralte Holz förmlich mitschwingen. So spielt Richards über zwei betagte Fender Twin Reverbs aus den Fünfzigerjahren, der eine mit Tweed bespannt, der andere mit einem in den frühen Sechzigerjahren gebräuchlichen Material, Brown Tolex. An beide Verstärker hängt er 4x12 Mesa Boogie-Boxen. Zudem hat er auf Tour auch noch einen 1956er-Fender Bassman mit vier 10-Zoll-Lautsprechern sowie, für etwas schmutzigere Sounds, ein Marshall Top-Teil an Bord. Im Studio hingegen experimentiert er gerne auch mit alten Vox- und Marshall-Amps.

*Empfehlenswert:*

**Forty Licks (Rolling Stones Compilation)**
Die bislang einzige labelübergreifende Kompilation, die das Beste der Rolling Stones von den Anfängen in den Sechzigerjahren bis ins neue Jahrtausend zusammenfasst. Die Band veröffentlichte diese Sammlung aus Anlass ihres 40-jährigen Bestehens im Jahre 2002, das mit entsprechend großer Welttournee gefeiert wurde. Nichts zu hören gibt's daher vom 2005er-Album *A Bigger Bang*. Ansonsten aber findet sich unter den 40 Songs fast alles, was die Stones berühmt gemacht hat, von den frühen Monster-Hits wie *Satisfaction*, *Get Off Of My Cloud* und *The Last Time* über die großartigen Singles der mittleren Phase, zum Beispiel *Honky Tonk Women*, *Jumpin' Jack Flash* und *Brown Sugar*, bis hin zu den späteren Großtaten *Miss You*, *Start Me Up* und *Anybody Seen My Baby*. Dazu gibt's drei zum Veröffentlichungszeitpunkt des Albums neue Songs, von denen die weltmüde Richards-Ballade *Losing My Touch* am ehesten überzeugt. Der perfekte Überblick für Stones-Novizen.

**Talk Is Cheap (Soloalbum, 1988)**
Mitte der Achtzigerjahre hing der Haussegen im Lager der Glimmer Twins mächtig schief: Mick Jagger war auf Solotournee und hatte das Interesse an den Stones vorübergehend verloren, Keith Richards reagierte sauer und stellte seinerseits eine eigene Band zusammen. Mit Koryphäen wie Drummer Steve Jordan, Gitarrist Waddy Wachtel und Bassist Charley Drayton spielte er dann sein Solodebüt *Talk Is Cheap* ein – eine ruppige Reise durch den musikalischen Kosmos des legendären Gitarristen, die deutlich zeigte, wer das musikalische Herz der Rolling Stones ist. Knorriger Rock (*Take It So Hard*) wechselt hier mit rustikalem Funk (*Big Enough*), vitalem Rockabilly (*I Could Have Stood You Up*) und herzlichem Memphis Soul (*Make No Mistake*). Das vielleicht beste

Soloalbum eines Rolling Stone, dem man auch heute nicht anhört, dass es bald 25 Jahre auf dem Buckel hat.

**Gimme Shelter (DVD)**
Eine faszinierende Momentaufnahme der Rolling Stones zu Beginn ihrer klassischen Phase, als Mick Taylor Brian Jones an der Gitarre abgelöst hatte. Im Novenber 1969 ging die Band zum ersten Mal seit drei Jahren wieder auf Tournee, im Gepäck hatte sie neben den alten Hits wie *Under My Thumb* und *Satisfaction* das bärenstarke Repertoire ihrer beiden Alben *Beggars Banquet* und *Gimme Shelter*. Nie zuvor spielten die Stones so gut, und nicht wenige meinen, dass sie danach nie besser waren. Das auf CD nachgereichte Vinyl-Dokument *Get Yer Ya-Ya's Out* jedenfalls gilt bis heute als bestes Livealbum der Band (inzwischen auch als aufwändiges CD-Boxset mit Bonustracks sowie Teilen des Vorprogramms von B. B. King und Ike & Tina Turner erhältlich). Genauso allerdings ist *Gimme Shelter* auch eine faszinierende Momentaufnahme der westlichen Jugendkultur, deren Flower-Power-Illusionen in diesem Herbst 1969, wenige Wochen nach Woodstock, in der aufgeladenen Atmosphäre des Altamont-Festivals in einer Orgie von Gewalt, schlechten Drogen und allgemeiner Hysterie platzten. Noch heute bedrückend sind die Aufnahmen des dortigen Stones-Konzerts, die zeigen, wie der 18-jährige Meredith Hunter wenige Meter vor der Bühne von Hell's Angels ermordet wird. Einer der wohl interessantesten und spannendsten Musikfilme aller Zeiten.

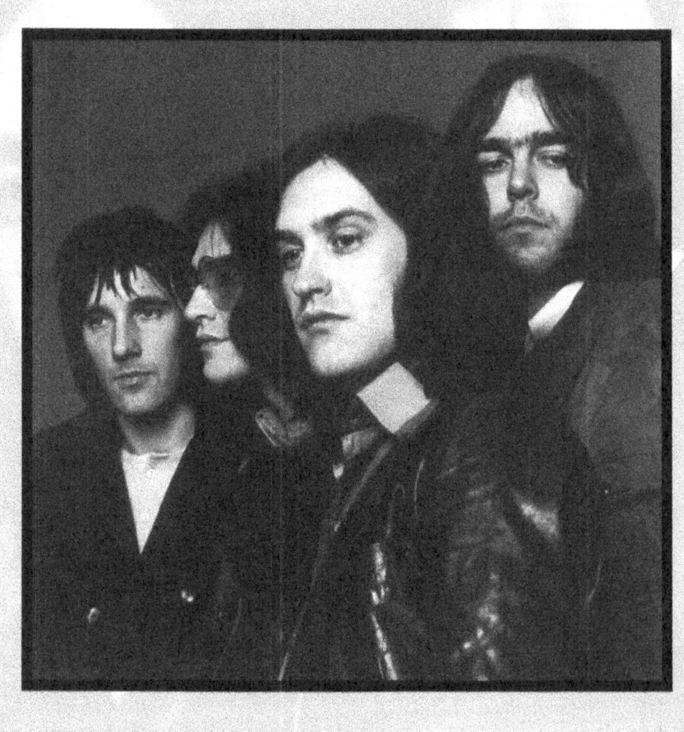

# MISFITS

*Ray Davies und die Kinks-Saga*

PLEITEN, Pech und Pannen pflasterten ihren Weg. Und so manches blaue Auge. Die Kinks waren die »englischste« der großen Sixties-Bands. Ein rundes Dutzend Top-Ten-Hits konnten sie landen, und doch sind sie heute fast vergessen. Blenden wir 40 Jahre zurück und erteilen Nik Cohn das Wort: »Sie traten auf in lächerlichen roten Jagdanzügen, und sie hatten langes, ungepflegtes Haar wie alle anderen auch. Und live, da klangen sie nicht gut. Ihre ersten Platten waren Reinfälle, das war vorauszusehen. Aber dann fing Ray Davies, der Sänger, an ihre Singles zu schreiben, und er war gut.« So beschrieb der englische Journalist seine Eindrücke von den frühen Kinks 1969 in seinem legendären Buch *Pop From The Beginning* (heute nur noch antiquarisch erhältlich). Bündig fasste Cohn zusammen, dass die Kinks »als die Schlechtesten von allen anfingen, sich aber schließlich als die bei weitem Besten entpuppten«. Wohl wahr.

Jeder kennt Songs wie *Waterloo Sunset*, *You Really Got Me* oder *Lola*, mit dem Namen der Urheber indes können heute nur noch die Wenigsten etwas anfangen. Sind Alben wie *Pet Sounds* von den Beach Boys, *Sgt. Pepper's Lonely Hearts Club Band* von den Beatles oder *Beggars Banquet* von den Rolling

Stones längst als Giganten des Sixties-Pop kanonisiert, führt das mindestens ebenso gigantische Album *The Kinks Are The Village Green Preservation Society* seit vier Jahrzehnten ein beschämendes Mauerblümchendasein. Immerhin, die Kritik hat dieses Opus Magnum inzwischen wiederentdeckt, zum Verkaufshit wird es deshalb aber nicht mehr werden. Was lief da schief?

.................................

Natürlich hatte Nik Cohn recht. Erst die Songs von Ray Davies waren es, die aus den Kinks, einer durchschnittlich begabten Truppe der ersten britischen Beat-Welle, eine der erfolgreichsten, einflussreichsten und originellsten Bands des Pop überhaupt machten. Niemand sonst griff Themen auf, die so fest in der Lebenswirklichkeit der englischen Klassengesellschaft verankert waren. Wer außer Ray Davies hätte sich mit Banalitäten wie der täglichen Plackerei im Haushalt oder dem Stumpfsinn des TV-Konsums beschäftigt, wer sonst hätte scharfgezeichnete Kleinbürger-Porträts und Milieu-Skizzen von ätzendem Sarkasmus in einschmeichelnde Popmelodien verpackt, wenn nicht der Songwriter der Kinks? Die gängigen Boy-meets-girl-Klischees waren seine Sache nicht, er war von vornherein auf anderes aus. Im Interview mit dem Autor erklärte er das einmal so: »Mir hat nie jemand erklärt, wie man Songs schreibt. Also konnte ich mich nur an das halten, was ich um mich herum in meinem Umfeld sehen konnte, als ich aufwuchs. Und das waren diese Leute mit ihrem einfachen Leben.« Die denn auch Songs wie *Sunny Afternoon*, *Mr. Pleasant*, *A Well Respected Man*, *Dead End Street* und *Autumn Almanac* zuhauf bevölkern.

Zu einer Musik übrigens, die sich im Unterschied zum Œvre der meisten Bands jener Tage nur anfangs bei Chuck Berrys Rock'n'Roll, Buddy Hollys Country-Pop und Muddy Waters' Rhythm'n'Blues bediente. Davies und die Seinen verzichteten sehr bald auf diese Elemente und schöpften stattdessen kräftig aus heimischen Quellen. Nirgendwo sonst war das Erbe der englischen Music Hall, der Kneipen- und Sauflieder aus viktorianischer Zeit und der bunten Varietés so präsent wie in der Musik der Kinks. Gerne ließen sie mal eine wild gewordene Posaune von der Leine, garnierten eine Melodie mit Akkordeon oder Oboe und klangen zwischendurch wahlweise wie eine stilechte Zirkus- oder Dixie-Kapelle. Ganz nebenbei freilich erfanden sie auch den Hardrock.

Später dann erweiterten sie ihr Spektrum, versuchten eine Synthese aus Popmusik und Theater, um in den späten Siebzigerjahren zurückzukehren zum harten Rock ihrer Anfänge, der ihnen ein kaum noch vermutetes Comeback bescherte. In den Achtzigerjahren landeten sie sogar wieder Top-Ten-Hits, und eigentlich müssten sie heute wie die anderen großen Überlebenden der Sechzigerjahre zum etablierten Rock-Adel gehören, der gelegentlich auf gigantischen Welttourneen nach allen Regeln der Entertainment-Branche absahnt. Stattdessen versank ihr Stern in den frühen Neunzigern sang- und klanglos.

Es scheint, als wären sich die Kinks und das Showbiz immer spinnefeind gewesen. Diese Band war anders, und ihr Sänger ist bis heute einer geblieben, der irgendwie nicht so richtig dazugehört. Für die etablierte Kaste der Rockprominenz war er immer schon eine Spur zu linkisch, zu sprunghaft, zu rätselhaft, zu eigensinnig, alles in allem von beängstigender Unberechenbarkeit. Irgendwas ging bei ihm immer schief, und war er mit seinen Mannen mal auf dem Sprung nach ganz oben, vermasselten sie es garantiert im nächsten Moment mit irgendeiner Dummheit. Was auch daran lag, dass Ray nicht der einzige Davies in der Band war – mit Bruder Dave lieferte er sich einen heftigen, gelegentlich auch handgreiflichen Bruderzwist nach dem anderen. Aus der permanenten Spannung zwischen den beiden – der eine ein nachdenklicher Grübler, der nichtsdestotrotz temperamentvoll aus der Haut fahren konnte, der andere eine unkomplizierte Frohnatur mit deutlicher Tendenz zum Rüpel – erwuchs den Kinks einerseits eine Dynamik und Vitalität, die sie zu kreativen Höchstleistungen trieb, andererseits aber bescherte der Dauerkonflikt der Band eine frustrierende Destruktivität, die sie beständig am Abgrund balancieren ließ.

Wer die Geschichte der Kinks verstehen will, muss zudem nachvollziehen, dass der eigenwillige künstlerische Kurs von Ray Davies fast durchgängig frontal gegen die Zeitläufte verlief. Was ihn umtrieb, war in den seltensten Fällen kompatibel mit den Spielregeln der Industrie, den Trends des Marktes, den zeitgeistigen Strömungen der Popkultur und den geschmacklichen Präferenzen eines breiten Massenpublikums – so paradox dies angesichts der einzigartigen Hitserie der Kinks in den Sechzigerjahren zunächst klingen mag. Im Unterschied zu Beatles, Stones, Who und anderen Zeitgenossen haben die Kinks den Schritt von der Singles-Band zum Album-Act bei einem breiten Publikum lange Zeit nicht geschafft, weshalb großartige Werke wie *Face To Face*, *Something Else*, *Village Green Preservation Society*, *Arthur* und *Muswell Hillbillies* weitgehend floppten.

Als die Popwelt ab Mitte der Sechzigerjahre den Fokus auf Amerika richtete, dort eine neue einflussreiche Szene entstand, englische Künstler wie Cream, Led Zeppelin und Jimi Hendrix (der als Amerikaner seine Karriere in London mit englischen Musikern gestartet hatte) bei ihren US-Tourneen und -Plattenproduktionen neue Inspiration fanden und ihren Act so der neuen Big-Business-Doktrin des Pop anpassen konnten, blieben die Kinks außen vor, weil sie sich in ihrer jugendlichen Naivität mit unbedachten Flegeleien während einer Tournee 1965 ein vierjähriges Auftrittsverbot in den USA eingefangen hatten. Mal ganz abgesehen davon, dass sie mit dem naiven Flowerpower-Optimismus, der die jugendlichen Hirne der westlichen Subkultur damals vernebelte, ohnehin nichts am Hut hatten, waren ihre Songs immer auch von strengem Realismus geprägt. Während also etwa die Kollegen von The Who in Woodstock abräumten, tingelten die Kinks gemeinsam mit den Tremeloes und The Herd, zwei zu Recht vergessenen Pop-Schlagertruppen jener Tage, durch schwedische Kulturzentren. Als sie das hinter sich hatten und wieder in den Staaten, wo sich nach wie vor die ganz großen Karrieren entschieden, auftreten konnten, verhedderten sie sich trotz ihres Welthits *Lola* alsbald in überambitionierten Konzeptalben, die keiner hören wollte. Später, als sie nach jahrelanger Feldarbeit die USA erobert und es sogar bis in den ehrwürdigen Madison Square Garden gebracht hatten, waren sie aus den verschiedensten Gründen nicht in der Lage, den hart erarbeiteten Erfolg zu konsolidieren – sie trafen unglückliche Business-Entscheidungen und konnten den ohnehin stets labilen Burgfrieden innerhalb der Band nicht mehr aufrechterhalten. Kurz: Erst hatten sie kein Glück, und dann kam auch noch Pech dazu.

Zum ganz großen Rock'n'Roll-Ruhm also hat es für die Kinks nie gereicht. Selbst aus ihren größten Hits konnten sie dauerhaft kein Kapital schlagen, und als kühle Karrierestrategen waren sie eine glatte Fehlbesetzung. Ihre Musik wirkte in ihrer liebenswürdigen Nostalgie immer ein wenig wie aus der Zeit gefallen. In ihrer langen, turbulenten Geschichte manifestiert sich der ewige Konflikt des aufrichtigen Künstlers, der sich mit seiner Kunst auf einen ausschließlich nach kaufmännischen Gesetzen funktionierenden Markt begeben muss, um zu überleben. Dieser Markt freilich explodierte ab Ende der Sechzigerjahre und entwickelte sich zum Millionengeschäft, das entsprechendes »Think big!« von denen verlangte, die es nach oben schaffen wollten. Stones, Led Zeppelin, Who, Pink Floyd, sie alle passten ihren Act der Gigantomanie der neuen Zeit an. Die Kinks aber blieben, was sie immer waren, eine kleine Band aus der Vorstadt, mit zwei Gitarren, Bass, Schlagzeug, ohne großes Show-Brimborium, stattdessen mit der explosiven Gang-Mentalität, die Ray und Dave in Muswell Hill schon mit der Muttermilch bekommen hatten – typisch Sixties, typisch englisch. Umstände, die sie für die Superstar-Kultur des ausgehenden Jahrhunderts gänzlich untauglich machten.

Zur Legende wurden sie trotzdem, und ihr Werk zählt zum Faszinierendsten und Langlebigsten, was die populäre Musik der letzten 50 Jahre zu bieten hat.

.....................................

Von Muswell Hill aus kann man auf Londons City hinab sehen, der Vorort liegt sechs, sieben Meilen nördlich der Innenstadt auf einem Hügel. Man wohnt hier in den kleinen, so typisch englischen Reihenhäusern, die sich eng aneinandergedrückt und aufgereiht wie an einer Schnur durch die schmalen Straßen ziehen. In einem dieser Häuschen, rote Ziegel, sorgsam weiß gepinselte Fensterrahmen, leben in den Vierzigerjahren Annie und Frederick Davies. Das Ehepaar aus No. 6, Denmark Terrace, Fortis Green, ist das, was der Engländer »working class« nennt. Und auch diese beiden sind, wie die meisten hier, Teil einer riesengroßen, weit verzweigten Familie. Kinder versteht man noch als Reichtum, und so haben Annie und Fred zu ihrem Clan bereits sechs Kinder, allesamt Mädchen, beigetragen. Am 21. Juni 1944 endlich stößt der lang erwartete erste Sohn dazu. Sie taufen den Kleinen Raymond Douglas, und die sechs Schwestern verhätscheln den Thronfolger nach allen Regeln der Kunst. Drei Jahre später, am 3. Februar 1947, bekommt Ray einen kleinen Bruder, David Russell Gordon. Konkurrenz, in jeglicher Beziehung.

In No. 6 ist immer was los. Jahre später wird Dave seinem Biografen Jon Savage erzählen: »Ich erinnere mich, dass es mir als Kind immer so vorkam, als wären Hunderte von Menschen im Haus. Samstagabends gingen dann alle ins Pub, Mengen von Leuten, es wimmelte von Kindern, und alle sangen und feierten immerzu. Nach ein paar Drinks pflegte unsere Mum zu singen, und Dad tanzte für gewöhnlich. Wir hatten keinen Fernseher, wahrscheinlich konnten wir uns keinen leisten, es war eben eine Umgebung, in der man sich seine eigene Unterhaltung schuf.« Und die besteht zunächst einmal aus Musik.

Die Eltern, auch die Schwestern, deren größte 25 Jahre älter als Ray ist, haben einen breit gefächerten Geschmack, so dass im Davies-Haus alles Mögliche aus dem Radio und vom Plattenspieler tönt – Fred Astaire und Gene Kelly genauso wie Perry Como, Hank Williams, Slim Whitman, die großen Stars des Big Band Swing, Glenn Miller, Harry James und Gesangsgruppen wie die Andrew Sisters und die Ink Spots. Für Ray und Dave ist Musik gleichsam Teil der häuslichen Möblierung, zumal der Vater selbst Banjo und sämtliche Schwestern Klavier spielen.

Zu seinem 13. Geburtstag bekommt Ray seine erste Gitarre geschenkt – eine tragische Geschichte. Er erhält sie von seiner großen Schwester Rene. Am selben Abend noch stirbt sie. Rene hatte einen Herzfehler und musste sich auf Anraten der Ärzte ihr Leben lang schonen. An jenem Tag, so erzählte Ray erst kürzlich dem *Spiegel*, »beschloss sie, dass sie nun genug Rücksicht in ihrem Leben genommen habe, und ging tanzen. Allein ins Lyceum in London, wo sie einen fremden Mann aufgabelte und ausgelassen herumwirbelte, bis sie umfiel. Klingt traurig, ich fand es aber auch sehr romantisch. Sie ist tanzend gestorben.« Im Videoclip zu *Come Dancing*, dem 1982 erschienenen letzten großen Kinks-Hit, setzte Ray seiner Schwester und der Zeit der unbeschwerten Tanzvergnügen in den Londoner Dancehalls ein Denkmal.

Irgendwann in ihren Teenagerjahren beginnen Ray und sein kleiner Bruder, inzwischen ebenfalls Gitarrist, gemeinsam zu spielen. An der William Grimshaw Secondary Modern School gründen sie ihre erste Band, der schon bald ein Mitschüler namens Peter Quaife angehört. Mal nennen sie sich Ray Davies Quartet, mal Dave Davies Quartet, mal Peter Quaife Quartet, je nachdem, wer den Gig besorgt hat. Ab September 1962 geht Ray ins Hornsey College of Arts & Crafts, eine der englischen Artschools. Das geistig offene Klima beflügelt den hyperaktiven Grübler, er beginnt erste Songs zu schreiben, darunter auch frühe Skizzen von *You Really Got Me* und *Tired Of Waiting For You*, mit denen die Kinks Jahre später berühmt werden. Und er entdeckt den amerikanischen Bluespionier Big Bill Broonzy, taucht ein in den Rhythm'n'Blues, damals in England noch ein exklusives Hobby weniger Eingeweihter. Derweil hat Dave seine Schulkarriere abgebrochen. Der gerade 16-Jährige beschließt, Profimusiker zu werden, sein Geld verdient er zunächst in einem Musikgeschäft.

Eine Weile spielen die Brüder in verschiedenen Bands, im Sommer 1963 sind sie wieder vereint. Es entstehen erste Demos, und mit Robert Wace und Grenville Collins, zwei enthusiastischen Szene-Aktivisten aus der Upper Class, zieht sich die Davies-Gang ein Management an Land. Als das dann den lokalen Impresario Larry Page und den exilamerikanischen Produzenten Shel Talmy ins Boot holt, nehmen die Dinge Gestalt an. Im Januar 1964 ist ein Plattenvertrag mit Pye Records, der kleinsten der vier damals im Königreich maßgeblichen Plattenfirmen, unter Dach und Fach. Fußnote: Dick Rowe, berühmt als der Mann, der bei Decca die Beatles ablehnte, gibt auch den Kinks einen Korb.

Bald nehmen The Ravens, wie sie da noch heißen, ihre erste Single auf, Little Richards *Long Tall Sally*. Noch bevor die Platte veröffentlicht wird, tauft sich die Band um in The Kinks. Wer genau auf die Idee kam, darüber sind sich die Beteiligten bis heute nicht ganz einig. Fakt ist: Kinky findet man im gerade aufblühenden Swinging London alles, was irgendwie hip, neu und frech ist, zum Beispiel die sexy Ledergarderobe von Honor Blackman, Patrick Macnees Partnerin in der höchst erfolgreichen TV-Krimiserie *The Avengers*. Aber kinky hat noch eine weitere Bedeutung, das Wort bezeichnet auch Sexualpraktiken, die man im prüden England in der Öffentlichkeit nicht beim Namen nennt. So munkelt man gerade zur Jahreswende 1963/64 hinter vorgehaltener Hand von den unerhörten Dingen, die sich in den noblen Behausungen der hohen Herren aus der Politik getan haben. Es geht um den Kriegsminister John Profumo, den russischen Geheimdienst und ein Callgirl namens Christine Keeler. Skandal! Und very kinky, indeed. Also ein passendes Wort für eine dieser jungen, wilden Popgruppen.

So richtig kommen die Kinks, inzwischen mit Mick Avory hinterm Schlagzeug, allerdings nicht aus den Startlöchern. Ihre ersten beiden Singles verhallen ungehört. Das Ding der Stunde ist zu diesem Zeitpunkt noch der Merseybeat, eine eher zahme Kreuzung aus R'n'B und Skiffle, den die Beatles mit ihren fröhlichen Singles populär gemacht haben. Im Kielwasser der Fab Four haben sich brave Jungs wie Gerry & The Pacemakers, Freddie & The Dreamers oder Billy J. Kramer & The Dakotas zu Ruhm aufgeschwungen. Als 1964 die deutlichraueren Kinks, Stones, Who und Animals loslegen, traut sich die Plattenindustrie, damals eine ausschließlich von gesetzten Herren dominierte Branche, aber noch nicht so recht auf den bereits in den Live-Clubs wütenden, vom Blues beeinflussten Rock zu setzen. Man hält dieses ganze Band- und Pop-Ding ohnehin für eine flüchtige Mode.

Im Sommer experimentiert Dave zuhause im Frontroom von No 6, Denmark Terrace, mit einem Übungsverstärker, er ritzt die Lautsprechermembrane mit einer Rasierklinge und durchsticht sie dazu mit Stricknadeln. Die kleine Kiste belohnt ihn mit einem nie gehörten Gitarrensound – der Verzerrer ist geboren. Als die Band im August ihre dritte Single mit dem Titel *You Really Got Me* aufnimmt, kommt Dave mit diesem verzerrten Klang ins Studio, zum Entsetzen der pedantischen Tontechniker. Zunächst soll denn auch nicht dieser »kaputte« Sound, sondern eine frühere Version des Songs veröffentlicht werden. Ray aber, der seinen Gesang darauf obendrein grausig findet, kann sich durchsetzen, und *You Really Got Me* kommt so auf den Markt, wie wir es heute kennen.

Der Rest ist Geschichte. Die Kinks werden über Nacht zu Stars, schieben mit *All Day And All Of The Night* sowie dem subtileren *Tired Of Waiting For You*, beide aus Rays Feder, zwei Monstersingles hinterher und sichern sich so ihren Platz in der ersten Reihe der britischen Pop-Armee, die 1965 die Welt erobert. Was folgt, ist eine Tour de Force durch die Konzertsäle, Pressekonferenzen, TV-Auftritte und hektisch angesetzte Aufnahmesessions. Bis Ende 1965 erscheinen in Großbritannien nicht weniger als neun Singles, zwei EPs und drei Langspielplatten. Die Band steht unter ungeheurem Druck, die Kuh muss gemolken werden, so lange sie Milch gibt. Die Kinks aber sind nicht die durch Hunderte von Club-Gigs gestählten Beatles, sie haben kein visionäres Management wie The Who und schon gar nicht verfügen sie über einen so gut organisierten Apparat wie die Rolling Stones. Obendrein sind die Jungs alle gerade erst 20 Jahre alt, Dave sogar erst 17, und sie sind ausgemachte Hitzköpfe.

Der mörderische Terminplan setzt ihnen zu, die Spannungen untereinander werden immer stärker, bei einem Konzert am 18. Mai 1965 im Provinzstädtchen Taunton explodieren sie. Während des zweiten Songs, *Beautiful Delilah*, spuckt Dave Drummer Mick Avory an. Der, außer sich, nimmt seine HiHat-Maschine und verprügelt damit den Gitarristen auf offener Bühne. Dave bricht zusammen, blutet heftig, Mick rennt von der Bühne, aus der Halle, in die Nacht. Das Konzert wird abgebrochen, Dave ins Krankenhaus geschafft. Das Management cancelt die restlichen Tourdaten.

Nicht nur das Management, auch die Band selbst glaubt, dass dies ihr Ende ist. Dabei steht nur zwei Wochen später die erste US-Tournee auf dem Programm, eine Chance, auf die sie seit zwei Jahren hingearbeitet hat. Irgendwie gelingt es, die Streithähne in ein Flugzeug und in die USA zu bugsieren – die Tour allerdings wird zum Desaster. Nicht nur, weil der Haussegen auch unterwegs in den Staaten beständig schief hängt, sondern auch deshalb, weil es immer wieder zu Organisationspannen kommt, weil der Freigeist Ray die herablassende Behandlung der Amis hasst und sich obendrein auf Streitereien mit der allmächtigen US-Musikergewerkschaft einlässt. Als die Kinks zum Abschlusskonzert der Tournee im Hollywood Palladium das Publikum provozieren, indem sie auf die Bühne gehen, die Leute begrüßen und sich im nächsten Moment gleich verabschieden, um wieder zu verschwinden, ist die Katastrophe perfekt – die Musikergewerkschaft verhängt über die Kinks ein vierjähriges Auftrittsverbot in den USA.

..................................

Bis 1967 ist London der Nabel der Popwelt. Mit dem Monterey Pop Festival vom 16. bis zum 18. Juni 1967, bei dem neben Jimi Hendrix, The Mamas & The Papas, Janis Joplin, Jefferson Airplane und den Byrds als einzige Vertreter der englischen Rock-Elite The Who auftreten, beginnt sich das Gewicht aber deutlich in die USA, speziell an die Westküste, zu verlagern. Die großen englischen Bands, neben Who zum Beispiel auch Cream, konzentrieren sich mit ihren Aktivitäten immer stärker auf den US-Markt, Beatles und Stones touren zu dieser Zeit gar nicht, während die Amis selbst aufgeholt haben und mit den Gruppen der San-Francisco-Szene neue Impulse setzen. Dass die Kinks draußen und daheim in London bleiben, kostet sie die Eintrittskarte in den ganz großen Rock'n'Roll-Zirkus, andererseits aber begünstigt es Ray Davies' ohnehin englischen Blick auf die Dinge. Er hat als Songwriter inzwischen seine eigene Stimme gefunden und beginnt sich vom Einfluss der Plattenfirma zu emanzipieren.

Mit den Singles, die er den Kinks in den kommenden zwei Jahren schreibt, profiliert er sich als liebevoller, gelegentlich auch hochst sarkastischer Kommentator des englischen Lebensstils. Den Anfang macht im Februar 1966 das spöttische *Dedicated Follower Of Fashion*, weiter geht's mit dem entspannten Sommerhit *Sunny Afternoon*, dem düsteren *Dead End Street* und dem melancholischen *Waterloo Sunset*. Die Band landet einen Treffer nach dem anderen, es könnte kaum besser laufen. 1967 ist aber auch das Jahr, in dem Beatles, Doors, Cream und andere endgültig auf das Album-Format setzen, Singles sind fortan in erster Linie Werbeträger für

Alben und taugen als Gradmesser für Popularität höchstens noch auf dem Teenagermarkt. Wer auf sich hält, hat *Sgt. Pepper's*, *Disraeli Gears* oder *Blonde On Blonde* im Schrank, die Kinks-Alben *Face To Face* (1966) und *Something Else* (1967) indes kauft niemand, obwohl sie zu den besten Album-Produktionen der Sechzigerjahre gehören. Verantwortlich dafür: die Schlafmützigkeit der Verantwortlichen bei Pye Records und die mangelnde Kompetenz des ohnehin zerstrittenen Management-Teams. Erstere erkennen die Zeichen der Zeit nicht, bekommen keine effektive Promotion auf die Reihe. Das Kinks-Management ist geblendet von der makellosen Hitserie, die in *Waterloo Sunset* ihren Höhepunkt findet. Page, Collins und Wace vertrauen auf Rays Fähigkeit, weiterhin Erfolgssingles aus dem Ärmel zu schütteln, die Alben betrachten sie kaum als eigenständiges künstlerisches Medium.

Ganz im Gegensatz zu Ray Davies. Durch den Erfolg der Kinks hat er die Freiheit, auf den Langspielplatten seine Vorstellungen umzusetzen, für das nächste Album tut er das konsequent. *The Kinks Are The Village Green Preservation Society* (1968) wird ein Konzeptalbum, ein schillerndes Kaleidoskop von nostalgisch gefärbten Songs über ein romantisches Paralleluniversum namens Village Green mit fliegenden Katzen, schnaufenden Dampfloks, Tee trinkenden alten Damen, Erdbeermarmelade und einer sonderbaren Hexe namens *Wicked Annabella* – all dies meilenweit entfernt von angesagten Weltverbessererhymnen wie Lennons *Revolution*, Jaggers *Street Fighting Man* und Steppenwolfs *Born To Be Wild*. Und: *Village Green* hat keinen Single-Hit im Angebot. Daraufhin streicht Pye das Werbebudget, der Totalflop ist unausweichlich. Hinzu kommt, dass Bassist Peter Quaife nach Jahren on the road mit beständigen Streitereien in der Band die Schnauze voll hat und aussteigt.

Nur noch zu dritt, keine Hits, gefloppte Alben, kaum noch Tourneen, kein Geld – als die Kinks im Herbst 1969 endlich wieder in den USA spielen dürfen, sind sie eigentlich weg vom Fenster. Beiderseits des Atlantik müssen sie praktisch bei null anfangen. Zunächst verpflichten sie mit dem Bassisten John Dalton und Keyboarder John Gosling zwei neue Musiker. Und dann machen sie sich auf nach Amerika.

In den Staaten hilft ihnen zwar das Interesse der nun etablierten und durchaus einflussreichen neuen Rockpresse, es wird aber einige Jahre und mehrere Tourneen dauern, bis sich die Kinks dort über den Respekt der Kritik hinaus auch eine breite Publikums-Basis erspielt haben, die sich wieder für ihre Platten interessiert. In dieser Situation, als keiner mehr einen Penny auf die Helden von einst setzt, gelingt Ray Davies ein Coup: Mit einem Song, der sich – lange bevor David Bowie das Thema salonfähig macht – mit Transsexualität beschäftigt, landen die Kinks einen Welthit, den vielleicht größten ihrer Karriere. Dass *Lola* trotz des schlüpfrigen Inhalts in allen relevanten Ländern massives Airplay bekommt, liegt weniger an seinem Thema als an seiner unwiderstehlichen Melodie und seiner clever zwischen Folk und Rock vermittelnden Produktion. Plötzlich haben die Kinks wieder Perspektive, aber, typisch, sie machen nichts daraus, jedenfalls nichts, was ihren Erfolg in einen dauerhaften verwandeln könnte. Ihr Vertrag mit Pye läuft aus, sie erfüllen ihn mit einem letzten Album, *Lola Versus Powerman And The Moneygoround* (1970), einer galligen Abrechnung mit der Plattenindustrie. Anschließend unterzeichnen sie bei RCA und nehmen eine Platte auf, die einerseits zum Besten gehört, was die Band je in Rillen gepresst hat, andererseits aber alle Trends des Rockzirkus nonchalant ignoriert, so dass die mageren Verkäufe kaum wundern. *Muswell Hillbillies* (1971), einmal mehr bei familiären Sessions daheim im Frontroom von Fortis Green entstanden, reist wieder einmal zurück in die Kindertage der Davies-Brüder und verpackt die versunkene Welt der englischen Vororte der Vierzigerjahre in amerikanischen Folkblues und scheppernden Oldtime-Jazz. Es ist Davies' bislang konsequenteste Arbeit, sie entspricht einem Selbstverständnis, das er Jahre später dem Autor gegenüber einmal so formulierte: »Die Lieder, die ich schreibe, sind im Grunde Folksongs über England. Was anderes habe ich nie gemacht.« Tatsächlich, *Muswell Hillbillies* setzt der unglamourösen Welt der kleinen Leute ein detailgetreues Denkmal, mit den Mitteln der – amerikanischen – Musik, die Ray und Dave in ihrer Kindheit hörten.

Schon zum Ende der Sechzigerjahre hat Ray Davies bei ersten TV-Projekten mitgearbeitet, Musik für Fernsehdramen geschrieben und den letztlich gescheiterten Plan verfolgt, das exquisite Konzeptalbum *Arthur Or The Decline And Fall Of The British Empire* (1969) mit einem parallel zur Veröffentlichung gesendeten Fernsehfilm zu kombinieren. Sein Interesse am Medium Theater wächst, nach *Muswell Hillbillies* bereitet er ein ambitioniertes Rocktheaterstück mit dem Titel *Preservation* vor, aus dem dann zwei Alben werden, *Preservation Act 1* (1973) und *Preservation Act 2* (1974). Für das Musical konstruiert er eine Erzählhandlung, die im alten Szenario von Village Green angesiedelt ist. Allerdings gelingt es Davies kaum, die komplexe Geschichte für das Plattenformat attraktiv aufzubereiten, zudem mangelt es an griffigen Songs (mit Ausnahme der betörenden *Sweet Lady Genevieve*).

Die US-Tournee im Frühling 1972 wird von einem Filmteam begleitet, dem Zugang rund um die Uhr gewährt wird. Für alle Beteiligten gerät die Tour zum feuchtfröhlichen Spaß, inklusive der üblichen Reibereien, versteht sich. So lässt sich Ray, genervt von seinem regelmäßig in brüllender Lautstärke spielenden Bruder, an seinem Verstärker auf der Bühne eine Vorrichtung anbringen, mit der er dessen Gitarre heimlich leiser drehen kann. Dave findet zwar nicht heraus, warum sein Amp die verlangte Lautstärke schuldig bleibt, grenzt sein Territorium aber umgehend mit Kreidestrichen auf der Bühne ab – Zutritt verboten!

Als Ray sich das Filmmaterial daheim in London anschaut, inspiriert es ihn zu einer Reihe von Roadsongs. Sie werden eine Hälfte des im Herbst veröffentlichten Doppelalbums *Everybody's In Showbiz* bilden, die zweite Hälfte ist ein Livemitschnitt, aufgenommen in der Carnegie Hall. Das Album wirft mit *Supersonic Rocket Ship* einen kleinen Hit ab und mit

*Celluloid Heroes* einen Geniestreich, der zwar als Single ausgekoppelt wird, aber rätselhafterweise vom Radio und folglich den Käufern links liegen gelassen wird. Heute gilt der Song, der fortan zu den zuverlässigsten Bühnen-Schlachtrössern der Kinks gehört, als einer der schönsten überhaupt aus Davies' Feder, er gehört in eine Reihe mit *Waterloo Sunset* und *Lola*. Vordergründig erzählt *Celluloid Heroes* von den Leinwandstars der großen Hollywood-Ära, dahinter aber offenbart das Lied, wie es in Ray selbst aussieht. Im Gespräch mit dem Autor räumte der Komponist Jahre später ein: »Don't tread on dearest Marylin cause she's not very tough. She should have been made of iron or steel, but she was only made of flesh and blood. Marylin Monroe und Ray Davies – dieselbe Sache! Ich habe wohl damals instinktiv nur die Charaktere für den Song ausgewählt, in denen auch ein Stück von mir selbst steckte. Der Trick an dem Lied ist, dass alle denken, es ist über den Hollywood Boulevard, dabei ist es ein Lied über mich selbst. Das wusste ich aber nicht, als ich es schrieb.«

Auf Tour sind die Kinks ganz bei sich selbst, zuhause indes geht alles drunter und rüber. Das Jahr 1973 wird Ray Davies später als das schlimmste in seinem Leben bezeichnen, im Sommer verkündet er sogar, dass er »nie wieder öffentlich auftreten« wolle. Die Ehe mit Rasa, 1964 geschlossen, zerbricht. Zwei Töchter haben die beiden, Rasa hat überdies immer eine wichtige Rolle im kreativen Prozess gespielt, bei den meisten Kinks-Hits sang sie Background, die betörend schöne hohe Stimme in *Waterloo Sunset* war ihre Idee. Bruder Dave kämpft derweil mit einer echten Krise, stellt die Sinnfrage. Eigentlich ist er der Haudrauf in der Band, genießt die Freuden des Rockstardaseins in vollen Zügen und gilt im Unterschied zu seinem grüblerischen Bruder als immer gut gelauntes Partytier. In diesen Jahren aber wirkt er sonderbar gehemmt, immer mehr zieht er sich in sich selbst zurück. Was ihn als Heißsporn nicht unbedingt geduldiger macht, wenn auf der Bühne mal wieder etwas schiefgeht.

Gemeinsam planen die Brüder ab 1972 ein eigenes Studio in London, um endlich unabhängig arbeiten zu können. Die Fertigstellung der Konk Studios jedoch zieht sich in die Länge, die Kosten explodieren, und erst gegen Ende 1973 steht das neue Kreativzentrum bereit. Das erste große Projekt, das sie 1974 dort in Angriff nehmen, ist die Musik zum TV-Musical *Starmaker*, sie wird im Frühling 1975 als *A Soap Opera* veröffentlicht. Ein letztes Mal noch macht sich Ray anschließend an ein Konzeptalbum, in *Schoolboys In Disgrace* (1976) lässt er seine Tage an der William Grimshaw Secondary School Revue passieren.

.................................

Die künstlerische Bilanz dieser Phase der Kinks-Karriere fällt durchwachsen aus, die wirtschaftliche katastrophal. Die Kritik zerreißt die Konzeptwerke in der Luft, die Plattenkäufer ignorieren sie geflissentlich. Viel später wird Ray Davies zugeben, dass »man mir hätte verbieten sollen, zwischen 1973 und 1975 ein Plattenstudio überhaupt zu betreten«. Nun, das Scheitern gehört zum Risiko. Ray ahnt, dass die Band in eine Sackgasse geraten ist, er weiß, dass sie in Zukunft zugänglichere Musik präsentieren muss, wenn sie nicht vollends ins Abseits geraten will. Auch Clive Davis, Chef des neu gegründeten Arista-Labels, sieht das so. Er holt die Band zu seiner Firma und setzt Davies unter Druck – ein weiteres Konzeptalbum wird er nicht akzeptieren, so lässt er den Kinks-Boss wissen. *Sleepwalker* erscheint 1977 und ist das erste Kinks-Album seit langer Zeit, das ausschließlich kompakte Songs und griffigen Rock'n'Roll bietet. Mit Folgen: Die Verkäufe in den USA ziehen deutlich an, die Kritik reagiert begeistert, und viele, die gar nicht wussten, dass es die Kinks überhaupt noch gibt, nehmen die Neuigkeiten freudig zur Kenntnis.

Die nächsten Alben, *Misfits* (1978) und *Low Budget* (1979) bestätigen den neuen Kurs, die Band tourt regelmäßig und steht in vollem Saft, nicht zuletzt, weil sie inzwischen runderneuert wurde. Nach dem Ausstieg von John Dalton und John Gosling bilden Bassist Jim Rodford und Keyboarder Ian Gibbons (der den kurzzeitigen Gosling-Ersatz Gordon Edwards im Mai 1979 ersetzt) die Kinks Mk. III. Ray Davies knüpft wieder an alte Glanztaten an, *Rock'n'Roll Fantasy*, *Attitude*, *Misfits*, *Low Budget*, viele der neuen Songs finden auf Anhieb Eingang in die lange Liste der Davies-Klassiker. Sein Songwriting ist erwachsener und universeller geworden, zwar blickt er noch immer mit den Augen dessen in die Welt, der einst *Sunny Afternoon* geschrieben hat, aber jetzt sieht Ray dabei gleichsam durch die Brille des gereiften Mittdreißigers. Dabei bewegt er sich bereitwillig auf den Mainstream und amerikanische Geschmacksparameter zu. Was auch daran liegt, dass der Kinks-Kopf inzwischen ein Apartment in New York City besitzt, wo er große Teile des Jahres verbringt. Überhaupt, durch die vielen US-Tourneen der letzten Jahre und ihre nun klare Ausrichtung auf das Stadionrock-Format sind die Kinks, die bis dahin englischste aller UK-Bands, fast unmerklich zu einer sehr amerikanischen geworden.

In der Rückschau kommentierte Dave Davies diese Phase des Umbruchs später so: »Es war eine seltsame Zeit für die Band, aber sie brachte mich und Ray enger zusammen. Wir fühlten definitiv, dass wir noch etwas zu tun hatten. Und wir wussten, dass die Kinks noch längst nicht am Ende waren.« Zum Jahrzehntwechsel ist klar, dass die Davies-Brüder mit dieser Meinung nicht allein stehen, *Low Budget* kratzt in den USA die Top Ten, und auch Europa, dass die Kinks längst vergessen hatte, erinnert sich. Nicht zuletzt weil die Punk- und New-Wave-Generation sich auf die Wurzeln des Rock besinnt und so die Erfinder von *You Really Got Me* wiederentdeckt. The Jam covern *David Watts*, die Pretenders landen ihren Einstandshit mit dem Davies-Oldie *Stop Your Sobbing*, und drüben in den USA nehmen Van Halen, gerade der heißeste

Rock-Act des Landes, eine neue Version von *You Really Got Me* auf. Plötzlich sind die Veteranen wieder cool.

1982 erreichen die Kinks den Gipfel ihres zweiten Frühlings. Das nostalgische *Come Dancing* wird überraschend daheim im Königreich und auch in den USA zum Top-Hit, das sanfte *Don't Forget To Dance*, beides Auskopplungen aus dem Album *State Of Confusion*, schafft es ebenfalls hoch in die Charts. Mitverantwortlich dafür sind die exzellenten Videoclips, die beim jungen Sender MTV auf heavy rotation gehen – hier kommt Ray seine langjährige Erfahrung mit dem Medium Fernsehen zugute. Am 3. April 1982 spielen die Kinks im Rahmen der *Rockpalast*-Nacht in der Essener Grugahalle vor Millionen von TV-Zuschauern in ganz Europa.

Mitte der Achtzigerjahre sind sie etabliert wie nie zuvor, sie haben es sogar geschafft, mit ihren neuen Alben und zeitgenössischem Mainstream-Rock ein ausreichendes Gegengewicht zu ihrer bleischweren Vergangenheit als Sixties-Ikonen zu schaffen. Und doch geht es nun langsam wieder bergab. *Word Of Mouth* (1984) ist zwar noch relativ erfolgreich, hinter den Kulissen aber kracht es gewaltig: Im Sommer 1984 verlässt Drummer Mick Avory die Band nach 20 Jahren, weil er von den ewigen Streitereien vor allem mit Dave die Nase voll hat. Wie Ray später berichten wird, »veränderte dies die Chemie in der Gruppe grundlegend, es war einfach nicht mehr dieselbe Band«. Auch wenn der Ersatzmann Bob Henrit seine Arbeit einwandfrei erledigt, Mick fehlt. Die Zeichen an der Wand mehren sich. 1985 sind die Kinks bei Bob Geldofs medienwirksamem *Live Aid*-Spektakel, der großen Heerschau aller, die in der Szene Rang, Namen und Vergangenheit haben, nicht mit von der Partie. Dabei hätten sie durchaus gewollt, wie Ray später in einem Interview erzählt: »Dave war wegen *Live Aid* ganz aus dem Häuschen. Er rief in Bob Geldofs Büro an, wo ihm aber gesagt wurde, dass sie nur wirklich berühmte Acts haben wollten.« Trocken fügt Davies an: »Ich schätze, die Kinks sind wohl nicht so groß wie die Boomtown Rats.«

*Think Visual* (1987) fällt trotz einiger überdurchschnittlicher Songs wie *How Are You* und *Lost & Found* deutlich ab, auch weil der Vertrag mit Arista und dem erfahrenen Ratgeber Clive Davis nicht verlängert wird und die Kinks nun bei MCA untergekommen sind, wo die Zusammenarbeit nicht wirklich funktioniert. *UK Jive* (1989) bleibt in den Plattenläden liegen, trotz der feinen Ballade *Loony Balloon.* Wieder wird die Plattenfirma gewechselt, 1991 feiert die Band ihren Einstand bei Sony mit der nostalgischen Maxi-CD *Did Ya*, die in den USA floppt und in England gar nicht erst veröffentlicht wird. 1993 raffen sich die Kinks zu *Phobia* auf, einer wuchtigen, modernen Rockproduktion mit viel Licht (*Still Searchin'*, *Phobia*, *Only A Dream*, *Shattered*) und viel Schatten – aber auch dieses Album bleibt unbeachtet. Inzwischen ohne Plattenvertrag, gibt es 1994 ein letztes Lebenszeichen, als die Band in den heimischen Konk Studios einen Unplugged-Querschnitt durch ihr Repertoire spielt und die selbstfinanzierte Doppel-CD *To The Bone* auf dem Independent-Label Grapevine herausbringt. Am 15. Juni 1996 geben die Kinks beim Norwegian Wood Festival in Oslo ihr letztes Konzert.

.....................................

15 Jahre ist das nun her, und ob das offiziell nie verkündete Ende der Kinks endgültig ist, steht in den Sternen. Ray Davies hat seitdem mit bescheidenem Erfolg mehrere Soloalben aufgenommen, Bruder Dave erlitt 2004 einen schweren Schlaganfall, von dem er sich erst in den letzten Jahren halbwegs erholt zu haben scheint, und die restlichen Ex-Kinks spielen gelegentlich in kleinen Clubs als Kast Off Kinks. Zuletzt allerdings feuerten die beiden Davies-Brüder die Gerüchteküche persönlich wieder an. Beide erklärten in Interviews ihre grundsätzliche Bereitschaft zu einer Reunion. Ray berichtete gar, dass Peter Quaife und Mick Avory ebenfalls bereitstünden. Peter Quaife indes verstarb am 23. Juni 2010, womit eine Wiederauferstehung des Original-

Lineups für immer vom Tisch ist. Allerdings schränkte Ray ein, dass er sich eine Neuauflage der Kinks nur vorstellen könne, »wenn dabei neues Material entsteht« und Dave dazu auch tatsächlich beitragen könne. Der wiederum ließ wissen, dass er gerne dabei wäre, allerdings keine Lust habe, sich weiterhin wie früher von seinem Bruder unterbuttern zu lassen.

Im gegenseitigen Angiften sind die beiden ganz die Alten, vielleicht herrschen also nicht die schlechtesten Voraussetzungen für einen neuerlichen Versuch. Denn der heimlich, still und leise vollzogene Abgang der Kinks von der großen Bühne hinterließ eine riesige und bemerkenswert loyale Anhängerschaft. Nicht nur diese großartigen Fans, auch diese großartige Band hätte einen ordentlichen Abschied verdient.

*Empfehlenswert:*

**The Kinks Are The Village Green Preservation Society (1968)**
Vielleicht das schönste Album, das die Kinks je aufgenommen haben. In 15 Songs beschwört Ray Davies eine nostalgische Welt, die er im Phantasieort Village Green ansiedelt und für die er jede Menge märchenhafte Bilder, Geschichten und Figuren schafft. Als das Album im Sommer 1968 erschien, floppte es vollkommen und verschwand anschließend für Jahrzehnte aus der öffentlichen Wahrnehmung. Heute indes ist es anerkannt als Meilenstein des Sixties-Pop. Warum *Starstruck* nicht zum Monster-Hit wurde, kann bis heute niemand wirklich erklären. Eine wundersame und gelegentlich liebenswert skurrile Reise durch ein England, das es so wohl nie gegeben hat.

**Picture Book (Boxset)**
Die ganze lange und turbulente Reise der Kinks in einem liebevoll gestalteten und üppig mit Musik bestückten Boxset. Sechs CDs erzählen von den Anfängen mit dem Prä-Punk von *You Really Got Me*, der Blütezeit von Swinging London mit *Sunny Afternoon* und *Waterloo Sunset*, von *Lola*, den *Muswell*

*Hillbillies*, den sperrigen Konzeptalben und der großartigen Wiederauferstehung der Kinks mit hartem Rock à la *Low Budget* und einschmeichelndem Mainstream-Pop (*Come Dancing*). Dazwischen gibt's bislang nicht veröffentlichte Tracks, Outtakes aus Studiosessions, Live-Aufnahmen und verschollen geglaubte Kleinode wie ein Demo des 1964 für Marianne Faithfull geschriebenen *There's A New World Opening For Me*. Insgesamt 137 Songs, dazu ein Booklet mit raren Fotos und der Kinks-Saga, aufgeschrieben von Kinks-Kenner Pete Doggett – God save the Kinks!

**Return To Waterloo/Come Dancing With The Kinks (DVD)**
Leider steht eine professionelle Filmdokumentation zum Schaffen der Kinks, die sämtliche Karrierephasen berücksichtigt und dazu alle Beiteiligten zu Wort kommen lässt, bis auf weiteres aus. Einen interessanten Einblick in die heute oft vergessene erfolgreiche Phase der Band während der Achtzigerjahre bietet diese DVD, die neben den wichtigsten Videoclips dieser Zeit – *Come Dancing*, *Don't Forget To Dance*, *Predictable*, *Do It Again* – auch diverse Livemitschnitte von Klassikern wie *You Really Got Me*, *Celluloid Heroes* und *Lola* enthält. Darüberhinaus bietet der Silberling Ray Davies' knapp einstündigen Film *Return To Waterloo* von 1986, in dem der Kinks-Kopf mit experimentellen filmischen Mitteln die Vorstellungswelt eines Londoner Immobilienmaklers ausleuchtet. Das Ganze ist ein Versuch, Elemente des klassischen Spielfilms, der Videokultur und der Rockmusik zu kombinieren, und folgt kaum einem kontinuierlichen Handlungsstrang. Nicht Jedermanns Sache also, zumal der Streifen ohne Dialoge auskommt und seine Geschichte ausschließlich durch seine Songs erzählt (erhältlich auf dem gleichnamigen Soundtrack-Album). Die restlichen Kinks übrigens gehörten zu denen, die *Return To Waterloo* nicht allzuviel abgewinnen konnten, und fühlten sich wegen der cineastischen Aktivitäten ihres Chefs vernachlässigt.

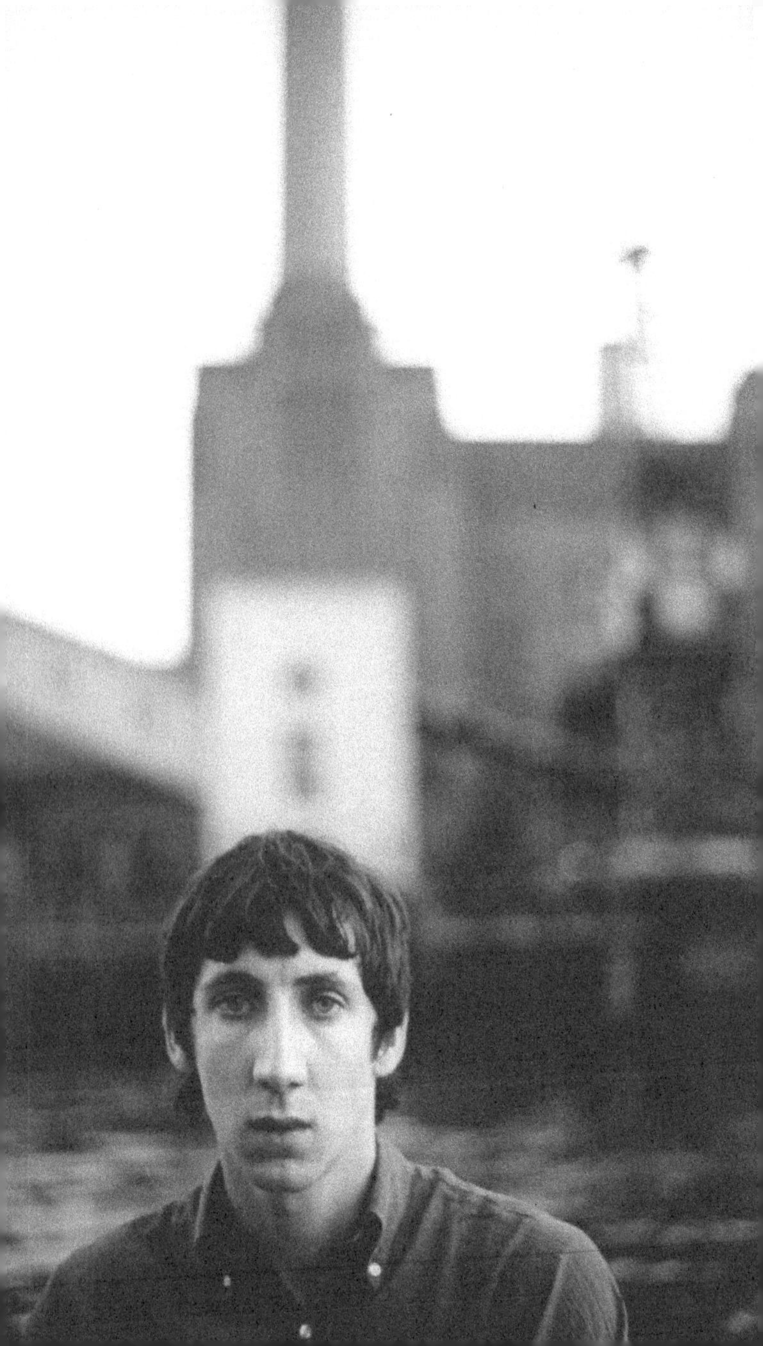

## BEHIND BLUE EYES

*Pete Townshend, das Hirn von The Who*

»HOPE I die before I get old …« Gut, dass sich Pete Townshend nicht an seinen berühmten Satz aus dem Who-Hit *My Generation* gehalten hat. Er wurde und blieb eine der ganz großen Persönlichkeiten der Rockmusik. Wer Augen hatte und vor allem Ohren, der wusste schon zu Beginn der Siebzigerjahre: Für Pete Townshend sind selbst The Who, diese XXL-Ausgabe einer Rockband, zu klein. Hits, Groupies und möglichst viele Dollars, das Nirvana des gewöhnlichen Rockstars, interessierten ihn nur eine vergleichsweise kurze Zeit. Auch wenn The Who bis heute die musikalische Liebe seines Lebens sind, letzten Endes ist die Band für den Künstler und Freigeist Pete Townshend nur eines von vielen möglichen Medien.

Spätestens offenbar wurde das mit *Who Came First*, Townshends erstem Soloalbum von 1972, abzeichnen tat es sich schon Mitte der Sechzigerjahre. Da landete der Mann mit der großen Nase seinen ersten Welthit. *My Generation* goss den vielzitierten Zeitgeist nicht nur perfekt in Vinyl, es zeigte auch, dass The Who mit Mastermind Townshend die musikalischen Limitierungen des Rhythm'n'Blues und Soul, aus dessen Repertoire sie sich da noch fleißig bedienten, ignorieren würden. Die für damalige Ohren geradezu kakophonischen

Klangexkursionen der frühen Singles, zu denen auch *Anyway, Anyhow, Anywhere* und *I Can't Explain* gehören, gingen weit über das hinaus, was sich die Konkurrenz inklusive Beatles und Stones traute. Townshend war anders, von Anfang an.

..................................

Geboren am 19. Mai 1945, der Krieg ist gerade ein paar Tage vorbei, wächst Peter Dennis Blandford in der tristen Nachkriegswirklichkeit der Londoner Vorstädte Ealing und Acton auf. Was seine Eltern ihm mit auf den Weg geben können, ist zwiespältig. Einerseits vererben sie dem Erstgeborenen eine gehörige Portion musikalischen Talents. Schließlich sind Clifford und Betty Townshend selbst Musiker. Sie sang während des Krieges in der professionellen Bigband The Squadronaires und er spielte dort das Altsaxophon. Andererseits leidet der kleine Pete unter der schon früh zerrütteten Ehe der Eltern, in der häufige Saufgelage, ständiger Streit und längere Phasen der Trennung zum Alltag gehören. Pete wird deshalb oft, einmal sogar für volle zwei Jahre, in die Obhut seiner Großmutter mütterlicherseits gegeben. Und die ist ein resolutes Frauenzimmer, das den Enkel hart rannimmt. Townshend selbst machte dazu im Januar 2002 in seinem Essay *A Different Bomb*, das zu den gegen ihn erhobenen Vorwürfen der Kinderpornografie Stellung nahm (das Verfahren wurde im Mai 2002 eingestellt, da keinerlei Anhaltspunkte für eine Anklageerhebung vorlagen), eine aufschlussreiche Anmerkung: »Ich erinnere mich nicht an spezifischen sexuellen Missbrauch, obwohl mich meine Großmutter, als ich noch klein war, in extrem kontrollierender und aggressiver Weise erzog.«

Als Pete zwölf Jahre alt ist, schenkt ihm die Oma seine erste Gitarre, »ein billiges spanisches Ding«, wie sich Townshend erinnert. Die Freude ist groß, und schnell lernt Pete die ersten Griffe. Zuhause wird Musik ohnehin großgeschrieben. Wenn die Eltern nicht gerade selbst welche machen, gibt es alles zu hören, von Tschaikowski über Charlie Parker und Stan Kenton bis hin zu schottischer Folklore. Etwa zu dieser Zeit schaut Pete sich ein rundes Dutzend Mal *Rock Around The Clock* im Kino an, und 1957 nimmt ihn sein Vater mit zu einem Bill-Haley-Konzert. Seine Instrumentensammlung erweitert Pete um ein Banjo, und wenig später, er ist gerade 14, lernt er in der Schule einen gewissen John Entwistle kennen. Die beiden freunden sich an und spielen gemeinsam Country, Dixieland und Skiffle. Ein weiteres Jahr später droht Pete ein muskelbepackter Rowdie namens Roger Daltrey Prügel an.

Ab hier ließe sich die Geschichte weitererzählen, wie sie in allen Rocklexika nachzulesen ist. Keith Moon, The High Numbers, Chris Stamp und Kit Lambert, Zerstörungsarien, Monterey, *Tommy* und so weiter – die Stationen sind bekannt. Weniger bekannt als die hundertfach dokumentierte Geschichte der Who sind jedoch die Ideale, Motive, Krisen und auch der Pragmatismus des Mannes, der bis heute als Hirn dieser Band gilt. Und dessen unbestechliche Sicht auf die Dinge weder die Mythen und Legenden des Pop noch Dämonen wie Alkohol und Drogen vernebeln konnten.

Diese Sicht war bei Pete Townshend schon immer umfassender, schärfer und möglicherweise unvoreingenommener als bei vielen seiner Zeitgenossen. Am deutlichsten wird das ausgerechnet in den frühen Morgenstunden des 17. August 1969, als The Who auf dem Sprung zu unsterblichem Popruhm sind. Vor mehr als 300.000 Menschen treten sie beim legendären Woodstock Festival auf. Mit ihrer ungeheuren Dynamik und der Kraft ihrer Hymnen *We're Not Gonna Take It*, *Pinball Wizard* und *My Generation* setzen die vier Engländer einen Glanzpunkt, der nur noch von Jimi Hendrix und dessen lustvoller Destruktion des *Star Spangled Banner* zu toppen ist. Just hier aber, inmitten drogenbenebelter Hippie-Glückseligkeit, gibt Townshend den Spielverderber. Der war er übrigens schon zwei Jahre zuvor in Monterey, als er dort mit der Zerstörung seiner Gitarre ganz bewusst die kuschelige Flower-Power-Euphorie konterkarierte. Nur hatte es keiner verstanden. Zurück nach Woodstock: Als der linke Politaktivist Abbie Hoffman während des Who-Sets ungefragt die Bühne betritt und mit einer Rede auf das Schicksal seines inhaftierten Gesinnungsgenossen John Sinclair aufmerksam machen will, trifft ihn Townshends Zorn. Der Gitarrist befördert den Studentenführer, ganz und gar nicht hippielike, mit einem beherzten Tritt in den Allerwertesten von der Bühne. Man kann von Glück sprechen, dass nichts Schlimmeres passierte, als Townshend ihm zudem seine Gibson SG über den Schädel zog.

Typisch: Wenn er etwas für falsch hält, dann schert sich Pete Townshend nicht um Tausende, die das anders sehen. Aber ebenso typisch: Er ändert seine Meinung, wenn er es für richtig hält. Als die selbsternannten Hüter des wahren Rock'n'Roll seine rabiate Abbie-Hoffman-Aktion längst schon abgenickt haben, bekennt er in einem *Rolling Stone*-Interview 1987: »Ich bereue das wirklich. Würde ich heute die selbe Situation noch einmal erleben, ich würde die Show stoppen und ihn reden lassen. Denn ich glaube, dass Rock'n'Roll nicht so wichtig ist, wie ich ihn damals nahm.« Und er sagt auch, was ihn seine Meinung ändern ließ: der 3. Dezember 1979, wohl einer der traurigsten Tage im Leben des Gitarristen. Als Fans an jenem Tag im Riverfront Coliseum in Cincinnati, Ohio, eine Who-Show stürmen, kommen im ausbrechenden Chaos elf Menschen zu Tode. Townshend: »Eine schreckliche Lektion. Sehr lange Zeit konnte ich nicht damit leben. Dieses Ereignis war dafür verantwortlich, dass ich danach in ein tiefes emotionales Loch stürzte.« Noch Jahre lang plagen ihn Schuldgefühle. Eine Reaktion, die viele dem aggressiven Bühnentier Townshend, das mit berserkerhafter Energie die Gitarre malträtiert, nicht zugetraut hätten. Aber auch das ist für ihn kein Widerspruch: »Der Bühnenmusiker ist eben nur ein kleiner Teil meiner Persönlichkeit.« Und die ist komplex.

Als Teenager schreibt er sich, wie so viele seiner Altersgenossen, in einer der englischen Artschools ein. Im Unterschied aber zu anderen, die dort im Grunde nur Gitarre üben und ein wenig zeichnen, beschäftigt sich Townshend ernsthaft mit Kunst und ihrer Theorie. Er entdeckt, dass man als Künstler Sozialkritik üben kann. Und er besucht die Vorlesungen des Österreichers Gustav Metzke, der sich mit dem Thema Autodestruktion beschäftigt. Dessen Konzepte setzt Townshend wenig später mit seiner Band um. 1967 – längst schon hat er mit seiner berühmten Union-Jack-Jacke einen Modetrend gesetzt, längst schon ist er berühmt für seine wilden Zerstörungsakte auf der Bühne – wird er dem britischen *Melody Maker* erklären: »Wir machen Pop Art mit der Standardausrüstung einer Rockband.« Kein Zweifel, das ist mehr als Pop. Das ist intellektuell, und damit eigentlich der Tod eines Popkünstlers.

Hier liegen die Widersprüchlichkeit und auch das Genie des Pete Townshend: Er macht sozusagen Pop mit Tiefgang und Köpfchen. Genau dafür sind The Who zunächst das perfekte Vehikel. Bald aber dämmert Townshend, dass zwischen der Absicht, die er mit der Band verfolgt, und dem, was das Publikum wahrnimmt, eine unüberwindbarer Abgrund klafft. Beispiel *Tommy*. Mit seiner weithin gefeierten Rockoper will er, auf dem Höhepunkt des Love & Peace-Wahns, auf die Gefahren religiöser und ideologischer Verblendung aufmerksam machen. Wenn schon nicht die Welt, dann sollen sich wenigstens seine Hörer verändern. Doch Townshend scheitert. Kaum jemand hört *Tommy* wirklich zu, stattdessen feiert man das Ganze als Pop-Errungenschaft – mit kraftvollen Songs, die umgehend zu Klassikern werden. Die eigentliche Aussage des Werkes nehmen indes die Wenigsten wahr, die sozial- und zeitkritischen Aspekte werden allenfalls in den Feuilletons analysiert und dort nicht selten als oberflächlich abgetan. Das Rockpublikum reduziert *Tommy* auf ein paar griffige Slogans, unwiderstehliche Melodien und den zweifellos hohen Unterhaltungswert. Dass dieser Songzyklus auch eine spirituelle

Dimension birgt und damit Townshends Hinwendung zu den Lehren des indischen Philosophen Meher Baba reflektiert, entgeht fast allen. In den Augen des Who-Chefs ergeht sich gerade das Hippiepublikum von Woodstock in edler Einfalt. Es bejubelt die groovy Rock'n'Roll-Pose, sieht aber geflissentlich über den Spiegel, den *Tommy* ihm vorhält, hinweg. Genau daraus erwächst die Wut, die Townshend dann an Hoffman auslässt.

Viel komplexer und universeller noch sind Townshends Ambitionen, als er das legendäre *Lifehouse*-Projekt angeht. Dabei ist die Grundidee recht einfach: Er will eine zukünftige Gesellschaft darstellen, deren Leben ausschließlich in der eigenen Wohnung stattfindet und die über ein Informationssystem namens »The Grid« an einer virtuellen Parallelwelt teilnimmt. Aus heutiger Sicht geradezu beängstigend prophetisch. Townshend will die Geschichte eines Rebellen erzählen, der aus dieser autokratischen Welt ausbricht, indem er bei einem echten Konzert echte Kommunikation und damit echte Gefühle und ein echtes spirituelles Erlebnis auslöst. Und er will das Ganze multimedial aufbereiten, mit Platte, Film und Konzertreihe. Universal Pictures, die das Projekt finanziell unterstützen wollen, steigen jedoch schnell aus, und selbst Petes Bandkollegen verstehen nicht recht, was es mit *Lifehouse* auf sich hat. Am Ende bleiben neun Songs, die allerdings eines der aufregendsten Rockalben aller Zeiten bilden (*Who's Next*, 1971), dazu ein Stapel von Songfragmenten, die zum Teil erst Jahrzehnte später das Licht der Welt erblicken, und nicht zuletzt ein großer Frust in Townshends Hirn. Wieder einmal hat er die bittere Erfahrung gemacht, dass dem Publikum des Künstlers Intentionen schlicht egal sind, so lange das Entertainment stimmt.

Nun beginnt er, die Konsequenzen zu ziehen. Zwar gelingt ihm mit *Quadrophenia* (1973) noch einmal die Quadratur des Kreises. Denn gleichzeitig bietet das Album bestes Rockentertainment Marke Who und eine durchdachte, anspruchsvolle Story, die Townshends Ehrgeiz genügt. Einen Unterschied aber gibt es jetzt: Erstmals beginnt Townshend, die eigene Vergangenheit, hier die frühen Mod-Jahre der Band, aufzuarbeiten. Auf dem sehr introspektiven *Who By Numbers* (1975), dessen Songs eine für The Who ungewöhlich persönliche Note haben (*However Much I Booze*), ist es mit dem Big Rock der vorangegangenen Jahre endgültig vorbei. Vergleichsweise zurückgenommen spielt die Band sehr persönlich angelegte Songs und verzichtet dabei auf dynamische Rockposen fast völlig. Wenig später, 1978 auf *Who Are You*, wird deutlich, dass Townshend sein Pulver in Sachen Who verschossen hat – kein Wunder, empfindet er die Band zu diesem Zeitpunkt doch nur noch als Karikatur ihrer selbst. Als dann am 7. September 1978 auch noch Keith Moon stirbt, stellt er das Kapitel Who endgültig in Frage und driftet zudem ab in eine schwere persönliche Krise mit Alkohol- und Drogenproblemen.

.....................................

Seine künstlerische Entfremdung von der Band hatte schon 1972 ein erstes Ventil gefunden. Mit *Who Came First* hatte der Who-Chef erstmals unter eigenem Namen ein Album veröffentlicht. Darauf zu hören war eine interessante aber wenig homogene Sammlung von *Lifehouse*-Outtakes (*Pure And Easy*, *Let's See Action*), Lieblingsstücken seines Mentors Meher Baba (*There's A Heartache Following Me*, *Parvardigar*) und *Evolution*, das vor allem auf die Kappe seines Freundes Ronnie Lane geht. Die Platte war eine Hommage an Meher Baba und eine Art musikalisches Tagebuch, nicht aber der bewusste Launch einer Solokarriere. Das wurde auch der 1977 komplett mit Ronnie Lane eingespielte *Rough Mix* nicht. Zusammen mit Gästen wie Eric Clapton, Charlie Watts und John Entwistle hatten die beiden ein paar Folksongs, zum größten Teil aus eigener Feder, aufgenommen. Das Ergebnis jedoch klang eher wie ein Album von Lanes Band Slim Chance mit Townshend als Gaststar.

Seine eigentliche Premiere als Solokünstler feiert Townshend erst 1980 mit *Empty Glass*. The Who pfeifen da längst aus dem letzten Loch, und ihr Boss stellt sich die »Quo vadis«-Frage. Das Album protokolliert diese Phase, gibt den Blick auf Townshend aktuelle Befindlichkeit frei (*Rough Boys*, ursprünglich als Gay-Outing missverstanden, *I Am An Animal*, *Empty Glass*) und bietet gleichzeitig die attraktivsten Songs, die Townshend seit Jahren geschrieben hat. Über eine Million Mal verkauft sich *Empty Glass*, mit *Let My Love Open The Door* wirft es sogar einen Top-Ten-Hit ab. Für Townshend ist klar: Als Songwriter hat er nur solo eine Zukunft. Überraschend verfügt *Empty Glass* auch über den im Vergleich zu aktuellen Who-Produktionen größeren Pop-Appeal und das höhere Energielevel. Folglich löst er The Who nach dem enttäuschenden Schwanengesang von *Face Dances* (1981) und *It's Hard* (1982) auf. Seine öffentliche Begründung ist konsequent: »Ich habe nicht das Gefühl, noch Songs für The Who schreiben zu können.«

Inzwischen hat Townshend eingesehen, dass er für seine wachsenden Drogenprobleme professionelle Hilfe in Anspruch nehmen muss. Zusammen mit seiner Mutter begibt er sich in den Entzug. Anschließend macht er sich an die Arbeit für sein nächstes Solowerk. *All The Best Cowboys Have Chinese Eyes* erscheint im Juni 1982. Zwar ist das Album nicht so erfolgreich wie sein Vorgänger, qualitativ aber hält es das Niveau. Wiederum arbeitet Townshend in einigen Songs Autobiografisches auf (*Stardom In Acton*, *Somebody Saved Me*, das der Mutter gewidmet ist), gleichzeitig aber öffnet er sich immer mehr der Klangästhetik des Post-Punk und bedient sich ausgiebig in der Soundbibliothek der New Wave.

...................................

Nach überstandener Heroin- und Kokainsucht, dem Gnadenstoß für The Who, erfolgreich installierter Solokarriere und der Veröffentlichung seiner Kurzgeschichtensammlung *A Horse's Neck* scheint Pete Townshend Mitte der Achtzigerjahre bei sich selbst angekommen zu sein. Er ist jetzt vierzig Jahre alt. Von nun an wird er sich um Starruhm nicht mehr kümmern und ausschließlich seinem persönlichen künstlerischen Kompass folgen. Erstes Projekt: *White City* (1985). Ein Konzeptalbum, so etwas wie »Quadrophenia revisited«, nur dass der Protagonist inzwischen erwachsen und ein junger Familienvater ist. Das Album schlägt sich wacker und fügt Townshends Songkatalog mit *Give Blood* sowie *Face The Face* zwei Highlights hinzu. Für einige Shows stellt er die Band Deep End zusammen. Eines der wenigen, aber furiosen Konzerte wird aufgenommen und erscheint 1987 als Livealbum.

Inzwischen gilt Townshend als Elder Statesman des Rock. Und seine Projekte werden immer ambitionierter. 1989 nimmt er sich Ted Hughes' Kindergeschichte *The Iron Man* vor und vertont Episoden daraus für ein neues Soloalbum. Prominente Gäste wie Nina Simone, Roger Daltrey und John Lee Hooker übernehmen Gastrollen. Die Resonanz hält sich in Grenzen. So mancher Kritiker wird nicht müde, Townshends Projekte zu loben, andere wiederum runzeln über die aus der Zeit gefallenen Aktivitäten des einstigen Popgenies nur die Stirn. Ihm selbst ist das egal, Pop ist seine Sache ohnehin nicht mehr. Und doch unternimmt er im selben Jahr mit The Who eine (erste) Reunion-Welttournee – zum einen sind ihm die Dollars, die sein Status verlässlich abwirft, offenbar keineswegs egal, zum anderen aber lassen ihn diese Band und die Vergangenheit wohl doch nicht so ganz los. Bestätigt wird das, als er sich dann ein besonders ambitioniertes Ziel setzt: Er will seinen guten alten *Tommy* an den Broadway bringen. Tatsächlich hat der blinde, taubstumme Junge dort im Jahr 1993 Premiere. Das erfolgreiche Musical wird zum Dauerläufer und mit zahlreichen Auszeichnungen überhäuft. Parallel arbeitet Townshend an einem neuen, seinem bislang letzten echten Soloalbum. *Psychoderelict* (1993) modifiziert die Idee von *Lifehouse*, wird aber von Kritik und Publikum zwiespältig aufgenommen. Zu schwierig für den schnellen Konsum erscheint die Kombination aus einzelnen, nicht wirklich memorablen Songs und von Schauspielern gesprochen Spielszenen.

Townshend war nie der naive Idealist, der nicht auch wüsste, dass der Affe hin und wieder Zucker braucht. So ruft er 1996 seine alten Kumpels zusammen, um etwas auf die Beine zu stellen, was zwanzig Jahre vorher nicht möglich war: die Musik von *Quadrophenia* in ihren komplexem Arrangements live zu spielen. Mit wechselnden Gästen, darunter Gary Glitter, Dave Gilmour und PJ Proby, gehen Townshend, Daltrey und Entwistle auf Tournee. Hinterm Schlagzueg sitzt diesmal Ringo-Sohn Zak Starkey. Er ist der erste Drummer, der den legendären Keith Moon ansatzweise ersetzen kann. *Quadrophenia* wird zum Triumph. The Who sind nicht vergessen, die Legende ist quicklebendig. So vital, so präzise und dynamisch wie auf dieser Tour hat man die Band seit Dekaden nicht gesehen. Alle Beteiligten haben sichtlichen Spaß an den Konzerten. Nun werden erste Rufe nach einem neuen Studioalbum laut. Überraschung: Der Meister zeigt sich nicht abgeneigt.

Zuvor aber hat der Mann, dessen Arbeit in den Neunzigern anmutet, als wolle er sein Werk »aufräumen«, ordnen und vollenden, noch etwas anderes vor: Wenn sich die Sache schon nicht in der ursprünglich geplanten Form realisieren lässt, dann will er wenigstens eine umfassende Dokumentation des *Lifehouse*-Projektes fertigstellen und die Songsammlung live aufführen. Im Dezember 1999 sendet die BBC *Lifehouse* als Hörspiel, geschrieben von Jeff Young auf der Grundlage der ursprünglichen Idee. Wenig später, im Februar 2000, bringt Pete Townshend zusammen mit einer kleinen Band und dem London Chamber Orchestra *Lifehouse* als geschlossenen Songzyklus in einer zweieinhalbstündigen Show auf die Bühne des Sadler's Wells Theaters in London. Er schließt den Themenkomplex ab, als er im weiteren Verlauf dieses Jahres mit *The Lifehouse Chronicles* eine sechs CDs umfassende musikalische Dokumentation dieses vielleicht wichtigsten Kapitels seiner künstlerischen Karriere herausgibt.

……………………………………

Zu Beginn des neuen Jahrtausends wird der Weg frei für ein neues Who-Album. Der Anlass allerdings ist ein trauriger: Überraschend erliegt Gründungsmitglied John Entwistle in der Nacht des 27. Juni 2002 in einem Hotelzimmer in Las Vegas einer Herzattacke. Es ist der Vorabend einer neuerlichen Who-Tournee, die Townshend und Daltrey trotzdem – mit dem Bassisten Pino Palladino als Ersatzmann – durchziehen. Wie Townshend später bestätigt, wachsen die beiden letzten Überlebenden der Who-Saga durch den Tod ihres Bassisten menschlich und künstlerisch stärker denn je zusammen. In der Folge machen sie sich ernsthaft an die Arbeit, schreiben neue Songs, verwerfen viele und suchen nach einer adäquaten Ausdrucksmöglichkeit für The Who im neuen Millenium. So viel ist klar: Die klassischen Who-Qualitäten, ungezügelte Aggression, protziger Machismo, die schiere Gewalt der Musik, all dies können und wollen die beiden Sechziger nicht mehr glaubhaft vertreten. Stattdessen bringt *Endless Wire*, als es endlich am 31. Oktober 2006 als erstes Who-Studioalbum seit 1982 erscheint, ein gerüttelt Maß an Altersweisheit, Introspektion und differenzierter Weltsicht (inklusive einer neuen Mini-Rockoper mit dem Titel *Wire & Glass*, die die komplette zweite Hälte des Albums einnimmt). Mit der Rock-Maschine der Sechziger- und Siebzigerjahre Jahre haben The Who 2006 bis auf den Sound von Daltreys Stimme kaum noch etwas gemein. Was viele Fans enttäuscht zur Kenntnis nehmen. Die beiden alten Recken stort das wenig. Sie gehen in den folgenden zwölf Monaten einmal mehr auf Welttournee und präsentieren neben den alten Schlachtrössern auch Teile des neuen Albums – vor begeistertem Publikum.

Pete Townshend, inzwischen 66 Jahre alt, setzt seine künstlerische Suche unbeirrt fort. Schon im Klassiker *The Seeker* hatte er das einst angekündigt: »I won't get to get what I'm after till the day I die«. Als einer der wenigen Vertreter der ersten Rock-Generation hat er sich inzwischen auch das Internet als künstlerisches Medium erschlossen. Seine

Website www.petetownshend.co.uk fütterte er bis zu ihrer Schließung Ende 2007 regelmäßig mit Tagebucheinträgen, frischer Musik, Ausschnitten der von ihm geschriebenen Novelle *The Boy Who Heard Music* und jeder Menge weiteren interessanten Inhalten, nicht zuletzt einem Shop, in dem er offiziell bislang nicht veröffentlichte Musik zum Verkauf bot. Derzeit arbeitet Townshend an einem neuen Musical, und auch ein neues Who-Album soll auf dem Plan stehen. Zudem spielte die Band am 7. Februar 2010 in der Halbzeitpause der amerikanischen Super Bowl vor rund 150 Millionen TV-Zuschauern – wodurch wieder einmal eine junge Generation ihre Musik entdeckte. Ob es wie geplant in diesem oder dem nächsten Jahr zu einer neuerlichen Who-Tournee kommt, hängt in erster Linie davon ab, ob Townshend einen Weg findet, sein chronisches Tinnitus-Problem in den Griff zu bekommen. Kollege Neil Young, so war zu hören, hat dem Who-Chef eine neu entwickeltes In-Ear-Monitoring-System empfohlen, das in dieser Beziehung hilfreich sein könnte.

Hope I die before I get old? Auch wenn Pete Townshend kaum noch etwas hört und die rechte Hand, mit der er seine berühmte Windmühle schlug, im Laufe der Jahre mit insgesamt 126 (!) Stichen genäht werden musste – er ist heute keinen Tag älter als damals, als er mit *My Generation* die Losung für eine ganze Generation ausgab.

*Empfehlenswert:*

**Who's Next (1971)**

Das wohl beste von den insgesamt nur zehn Studioalben, die The Who hinterlassen haben. Entstanden aus den Trümmern des legendären *Lifehouse*-Projekts, demonstriert *Who's Next* die Band auf ihrem Höhepunkt: Songklassiker zuhauf, darunter das dynamische *Baba O'Riley*, das lyrische *Behind Blue Eyes* und das grandiose *Won't Get Fooled Again*, gespielt von der zu ihrer Zeit vielleicht besten Live-Band der Welt, getrieben von Keith Moons explosivem Schlagzeugspiel und mit einem Roger Daltrey auf der

Höhe seiner gesanglichen Fähigkeiten. Ganz nebenbei markiert *Who's Next* den wohl ersten rundum gelungenen Versuch, den Synthesizer und damit die künstliche Klangerzeugung in das Instrumentarium einer Rockband zu integrieren. Ein Geniestreich, der bis heute nichts von seiner unbändigen Kraft verloren hat.

**Anthology (Compilation Pete Townshend solo)**

Auf zwei CDs bietet *Anthology* mit 34 Stücken einen so umfassenden wie repräsentativen Querschnitt durch Townshends Solowerke. Enthalten ist neben Songs der eigentlichen Soloalben aus den Achtziger- und Neunzigerjahren auch Material von *Rough Mix*, seiner Kollaboration mit Ronnie Lane, und von *Who Came First*, einer ersten Sammlung von Soloaufnahmen aus dem Jahr 1972. Interessant zu hören, wie Townshend im Laufe der Jahre als Songwriter immer deutlicher aus dem engen Who-Konzept ausbrach, neue musikalische Felder und Formen erkundete und dabei doch seine ganz eigene Handschrift weiterentwickelte. Als derzeit umfassendste Compilation der Who-Geschichte ist die Doppel-CD *The Ultimate Collection* aus dem Jahr 2002 zu empfehlen.

**Music From Lifehouse (DVD)**

Am 25./26. Februar 2000 gab Pete Twonshend im Londoner Sadler's Wells Theatre ein Konzert, in dem er die musikalische Essenz seines *Lifehouse*-Projekts mit Hilfe eines Streichorchesters, einer Rockband und diversen Sängern erstmals öffentlich und abendfüllend präsentierte. Zwar trafen die weitgehend kammermusikalisch und akustisch angelegten Interpretationen von Klassikern wie *Join Together*, *Won't Get Fooled Again* und *Bargain* nicht unbedingt den Geschmack eines alten Who-Fans, nichtsdestotrotz gab der Abend einen überraschend homogenen Eindruck von der musikalischen Intention dieses bis dahin nur in Bruchstücken an die Öffentlichkeit gelangten Projekts. Die Aufführung ist als Mitschnitt mit einer Spielzeit von etwa 100 Minuten 2002 auf DVD erschienen.

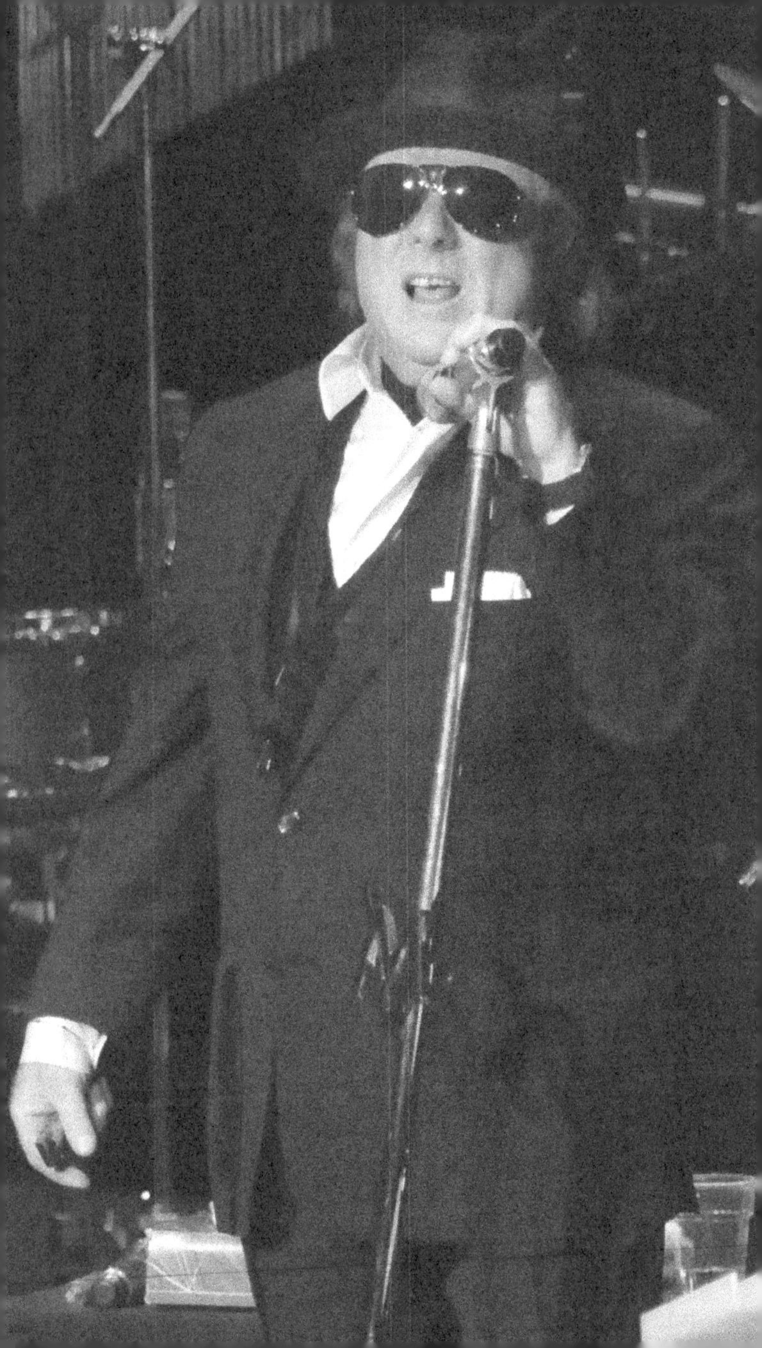

# CALEDONIA SOUL

*Van Morrison – der irische Grantler*

OHA – so mancher hier flucht lautstark, schimpft den Kerl »Abzocker«, wirft gar aus Frust den Bierbecher auf die leere Bühne. Nicht genug damit, dass Van Morrison das Konzert im Musikzelt des Münchener Tollwood Festivals an diesem 13. Juli 2002 schon eine Viertelstunde *vor* der angekündigten Zeit begonnen hat. Auch der Abgang, den er sich leistet, ist, wieder einmal, kein guter. Gerade mal 85 Minuten hat er gespielt, konzentriert, aber wenig lustvoll sein Set abgespult, um dann nach *Gloria* grußlos und auf Nimmerwiedersehen in der Kulisse zu verschwinden. Grund der Eile: Am Flughafen wartet eine Maschine, die noch am selben Abend in Richtung Belfast starten wird. Und die will Morrison erwischen. Zurück lässt der Sänger mit dem olivfarbenen Anzug, der dunklen Sonnenbrille und dem unmodischen Hütchen 2000 Enttäuschte, die viel bezahlt haben, um diesen sagenhaften Musiker einmal leibhaftig zu erleben. Die meisten von ihnen werden das nicht wieder tun.

Nein, als liebenswerter Charmeur ist der kleine Mann, der als derzeit größter irischer Künstler gilt, nicht bekannt. Eher als unberechenbarer und despotischer Griesgram, der seine Musiker auf offener Bühne zusammenstaucht. Interviews verweigert er gleich ganz, und was der Rest der Welt von ihm hält, darum hat er sich noch nie geschert. Die Fans scheinen ihm egal, so wie beim Tollwood Festival wird er sie wohl noch oft enttäuschen. Gefeiertes Genie und menschenscheuer Eigenbrötler – Van Morrison ist beides. Mit widerborstiger Persönlichkeit und einzigartigem Gesamtwerk fasziniert er bis heute ein treu ergebenes Publikum.

Schließlich: George Ivan Morrison, 59, aus Belfast, Nordirland, ist niemandem verpflichtet. Nur seiner Kunst. Und das war von Anfang an so.

……………………………………

Sommer 1945, der Krieg ist vorbei. Auch in 125 Hyndford Street im Osten Belfasts. Bomben sind auf diese Straße mit ihren schmucklosen Häuserreihen nicht gefallen, dafür hat Hitlers Luftwaffe 1941 weite Teile des Stadtzentrums und des Hafens zerstört. Jetzt versuchen die Menschen in eine Normalität zurückzufinden, die sie fast schon vergessen haben. Auch für Violet Morrison ist nichts normal in diesen Wochen, allerdings aus ganz anderen Gründen: Sie ist hochschwanger, zum ersten Mal. Am 31. August bringt sie den kleinen George Ivan zur Welt. Die Morrisons sind einfache Leute, Vater George arbeitet als Elektriker in den Docks, wo einst die berühmte Titanic gebaut wurde, die Mutter kümmert sich um den Haushalt. Beide sind musikalisch, sehr musikalisch sogar. Violet singt für ihr Leben gern, spielt dazu Klavier, und das nicht einmal schlecht. George hat gleichfalls ein musikalisches Hobby, nämlich seine riesige Schallplattensammlung. Darin hortet er alles, den eleganten Swing der amerikanischen Big Bands, aber auch Schellacks von Jelly Roll Morton und Louis Armstrong, dazu jede Menge Spirituals, zum Beispiel von Mahalia Jackson. Van, wie alle den Kleinen bald nennen, taucht schon im Kindergartenalter ein in diese faszinierende Welt der Töne. Samstags zieht er mit dem Vater durch die wenigen Plattenläden der Stadt, auf der Suche nach neuer Musik aus Übersee.

Und dann ist da noch dieser geheimnisvolle Kasten, von dem Morrison später selbst erzählt: »I am down on my knees, at those wireless knobs, Telefunken, Telefunken, and I'm searching for Luxembourg, Luxembourg, Athlone, Budapest, AFN, Hilversum, Helvetia«. Das sind die Sender. Und die Musik? »Elvis did not come in without those wireless knobs nor Fats, nor Elvis, nor Sonny, nor Lightning, nor Muddy, nor John Lee«. So besang er Jahrzehnte später »the days before rock'n'roll« in einer achtminütigen Meditation über seine Kindheit auf dem Album *Enlightenment* (1990). In der Tat, Elvis Presley, Fats Domino, Sonny Boy Williamson, Lightnin' Hopkins, Muddy Waters, John Lee Hooker, sie sind es, die dem Halbwüchsigen vor dem heimischen Radio die Armhaare aufstellen. Dazu Hank Williams, T-Bone Walker, Howlin' Wolf, Big Bill Broonzy und vor allem Brother Ray Charles. Begierig saugt er die Stimmen in sich auf, auch wenn sie oft nur verrauscht über die langen Mittel- und Kurzwellenwege hinübergeweht kommen, nur für Sekunden klar zu hören sind. Mitte der Fünfzigerjahre ist der Junge, obwohl noch nicht einmal in der Pubertät, rettungslos radiosüchtig. Die Musik ist allgegenwärtig. Zu den Höhepunkten im Leben des kleinen Van zählen die samstäglichen Singabende der bei den Morrisons versammelten Verwandtschaft. Sein Lieblingslied: *Goodnight Irene* von Huddie Ledbetter.

Die Eltern fördern das musikalische Talent des Sohnes, mit elf hat er seine erste Gitarre. Harp und Saxophon wird er ebenfalls bald beherrschen. Nun macht er sich auf, der Welt zu zeigen, was er unter Musik versteht. Mit einer Gruppe von Gleichaltrigen, die sich zunächst Midnight Special, dann The Sputniks nennt, spielt der Zwölfjährige bei der Weihnachtsfeier seiner Schule ein paar Skiffle-Songs. Er hat seine Passion gefunden, wie besessen lernt er alles, was ein Musiker braucht: Harmonielehre, Akkorde, Tonleitern. Und er schaut sich als

Sänger immer mehr von den Vorbildern ab. Zur Bibel wird Ray Charles' *Live In Newport* (1958).

Zudem sind nun auch die britischen Inseln vom Rock'n'Roll-Virus infiziert. Jerry Lee Lewis, Little Richard, Chuck Berry und natürlich Elvis heißen die Helden der Stunde. Die unbändige Energie ihrer Musik fällt bei Van auf den fruchtbaren Boden seiner Jazz- und R'n'B-Grundlagen. Schon kurz vor seinem 15. Geburtstag verlässt der Teenager ohne Abschluss die Schule, er will sich nur noch um die Musik kümmern.

Die Szene wird beherrscht von Showbands, die ihr Geld mit Kopien der angesagten Tageshits verdienen. 1962 ergattern The Monarchs, bei denen er inzwischen das Saxophon spielt, ein Engagement in Schottland. Es ist Vans erster echter Profijob als Musiker. Die nächsten anderthalb Jahre tingelt er mit seiner Band kreuz und quer durch Europa, die Jungs leben von der Hand in den Mund. Auch in Deutschland spielen sie, in Heidelberg bringt es der 17-jährige Van sogar zu einem Kurzauftritt in dem obskuren Film *Glide*. Und eine erste Platte entsteht: Die Monarchs nehmen *Boozoo Hully Gully* auf und landen damit auf Platz vier der deutschen Hitliste.

..........................................

Nach dem Split der Band und frustrierendem Zwischenaufenthalt in London kehrt Van jedoch im März 1964 zurück ins heimische Belfast. Nicht nur dort, in ganz Großbritannien hat sich die Szene inzwischen entscheidend verändert. Junge weiße Bands wie Beatles, Stones, Yardbirds und Animals haben eine neue Welle losgetreten. Die Begeisterung für den weißen R'n'B ist epidemisch, erfasst ein breites Teenpublikum und bildet so einen ganz neuen Markt, das Schlagwort der Stunde lautet »Pop«.

Es ist die richtige Zeit. Und Van ist am richtigen Ort, denn die kleine Musikergemeinde in Belfast wartet nur darauf, dem Showband-Einerlei zu entrinnen. Mit einer schnell zusammengewürfelten Truppe stellt Van die Hausband im neu gegründeten R'n'B-Club des Maritime Hotel am College Square North. Am 17. April treten Them dort zum ersten Mal auf, das Repertoire umfasst Blues von T-Bone Walker bis Bobby Bland. Nur wenige Wochen danach schon stehen Londoner Plattenscouts im Publikum. In Rekordzeit hat sich bis an die Themse herumgesprochen, dass dieser Sänger mit seiner einzigartigen Stimme und der umwerfenden Bühnenpräsenz zu Höherem berufen scheint. Im Juni steht die Band für Demoaufnahmen im Londoner Decca-Studio. Und am 5. Juli spielen Them sieben Songs ein, darunter den, der ihnen allein schon einen Platz in den Annalen des Rock sichern wird: *Gloria*, erstaunlicherweise zunächst nur als B-Seite von *Baby, Please Don't Go* veröffentlicht.

Kaum aus den Startlöchern, ist die Band jedoch schon wieder am Ende. Dauernde Personalwechsel machen eine kontinuierliche Entwicklung unmöglich. Als im Frühjahr 1965 *The Angry Young Them*, das LP-Debüt mit Klassikern wie *Gloria* und *Mystic Eyes*, erscheint, ist auch die vierte oder fünfte Bandbesetzung schon Geschichte. Zudem drängen Management und Morrison in unterschiedliche Richtungen. Ersteres will Pophits und Profit, letzterer versteht sich als Bluessänger und sonst nichts. Das Business geht ihm von Anfang an auf die Nerven. Im Sommer 1965 flüchtet er zurück nach Belfast, wo er eine neue Them-Inkarnation zusammenstellt. Trotzdem: Wer genau das zweite Album, *Them Again* (1966), einspielt, ist bis heute nicht im Detail geklärt, lediglich Morrison und Bassist Alan Henderson sind auf allen 16 Songs dabei. Erstaunlich genug, dass dieses, milde gesagt, durchwachsene Werk mit der Dylan-Bearbeitung *It's All Over Now, Baby Blue* einen Klassiker hinterlässt, dessen Interpretation Maßstäbe setzt.

Them aber pfeifen zum Zeitpunkt der Veröffentlichung aus dem letzten Loch. Eine US-Tournee gilt es im Sommer 1966 noch zu absolvieren. Sie bringt mit dem legendären Doppelengagement von Them und den jungen Doors im Whiskey a Go Go, Los Angeles, und, wie Augenzeugen berichten, packenden gemeinsamen Konzerten noch einen letzten Höhepunkt. Für Morrison indes ist die Bilanz nach zwei Jahren im Popgeschäft niederschmetternd: Er sieht sich als permanent missverstandenes und übergangenes Opfer geldgieriger Manager. Nicht umsonst zeigen ihn Fotos jener Jahre als dicklichen Jungen, der widerwillig und verdrießlich in die Kamera blickt. Sein halbherziger Carnaby-Chic wirkt dabei so deplaziert wie das modische Langhaar – eine Figur, die meilenweit entfernt ist vom selbstvergessenen Bühnenberserker, als den ihn damalige Berichte beschreiben. Das Ende vom Lied: Im Winter 1966 hockt Van wieder in Belfast und schreibt neue Songs.

.......................................

Frühjahr 1967: Bert Berns, ein New Yorker Produzent, der Them schon mit seiner Komposition *Here Comes The Night* unter die Arme gegriffen und dabei mit seiner lockeren, und kompetenten Arbeitsweise vor allem Morrison imponiert hat, lädt Van in den Big Apple ein. Er will ihn für sein neues Label Bang Records verpflichten. Hoffnungsvoll packt der 22-Jährige die Koffer – sollte dies endlich der Beginn einer selbstbestimmten Karriere sein?

Bis dahin mag Morrison einem auf schnellen Singlehit-Konsum abgerichteten Publikum noch als typischer Vertreter der jungen Sixties-Rockergeneration erscheinen. Auch *Brown Eyed Girl*, der Smash-Hit, den er nun unter Berns Fittichen im Sommer 1967 landet, mag diesem Bild entsprechen. Wer jedoch genauer hinhört, der ahnt, dass dieser nur 1,60 Meter große Musiker aus Nordirland mehr drauf hat als ein paar, zugegeben, aufregende Singles. Morrison ist schon 1967 durch und durch Songwriter, ein besonders sturer und eigensinniger obendrein.

Berns ignoriert es, bekommt es aber bald zu spüren. Fortwährend regt sich Morrison über den kommerziellen Druck auf, unter dem die Aufnahmen zu seinem ersten Soloalbum *Blowin' Your Mind* (1967) stehen (24 Jahre später wurden jene Sessions als *Bang Masters* neu veröffentlicht). Auf die Auswahl der Musiker hat er ebenso wenig Einfluss wie auf die Arrangements, über die Produzent Berns befindet. Das Album veröffentlicht Berns im September 1967 ohne Morrisons Wissen und gegen dessen Willen. Obwohl Bang Records zu den ersten Adressen im Business zählt – immerhin wurde die Firma neben Berns von den Atlantic-Chefs Nesuhi und Ahmet Ertegun sowie Jerry Wexler gegründet – will Van seinen Kontrakt so schnell wie möglich lösen.

Das tragische Schicksal seines Labelchefs kommt ihm zu Hilfe: Am Silvestertag 1967 erliegt der gerade 38-jährige Berns einem Herzinfarkt. Seine Witwe Eileen, mit dem Erbe ohnehin überfordert, ist froh, dass sie Morrison los wird, der seine vertragliche Verpflichtung zu zehn weiteren Songs für Bang mit unbrauchbaren Sessionstücken und Nonsense-Titeln erfüllt. Völlig desillusioniert vom Popbetrieb zieht er mit seiner Braut, einem Hippiemädchen namens Janet Rigsbee, die sich Janet Planet nennt, aufs Land nach Massachussetts.

Das Musikmachen allerdings kann er nicht lassen. Sporadisch tritt er in Boston mit einem Akustiktrio, bestehend aus dem Flötisten John Payne und dem Bassisten Tom Kielbania, in Clubs auf und feilt dabei an Songs, deren Ursprünge bis in den langen Belfaster Winter nach dem Ende von Them zurückreichen. Zwar ist er jetzt frei, aber auch mehr oder weniger pleite. Die mageren Auftrittsgagen reichen hinten und vorne nicht.

Als Warner Interesse an den neuen Songs zeigt, zögert Van nicht lange. Endlich hat er die Chance, ohne äußere Zwänge seine eigene Musik aufzunehmen. Am 25. September beginnen die Aufnahmen. Im Studio wird Morrison von einer ungewöhnlichen Band begleitet, Coproduzent Bob Schwaid verpflichtet hochkarätige Spezialisten aus dem Umfeld von Jazzgrößen wie Miles Davis und dem Modern Jazz Quartet. Sie allein scheinen in der Lage, die eigenwillig zwischen Blues, Folk und Jazz dahin taumelnden Stücke kongenial umzusetzen.

In Aufnahmen wie dem Titelsong, *Cyprus Avenue* oder dem epischen *Madame George* kotzt sich Morrison regelrecht aus, er erschlägt den ahnungslosen Hörer mit einer gewaltigen Vokaleruption, geifert, klagt, summt und brummt, zetert und jubiliert wie entfesselt. Dazu trägt ihn die Band mit ungewöhnlichen Klangfarben von Vibraphon oder Flöte auf einem gleichermaßen flauschigen wie anspruchsvoll gewebtem Instrumentalteppich. Die acht Songs sprengen stilistisch alle Grenzen und bilden in ihrer Gesamtheit eine kathartische Reise durch die Innenwelten eines einzigartigen Sängers.

Nur zwei Abende und ein paar Overdubs mit Streichern braucht es, bis das Meisterwerk *Astral Weeks* im Kasten ist. Mehr als das, gilt das Album auch heute, nach mehr als vier Jahrzehnten, noch als einer der wenigen echten Geniestreiche, die in der Chronik des Pop zu vermelden waren. Aber *Astral Weeks* verhallt im aufgeregten Konzert aus weltweiter Revolte, Woodstock-Seligkeit und anschließendem Altamont-Trauma. Nur wenige hören die Platte, kaum einer kauft sie. Und Morrison nagt am Hungertuch.

........................................

Das nächste Album muss erfolgreich werden, muss im Radio gespielt werden, muss den Markt erobern – für einen reinen Instinktmusiker wie Morrison ein fast unmögliches Unterfangen. Aber mit *Moondance* (1970) gelingt ihm der Turnaround. Wirkte *Astral Weeks* noch düster, fast verstörend, klingt hier alles locker und voller Lebensfreude. Diesmal arbeitet Morrison mit einer leichtfüßigen Rockband und gräbt thematisch nicht mehr in den Tiefen seines Unterbewusstseins. Stattdessen preist er, wie im Opener, das Landleben und die Liebe (*Moondance*, *Crazy Love*). Dazu glüht *Into The Mystic* mit spiritueller Inbrunst, markiert mit seiner Gospelkraft so etwas wie die Blaupause dessen, was Morrison dann selbst Caledonia Soul Music nennen wird. Das Album verkauft sich ansprechend, findet seinen Weg ins Radio und etabliert ihn auch beim breiten Publikum als Solokünstler.

Privat scheint der Mann aus Belfast endlich angekommen: Janet Planet, inzwischen seine Ehefrau, gebärt ihm mit Shana eine Tochter. Die Familie lebt im idyllischen Woodstock, nicht weit entfernt von Bob Dylan und den Mitgliedern von The Band. Die Alben, die er nun veröffentlicht, *His Band And Street Choir* (1970, mit dem Top-Ten-Hit *Domino*) und *Tupelo Honey* (1971), bringen Songklassiker in Serie und fügen Vans Farbpalette neue Nuancen hinzu. Schon vor *Tupelo Honey* waren die Morrisons nach Kalifornien umgezogen. Dort, in Wally Heiders Studio in San Francisco, geht Van an die Arbeit zu *Saint Dominic's Preview* (1972). Es wird zum neuerlichen Triumph und bietet neben traditionellem R'n'B (*Jackie Wilson Said*) und dem Gospel des Titelsongs so Unerhörtes wie den schmerzlich intensiven Gefühlsaufruhr von *Listen To The Lion* und *Almost Independence Day.*

Mit *Hard Nose The Highway* (1973) und dem vorzüglichen Live-Dokument *Too Late To Stop Now* (1974), eingespielt vom grandiosen Caledonia Soul Orchestra, endet Morrisons amerikanische Periode. Auch aus privaten Gründen: Die Ehe mit Janet zerbricht, und Van kehrt für einige Monate zurück in seine irische Heimat. Dort leckt er zunächst mal seine Wunden – und er findet die Inspiration, um *Veedon Fleece* (1974) sozusagen mit dem musikalischen Mutterboden des heimischen Folk zu unterfüttern. Nach acht Jahren Exil in den Staaten ist Morrison nun wieder daheim. Jede Menge ist passiert, seitdem er einst Bert Berns Ruf nach New York folgte. Inzwischen ist Van fast dreißig, Zeit also, die Dinge in Ruhe zu überdenken.

.....................................

Bis 1977 lässt Van nichts von sich hören und experimentiert mit verschiedensten Projekten. Erst die Arbeit mit Dr. John führt wieder zu einem Album, *A Period Of Transition* fällt allerdings enttäuschend aus, »gelangweilt-langweilig«, wie der *Musikexpress* urteilt. Spannender ist da schon *Wavelength* (1978), das erstaunlich beschwingt und entspannt daherkommt, modern produziert ist und sogar mit dem Reggae flirtet. Mehr noch aber findet Morrison auf *Into The Music* (1979) den Weg in die mittlere Phase seines Musikerlebens. Schlüssig und überzeugend wie auf kaum einem anderen Album dieser Jahre kombiniert er hier seine R'n'B-, Soul, Folk- und Jazzroots mit zeitgemäßem Klanggewand und solider Rock-Grundierung. All das übrigens präsentiert mit der überraschend bereitwilligen Attitüde des souveränen Rock-Entertainers.

In Songs wie dem epischen *And The Healing Has Begun*, *Full Force Gale* oder *Bright Side Of The Road* sinniert er über Philosophisches wie Religion, Erlösung und Vergänglichkeit. Ein musikalischer und thematischer Kanon, den er, mit verschiedenen Gewichtungen, im Grunde bis in die Neunzigerjahre hinein beibehält.

Eher spirituell gefärbt sind Alben wie das nahe am Kitsch balancierende *Inarticulate Speech Of The Heart* (1983), *A Sense Of Wonder* (1985) und *No Guru, No Method, No Teacher* (1986). *Common One* (1980) hingegen zitiert mit dem 25-Minuten-Epos *Haunts Of Ancient Peace*, das herkömmliche Songstrukturen aufzulösen scheint, die Glanztat *Madame George*.

Betrachtet man Morrisons Alben ab etwa *Wavelength*, ist, so scheint es, aus dem einst zornigen jungen Bilderstürmer inzwischen tatsächlich eine verlässliche und berechenbare Größe des Unterhaltungsgeschäfts geworden. Nicht aber im wirklichen Leben. Auch als gereifter Mittdreißiger hat Van nach wie vor seine Aussetzer, bricht Konzerte mitten im Set ab, lässt ahnungslose Journalisten brüsk auflaufen, verprellt ihm gewogene Musiker und Manager und scheint sich so immer wieder selbst das Leben schwer zu machen. Zwischen dem irischen Dickschädel und der hochsensiblen Künstlerseele, beides ist Morrison zu gleichen Teilen, scheint ewige Spannung zu herrschen, die sich immer wieder ihre Ventile sucht. Für den Künstler Morrison mag das von Vorteil sein, für den Menschen – und vor allem dessen Umfeld – ist es verheerend. Im Laufe seiner langen Karriere haben Morrison jede Menge Freunde und Mitstreiter verlassen, weil das störrische Genie den Bogen wieder einmal, und dieses eine Mal zu oft, überspannt hatte.

Ihn selbst scheint das nicht zu stören, oder zumindest zeigt er es nicht. Unbeirrt und im Wortsinn ohne Rücksicht auf Verluste sucht er seinen Weg. Verbunden ist diese Suche nicht nur musikalisch mit einer bemerkenswerten Offenheit. So beschäftigt er sich in den Achtzigerjahren durchaus nicht nur theoretisch mit der umstrittenen Scientology-Sekte, deren Gründer L. Ron Hubbard er in den Credits seines 1983er-Albums *Inarticulate Speech Of The Heart* dankt. Genauso überraschend und für manchen Geschmack zweifelhaft duettiert er 1989 bei *Whenever God Shines His Light* (auf *Avalon Sunset*, 1989) mit dem ansonsten eher als Pop-Leichtgewicht sortierten Cliff Richard.

.....................................

Zu Beginn der Neunzigerjahre scheinen die wichtigen Dinge gesagt, die wichtigen Fragen beantwortet. Die Welt hat Morrison nicht nur zur Kenntnis genommen, sie hat ihn längst auch als einen der vielleicht größten Songpoeten der Rock-Ära erkannt. Morrison hat zwar lange nicht seinen Frieden gemacht mit der Industrie, deren Regeln ihm zutiefst zuwider sind, aber er hat mühsam gelernt, sich ihrer mit zusammengebissenen Zähnen und der Freiheit gelegentlicher Totalverweigerung zu bedienen. Zur lange schon grenzenlosen Bewunderung, derer er sich im Kollegenkreis erfreut, gesellen sich immer öfter Ehrungen der verschiedensten Sorten, seien es Grammies, die

Aufnahme in die Rock'n'Roll Hall Of Fame und mehr oder weniger gelungene Tribute-Alben. Dass ihm manches davon nicht geheuer ist, zeigt seine Reaktion, als die ehrenwerte Belfast Blues Appreciation Society 1993 sein Geburtshaus in der Hyndford Street mit einer Gedenktafel zieren will. Er hält das Ganze für »einen Eingriff in meine Privatsphäre« und mokiert sich über unsinnigen Personenkult. Trotzdem wird die Tafel enthüllt.

Musikalisch macht sich Morrison wie ein Maler, der seinem Werk hier und da filigrane Tupfer hinzuzufügt, um das Bild zu vervollständigen, immer häufiger daran, Kreise zu schließen und verborgenes Wurzelwerk freizulegen.

Heute, mit seinen nunmehr 65 Lenzen, könnte er also ein glücklicher Mann sein. Und doch leistet er sich nach wie vor Auftritte wie den beim eingangs erwähnten Tollwood Festival. Warum? In einem seiner wenigen Interviews ließ er das britische Magazin *Uncut* zum Thema Konzerte wissen: »Manchmal ist es einfach nur ein Job. Es gibt Abende, an denen ich einfach nicht reinfinde. Dafür kann es 1000 Gründe geben. Man kann nicht jeden Abend inspiriert sein, das ist eine einfache Tatsache.« So banal ist das Musikantenleben, auch für einen, der im herrlich beiläufigen Blues-Shuffle von *Magic Time*, einem seiner neueren Alben, singt: »Gotta fight every day to keep mediocrity at bay«. Tröstlich eigentlich.

*Empfehlenswert:*

**Astral Weeks (1968)**
Nach diesen 46 Minuten kann man als Hörer nur fassungslos nach Atem ringen und ehrfürchtig anerkennen: Ein einzigartiger Geniestreich, wie es in der gesamten Popgeschichte nur ganz wenige gegeben hat. Zwei Abende im September 1968 mit ein paar hochkarätigen Instrumentalisten aus der New Yorker Jazzszene reichten dem gerade 23-jährigen Morrison, um in diesen acht Songs alle formellen und stilistischen

Grenzen hinter sich zu lassen und sich in einen grandiosen Rausch vokaler Eruptionen hineinzusteigern, wie man ihn von einem weißen Sänger bis dahin (und auch hinterher) nicht gehört hatte. *Astral Weeks*, *Madame George*, *Cyprus Avenue*, *Ballerina* – Morrison machte danach noch jede Menge phantastische Platten, so gut wie diese aber sollte keine mehr werden.

**The Story Of Them Featuring Van Morrison (Compilation)**
1964–66: die Aufbruchjahre des jungen Van Morrison mit der personell wenig konstanten Formation Them. Auf zwei CDs gibt's hier neben der legendären *Gloria* und der erfolgreichen Dylan-Adaption *It's All Over Now Baby Blue* die ganze Bandbreite der R'n'B-Wurzeln dieses großen Sängers zu hören. 49 Stücke – vom Sechs-Minuten-Bluesrap *The Story Of Them Parts 1 & 2* über das explosive *Mystic Eyes* und das präzise *Baby, Please Don't Go* bis hin zum reinen Pop von *Here Comes The Night.*

**The Best Of Van Morrison Vol. 1 & 2 (Compilations)**
Leider steht eine die komplette Karriere von Van Morrison umfassende Retrospektive bis heute aus. Von den vielen Kompilationen unterschiedlichster Qualität lassen sich am ehesten die beiden 1990 und 1993 erschienenen Sammlungen *The Best Of … Vol. 1 & Vol. 2* empfehlen. Die zwei CDs mit insgesamt 35 Songs geben einen ordentlichen Überblick über Morrisons Schaffen, sparen aber das Material von *Astral Weeks* und natürlich die Jahre seit 1994 aus. Trotzdem: Wer einen ersten Eindruck von Morrisons wunderbare Musikwelt zwischen Jazz, Soul, Rock, Irish Folk und Rhythm'n'Blues gewinnen möchte, ist hier an der richtigen Adresse. Vom 2007 erschienenen *The Best Of … Vol. 3* ist leider abzuraten, da es sich hier um eine eher verwirrende Zusammenstellung von Alternative Takes, Kooperationen mit anderen Künstlern sowie Live-Aufnahmen handelt.

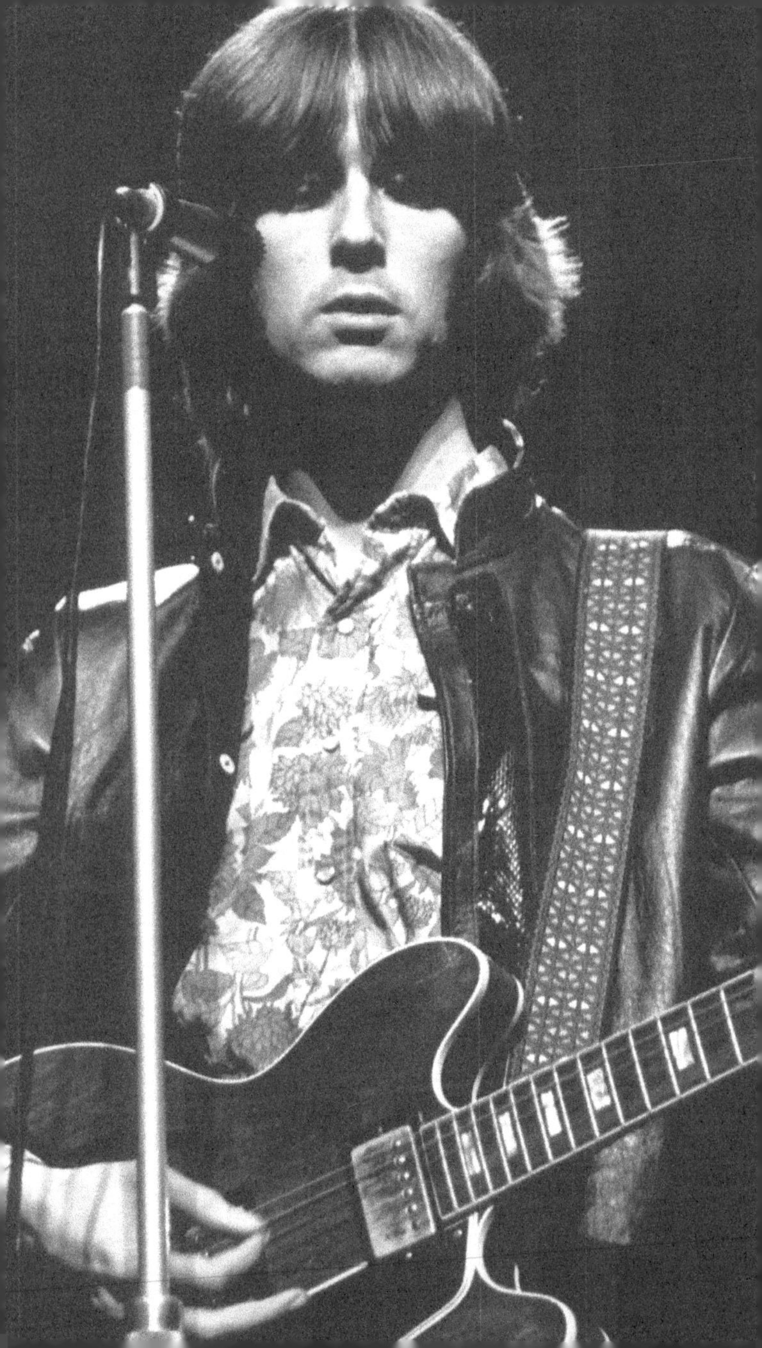

# JOURNEYMAN

*Eric Claptons lange Reise zu sich selbst*

Die Augen geschlossen, die Brauen zusammengezogen. Zwei feine Stirnfalten über der Nasenwurzel, den Kopf leicht in den Nacken gelegt und die schmalen Lippen zum Strich gepresst. Entrückt und nicht von dieser Welt. So stand Eric Clapton auf der kleinen Bühne des Crawdaddy Club im Station Hotel in Richmond, London. Damals, 1963, als er mit den Yardbirds und mit Standards wie *Good Morning Little Schoolgirl* vor ein paar Dutzend Rhythm & Blues-Fans seine ersten Schritte ins Popgeschäft unternahm. Ganz genauso wird er auch im Sommer 2010 da stehen, wenn er gemeinsam mit seinem alten Freund Steve Winwood auf einer Europatournee ein gut durchgemischtes Best-Of-Programm aus dem Schaffen dieser beiden Veteranen präsentieren wird. Heute, bald 50 Jahre nach den Anfängen im Crawdaddy, gehört er zum Hochadel des Rock. Damals wie heute gilt: Der dort steht und die Stratocaster singen lässt, ist ganz bei sich, verwachsen mit seiner Gitarre – lost in music.

Wie kein Zweiter prägte Eric Clapton das Bild des virtuosen Rockgitarristen. Seit Mitte der Sechzigerjahre steht er für den Gitarrenhelden, der einsam im Lichtkegel seine geschundene Seele offenbart. Und wie bei kaum einem anderen

Musiker der Rockgeschichte sind bei ihm ungeheures Talent, märchenhafter Erfolg und private Tragödien so eng verknüpft. Den ersten Schicksalsschlag erlebte Eric 1954.

.................................

Es ist zunächst ein ganz normaler Tag im Leben des neunjährigen Schülers Patrick Eric Clapp. In der Schule läuft es gut für ihn, besonders loben die Lehrer sein künstlerisches Talent. Der ruhige, höfliche Junge ist schmächtig, unterscheidet sich sonst aber kaum von gleichaltrigen Kameraden. In der Familie, wo sie ihn Ricky rufen, wird er von allen geliebt. Später wird er sagen: »Ich hatte eine schöne Kindheit.«

Doch die ist an jenem Tag vorbei. Denn plötzlich taucht die 25-jährige Patricia Molly Clapton auf. Sie hat bislang im Ausland gelebt, und Eric hielt sie für seine Schwester. Nun sagt man ihm, dass sie seine Mutter sei. Rose also nicht? Und Jack ist nicht der Vater? Eric erfährt, dass Rose und Jack Clapp, bei denen er lebt, nicht seine Eltern, sondern seine Großeltern sind. Und die Frau, die seine Mutter sein soll, hat ihm keinen Vater zu bieten. Der nämlich war alliierter Soldat und kehrte zurück zu seiner Familie nach Kanada – kurz bevor Eric am 30. März 1945 geboren wurde. Patricia ließ den kleinen Eric zurück in der Obhut der Großeltern und ging ihrerseits nach Deutschland, wo sie einen anderen kanadischen Besatzungssoldaten heiratete.

Eric ist also ein uneheliches Kind. Seine bislang heile Welt bricht zusammen. Obendrein zieht Patricia nun im Hause Clapp ein. Um den guten Ruf der Familie im beschaulichen Ripley, Surrey, zu schützen, sollen fortan alle weiter so tun, als sei Pat Erics Schwester. Jahrzehnte später wird er seine Reaktion auf das traumatische Erlebnis in einem Interview zusammenfassen: »Man hat mir später gesagt, dass ich von diesem Augenblick an trübsinnig und ekelhaft war.« Selbst nimmt er das gar nicht wahr, zu sehr ist der verstörte Junge damit beschäftigt, sich zurückzuziehen und Zuflucht vor einer Wirklichkeit zu suchen, die nicht länger seine ist. Er fühlt sich nun, von einem Moment auf den anderen, als Außenseiter. Nirgendwo scheint er mehr dazu zu gehören, weder in der Schule noch in der Familie. Seine Verzweiflung und tief sitzende Verunsicherung werden ihn in den nächsten Jahrzehnten immer wieder einholen.

Neue Freunde sucht er nun in einer Clique von »Freaks«, Jungs, um die brave Bürgerskinder in Ripley einen Bogen schlagen. Und er entdeckt die Musik. Buddy Holly, Chuck Berry, Elvis, all die Stars der Stunde. Besonders ein TV-Auftritt des jungen Jerry Lee Lewis elektrisiert ihn. Eric fahndet nach den Wurzeln, will wissen, woher diese aufwühlende Musik kommt. Dabei findet er Namen wie die von Big Bill Broonzy und Muddy Waters – und den Blues, der zur lebenslangen Liebe wird. Mit 13 schenkt ihm die Großmutter, selbst eine passable Pianistin, eine spanische Gitarre der Marke Hoya. Doch zunächst kommt der Junge mit dem Ding nicht klar, legt es in die Ecke und wird es erst zwei Jahre später wieder entdecken. Inzwischen ist Eric in der Pubertät. Er muckt auf. Immer öfter kommt es zu lautstarken Auseinandersetzungen mit der Autorität. Der einst gute Schüler fällt ab, schafft nur mit Mühe den Abschluss und wechselt mit 16 auf eine Kunstschule. Angeblich will er Glasmalerei studieren. Allerdings bringt er kaum Vorzeigbares zustande, betrinkt sich stattdessen oft schon mittags, nervt alle und jeden, besonders die Lehrer, und schafft es tatsächlich, nach nur einem Jahr von der Kingston Art School verwiesen zu werden. Grund: Gitarrespielen während des Unterrichts.

Der Blues und seine Gitarre. Das ist es, was den jungen Clapton umtreibt, nichts sonst. 1962 bittet er die Großeltern, ihm bei der Anschaffung einer neuen Gitarre zu helfen. Es ist eine Kay, eine halbakustische Elektrogitarre, und sie kostet stolze 100 Pfund. Oma und Opa helfen. Eric, der gerade Freddie King, B. B. King und Buddy Guy entdeckt, ist nun gerüstet für seinen Weg.

..................................

Der führt ihn zunächst auf die Straßen von Kingston und Richmond, wo er mit der Gitarre ein paar Pence verdient. Auch nach London fährt er nun häufiger. Dort bildet sich in kleinen Lokalen wie dem Ealing Jazz Club eine fanatische, noch ziemlich überschaubare R'n'B-Szene, in die Eric voller Enthusiasmus eintaucht. Er lernt Gleichgesinnte kennen, darunter spätere Stars wie Paul Jones, Brian Jones und Tom McGuinness. Mit Tom gründet Eric im Januar 1963 seine erste Band, die Roosters. Über Wasser hält er sich, indem er tagsüber Fußböden verlegt. Ansonsten übt er wie besessen, vor allem seit er auf die Freddie-King-Platte »Hideaway« gestoßen ist. Zum ersten Mal hat Eric hier verzerrte Gitarrentöne und den Effekt des Saitenziehens gehört – zwei Eigenheiten, die er zur Grundlage seines persönlichen Stils macht.

Die Roosters scheitern nach wenigen Monaten, weil es ihnen nicht gelingt, einen brauchbaren Bassisten zu finden. Diese Herrschaften sind Mangelware in jenen Kindertagen des Britrock. Frustriert verdingen sich McGuinness und Clapton für kurze Zeit bei Casey Jones' Begleittruppe, bevor Eric in einem Jazzclub in Kingston auf Paul Samwell-Smith trifft. Das kurze Gespräch der beiden ist überliefert: Clapton, noch alles andere als eine große Nummer, spricht Samwell-Smith an, der gerade von der Bühne kommt, wo er mit seinem Metropolis Blues Quartet gespielt hat: »Würdest du mir einen Gefallen tun und aufhören, Leadgitarre zu spielen?«

Samwell-Smith sattelt um auf den Bass, der 18-jährige Clapton übernimmt im Oktober 1963 die Leadgitarre, und die Band startet unter dem neuen Namen The Yardbirds durch. Von den gerade berühmt gewordenen Rolling Stones erben die Yardbirds den Job als Hausband des Crawdaddy Club, schaffen sich dort ein treue Fangemeinde. Sie begleiten den legendären Chicago-Bluesmann Sonny Boy Williamson, was auf einer faszinierenden Liveplatte festgehalten wird, und sie etablieren sich unter den Fittichen von Manager

Giorgio Gomelsky innerhalb weniger Monate als führende britische Rhythm & Blues-Band. Nebenbei sammelt Eric ersten Ruhm als Gitarrenheld. »Slowhand« nennen sie ihn ehrfürchtig, weil Band und Publikum den Gitarristen jedes Mal mit verhaltenem Applaus (engl.: slowhand clap) begleiten, wenn er mal wieder mitten im Konzert eine gerissene Saite ersetzen muss.

Den Yardbirds fehlt nur noch ein Hit. Und der kommt im Frühjahr 1965: *For Your Love* aus der Feder von Graham Gouldman (später 10CC) beschert der Gruppe Platz 2 in den Single-Charts. Da aber haben sich die Wege des bluesvernarrten Gitarristen und seiner popbegeisterten Mitstreiter schon getrennt – zwei Wochen vor seinem 20. Geburtstag verlässt Clapton die Yardbirds. Die Musik, die er machen will, hat nichts zu tun mit kurzlebigen Pop-Moden. Wenn es überhaupt eine Band im Königreich gibt, die diese Musik macht, dann ist es die von John Mayall. Und der nimmt »Slowhand« im April 1965 mit Kusshand – kein Gitarrist genießt eine derart hohe Reputation wie der junge Mann aus Surrey.

Eric ist im Paradies. Endlich kann er ohne Rücksicht auf kommerzielle Interessen seine musikalischen Vorliebe ausleben. Schon die ersten Auftritte mit Mayall lassen aufhorchen. In Fankreisen wird heftig spekuliert, was diese Band erst im Studio anstellen wird. *Blues Breakers John Mayall With Eric Clapton* oder auch das »Beano-Album«, wie es die Fans wegen des Coverfotos nennen, wird zur Offenbarung. Vor allem durch Eric. Nicht nur, dass er Mayalls Band mit seiner atemberaubenden Soloarbeit auf ungeahntes Niveau hievt, Clapton hat auch einen Sound entwickelt, der Tausende von jungen Gitarristen in aller Welt nachhaltig beeinflussen wird. Das dünne »Pling« der Kollegen, die mit einspuligen Tonabnehmern an ihren Gitarren und unzureichenden Verstärkern auskommen müssen, hat er ersetzt durch einen vollen, süffigen Ton. Clapton erreicht das mit dem damals unpopulären Les-Paul-Modell von Gibson und einem der neu entwickelten Marshall-Verstärker. Besonders schön zu hören auf *All Your Love* und *Hideaway*. Bei *Ramblin On My Mind*, einem Robert-Johnson-Song, versucht sich Eric erstmals als Leadsänger. Als das Album im Frühjahr 1966 erscheint, wird es zum Startschuss für das britische Bluesrevival, das Bands wie Fleetwood Mac, Chicken Shack, Ten Years After und Savoy Brown hervorbringt.

Mayall kann sich zur Verpflichtung seines Stargitarristen nur beglückwünschen. Der jedoch sucht schon im Frühsommer 1966 nach neuen Abenteuern. Zu eng scheint ihm das musikalische Korsett der Bluesbreakers, zu dominant die Rolle des allenfalls durchschnittlich begabten Bandleaders. Schon in den Monaten zuvor hat er beim sagenhaften Powerhouse-Studioprojekt mit Cracks wie Stevie Winwood, Jack Bruce, Pete York und Paul Jones gespielt und zwischenzeitlich mit ein paar Kumpels gar eine dubiose Weltreise angetreten, die jedoch schon in Griechenland endet.

Als die Bluesbreakers im Mai in Oxford spielen, fragt ein baumlanger Rothaariger freundlich an, ob er ein paar Nummern am Schlagzeug mitspielen darf. Sein Name: Ginger Baker.

.................................

Baker spielt ein paar Songs – und Clapton ist begeistert. Noch am selben Abend, auf der Rückfahrt nach London in Gingers nagelneuem Rover, beratschlagt man über eine gemeinsame Zukunft. Und Clapton gibt Baker den folgenschweren Satz mit auf den Weg: »Wenn du Jack (Bruce) überzeugst, bin ich dabei!« Baker überzeugt den Bassisten. Allerdings liegt im schwierigen Verhältnis zwischen den beiden, die sich schon in der angesehenen Graham Bond Organisation heftig gestritten hatten, der Keim für eine Hypothek, die dieser ersten Supergroup des Rock noch Probleme bereiten sollte.

Bald sickert die Nachricht von der sensationellen Bandgründung durch. Am 11. Juni 1966 meldet der *Melody Maker* die Neuigkeit. Kaum gegründet, sieht sich die Gruppe, die noch keine Ahnung hat, was sie überhaupt spielen soll, unter Erfolgszwang. Robert Stigwood nimmt Cream, wie die Band nun heißt, unter seine Fittiche und arbeitet einen straffen Schlachtplan aus: erstes Konzert am 3. Juli beim National Jazz & Blues Festival in Windsor, dann ab ins Studio, um die erste Single aufzunehmen. Die Sache in Windsor klappt vorzüglich, das Repertoire besteht aus Standards wie Willie Dixons *Spoonful* und Gingers Solo *Toad*. Das Publikum tobt, und alle freuen sich – nur Eric nicht. Wieder mal zweifelt er, ob der eingeschlagene Weg richtig ist.

Im Herbst ist es der gerade aus New York gekommene, noch völlig unbekannte Jimi Hendrix, der Eric durch seine Arbeit mit der Experience zeigt, welch ungeheure Möglichkeiten ein Trio bietet. Durch seinen Einfluss geht Eric nun auch das Gitarrenspiel experimentierfreudiger an. Cream kommt diese Haltung zugute. Schon nach kurzer Zeit haben sich Baker, Bruce und Clapton zusammengerauft. Mit dem Debütalbum *Fresh Cream* stecken sie das Territorium ab, das sie beackern wollen: stilistisch offener, albumorientierter Rock mit starkem Blueseinfluss. Schlüsselsong des Albums wird *I Feel Free*, mit dem die Band nach der enttäuschenden ersten Single *Wrapping Paper* ihren Einstandshit schafft. Nicht weniger wegweisend sind die eigenwilligen Arrangements von Muddy Waters' *Rollin' And Tumblin'* und Willie Dixons *Spoonful*, mit denen Cream demonstrieren, wie man aus Bluesvorlagen mehr macht als eine 1:1-Kopie des originalen Chicago-Stils.

Zum Meilenstein und musikalischen Schaulaufen par excellence wird jedoch *Disraeli Gears*, das zweite Album, das Cream in nur wenigen Tagen im Mai 1967 in den New Yorker Atlantic Studios unter Aufsicht von Felix Pappalardi und Tom Dowd (der in Claptons Karriere noch eine wichtige Rolle spielen sollte) aufnehmen. Hier passt alles perfekt: Clapton taucht seine bluesschweren Licks in tausend psychedelische Farben, Bruce konterkariert Eric mit einem virtuosen Spielverständnis, das weit über das bislang Gehörte in Sachen Bass hinausreicht, und Baker veranstaltet dazu auf seinem mit zwei Bassdrums ausgerüsteten Set einen hochenergetischen, komplexen Budenzauber, der seine zwei Mitstreiter unerbittlich vorantreibt. Dazu kommen Songs wie *Sunshine Of Your Love*, *Strange Brew*, *Tales Of Brave Ulysses* und *Swlabr*, die prompt im großen Buch der Rockklassiker landen. Und: Mit *Disraeli Gears* befreien Cream den Rock endgültig vom Diktat des Singleformats. Obwohl kein Song als Single konzipiert wurde, chartet das Album beiderseits des Atlantiks in Top-Positionen.

Cream sind jetzt, ganz ohne musikalische Kompromisse, echte Popstars – auf Augenhöhe mit Beatles, Stones, Dylan und Hendrix. Dabei geben ihre Alben das einzigartige Können der drei Musiker nur im Ansatz wieder. Ihre wirkliche Stärke ist die Bühne, wo sie die Songs als Ausgangsbasis für atemberaubende Improvisationen nutzen. In jenen Tagen gibt es live kaum Besseres zu hören. Nicht umsonst haben fanatische Fans Londoner Hauswände mit dem berühmten »Clapton is god«-Graffiti verziert.

Fast ununterbrochen touren Cream. Mit fatalen Folgen: Als sie im Frühling 1968 auf die längste US-Tour gehen, die eine englische Band bis dahin unternommen hat, werden die Streitigkeiten unter den sensiblen Musikern giftiger. Die Musik selbst gerät dabei mehr und mehr in den Hintergrund, oft erstarren die Bühnenimprovisationen zum Klischee. Obendrein werden Bruce und Clapton auf der Bühne immer lauter. Aufschlussreich ist eine Anekdote, die Ginger Baker erzählt: »Die unglaubliche Lautstärke war eines der Dinge, die Cream zerstörten. Das hatte mit Musik nichts mehr zu tun. Tatsächlich hörten Eric und ich während eines Stückes mal für zwei Chorusse auf zu spielen. Jack stand vor seinen drei Marshall-Türmen und bekam nicht mit, ob wir spielten oder nicht.«

Mit *Wheels Of Fire* und Songs wie *White Room* und *Politician* überzeugen Cream 1968 noch einmal und fügen ihrem Katalog ein Kronjuwel hinzu. Dann aber ist der Zauber verflogen. Nach einem Konzert in Texas kommen die drei im Oktober überein, die Gruppe zu beerdigen. Ein letztes Album erscheint, *Goodbye Cream*, und am 26. November 1968 gibt die Band in der Londoner Royal Albert Hall ein Farewell-Konzert für die treuen englischen Fans.

Eric hat sein musikalisches Ziel erreicht. Seine Band ist berühmt, besteht aus den Besten ihres Fachs und wird von den Fans einzig und allein für ihre Musik geliebt. Aber der Preis für diesen Triumph ist hoch: Zwei Jahre lang hat der so begabte wie schüchterne Stargitarrist ununterbrochen im verhassten Fokus der Öffentlichkeit gestanden. Überdies musste er während dieser Zeit den Schiedsrichter und Blitzableiter zwischen den Dauerkampfhähnen Baker und Bruce geben. Nun sehnt er sich nach Ruhe und Anonymität.

.................................

Schon 1965 hatte sich Eric mit Bob Dylan angefreundet. So entgeht ihm nicht, dass sich der Szeneguru verstärkt der Countrymusik zuwendet. Längst hat sich Dylan, genervt vom lästigen Popkult, nach Woodstock aufs Land zurückgezogen. Dort hat er mit The Band die *Basement Tapes* aufgenommen, jetzt singt er Duette mit Johnny Cash. Das unprätentiöse und kompakte Songwriting von Alben wie The Bands *Music From Big Pink* reizt Eric immer mehr, Virtuosentum à la Cream hingegen langweilt ihn. Und auch er verspürt das Bedürfnis nach Rückzug. Zuvor allerdings schliddert er noch in ein aberwitziges Abenteuer, das ironischerweise unter dem Namen »Blindes Vertrauen« in die Rockgeschichte eingehen wird.

Januar 1969: Cream sind tot. Und auch Steve Winwood, ein gerade 20 Jahre junger Pionier des Britrock, hat seine Band Traffic aufgelöst. Eric und Stevie kennen und bewundern sich schon lange. Zeitweise stand sogar zur Debatte, Winwood als viertes Mitglied bei Cream aufzunehmen. Dass die beiden Musiker nun zusammen etwas aushecken würden, überrascht niemanden. Fraglich scheint nur, wen sie in ihre Band holen werden. Gesetzt ist Ginger Baker, der Clapton nach dem Cream-Split das Versprechen abgenommen hatte, ihn bei neuen Projekten zu berücksichtigen. Schon im April arbeitet das Trio mit Traffic-Producer Jimmy Miller in den Londoner Olympic Studios. Am 7. Juni geben Blind Faith ihr Livedebüt als Headliner eines Free Festivals im Hyde Park. Eine anschließende US- und Europatour ist bereits gebucht. Den Bass hat zwischenzeitlich Family-Mann Ric Grech übernommen. Allerdings: Die überschwenglich als neue Supergroup begrüßte Band hat noch kaum geprobt und nur eine schmales Repertoire.

In der Musikindustrie herrscht pure Goldgräberstimmung, als klar wird, dass Clapton und Baker mit Winwood etwas Neues auf die Beine stellen. Alle hoffen auf eine Geldmaschine im Cream-Format und bieten den Musikern Vorschüsse, die kein vernünftiger Mensch ablehnen kann. Die Geschäftemacher haben ihren Profit längst ausgerechnet, und das Publikum steht schon Kopf, bevor die Band auch nur einen Ton öffentlich gespielt hat. Blind Faith haben zu keinem Zeitpunkt die Chance, als Band zusammenzuwachsen.

Obwohl das Quartett auf seinem Debütalbum mit *Sea Of Joy* und Claptons *Presence Of The Lord* zwei echte Klassiker liefert und so seine musikalische Potenz unter Beweis stellt, wird die US-Tour zum Debakel. Im New Yorker Madison Square Garden rasten am 12. Juli 22.000 Fans aus, als sie merken, dass es sich hier keinesfalls um eine Fortsetzung von Cream handelt. Stattdessen sehen sie eine neue Gruppe, die nur eine knappe Stunde Programm zu bieten hat, das zudem kaum geprobt wurde. Außerdem bleibt Superstar Clapton konsequent im Hintergrund und überlässt die Rolle des Frontmanns dem in den USA vergleichsweise unbekannten Winwood. Nach der Show wird die Bühne gestürmt. Es kommt zu Schlägereien mit der Polizei, Equipment geht zu Bruch, und Ginger Baker wird im Handgemenge von einem Polizisten verletzt. So oder ähnlich geht es sieben Wochen lang weiter – bis zum Tourabschluss auf Hawaii.

Eric verbringt diese Zeit statt mit seiner eigenen Band lieber mit der Vorgruppe Delaney & Bonnie. Deren relaxter Southern Soul gefällt ihm. Bandleader Delaney Bramlett wird zum engen Freund, der dem mal wieder an sich selbst zweifelnden Clapton jede Menge Selbstvertrauen einimpft. Unter anderem überzeugt Delaney den zaghaften Eric von dessen Talent als Sänger. Bald nach der Blind-Faith-Tour – die Band hat längst entschieden, sich aufzulösen – tritt Eric gelegentlich mit Delaney & Bonnie auf, genießt es, dort in zweiter Reihe zu stehen, und lädt die Gruppe sogar zu einer Europatournee ein. Zuvor spielt er mit Delaney und Leon Russell in Los Angeles sein erstes Soloalbum ein, eine aus Sicht der Fans wenig aufregende Platte, die jedoch mit J. J. Cales *After Midnight*, dem leidenschaftlichen *Let It Rain* und dem lebhaften *Blues Power* drei Songs abwirft, die bis heute zu Claptons beliebtesten Bühnennummern gehören. Trotzdem scheint sich Eric auf dem Album hinter der Band zu verstecken.

Spätestens Ende 1969 hat er die Nase gestrichen voll vom ewigen Zirkus um Supergroups und gottgleiche Gitarrenhelden. Musikalisch will er sich neu orientieren und dort anknüpfen, wo Delaney & Bonnie, The Band und Bob Dylan ihre Kraft schöpfen: beim entspannten Groove der amerikanischen Südstaaten. In Bramletts abtrünnigen Begleitmusikern Bobby Whitlock, Jim Gordon und Carl Radle findet er ideale Partner für eine neue Band. Im Winter 1970 beginnt das Quartett in Erics englischem Anwesen Hurtwood Edge mit den Proben. Der Bandname macht unmissverständlich klar, dass es sich hier um eine Gruppe von gleichberechtigten Musikern handelt: Derek & The Dominos.

Plattenaufnahmen sind für den Spätsommer 1970 geplant. Bei ersten Dominos-Konzerten in England wirkt Eric locker und entspannt wie seit Jahren nicht mehr. Hinter der Fassade aber braut sich Unheil zusammen: Seit dem Frühling 1970 und den Sessions zu George Harrisons *All Things Must Pass* leidet Eric, dessen Beziehungen zu Frauen bislang sprunghaft und kurzlebig waren, wie ein Hund unter seiner aussichtslosen Liebe zu Pattie Boyd Harrison, der Frau seines besten Freundes. Außerdem gerät der labile Clapton bei der Arbeit mit den Dominos immer tiefer in den Strudel von Drogen und Alkohol. Die Swinging Sixties sind vorbei – die Sucking Seventies dämmern herauf …

.....................................

Als Derek & The Dominos nach Aufwärmkonzerten in England Ende August zu Plattenaufnahmen nach Miami, Florida, reisen, hat Clapton kaum neue Songs im Gepäck. Lediglich auf einige Bluesstandards wie Big Bill Broonzys *Key To The Highway* hat er sich mit der Band verständigt. Der Rest soll sich vor Ort ergeben.

Als sich die Truppe in den Criteria Studios einrichtet, klingelt dort eines Nachmittags das Telefon. Tom Dowd nimmt ab, am anderen Ende ist der 24-jährige Duane Allman, Gitarrist der Allman Brothers Band. Er spielt wenige Tage später mit seiner Band in Miami und möchte die Dominos im Studio besuchen. Als Eric erfährt, dass Duane auf Wilson Picketts Version von *Hey Jude* gespielt hat, will er unbedingt zum Konzert. Dort begegnen sich die zwei Gitarristen erstmals. Eric erscheinen die Allmans mit ihren langen Mähnen und Bärten zunächst wie ein Horde Wikinger. Schon am nächsten Tag hocken alle zusammen im Studio, Eric und Duane tauschen Licks und stürzen sich in erste Sessions. Klar, dass Duane auf dem Album mitspielen wird – die zwei Gitarristen ergänzen sich perfekt, wie besessen treiben sie sich in immer neue Dimensionen.

Höhepunkt neben Geniestreichen wie *I Looked Away*, *Anyday* und Hendrix' *Little Wing* ist zweifellos *Layla* – eine atemberaubende Tour de Force, in der Duanes Slide-Gitarre und Erics Stratocaster einen gewaltigen Gefühlssturm entfachen. Der Song basiert auf einem fanfarenartigen Riff und ist inspiriert durch eine Liebesgeschichte des persischen Dichters Ganjavi Nizami, *The Story Of Layla And Majnun*. Aber nicht nur die Gitarren sind es, die für Gänsehaut im Sekundentakt sorgen. Es ist auch die rückhaltlose, geradezu manische Emotionalität, mit der Eric seine Songs herausschreit. *Layla And Other Assorted Love Songs* erscheint im November 1970 – und bleibt weitgehend unbeachtet. Erst zwei Jahre später wird der epische Titeltrack in einer gekürzten Version zum Hit.

Zu diesem Zeitpunkt allerdings ist Eric längst abgetaucht, versunken in drei Jahre währende Agonie. Die Dominos hatten nach *Layla* noch eine Liveplatte herausgebracht und an einem neuen Album gearbeitet, waren jedoch auf halber Strecke auseinandergebrochen. Erics Liebe zu Pattie blieb, so schien es, unerwidert. »She didn't give a damn«, so kommentierte er später lakonisch Patties Reaktion auf *Layla*. Zudem musste er mit herben Schicksalsschlägen fertig werden. Im September 1970 war sein enger Freund Jimi Hendrix gestorben, kurz darauf sein Großvater, den er wie einen Vater geliebt hatte. Und ein knappes Jahr später starb Erics »Waffenbruder« Duane Allman bei einem Motorradunfall.

Clapton zieht sich völlig zurück, rutscht immer tiefer in die Heroinabhängigkeit und scheint jedes Interesse an seiner Karriere verloren zu haben. Einzig für George Harrisons *Concert For Bangla Desh* am 1. August 1971 lässt sich der Gitarrist aus seiner Höhle locken. Dort, in Hurtwood Edge, verbringt er ansonsten seine Zeit mit Alice Ormsby-Gore, Tochter eines Lords, noch keine zwanzig und wie Eric dauerstoned.

Fans und Freunde jedoch haben Clapton nicht vergessen. Einer handelt. Pete Townshend holt seinen alten Kumpel zurück ins wirkliche Leben. Er trommelt eine Allstar-Gang zusammen, und am 13. Januar 1973 steht Eric neben Townshend, Ron Wood, Steve Winwood und Jim Capaldi auf der Bühne des Londoner Rainbow Theaters. Sein erster Auftritt in England seit dem Sommer 1970 ist musikalisch nicht unbedingt eine Offenbarung, immerhin aber ein Lebenszeichen.

Bis zum echten Comeback ist es noch weit. Eric vergräbt sich wieder daheim in Surrey. Monate später erst, durch seinen Drogenkonsum ist er inzwischen in finanziellen Schwierigkeiten, versucht er mit Hilfe einer neuen Elektro-Akupunktur-Therapie, der » Black Box«, von der Sucht loszukommen. Die Behandlung ist erfolgreich.

Im April 1974 kann Eric wieder an Arbeit denken. Er nimmt Kontakt zu seinen alten Freunden Robert Stigwood und Tom Dowd auf und lässt Studiozeit buchen – auf Empfehlung von Maurice Gibb, der mit den BeeGees dort wenige Monate zuvor deren Comeback *Main Course* aufgenommen hat, in den Criteria Studios in Miami.

.....................................

*461 Ocean Boulevard*, benannt nach der Adresse des Hauses, in dem die Band während der Aufnahmen wohnte und veröffentlicht im Juli 1974, markiert Erics Rückkehr und den eigentlichen Beginn seiner Solokarriere. Musikalisch ist die Platte gar nicht so weit entfernt von dem, was er schon 1970 mit Delaney Bramlett und Leon Russell gemacht hatte. Die stilistischen Koordinaten sind auch jetzt countryfizierte Southern Grooves (*Get Ready*), klassischer Bluesrock (*Steady Rollin' Man*) und Soulelemente (*Motherless Children*). Dazu hat Clapton den Song *I Shot The Sheriff* der noch kaum bekannten Wailers entdeckt. Seine entspannte Version wird prompt zum Überraschungshit der Saison und öffnet dem Leadsänger der Wailers, Bob Marley, und seinem Roots Reggae die Pforten zum Rockpublikum.

Der Eric Clapton des Jahres 1974 unterscheidet sich von dem der Post-Cream-Phase jedoch in wesentlichen Punkten. Als Singer/Songwriter hat er jede Menge dazugelernt, er ist spürbar selbstbewusster geworden, nachzuhören auf den

Balladen *Give Me Strength* und dem betörenden *Let It Grow*. Und er hat einen Weg gefunden, Blues-Originale wie Robert Johnsons *Steady Rollin' Man*, Johnnie Otis' *Willie And The Hand Jive* und Elmore James' *I Can't Hold Out* in ein elegantes Poprockgewand zu kleiden, ohne dabei ihre Substanz zu verwässern. Wie geschaffen sind seine Interpretationen für ein erwachsen gewordenes Publikum, das es nicht mehr ganz so wüst wie in den Sechzigern mag und stattdessen Blues und Rock lieber auf der teuren HiFi-Anlage daheim genießt.

Großen Anteil an Claptons neuem Sound hat Tom Dowd. Aber auch die Band mit Bassist Carl Radle, der aus alten Dominos-Tagen dabei ist, Drummer Jamie Oldaker, Sängerin Yvonne Elliman sowie dem Co-Gitarristen George Terry spielt dabei eine große Rolle. Auf *461 Ocean Boulevard* stimmt so ziemlich alles. Album und Single knacken weltweit die Charts und verkaufen sich millionenfach.

Zudem hat der Gitarrist nun eine künstlerische Formel für seine Zukunft als Solokünstler gefunden. Während Bands wie Led Zeppelin den guten alten Bluesrock auf geradezu monströses Format aufblasen, weniger begabte Kollegen daraus grobschlächtigen Hardrock zimmern und noch dazu die polternde Punkrevolution heraufdämmert, setzt Clapton konsequent auf die Kraft starker Songs und leiser Töne. Vielleicht ist seine Musik nicht mehr ganz so aufregend wie zu Cream-Zeiten – aber sie hat Kraft und entspricht den ästhetischen Vorstellungen eines erwachsenen Rockpublikums.

1977 veröffentlicht Clapton sein Meisterwerk *Slowhand* mit J.J. Cales *Cocaine* und den eigenen Songs *Wonderful Tonight* sowie *Lay Down Sally*. Er präsentiert sich im Studio – im Gegensatz zur Bühne, wo er nach wie vor lustvoll sein Virtuosentum auslebt – nun nicht mehr zuerst als begnadeter Gitarrist, sondern als Songwriter und Interpret von ganz eigenem Profil. Bandleader ist er jetzt, nicht Leadgitarrist. Bis 1979 erscheinen neben einem Livealbum, *E.C. Was Here*, weitere drei Studioplatten. Nicht alle halten das hohe Niveau von

*461 Ocean Boulevard* und *Slowhand*, aber sie etablieren ihren Schöpfer als einen der Sixties-Giganten, die überlebt und noch immer etwas zu sagen haben.

Die Romanze mit Pattie Boyd-Harrison findet im Sommer 1974 ein Happy End. Zuvor war die Ehe der Harrisons zerbrochen und Pattie nach Los Angeles zu ihrer Schwester Jenny, damals mit Mick Fleetwood verheiratet, gezogen. Eric, nun befreit vom schlechten Gewissen, trifft sie in Buffalo, wo er am 6. Juli im War Memorial Stadium auftritt. Wenig später zieht Pattie in Hurtwood Edge ein.

Das so lange herbeigesehnte Glück der beiden ist jedoch nur kurz: Beide haben sich offenbar aneinander geirrt, immer häufiger kommt es zu Streitereien, Eric ertränkt seinen Kummer zunehmend in Whiskey und Wodka. Überdies weigert er sich, »Nello«, wie er sie nennt, mit auf Tour zu nehmen. Hinzu kommen Abenteuer mit anderen Frauen, aus denen im Laufe der Jahre zwei Kinder resultieren. 1979 kommt es zur ersten Trennung, nach der Versöhnung wird am 27. März 1979 geheiratet. 1984 verlässt Pattie Eric ein zweites Mal, erneut raufen sich die beiden zusammen. Wenig später aber ist die Beziehung zerrüttet und die Trennung endgültig. 1989 wird die Ehe geschieden. Musikalische Bilanz: Neben *Layla* und *Wonderful Tonight* schrieb Eric auch *Pretty Girl*, *Man In Love* und *Shape You're In* für das Mädchen, dem George Harrison 1969 mit *Something* schon einen der schönsten Beatles-Songs gewidmet hatte.

Beruflich erweisen sich die Achtzigerjahre für Clapton als schwierige Wegstrecke. Nach *Backless* (1978) feuert er seine langjährige Band. Carl Radle ist kein Jahr später tot. Offiziell stirbt er an den Folgen seines Drogenkonsums und einer akuten Nierenentzündung. Einige aber glauben, dass der Rauswurf für sein Ende verantwortlich ist. Clapton heuert neue Leute an – ausschließlich britische Musiker: Keyboard-Veteran Chris Stainton, Bassist Dave Markee, Drummer Henri Spinetti und den ehemaligen Heads, Hands & Feet- und Emmylou-Harris-

Gitarristen Albert Lee. Mit ihnen absolviert er eine Japan-Tour, die auf dem superben *Just One Night* (1980) dokumentiert ist.

*Another Ticket* (1981), die nächste Studioarbeit, ist nicht so schlecht wie die Kritik sie macht. Danach jedoch feuert Eric ein weiteres Mal die Band, nur Albert Lee darf bleiben. In jenen Jahren ist Clapton berüchtigt für alkoholbedingte Ausraster. Im Suff soll er in einem dänischen Freudenhaus sogar auf einen Perserteppich uriniert haben. Er selbst beschreibt diese Phase später so: »Ich war isoliert, kalt, benahm mich ziemlich einschüchternd und grundsätzlich egozentrisch.« 1982 beginnt er einen Entzug und spielt anschließend *Money And Cigarettes* (1983) ein, ebenfalls besser als sein Ruf, aber allenfalls Durchschnitt – gemessen an Claptons eigenen hohen Maßstäben.

Der endlich wieder halbwegs nüchterne Eric spürt, dass er etwas ändern muss, will er nicht bald zum alten Eisen gehören. Er verpflichtet seinen Freund Phil Collins für die Produktion seines nächsten Albums und erlebt sein blaues Wunder: Erstmals in seiner Karriere lehnt eine Plattenfirma das fertige Album ab! Man besteht bei Warner darauf, dass Clapton zusätzliche Stücke des Songwriters Jerry Lynn Williams aufnimmt, darunter die späteren Singles *Forever Man* und *See What Love Can Do*. Das Ergebnis, *Behind The Sun* (1984), kann trotzdem nicht recht überzeugen. Altfans mögen ihm in die schöne neue Welt der synthetischen Achtziger-Klänge nicht folgen, Trendsetter empfinden die Collins-Produktion als anbiedernd. Kaum anders ergeht es *August* (1986), wiederum von Collins inszeniert.

1988 steht Clapton wieder einmal an den so oft besungenen *Crossroads*: Seit *Slowhand* hat er zwar nicht wirklich Murks gemacht, eine Offenbarung sind seine Alben indes auch nicht. Soll er sich weiter um den Markt des Erwachsenenrock kümmern oder wieder verstarkt seinen Blueswurzeln zuwenden? Die Antwort kommt aus unerwarteter Ecke: Mit *Crossroads* (1988) veröffentlicht Polydor eine sorgfältig kompilierte Clapton-Retrospektive, die den langen Weg des Gitarristen von frühen Yardbirds-Tagen bis zum modernen Mainstream-Rock der Achtzigerjahre einfühlsam nachzeichnet.

Das Box-Set wird zum Überraschungserfolg und revitalisiert Claptons Karriere. Der besinnt sich nun auf seine Stärken und spielt unter der Regie von Russ Titelman mit Robert Cray und Richard Tee, Jim Keltner und Nathan East *Journeyman* (1989) ein. Das Album zeigt eine deutlich ansteigende Form und punktet mit kraftvollen Covers (*Before You Accuse Me*) sowie zeitgemäßem Radiofutter (*Pretending*).

.....................................

1990: Clapton ist eine allseits geachtete Institution, seine Relevanz für die aktuelle Popszene jedoch scheint er eingebüßt zu haben. Für die Kids spielt die Musik längst in Seattle, junge Wilde wie Nirvana und Pearl Jam haben dem Rock dort eine kräftiges Feuer unter den schlaffen Hintern gelegt.

Genau jetzt, da *Smells Like Teen Spirit* und Becks *I'm A Loser* den Ton angeben und die Technowelle durch Europa rollt, wird Eric zum Auslöser eines neuen, völlig entgegengesetzten Trends. Im März 1992 hockt er sich mit Hornbrille und ernstem Blick in ein MTV-Studio und zupft die Akustikgitarre – halb gütiger Oberlehrer, halb weißer Muddy Waters. Die Sitzung erscheint unter dem Titel *Unplugged*, entwickelt sich völlig überraschend zum Smash-Hit und wird sein bislang erfolgreichstes Album. Im Frühling 1993 kassiert der 48-Jährige dafür nicht weniger als sechs Grammys!

Er profitiert davon, dass sich weite Teile des Publikums angesichts der Synthetisierung des Pop nach naturbelassenen Tönen sehnen. Allein in den USA verkauft sich *Unplugged* mit eindringlichen Neuversionen solcher Meilensteine wie *Layla* oder *Nobody Knows You When You're Down And Out*, aber auch neuem Material, über sieben Millionen Mal. Doch die Musik allein ist es nicht, die Clapton diesen ungeheuren Erfolg beschert – es ist auch das Mitleid des Publikums. 27. August 1990:

Wenige Minuten nach einem Konzert, bei dem Eric gemeinsam mit Buddy Guy, Robert Cray, Jimmie und Stevie Ray Vaughan auf der Bühne stand, besteigt Letzterer einen Helicopter, der ihn vom Auftrittsort Alpine Valley zurück nach Chicago bringen soll. Die Maschine zerschellt kurz darauf im dichten Nebel. Stevie, mit dem Eric eng befreundet ist, stirbt, und mit ihm zwei Mitglieder von Claptons Roadcrew.

Am 20. März 1991 folgt eine weitere Tragödie: Claptons vierjähriger Sohn Conor stürzt aus dem 49. Stock eines Hochhauses in Manhattan in den Tod. Ein Bediensteter hatte ein Fenster im Apartment von Conors Mutter Lori Del Santos nicht geschlossen. Clapton, der kurz zuvor mit seinem Sohn noch einen Zirkus besucht hatte, bricht zusammen und wird in die Psychiatrie eingeliefert. Er flüchtet in die Musik, versucht seinen Schmerz zu betäuben. Für den Film-Soundtrack *Rush* schreibt er das traurige *Tears In Heaven*.

.....................................

Heute muss Eric Clapton nichts mehr beweisen. Unbestritten zählt er zu den ganz Großen der populären Musik des 20. Jahrhunderts. Als Gitarrist setzte er Maßstäbe: In den Sechzigern schuf er die Grundlagen des modernen Bluesrock, in den Siebzigern fand er seine Identität als Solokünstler. In den Achtzigern entwickelte er eine radiotaugliche Formel für erwachsenen Rock, und in den Neunzigern fuhr er zweigleisig: Mit Simon Climie erforschte er unter dem Projektnamen TDM, künstlerisch durchaus umstritten, die Möglichkeiten synthetischer Instrumente und experimentierte mit Drum'n'Bass. Gleichzeitig grub er nach seinen Blueswurzeln, etwa auf dem kraftstrotzenden *From The Cradle* (1994).

Seit Beginn des neuen Jahrhunderts allerdings erregt er Aufsehen mit spektakulären Kooperationen und Reunions. Nachdem er im Jahr 2000 gemeinsam mit seinem Idol B. B. King ein energiegeladenes Bluesalbum, *Riding With The King*, vorgelegt hatte, trat er im Frühjahr 2005 überraschend mit seinen ehemaligen Partnern Jack Bruce und Ginger Baker zur frenetisch umjubelten Cream-Wiedervereinigung an. Die fünf Konzerte im Mai in der Londoner Royal Albert Hall und der Nachschlag wenig später im New Yorker Madison Square Garden waren in Rekordzeit ausverkauft.

Der nächste alte Freund, den Clapton zur Zusammenarbeit ins Studio lotste, war J. J. Cale, der eigenwillige Songwriter aus Tulsa, Oklahoma, dem Eric Karriere-Highlights wie *Cocaine* und *After Midnight* verdankt. Das Ergebnis der relaxten Sessions erscheint 2006 und heißt *The Road To Escondido*. Zuvor hatte Clapton im übrigen endlich ein Projekt realisiert, auf dass seine Fans schon lange gewartet hatten: Mit *Me And Mr. Johnson* (2005) hat er ein Album herausgebracht, das ausschließlich neu eingespielte Interpretationen von Robert-Johnson-Songs enthält.

Vorerst letztes Projekt im Rahmen von Claptons Reisen in die Vergangenheit: Die gemeinsame Konzertreihe mit Steve Winwood, deren erste im Februar 2008 wiederum im Madison Square Garden stattfand, ist mittlerweile unter dem Titel *Live From Madison Square Garden* erschienen. Selbst mit seinem alten Rivalen Jeff Beck pflegt der Gitarrist inzwischen so etwas wie Freundschaft, überraschend gaben die beiden im letzten Jahr diverse Doppelkonzerte.

Privat scheint Clapton seinen Hafen gefunden zu haben. Nach zahllosen Affären, unter anderem mit der US-Songwriterin Sheryl Crow, ist er seit 1998 mit der Halbkoreanerin Melia McEnery liiert. Wie er der Londoner *Sunday Times* verriet, »die einzige Frau, mit der ich jemals eine gleichberechtigte Partnerschaft erlebt habe«. Drei Töchter hat das Paar inzwischen. Geheiratet wurde vor acht Jahren – in derselben Kirche in Surrey, die Eric schon als Kind besuchte. Der kleine Conor ist nicht weit von dort begraben.

1998 gründete der geläuterte Clapton, der seine zeitweise lebensgefährliche Alkoholsucht überwunden zu haben scheint, zudem seine private »Crossroads«-Drogenklinik auf Barbados. Wie sehr ihm das Projekt am Herzen liegt, zeigt sich schon daran, dass er für die Finanzierung in den letzten Jahren einen Großteil seiner Gitarrensammlung versteigern ließ, darunter seine legendären Stratocasters »Blackie« und »Brownie«.

Nicht, dass er auf seine Gitarren verzichten wollte – denn nie ist Eric Clapton so bei sich selbst, wie wenn er eine Gitarre nimmt und den Blues spielt. So wie damals, als er auf der kleinen Bühne des Crawdaddy Club in Richmond seine einzigartige Karriere begann. Warum immer wieder der Blues? Er selbst antwortete darauf einmal: »Wenn du mir eine Gitarre gibst, werde ich den Blues spielen. Das ist es, was ich automatisch tue.« Gut so.

*Empfehlenswert:*

**Crossroads** (4-CD-Boxset)
So sollte ein Karriereüberblick aussehen: 73 Stücke auf vier CDs, die Claptons Stationen fein säuberlich abhandeln – von den Anfängen mit den Yardbirds über die Arbeit mit John Mayall, Cream, Blind Faith, Derek & The Dominos, das Soloschaffen und diverse Kollaborationen bis hin zu den Pop-Produktionen der Achtzigerjahre unter Phil Collins' Regie. All das gibt es hier in vorbildlicher, zum Teil durch Remastering drastisch verbesserter Tonqualität. Alles drauf, alles drin, sämtliche großen Hits, aber auch jede Menge weniger bekannte Leckerbissen wie Outtakes von den Blind-Faith-Sessions und bislang unveröffentlichtes Material vom zweiten, nie erschienenen Dominos-Album. Dazu gibt es ein 44-seitiges Booklet mit raren Fotos und einem klugen Essay von *Rolling Stone*-Autor Anthony DeCurtis.

**Slowhand** (1977)
Wohl kein Album – mit Ausnahme von *461 Ocean Boulevard* – präsentiert das musikalische Profil des Solokünstlers Clapton überzeugender. Unaufgeregt, hochkonzentriert, meisterlich und doch mit Understatement, kurz: Laid back im besten

Sinne des Wortes, jammen sich Clapton und seine Band hier durch zehn Songs, von denen es allein drei zu Klassiker-Status brachten: der gelassene Bluesrock *Cocaine*, der entspannte Countryrocker *Lay Down Sally* und das beiläufig schöne *Wonderful Tonight*. Dazu Blues vom Feinsten (*Mean Old Frisco*), Mainstream-Rock (*The Core*) und eine feine Lesung von John Martyns *May You Never*. Clapton at his best!

**Sessions For Robert J (CD & DVD)**
Viel tiefer noch als beim etwas glatt produzierten Album *Me And Mr. Johnson* lässt sich auf dem wenig später nachgereichten Digipack *Session For Robert J* (bestehend aus DVD und CD) in die Bluesseele Eric Claptons schauen. Im Rahmen des Johnson-Projektes hatte EC zum Teil auch mit anderen Musikern Sessions veranstaltet, deren Material auf dem offiziellen Album nicht zu hören ist. So spielte er einige Johnson-Songs allein und rein akustisch in Los Angeles ein, dazu gab es Sessions in diversen Proberäumen und einen ganz besonderen Ortstermin: Im Gebäude 508 Park Avenue, Dallas, Texas, setzte sich Clapton mit seinem Gitarrenpartner Doyle Bramhall II. in den selben Raum, in dem Robert Johnson seine Songs dereinst im Jahre 1937 eingespielt hatte. Zusammen gaben Clapton und Bramhall intensive Neuinterpretationen der alten Stücke, die eine Veröffentlichung allemal verdient haben und zudem um einiges spontaner ausfielen als die offiziellen Versionen. Auf der DVD gibt es dazu noch einige Interviewpassagen, in denen Clapton aufschlussreich über seine Beziehung zu Johnson und dessen Einfluss plaudert. Sehenswert!

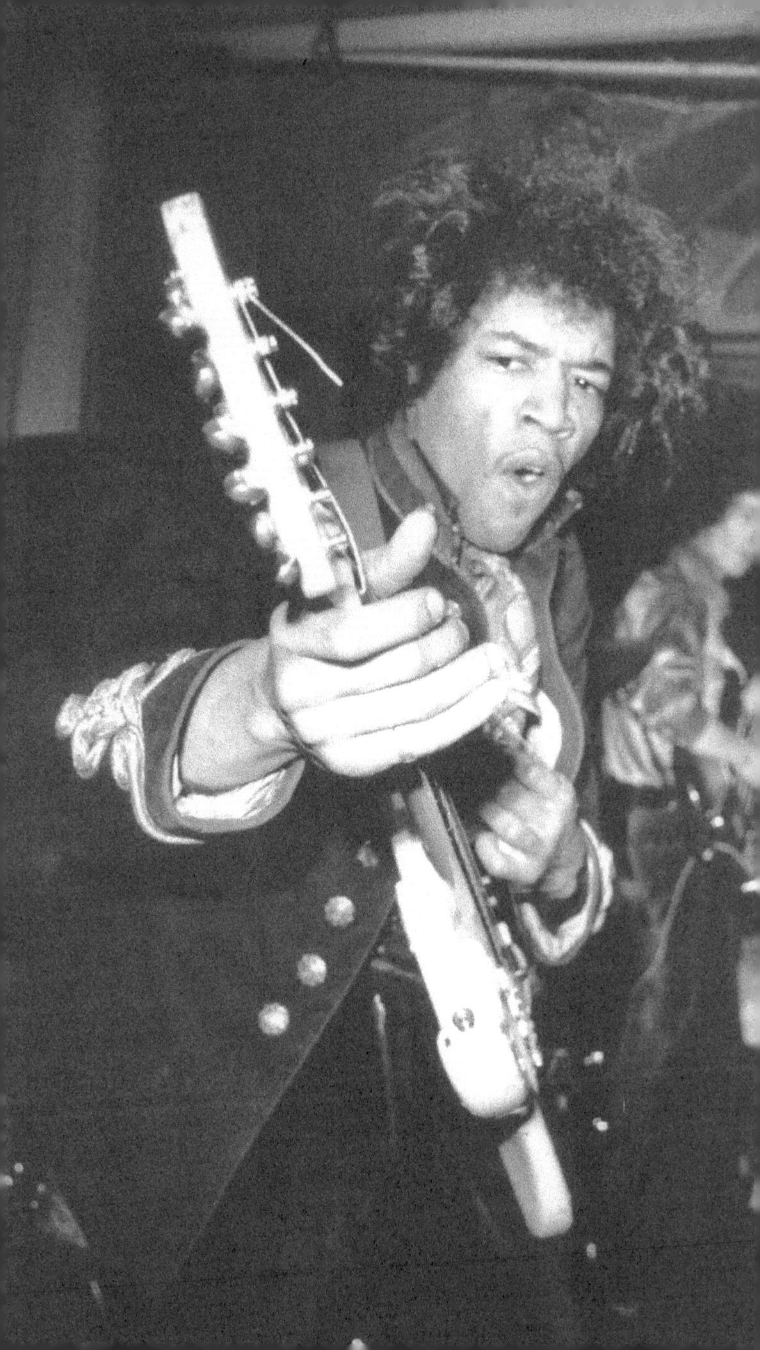

# VOODOO CHILD

*Jimi Hendrix – der Außerirdische*

Sie starren ihn an wie ein Mondkalb. Was sie sehen, ist ungeheuerlich. Es geht weit über das hinaus, was bislang Gitarristen auf der Bühne gewagt haben. Dieser Paradiesvogel, gerade erst aus New York gekommen und nun als Gast von Cream auf der Bühne des Central London Polytechnic, holt aus seiner Stratocaster Töne, die keiner vor ihnen je gehört hat. Eric Clapton ist der Erste, der das merkt – der etatmäßige Gitarrist von Cream steht am Bühnenrand und sieht zu, wie der Typ da vorn Killing Floor auseinandernimmt, wie der Leibhaftige rockt, verblüffendste Licks aus den Fingern perlen lässt und sein Instrument mit den Zähnen traktiert. Dabei sieht er auch noch unverschämt sexy aus. Er ist schwarz, er ist schön – und er weiß das. Die Mädchen wissen es auch. In ihren fiebrigen Augen kommt es unverhohlen zum Ausdruck.

An jenem 1. Oktober 1966 steht Swinging London in voller Blüte. Beatles, Stones, Dylan und Who sind die Ikonen, »Speakeasy«, »Bag O'Nails« oder »Marquee« die Tempel der Pop-Revolution. Und jetzt das: Durch diesen kraushaarigen Derwisch da oben auf der Bühne scheint die etablierte Ordnung der Szene-Aristokratie akut bedroht – tatsächlich ist sie in diesem Moment Makulatur. Denn im gerade 24-jährigen

Jimi Hendrix haben sie alle, Clapton, Townshend, Beck, Page und wie sie sonst noch heißen mögen, ihren Meister gefunden.

.....................................

Auch wenn es den Hipstern der Londoner Clubszene so scheinen mag – diese Lichtgestalt ist beileibe nicht vom Himmel gefallen. Im Gegenteil, Hendrix hat seinen Job von der Pike auf gelernt. In fünf harten Jahren als schlecht bezahlter Begleitmusiker hat er alle Spielarten des Rhythm'n'Blues und alle nur denkbaren Tricks auf seinem Instrument erforscht. Genug, um den Blues anschließend ins All zu katapultieren und seinem Instrument ein völlig neues Klanguniversum zu erschließen.

Dass er dieses Stück Holz mit seinen sechs Saiten beherrschen wollte, das hatte er bereits lange zuvor entschieden, damals, in Seattle, als sein Vater, bei dem der 1942 geborene James Marshall Hendrix aufwuchs, nachdem die Mutter die Familie verlassen hatte, dem 15-Jährigen die erste Gitarre schenkte. 1957 war das, und der schlaksige Junge mit dem schüchternen Grinsen und dem Schuss Cherokee-Blut in den Adern hatte fortan nichts anderes mehr im Sinn. Bald sah er sich die Großen jener Zeit live und aus der Nähe an, darunter Elvis und Little Richard, sog alles ein, was das Popradio jener Jahre hergab. Erst Gehversuche in Schülerbands folgten.

1961 dann ein überraschender Schritt: Der unsichere und introvertierte Jimi entschließt sich, zur Armee zu gehen. Eine, wie sich herausstellen sollte, wenig erfreuliche Periode. Zwar hatte er sich für drei Jahre verpflichtet, die 101. Luftlandedivision in Fort Campbell, Kentucky, jedoch entließ ihn nach nur 13 Monaten – Hendrix war nach einem Trainingsunfall für den Fallschirmabsprung untauglich geworden, zudem hatten Vorgesetzte immer wieder seinen fehlenden Einsatzwillen bemängelt. Er und seine Gitarre waren nun auf sich selbst gestellt. Das Entlassungsgeld von 400 Dollar, mit dem er heim ins ferne Seattle reisen wollte, hatte Jimi in einer einzigen Nacht durchgebracht.

Ab jetzt lebte Hendrix für die nächsten fünf Jahre von der Hand in den Mund, war konstant auf der Suche nach Jobs als Musiker und verdingte sich überall, wo er auf dem berüchtigten Chitlin Circuit, dem großen Club-Netz, das alle schwarzen Bands jener Tage unablässig abklapperten, mit seiner Gitarre ein paar Dollars verdienen konnte. Hier, im Süden der USA, entdeckte er eine ganz andere Musik als den Pop, den er daheim in Seattle kennengelernt hatte: Blues. Er begann, sich in die Musik von Muddy Waters, B. B. und Albert King, Bo Diddley und John Lee Hooker zu vertiefen. Ziemlich bald wurde er zu einem echten Kosmopoliten in Sachen Schwarzer Musik, den Soul von Ray Charles verinnerlichte er genauso wie die verschiedensten Stile des Blues. Nicht zuletzt aber hatte er auch ein Ohr für das, was im Jazz vor sich ging. Leute wie Charlie Parker, John Coltrane und Miles Davis eröffneten Horizonte, die weit über das hinausgingen, was die Popmusik jener Tage zu bieten hatte, ihr Vermächtnis sollte Jahre später in Jimis eigener Musik präsent sein wie sonst nirgendwo (es schadet jedenfalls nicht, *Third Stone From The Sun* und etwa Coltranes *A Love Supreme* einmal abwechselnd zu hören).

Zunächst aber verschlug es den jungen Hendrix nach Nashville, damals gerade auf dem Sprung von der Provinzstadt zur national bedeutsamen Musikmetropole. Dort versuchte er es gemeinsam mit seinem Army-Kumpel Billy Cox bei den King Kasuals, bald schon aber ließ er sich für die Bands so unterschiedlicher Künstler wie Slim Harpo und Tommy Tucker anheuern.

Im Januar 1964 zog er nach New York und landete gleich bei den ziemlich erfolgreichen Isley Brothers. Mit deren Begleitband zog er eine Weile umher, machte erste Plattenaufnahmen und lief im Frühjahr 1964 seinem alten Idol Little Richard über den Weg, der ihn prompt für seine Begleitband verpflichtete. Wieder ging's auf landesweite Tournee, bis der von Richards Regiment genervte Jimi den lukrativen Job im Sommer 1965, wie er später erzählte, hinwarf und nach New York zurückkehrte. Andere Quellen behaupten, Richard habe den notorisch unpünktlichen Gitarristen, der sich noch dazu kaum je an die strenge Kleiderordnung auf der Bühne hielt und obendrein schon damals hinter dem Rücken der jeweiligen Bandleader allerlei Gimmicks veranstaltete, rausgeworfen. Wie dem auch sei, die nächste Station in Jimis Odyssee lautete Curtis Knight & The Squires. Die Squires waren zwar eine gut beschäftigte Clubband im Großraum New York, trotzdem war Jimi zwischendurch aus finanziellen Gründen gezwungen, zusätzlich mit Joey Dee & The Starlighters und später King Curtis zu touren.

So schwer es dem ambitionierten Hendrix fiel, sich in den Job in der zweiten Reihe zu fügen, so offensichtlich war für jeden, der ihn hörte, dass es sich hier um ein Ausnahmetalent handelte, das dazu jede Menge Bühnencharisma entwickeln konnte (Jimi hatte sich viel bei Little Richard abgeschaut, unter anderem das Menjou-Bärtchen). Als Erster roch die Lunte ein gewisser Ed Chalpin, seines Zeichens Manager von Curtis Knight. Am 15. Oktober 1965 hatte er Hendrix so weit, dass dieser einen exklusiven Plattenvertrag mit ihm unterzeichnete. Jimis magere Beute: genau ein Dollar Vorschuss und ein Prozent der Einnahmen aus zukünftigen Plattenaufnahmen. Die Laufzeit des Vertrages betrug noch dazu stolze drei Jahre – ein Umstand, der Hendrix in der Zukunft erheblichen Ärger einbringen sollte und auch nach seinem Tod noch die Gerichte beschäftigte.

Bei seinen Aktivitäten in der New Yorker Clubszene entging Jimi natürlich nicht, dass sich auf dem Popmarkt schwerwiegende Umwälzungen vollzogen hatten. Die britischen Invasionsbands waren in aller Munde, zudem stand die Folkszene in Greenwich Village in voller Blüte, und über allem thronte ein neuer Prophet namens Bob Dylan. Jimi begann nach einem Weg zu suchen, der ihn aus dem Schatten des Begleitmusikerdaseins herausführen könnte. Er stellte seine eigene Band, The Blues Flames, zusammen, nannte sich Jimmy James und trat so oft es ging im Village in einem heruntergekommenen Schuppen, dem »Café Wha?«, auf. Zwischendurch begleitete er den Bluessänger John Hammond Jr., der wiederum Verbindungen zur jungen Rockprominenz pflegte. Die Blue Flames – zu ihnen gehörte auch der 15-jährige Randy California, der es mit Spirit später zu eigenem Ruhm brachte – spielten zwar ein verhältnismäßig konventionelles Repertoire aus Bluesstandards und Tageshits, erstmals aber konnte Jimi dabei frei von den strengen Arrangements agieren, die ihm seine Bandleader bislang diktiert hatten. Und er begann sich am Mikrophon und im Spotlight wohlzufühlen. So langsam sprach sich der Ruf des jungen schwarzen Gitarristen herum.

Das war die Situation, als im Sommer 1966 der ehemalige Animals-Bassist Chas Chandler auf einen Hinweis von Linda Keith, Ex-Freundin von Rolling Stone Keith Richards, im »Café Wha?« auftauchte, um sich Jimmy James & The Blue Flames anzusehen. Chandler war, wie könnte es anders sein, wie vom Donner gerührt und handelte sofort. Er schloss einen Exklusivvertrag mit dem in geschäftlichen Dingen naiven Hendrix ab, der ihm als Manager den exorbitanten Anteil von 30 Prozent aller Einnahmen sicherte. Am 21. September flogen die beiden nach England, wo Chandler die Szene gut genug kannte, um seine Entdeckung aufzubauen.

.....................................

Nun also steht er da oben auf der Bühne des Polytechnic of Central London und spielt mit Baker und Bruce den alten Howlin'-Wolf-Standard *Killing Floor*. Es ist das erste Mal, dass er seine Künste an der Themse öffentlich vorführt. In den kommenden Wochen taucht er in sämtlichen In-Clubs auf und spielt mal hier, mal dort mit. Spätestens Ende Oktober ist Jimi Hendrix *das* Gesprächsthema in der Londoner Szene.

Chandler bleibt währenddessen nicht untätig und veranstaltet zunächst einmal Auditions, bei denen er passende Musiker für die neue Hendrix-Band sucht. Die Wahl fällt auf den 19-jährigen Mitch Mitchell, einen explosiven, am Jazz geschulten Drummer, der sein Geld bis dahin bei Georgie Fame verdient hat. Er bekommt den Job durch Losglück – Chas Chandler wirft eine Münze, um zwischen ihm und dem nicht minder talentierten Aynsley Dunbar zu entscheiden. Als Bassist wird Noel Redding verpflichtet, ein junger Mann, der bislang eigentlich als Gitarrist gearbeitet hat und sich für einen Job bei Eric Burdons New Animals bewerben wollte, via Chandler aber nun bei Jimi gelandet ist. Was der allerdings braucht, ist ein Bassist. Chandler überredet Redding, es mal mit den vier Saiten zu versuchen. Kaum zusammengestellt, schickt der Manager die frisch gebackene Jimi Hendrix Experience zu ersten Test-Gigs in Londoner Clubs. Noch hat die Band keinen Ton aufgenommen und kaum eigene Songs, aber jeder, der Ohren hat, erkennt: Hier hat ein phantasievoller und sensibler Musiker seine ganz eigene Sprache entwickelt. Dazu ist er ein mit allen Wassern gewaschener Showman, dessen Charisma jeden sofort in den Bann schlägt.

Dabei besitzt Hendrix noch nicht einmal einen Plattenvertrag. Er ist arm wie eine Kirchenmaus. Manager Chandler muss schon seine Bassgitarren-Sammlung verhökern, um sich und seinen Star in spe durchzubringen. Vom letzten Geld bucht Chandler zwei Stunden im DeLane Lea Studio. Am 23. Oktober nimmt die frischgebackene Jimi Hendrix Experience dort ihren ersten Song auf. *Hey Joe*, ein obskurer US-Song aus der Feder eines gewissen Billy Roberts. Hendrix hält sich nicht ans Original, sondern an die im Tempo arg gedrosselte Version von Tim Rose. Als Chandler den Song nachträglich mit weiblichem Backgroundgesang aufpeppt, weiß er: Dies ist ein todsicherer Hit. Der Deal mit Track Records, dem neuen Label der Who-Manager Kit Lambert und Chris Stamp, ist bald darauf unter Dach und Fach.

Nun geht es rasend schnell an die Spitze. Zunächst absolviert die Band einige Auftritte in Deutschland, unter anderem im Münchner »Big Apple«. In der Woche vor Weihnachten wird *Hey Joe* veröffentlicht, gleichzeitig feiert die Jimi Hendrix Experience in *Ready Steady Go*, der angesagten wöchentlichen Pop-Heerschau, ihre TV-Premiere. Im Januar chartet die Single, *Hey Joe* schafft locker die Top Ten.

Bis zum Sommer 1967 gelingt Hendrix ein lupenreiner Hit-Hattrick. Auf *Hey Joe* folgt *Purple Haze*, dann die Ballade *The Wind Cries Mary*. Die Band tourt durch englische Clubs, tritt mitunter zweimal am Tag auf, schaut für hektische Aufzeichnungen in diversen TV-Studios vorbei und macht im März einen Abstecher aufs europäische Festland, wo auch der Hamburger Star-Club auf dem Plan steht. Kaum zu glauben, dass die Gruppe bei diesem mörderischen Programm Zeit findet, zwischendurch Songs für ihr erstes Album einzuspielen. Es erscheint im Mai unter dem Titel *Are You Experienced?*.

Die Platte zeigt, das die Kombination mit Redding und Mitchell perfekt funktioniert. Die beiden erweisen sich als kreative Mitstreiter auf Augenhöhe, sie geben Jimis einzigartigen Fähigkeiten auf der Gitarre und seinem an Muddy Waters, Charles Mingus und Bob Dylan geschulten Songwriting den adäquaten Rahmen. Wichtigste Regel im Kreativ-Labor der Experience: keine Regeln! Hendrix ignoriert alle Grenzen. Der Gitarre erschließt er jede Menge neue Sounds, nutzt die unendlichen Möglichkeiten des kontrollierten Feedbacks bis hin zum exzessiven Einsatz des Vibratosystems. So funktioniert er seine Gitarre um zum Raumschiff, das ihn hinaus in fremde Galaxien trägt. Sein Blues klingt nicht nach Baumwollfeld, der *Rolling Stone* wird 1971 schreiben: »Sicherlich spielte Hendrix Delta-Blues – nur mag dieses Delta auf dem Mars gelegen haben.« Bei seinen Konzerten trägt er entsprechend dick auf, funktioniert das Instrument wahlweise zur Geliebten, zum Penisersatz oder Maschinengewehr um. Dazu bewegt er sich so lässig, dass einer wie Mick Jagger daneben wirkt wie ein verklemmter Klosterschüler im ersten Alkoholrausch.

Die unerhörte Faszination aber, die Hendrix von Anfang an auf sein Publikum ausübt, hat nicht nur mit dieser ungeheuerlichen Musik zu tun, sie rührt auch daher, dass er, im Gegensatz zu all den anderen weißen Bluesjüngern, eben schwarz ist. Die raue Lebenswirklichkeit der farbigen US-Bevölkerung kennt er aus bitterer Erfahrung. Gleichzeitig aber fühlt er sich im bohemehaften Lebensstil der weißen Popgeneration zuhause und findet sich in deren Emotionalität intuitiv zurecht. Hendrix ist der erste schwarze Rockstar, der erste schwarze Musiker, dessen Publikum mehrheitlich aus weißen Mittelstands-Kids besteht. Von Anfang an sehen sie in ihm einen der ihren und akzeptieren ihn als Pin-Up-Boy eines neuen Lebensstils. Der schwarze Rockpionier Bo Diddley bringt das Phänomen nach Hendrix' Tod auf den Punkt: »Jimi war der einzige Schwarze, der psychedelisch spielen konnte.«

Im Frühsommer1967 schickt Chandler Hendrix zurück in seine US-Heimat. Dort warten das größere Publikum und das weitaus größere Geld. Die weißen Hippies schließen Uncle Sams verlorenen Sohn sofort in die Arme. Am 18. Juni 1967 gelingt Jimi auch beim US-Publikum der Durchbruch, mit seiner furiosen Performance auf dem Monterey International Pop Festival wird er zum gefeierten Popwunder. Ab jetzt kann er nichts mehr falsch machen. Ende des Jahres veröffentlicht er sein zweites Album, das bunte, verspielte *Axis: Bold As Love*. Es bestätigt seinen Ruf als Mann der Stunde, bietet mit *If 6 Was 9*, *Little Wing* und *Castles Made Of Sand* Songs für die Ewigkeit und geht, obwohl in hektischen Zwischendurch-Sessions entstanden, in produktionstechnischer Hinsicht bereits weit über *Are You Experienced?* hinaus. Erstmals experimentiert Hendrix mit dem Wah-Wah-Pedal (*Little Miss Lover*), nimmt Gitarrenspuren rückwärts auf und setzt jede Menge psychedelische Klangeffekte ein.

Als *Axis* erscheint, ist Jimi schon mit dem nächsten, seinem endgültigen Geniestreich beschäftigt. Im New Yorker Record Plant Studio finden bereits im Dezember 1967 erste Sessions für das kommende Album statt. Sie ziehen sich über Monate hin, bis zum Sommer 1968, zwischendurch absolviert die Band ihre erste richtig große US-Tour. Mit jeder Menge Gastmusikern, darunter Steve Winwood und Dave Mason von Traffic, Jack Casady von Jefferson Airplane und dem Organisten Al Kooper, erarbeitet Hendrix in New York ein Doppelalbum, das im Oktober unter dem Titel *Electric Ladyland* erscheint und bis heute als sein Opus Magnum gilt.

Die Musik darauf kommt dem, was er in seinem Kopf hört, wohl von all seinen Veröffentlichungen am nächsten. Das Album bietet ein atemberaubendes, visionäres Kaleidoskop all dessen, was in der Rockmusik zu diesem Zeitpunkt möglich ist. Nicht nur in seiner freigeistigen Musikalität, auch technologisch reizt *Electric Ladyland* sämtliche Möglichkeiten aus: Die psychedelischen Klang- und Noise-Exkursionen von *1983... (A Merman I Should Turn To Be)* fesseln bis heute, der harte Streetfunk von *Gypsy Eyes* nimmt eine ganze Strömung der schwarzen Musik vorweg, die erst in den kommenden Jahren durch Leute wie Sly Stone populär werden würde, und die Wah-Wah-Gitarre von *Voodoo Chile (Slight Return)* liefert die auf Jahrzehnte hinaus für alle Gitarristen gültige Gebrauchsanweisung dieses Effektes. Nicht zuletzt macht Hendrix Dylans *All Along The Watchtower* mit seiner großartigen Interpretation praktisch im Handstreich zu seinem eigenen Song – so sehr, dass Dylan sich in Zukunft deutlich an Jimis Version orientieren wird.

Kernstück der vier Plattenseiten aber ist das 15-minütige *Voodoo Chile*, eine ausufernde Bluessession, zu der Jack Casady den Bass und Steve Winwood die Hammondorgel beisteuern. Meisterhaft gelingt es Jimi darin, mit seiner Gitarre die schattenhaften Geister des uralten schwarzen Blues zu rufen, mysteriöse Gestalten wie Robert Johnson und Charley Patton zu beschwören. So stellt er sich in eine Reihe mit den Ahnen dieser Musik, weist sich aus als ihr Erbe, als ihr Wiedergänger. All das aber im Hier und Jetzt, denn nie zuvor erstrahlte eine Rockgitarre in schillernderen Klangfarben, nie zuvor wurde sie eleganter gespielt und nie zuvor klang sie eindringlicher.

Wer diese Viertelstunde, die ihren Titel weiß Gott zu Recht trägt, mit offenen Ohren hört, der ahnt, dass es zwischen Hendrix und all den weißen Bluesjüngern, die sich zu dieser Zeit mit dem Blues beschäftigen, heißen sie nun Clapton, Beck, Page oder Bloomfield, einen fundamentalen Unterschied gibt. Hendrix muss diese Musik nicht lernen, sie nicht erforschen, er braucht sich die Lebenswirklichkeit derer, die sie machen, nicht zusammenphantasieren – Jimi Hendrix ist diese Musik, er kennt das Leben der echten Bluesmänner, er selbst ist einer von ihnen. In Stücken wie *Red House* war das schon auf der Bühne zu hören und zu sehen, mit *Voodoo Chile* aber hat Jimi diesen so wichtigen Teil seiner Identität nun auf dem Kernstück seines Plattenkatalogs verewigt. Spätestens hier wird deutlich, dass es – jenseits ohnehin untauglicher Versuche, den Blues formell zu definieren – eine spirituelle Verbindung gibt zwischen Robert Johnson, Louis Armstrong, John Coltrane, Muddy Waters und eben diesem Jimi Hendrix. Angesichts der emotionalen und mystischen Tiefe von *Voodoo Chile* nimmt sich die Musik der weißen britischen Blues-Kids jener Zeit häufig aus wie unbeholfenes Malen nach Zahlen.

........................................

Im Sommer 1968 ist Hendrix auf dem Gipfel, in New York hat er begonnen, sein eigenes Studio zu bauen, kassiert bis zu 100.000 Dollar pro Konzert und könnte zufrieden sein. Allerdings: Die rituelle Verbrennung seiner Gitarre in Monterey ist nicht nur ein spektakulärer Showact, sie wird ebenso zur Flammenschrift an der Wand. Spätestens an diesem Tag beginnt auch Jimi zu verbrennen – langsam und unaufhaltsam im Brennpunkt einer Öffentlichkeit, die an seiner Kunst kaum, am Bild des »Wild Man Of Pop« aber umso mehr interessiert ist. Nicht umsonst heißt der Song, zu dem er seine Stratocaster verbrennt, *Wild Thing*. Das ist es, was sie von ihm sehen wollen: den exotischen Voodoo-Priester, der öffentlich mit seiner Gitarre kopuliert; den bekifften Onkel Tom, der für den weißen Mittelstand den omnipotenten Hippie-Kasper gibt. Vom schwarzen Publikum, dessen Helden Wilson Pickett und Otis Redding heißen, wird er indes nur zögerlich anerkannt.

Jimi ist zusehends genervt, in der Experience kriselt es schon seit geraumer Zeit, vor allem das Verhältnis zu Noel Redding ist gespannt. Jimi jammt nun immer häufiger mit anderen Musikern. 1969 verkündet er, dass er sich in den letzten zwei Jahren eigentlich kein Stück weiter entwickelt und die Nase gestrichen voll davon habe, auf der Bühne den extrovertierten Sexprotz zu geben. Wirklich ernst nehmen das die Wenigsten, zu attraktiv ist das Bild des schrillbunt gewandeten Hexenmeisters der Rockmusik, auf das sich Publikum, Feuilleton, Boulevardpresse und nicht zuletzt die Industrie längst unisono geeinigt haben.

Kennzeichnend für das Missverständnis mit einem Publikum, das den Mythos jederzeit dem Musiker vorzieht: Als Hendrix im Sommer 1969 in Woodstock die US-Hymne mit einem grandiosen Klanghappening atomisiert, klatschen die Hippies begeistert Beifall für ein politisches Statement, das eigentlich keines ist. Jimi war zeitlebens desinteressiert an Politik, *Star Spangled Banner* kommentierte er selbst so: »Wir haben es nicht gespielt, um Amerika seine Größe zu nehmen. Wir haben es nur so gespielt, wie Amerika heute ist. Die Luft ist ein wenig geladen, nicht wahr? So haben wir's gespielt.« Der Künstler reflektiert eine Stimmung, nicht mehr, nicht weniger. Das daraus resultierende Kunstwerk indes ist eminent politisch, symbolisiert die antiimperialistische Grundhaltung der Generation Flowerpower und macht seinen Urheber zum revolutionären Bannerträger. Woodstock wird zum Kronjuwel des Mythos Hendrix.

Im Sommer 1969 ist die Experience am Ende, Jimi stellt eine neue Gruppe zusammen, die Band Of Gypsys. Darin spielt er nun wieder gemeinsam mit Billy Cox, seinem alten Freund aus Fort Campbell. Hinterm Schlagzeug sitzt Buddy

Miles, ebenfalls ein Kumpel aus alten Chitlin-Circuit-Tagen. Um die Streitigkeiten mit Ed Chalpin aus dem Weg zu räumen, hat sich Hendrix verpflichtet, mit der Band Of Gypsys ein Album aufzunehmen, dessen Tantiemen allein Chalpins Firma zustehen. Es wird eine Live-Platte, eingespielt bei Konzerten zu Silvester/Neujahr 1970 im New Yorker Fillmore East. Was niemand ahnt: Es ist das letzte von Hendrix selbst autorisierte Album. *Band Of Gypsys* (1970) gerät zum letzten großen Showcase, zum Vermächtnis des Gitarristen Hendrix, der hier endlich einmal unter nahezu optimalen Bedingungen seine Kunst zelebrieren kann. Die Bühnentechnik hat sich in den letzten Jahren unter dem Einfluss immer anspruchsvollerer Musiker kräftig weiterentwickelt. Erstmals kann Jimi auf der Bühne mit sämtlichen essenziellen Effektgeräten – Fuzzbox, Wah-Wah, Univibe und Octaver – gleichzeitig arbeiten, alles funktioniert planmäßig und inspiriert ihn zu neuerlichen Höhenflügen.

Nicht nur die Technik ist es, die ihn vorwärts treibt, vor allem ist es seine neue, aus afroamerikanischen Musikern bestehende Rhythmusgruppe, die deutlich bodenständiger und mit mehr Funk zu Werke geht als seinerzeit Mitchell und Redding. Glanzlichter wie das zwölfminütige *Machine Gun* oder die Miles-Komposition *Changes* zeigen noch einmal, wie tief der Gitarrist in der schwarzen Musik, im Blues verwurzelt ist. Dass er während der Fillmore-Shows auf Showeinlagen fast völlig verzichtet, stattdessen ruhig an seinem Stammplatz rechts vom Drumpodest steht und sichtlich in sein Spiel vertieft ist, das allerdings können die Plattenhörer nicht sehen.

Mit Cox und Mitchell beginnt Hendrix nun an neuen Stücken zu basteln, sein Electric Lady Studio soll im Sommer fertig werden. Noch während der Bauarbeiten nimmt Jimi dort erste Songs auf. Zwischendurch aber treibt ihn sein Management, das inzwischen federführend von Chandlers Partner Mike Jeffery erledigt wird, weiter über die Bühnen der Welt. Von April bis August geht es kreuz und quer durch die USA, danach sind noch Festivals in Europa zu absolvieren. Natürlich unter dem zugkräftigen Namen der Experience, die musikalische Neuorientierung, die Hendrix anstrebt, interessiert da wenig, der Rubel muss rollen. Jimi bringt all das hinter sich, mit dem Kopf allerdings ist er woanders, verzweifelt sucht er sich aus seinem Korsett zu befreien. Er streckt seine Fühler in alle möglichen Richtungen aus.

So hat er für den Herbst 1970 eine Zusammenarbeit mit dem renommierten Jazz-Produzenten Gil Evans verabredet, der unter anderem für eines von Jimis Lieblingsalben, Miles Davis' *Sketches Of Spain* (1961), verantwortlich zeichnet. Und Greg Lake, Bassist der gerade formierten britischen Progrock-Pioniere Emerson, Lake & Palmer, berichtet, dass er mit Jimi beim Isle Of Wight Festival, wo beide auftraten, eine gemeinsame Session verabredet hat. Die über das ganze Jahr 1970 entstandenen Aufnahmen, die Jimi mit Billy Cox und Mitch Mitchell für ein neues Album macht, deuten allerdings darauf hin, dass er sich zunehmend auf Funk, R'n'B, harten Rock und wieder kompaktere Songstrukturen konzentriert. Erscheinen wird dieses Album allerdings nicht mehr, jedenfalls nicht als von Jimi abgesegnetes Werk (erst 1997 bringt seine Familie das angeblich nach Jimis Vorgaben zusammengestellte *First Rays Of The New Rising Sun* heraus, das als Album-Statement freilich hypothetisch bleibt).

Am 16. September besucht Jimi in London das »Ronnie Scott's«, wo er mit Eric Burdons dort auftretender neuer Band War jammt. Abends kehrt er mit seiner Freundin, der deutschen Ex-Eisschnellläuferin Monika Dannemann, zurück in deren Apartment. Die beiden verbringen den nächsten Tag zusammen und auch die Nacht vom 17. auf den 18. September 1970. Am Morgen dieses 18. September bekommt Dannemann Jimi nicht wach. Sie telefoniert zunächst mit Eric Burdons Freundin, ruft dann einen Krankenwagen. Eilig wird Hendrix vom Samarkand House, Lansdowne Crescent, ins St. Mary's Abbott Hospital, Marloes Road, gebracht. Dort können die Ärzte nichts mehr tun. Jimi lebt nicht mehr. Offizielle Ursache: Tod durch Ersticken. In Hendrix' Lungen werden große Mengen Rotwein gefunden. Die näheren Umstände, die zu diesem Tod geführt haben, sind bis heute nicht wirklich geklärt, Fremdverschulden und Selbstmord allerdings gelten als ausgeschlossen.

.........................................

Erstickt war Jimi Hendrix nur 397 Tage nach seinem Triumph in Woodstock wohl auch an der gnadenlosen Vereinnahmung durch eine zynische und sensationsgeile Musikbranche, die ihren Goldesel nicht mehr aus den Fängen entlassen wollte und konnte. Prompt setzte nach seinem Ende eine kaum noch zu überschauende Flut von posthumen Veröffentlichungen ein. Hervorgezerrt wurden aus den Archiven alle möglichen Bänder mit Outtakes und Livemitschnitten von zweifelhaftester Qualität, selbst Aufnahmen, die Jimi für ein paar Dollar während seiner Engagements in den frühen Sechzigern machte, wurden plötzlich als Geniestreiche des späteren Gitarrengottes verkauft. Dazu startete eine erbitterte Schlacht um Jimis Erbe, in der sich Mike Jeffery, der Produzent Alan Douglas und die Familie des Toten bis in die Neunzigerjahre hinein gegenseitig bekriegten. Erst 1997 sprach ein US-Gericht der Hendrix-Familie endgültig die Rechte an Jimis Werk zu, seitdem versuchen Vater Al und Schwester Janie Hendrix den musikalischen Nachlass des Gitarristen behutsam und mit dem nötigen Respekt zu vermarkten.

Was ist heute geblieben von dem Mann, der mit nur vier Alben zum – neben den Beatles, Rolling Stones und Bob Dylan – größten Superstar der Sechzigerjahre wurde? Seit vierzig Jahren ist er tot, erheblich länger also, als er selbst auf diesem Planeten zugebracht hat. Die Medien werden Hendrix zum Todestag mit den üblichen Formeln abhaken, ihre Würdigungen werden den phallischen und notorisch berauschten

Bacchus der Sixties-Kultur herausstellen, den Showman der Superlative, der mit den Zähnen die Saiten anriss, bevor er die Gitarre anzündete. Musikmagazine werden seine Verdienste als Vater des modernen Gitarrenspiels würdigen und die Feuilletons seine Bedeutung als schwarzer Künstler für eine universelle Popkultur untersuchen. Lassen wir ihn auf all das mit einem seiner berühmtesten Zitate antworten: »Knowledge speaks, but wisdom listens.«

*Empfehlenswert:*

**Electric Ladyland (1968)**
Dem Zeitgeist entsprechend nannte man das damals Dope Music, und passende Stimulanzien mögen den kreativen Prozess, der die Beteiligten zu *Electric Ladyland* führte, durchaus befeuert haben. Fakt aber ist: Auf diesem Doppelalbum von 1968 fließen Blues-Roots, Jazz-geschulte Virtuosität, freigeistige Visionen von Funk und Hardrock und nicht zuletzt technologische Experimentierfreude zusammen zu einem überwältigenden Monumentalgemälde dessen, was in Popmusik und Produktionstechnik zu diesem Zeitpunkt möglich war. Wer Hendrix' musikalischen Kosmos in all seinen Facetten kennenlernen will, ist hier an der richtigen Adresse.

**The Jimi Hendrix Experience (Boxset)**
Hendrix für Fortgeschrittene: Im Jahr 2000 kam mit diesem vier CDs umfassenden Box-Set endlich eine kompetent zusammengestellte Sammlung von Studio-Outtakes, bemerkenswerten Live-Versionen und bislang bestenfalls vereinzelt auf längst vergriffenen Alben aufgetauchten Stücken auf den Markt, die faszinierende Einblicke in Jimis Kreativ-Werkstatt erlauben. Zu den Höhepunkten unter den 56 Tracks gehören eine unter die Haut gehende Live-Fassung von *Red House*, die Monterey-Version von Dylans *Like A Rolling Stone*, eine kochende Live-Lesung von Thems *Gloria* sowie eine sehr frühe

Fassung von *Hey Joe*. In der Neuauflage von 2005 ist das Set mit einer zusätzlichen DVD mit diversem Livematerial plus einer 30-minütigen Dokumentation (*Hendrix And The Blues*) ausgestattet.

**Jimi Hendrix – sein Leben, seine Musik, sein Vermächtnis (Charles Shaar Murray)**

Das vielleicht beste Buch von den vielen, die bislang zum Thema erschienen sind. Murray, einer der renommiertesten britischen Musikjournalisten, recherchiert akribisch, trägt die Fakten zusammen und enttarnt so all die Fabeln und Legenden aus dem Reich der Halbwahrheiten, die seit Jahrzehnten den Mythos Hendrix begleiten. Höchst kenntnisreich seziert er die Einflüsse, denen Jimi in seiner Laufbahn als Musiker ausgesetzt war, und genauso schlüssig zeichnet er nach, worin der überwältigende Einfluss von Hendrix auf die populäre Musik besteht. Obendrein verfügt Murray über einen eleganten Schreibstil, durch den er immer wieder schwarzen englischen Humor blitzen lässt (der die Übersetzung ins Deutsche ausnahmsweise unbeschadet überstanden hat). Spannend wie ein Roman und aufschlussreich, auch weit über das Thema Hendrix hinaus!

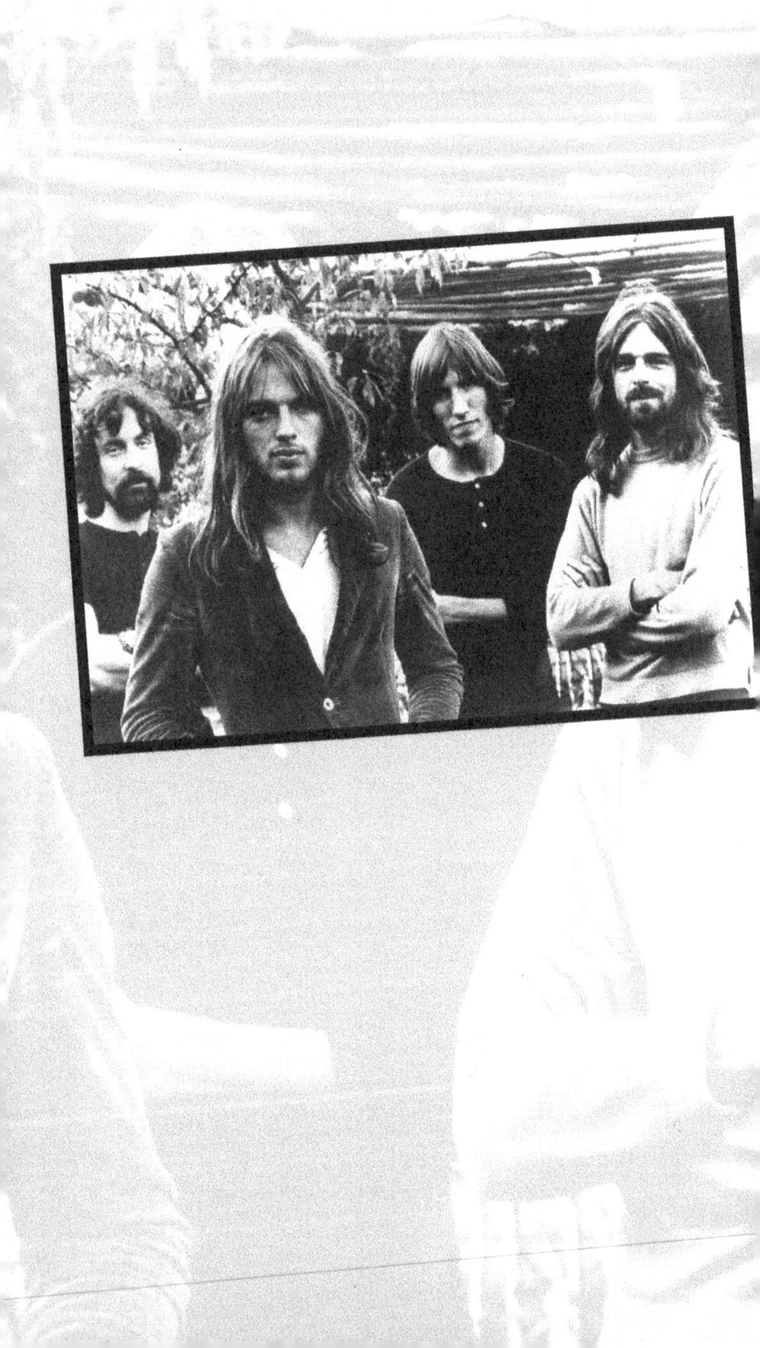

## CRAZY DIAMONDS

*Pink Floyd, die führende Band im All*

SCHERZHAFT nannte man sie »die führende Band im All«. Aber auch auf der Erde hatten Pink Floyd einiges zu melden: Sie erfanden den Slow-Motion-SciFi-Progressive-Rock, brüteten Album-Monumente für die Ewigkeit aus und schufen über die Jahrzehnte ihren ganz eigenen Mythos. Auch wenn die Männer hinter der Legende – Syd Barrett (1946–2006), Roger Waters (67), David Gilmour (65), Rick Wright (1943–2008) und Nick Mason (67) – seltsam anonym blieben, ihre Band gehörte in jeder Phase ihrer wechselvollen Geschichte zu den schillerndsten und erfolgreichsten. Zunächst war sie die Hauskapelle des Londoner Undergrounds, ihre Alben verkauften sich nur mittelmäßig, dafür aber glänzte sie im Studio wie auf der Bühne mit Pioniertaten. In der Musik von Mastermind Syd Barrett wimmelte es von Vaudeville-Anleihen, bizarren Märchenwesen, verwirrenden Instrumentierungen und visionärer Science Fiction. Der Pink-Floyd-Sound war ein schrillbuntes Kaleidoskop elektronischer Neuerungen und typisch englischer Skurrilitäten, das die Band live – auch hier der Konkurrenz um Lichtjahre voraus – mit ersten Quadrophonie-Versuchen und spektakulären Lightshows präsentierte.

Später dann, als Roger Waters die Führung übernommen und Floyd zum Kommerz-Dickschiff des Seventies-Rock umfunktioniert hatte, ließ ihr immenser Einfluss nicht nach, und die Bankkonten der Beteiligten wuchsen ins Unermessliche, auch wenn ihre Musik nun zeitweise wie die vertonte Psychoanalyse eines Waisenkindes mit Weltkrieg-II-Trauma und Faible für übergewichtiges Pathos klang. Im letzten Kapitel der Floyd-Historie, nun unter Führung von David Gilmour, beschränkte sich die Band auf die Pflege ihrer ruhmreichen Vergangenheit und wirkte bei ihren gigantischen Tourneen wie eine weltreisende Vereinigung exzentrischer Gentlemen, die mit Rock'n'Roll ungefähr so viel zu tun hat wie Kurt Cobain mit dem Bayreuther Wagner-Hügel. Das Publikum pilgerte trotzdem in die Stadien.

Als sich Pink Floyd im Jahr 2005 für das *Live 8*-Spektakel zur überraschenden Reunion mit dem 1985 desertierten Roger Waters zusammentaten, schien es, als würden erst diese in Würde ergrauten Rockmillionäre dem globalen Budenzauber die finale Absolution erteilen – frenetisch feierte die Internetgeneration Klassiker wie *Wish You Were Here* oder *Comfortably Numb*. Kein Zweifel, der Nimbus von Pink Floyd hat die Jahrtausendwende unbeschadet überstanden und fasziniert heute ein nachgewachsenes Publikum. Zuletzt zeigte sich das am 10. Mai 2007, 13 Jahre nach dem letzten Studioalbum: Ein knappes Jahr nach Syd Barretts Tod (7. Juli 2006) ging im Londoner Barbican Centre ein Tribute Gig mit den restlichen Floyd-Musikern sowie Promis wie Chrissie Hynde und Damon Albarn über die Bühne. Zwar mochten sich die Veteranen im Angedenken an ihren ehemaligen Spiritus Rector nicht zu einer gemeinsamen Performance durchringen, trotzdem schien der Floyd-Mythos an diesem Tag lebendiger denn je. Dass die Popularität der Band offenbar unkaputtbar ist, beweisen auch die immer wieder stattlichen Verkaufszahlen der regelmäßig aufgelegten Erfolgsalben und Best-Of-Sammlung wie zum Beispiel *Echoes* (2001). Gesamtabsatz von Pink-Floyd-Platten bis heute: vermutlich mehr als 200 Millionen.

In Ermangelung des Originals haben in den letzten Jahren mehr oder minder überzeugende Tribute-Bands mit Namen wie The Australian Pink Floyd Show, Us And Them oder Echoes das Feld der Live-Präsentation Floyd'scher Musik übernommen. Mit ihren professionellen Auftritten locken sie die Fans durchaus zu Tausenden in mittlere und große Venus.

Wer das Phänomen Pink Floyd ergründen will, sollte die Suche nicht bei den üblichen Klischees beginnen. Sex, Drugs & Rock'n'Roll – im Falle von Pink Floyd galt da eher: Nein danke! Drogen spielten bei den Musikern selbst in den Hochzeiten von Swinging London allenfalls eine Nebenrolle, Syd Barrett bildete die Ausnahme. Zwar gehörten auch bei Floyd in den Sechzigern Alkohol, Gras und gelegentliche LSD-Trips in die Hausapotheke, in ihrer großen Zeit während der Siebziger aber galt die Band als clean und ausgesprochen nüchtern.

Mit amerikanischem Blues und Rock'n'Roll, den Hauptnahrungsmitteln der britischen Beatgeneration der Sechzigerjahre, war es bei Pink Floyd ebenfalls nicht weit her. Lediglich diverse Vorläuferbands versuchten sich an Coverversionen der üblichen Verdächtigen wie Muddy Waters, Chuck Berry oder Bo Diddley. Spätestens aber seit Syd Barrett 1966 die Regie übernahm, waren die berühmt-berüchtigten zwölf Takte in Pink Floyds Musik fehl am Platz (wenngleich der Blues-Einfluss in Gilmours Gitarrenspiel später allgegenwärtig blieb). Bleibt Klischee Nummer drei, der Sex. Den immerhin hatten die Herren, vermutlich jedenfalls, denn an die große Glocke haben Pink Floyd Privates nie gehängt. Weshalb man annehmen darf, dass sie sich auch dieses Vergnügen in weitaus bürgerlicheren Dosierungen erlaubten als manche Zeitgenossen, zumindest was die Menge der Partnerinnen betraf. In den Siebzigern jedenfalls pflegten Pink Floyd auf Tourneen bieder-brav mit Gattinnen und Kindern zu reisen.

Aufschlussreicher für die Ergründung des Floyd'schen Mythos ist ein Blick auf die gesellschaftlichen Verhältnisse im England der frühen Sechzigerjahre. In Großbritannien gab es nämlich eine feine Einrichtung, die nicht wenige Kulturhistoriker als hauptverantwortlich für die kreative Explosion der heraufdämmernden Pop-Ära einschätzen: die Artschools. Dort sammelten sich all jene Kids, die nicht gleich nach der Schule Jobs annehmen mussten, andererseits aber noch nicht recht wussten, was sie mit ihrem weiteren Leben anfangen wollten. Von dieser Sorte gab es jede Menge, seit die Regierung Ihrer Majestät im Jahr 1957 die allgemeine Wehrpflicht abgeschafft hatte. In den von der öffentlichen Hand finanzierten Kunstschulen herrschte eine eher zwanglose Atmosphäre, die Pädagogen waren naturgemäß aufgeschlossener als ihre Kollegen in anderen, noch von viktorianischer Zucht geprägten Lehranstalten. Sehr schnell wurden die Kunstschulen so zu Keimzellen einer mittelständischen jugendlichen Subkultur, die sich mit Modern Jazz, allen möglichen Spielarten der Pop Art, New Cinema und nicht zuletzt Rhythm'n'Blues beziehungsweise Rock'n'Roll beschäftigte. All dies kombinierten die Schüler mit den urenglischen Einflüssen, denen sie von Kindesbeinen an ausgesetzt waren, wodurch sich ihre Kunst bald deutlich von den amerikanischen Vorbildern unterschied und eine eigene, oftmals schrullige Note entwickelte. Diese Szene war von der Lust am Experiment geprägt, der kommerzielle Popbetrieb war ihr egal. Zunächst jedenfalls.

.....................................

Aus den Artschools jener Tage gingen Maler, Filmer und Designer hervor – und große Musiker gleich im Dutzend. Zu ihnen gehörten Pete Townshend, Ray Davies, Keith Richards, Ron Wood, Eric Clapton, John Lennon – und ein gewisser Roger Keith Barrett. Der Background des Jungen aus der Universitätsstadt Cambridge ist akademisch und intellektuell.

Keiths Vater, ein Gerichtspathologe, gilt als Koryphäe auf dem Gebiet der Kindersterblichkeit. Dass Syd, so Keiths Spitzname, schon mit knapp über zwanzig Jahren wie eine Supernova verglühen und den Rest seines Lebens in Abgeschiedenheit und geistigem Exil verbringen wird, ist bis 1965 kaum zu vermuten.

Aufgeweckt und freundlich, macht der Junge mit Begeisterung bei den Pfadfindern mit und entfaltet früh ein Talent für die Malerei. Die Eltern fördern seine gleichfalls offensichtliche musikalische Begabung, Vater Max schenkt dem Sohn zunächst ein Banjo, später dann eine Gitarre. Bald spielt Syd in verschiedenen lokalen Beatbands. Zwei Jungs aus Cambridge, Syds Schulkameraden George Roger Waters und David Jon Gilmour, stellen sich als potente musikalische Gefährten heraus. Waters, drittes Kind eines im Weltkrieg in Italien gefallenen Soldaten der alliierten Invasionsarmee, ist ein auffällig ernster und etwas hochnäsiger junger Gitarrist. Seine musikalische Passion gilt Blues und Jazz, und er kauft ausschließlich Langspielplatten, ungewöhnlich genug in Zeiten, da die Musikszene vom Single-Format beherrscht wird. Syds anderer Kumpel, David, hat seine Gitarrenkünste aus einem populären Lehrbuch des amerikanischen Folksängers Pete Seeger. Dave und Syd verstehen sich so gut, dass sie sich 1964 bei einem gemeinsamen Frankreichurlaub als Straßenmusiker mit Liedern der Beatles und Stones durchschlagen.

Zu den besten Freunden der beiden zählen zwei weitere Teenager, die im späteren Verlauf der Floyd-Story noch eine wichtige Rolle spielen werden. Der eine ist Storm Thorgerson, der als Grafiker und Art Director seit 1968 praktisch bis heute das visuelle Erscheinungsbild der Bandprodukte prägen wird. Der andere ist Peter Whitehead, der schon bald so etwas wie der Filmchronist der Londoner Popszene wird. Er beginnt seine Laufbahn 1964 mit einen Tourfilm über die jungen Rolling Stones (*Charlie Is My Darling*), dokumentiert die frühen Pink Floyd und wird zu einer der Schlüsselfiguren bei den ersten Karriereschritten der Band.

Sehr bald schon bricht diese Kunstschülerclique aus Cambridge auseinander. Zunächst Waters und bald darauf Barrett ziehen nach London. Roger geht ans Polytechnikum, um Architektur zu studieren, während Syd an der Camberwell Art School ein Stipendium erhält und sich dort mit der Malerei befassen will. Beide tauchen nun immer tiefer in die intellektuelle Bohéme der Themsestadt ein, wo sich, ähnlich wie in San Francisco, eine höchst kreative Hippieszene entwickelt. Natürlich machen beide auch weiter Musik.

An der Hochschule findet Roger jede Menge Gleichgesinnte, darunter Nicholas Berkeley Mason, einen Jungen aus reichem Hause, der vom Vater die Leidenschaft für rassige Sportwagen geerbt hat und mit einem Aston Martin sowie einem Lotus Elan bereits zwei Exemplare dieser Gattung sein Eigen nennt. Ein Schlagzeug besitzt er überdies. Mason, den alle Nick nennen, teilt sein Apartment mit einem Kommilitonen namens Richard William Wright, einem sanftmütigen Jazzfan, der Pop eher albern findet, Gitarre, Klavier und Cello spielt und Altmeister Duke Ellington verehrt.

Die drei angehenden Architekten gründen eine Band und tun sich im Winter 1965 mit Rogers alten Cambridge-Kumpel Syd zusammen. Im Nu hat Syd als der Begabteste die Führung des Quartetts übernommen. Roger wechselt von der Gitarre zum Bass, Richard übernimmt die Keyboards und Syd die Gitarre sowie den Gesang. Das Repertoire besteht zwar aus den üblichen R'n'B-Standards und Tageshits, Syds Gruppe aber wird schnell berüchtigt für ihre ausgedehnten Feedbackorgien, endlosen Echoschleifen und spontanen Improvisationen. Nicht Jedermanns Sache, weshalb die Auftragslage auch zu wünschen übrig lässt, dafür aber entwickeln sich The Pink Floyd Sound, wie Barrett das Unternehmen nach den obskuren Bluesmusikern Pink Anderson und Floyd Council tauft, zu Darlings des Londoner Underground. Syd beginnt wie ein Wahnsinniger Songs zu schreiben, die Standards werden allmählich aus dem Programm verdrängt.

Eine der einflussreichsten künstlerischen Gruppierungen jener Tage ist das Free School Movement, das unter anderem den bis heute jährlich stattfindenden Notting Hill Carnival begründet. Barrett und Co. sind mit einigen Free-School-Vertretern eng befreundet. Einer der Aktivisten, John Hopkins, eröffnet mit dem aus den USA stammenden Produzenten Joe Boyd zu Weihnachten 1966 in der Tottenham Court Road den »UFO«-Club, wo Pink Floyd, wie sie nun der Einfachheit halber heißen, sogleich zur Hausband werden. Die Avantgarde, die Pophelden wie Beatles und Stones dem Establishment zurechnet, sucht sich nun ihre eigenen Stars – und findet sie im »UFO«. Mit ihren Auftritten, deren Kernstück neben der Musik die atemberaubende Lightshow ist, machen Pink Floyd den Laden zum Szenemekka und schaffen sich als Live-Act einen einzigartigen Ruf, der natürlich auch der Plattenindustrie nicht verborgen bleibt. Nach einigem Hin und Her landen sie schließlich bei der Beatles-Firma EMI.

Am 11. März 1967 beginnt ihre Plattenkarriere mit der Veröffentlichung von *Arnold Layne*, einem Syd-Barrett-Song, der die Geschichte eines Damenwäsche-Fetischisten erzählt. Der wohlkalkulierte Skandal hilft dem bewusst poppig produzierten Song in die Top 20, und das nachfolgende *See Emily Play* schafft Platz sechs – Pink Floyd haben es zur nationalen Popattraktion gebracht.

Als im August 1967 das LP-Debüt *The Piper At The Gates Of Dawn* erscheint, jubeln Kritik und Publikum denn auch einhellig und schwärmen von den neuen Superstars der Pop-Moderne. Aus gutem Grund, denn wohl kaum je ist es einer Band gelungen, Widersprüchliches wie Folk- und Avantgardeklänge, Märchenfabeln und Fernöstliches zu einem so organischen Ganzen zu fügen wie auf diesem Meisterwerk der englischen Psychedelia. Das Album trifft den Nerv, selbst Größen wie Paul McCartney loben Pink Floyd und sehen die Gruppe als Scouts bei der Erforschung musikalischer Zukunftswelten, die es jenseits des *Sgt. Pepper*-Pop zu entdecken gilt.

Im Übrigen sind ohnehin alle auf LSD, was den Genuss von *Piper* nicht unbedingt erschwert. Das synthetische Halluzinogen, bereits 1938 von dem Schweizer Chemiker Albert Hofmann erfunden, hat von Syd Barretts Hirn inzwischen vollständig Besitz ergriffen. Der ohnehin psychisch alles andere als robuste Musiker hat seine kreative Phantasie bewusst mit allen Drogen befeuert, die er bekommen kann. Die Folgen werden für die hart arbeitende, ehrgeizige Band immer dramatischer. Ihr Frontmann, Gitarrist und Songschreiber erweist sich zunehmend als Totalausfall, bei Auftritten spielt er stundenlang, wenn überhaupt, nur einen einzigen Ton oder taucht gar nicht erst auf. Die Band, ohnehin unter Druck, reagiert zunehmend genervt, immer häufiger kommt es zu hässlichen Reibereien. Bald ist Waters & Co. klar, dass sie etwas unternehmen müssen. Zunächst holen sie den alten Freund Dave Gilmour als fünften Mann, um Syds Unzuverlässigkeit zu kompensieren.

Im März 1968 aber ist Barrett nicht mehr tragbar. Pink Floyd müssen sich von ihrem Gründer und geistigen Vater trennen und sehen einem ungewissen Schicksal entgegen – eine Entscheidung, deren Nachwirkungen sich im Grunde bis auf den heutigen Tag wie ein roter Faden durch die Bandgeschichte ziehen.

.....................................

Bislang war die Gruppe das Vehikel für Syd Barretts ausufernde Phantasie gewesen. Die allerdings ist nun, wie die dritte Single *Apples And Oranges* und einige andere seiner noch in der Schublade lagernden Kompositionen zeigen, beim besten Willen nicht mehr hitparadenkompatibel. Pink Floyd sind gezwungen, sich neu zu erfinden. Neben Syds Songwritertalent haben sie bislang zwei weitere Faktoren auf der Haben-Seite, und daraus zimmern sie sich jetzt eine neue künstlerische Perspektive. Zum einen ist da ihr Anspruch, getreu ihrer Architektur-Passion jenseits gewöhnlicher Songstrukturen neue musikalische Formen zu schaffen. Zum anderen aber sind sie die anerkannte Kapazität in Sachen »Jugend forscht«, Unterabteilung »elektronische Klangerzeugung«. Wobei sie schon zu erstaunlichen Ergebnissen gekommen sind – trotz des technischen Handicaps, dass Mitte der Sechzigerjahre noch kaum entsprechende Effekte, höchstens Wah-Wahs, Echogeräte und Leslie-Cabinets, zur Verfügung stehen.

Die Band schlägt eine künstlerische Richtung ein, die sie bald von den wunderlichen Abgründen der Barrett'schen Phantasie in die avantgardistischen Klanglandschaften von *Ummagumma* und von dort weiter zur kommerziellen Gigantomanie von Klassikern wie *Dark Side Of The Moon* und *Wish You Were Here* führen wird. Schon auf dem zweiten Floyd-Album, *A Saucerful Of Secrets* (1968), ist das nicht zu überhören. Von den sieben Stücken stammt nur noch eines, der wirre *Jugband Blues*, von Syd. Ansonsten wird das Album dominiert von kühlem Spacerock, düsteren Klangexperimenten und hymnischer Melodik. Bereits vier Kompositionen stammen von Roger Waters. Der berückende Charme, der noch das Debüt ausgezeichnet hat, ist verflogen, Pink Floyd haben sich auf die Reise in die Siebzigerjahre begeben. Ab sofort stehen sie nicht mehr für verspielten Pop, sondern für ernsthafte Kunst. Überdies ist längst klar, dass die Langspielplatte ihr primäres Medium ist, um Singles will man sich nach dem Flop von *Point Me At The Sky* (Dezember 1968) nicht länger kümmern.

Auf der Bühne wird Pink Floyds Musik üblicherweise durch Diaprojektionen und Filmeinspielungen effektvoll untermalt. Da nimmt es wenig Wunder, dass Filmregisseure bald entdecken, dass auch der umgekehrte Fall funktioniert, also die Musik bestens dazu geeignet ist, bewegte Bilder zu illustrieren. Entsprechende Aufträge lassen nicht lange auf sich warten. Zur Freude der Band, schließlich ist man nach Syds Abgang und der Entscheidung, die Karriere nicht mehr auf Pophits zu bauen, froh über jede künstlerische (und finanzielle)

Perspektive. 1969 nimmt die Band den Score für *More*, einen Film des französischen Regisseurs Barbet Schroeder, in Angriff. Das dazugehörige Album erstaunt mit kurzen, kompakten Stücken und erinnert eher an das songlastige LP-Debüt als an die ausufernden Exkursionen von *A Saucerful Of Secrets*. Andererseits bietet die Platte erste Blaupausen späterer Hymnen (*Green Is The Colour*), Bombastisches (*Cymbaline*) und natürlich interessante neue Klänge.

Das Doppelalbum *Ummagumma*, nur drei Monate nach *More* veröffentlicht, bringt ebenfalls noch keinen entscheidenden Fortschritt, die Live-Mitschnitte von Bühnenhighlights wie *A Saucerful Of Secrets* und *Astronomy Domine* aber demonstrieren, wie traumwandlerisch sicher die Musiker inzwischen zusammenspielen und wie fein sich ihr Gespür für Dramaturgie und Dynamik entwickelt hat, nicht zuletzt übrigens durch Gilmours Gitarrenspiel. Der Rest des Albums bleibt sperrig, jeder Floyd hat sich eine halbe Plattenseite lang im Studio austoben dürfen. Dabei sind zwar nicht unbedingt musikalische Meisterleistungen herausgekommen, als Fortbildungskurs in Sachen Produktions- und Elektrotechnik hat das Experiment aber seinen Wert.

Zur Jahrzehntwende ist die längst über die kleine Londoner Undergroundszene hinausgewachsene Floyd-Gemeinde gespannt, was die Gruppe zustande bringt, wenn sie im Studio wieder gemeinsam Hand anlegen wird. Die Antwort fällt mit *Atom Heart Mother* im Oktober 1970 so überraschend wie wegweisend aus.

Den Kern des Albums bildet das ambitionierte 23-minütige Titelstück, das mit Orchester und Chor daherkommt und, der damaligen Mode entsprechend, die Möglichkeiten des Crossovers zwischen Rock und Klassik erkundet. Das Ganze ist mit Hilfe des renommierten E-Musik-Komponisten Ron Geesin entstanden und hat tolle Momente, unterm Strich jedoch wirkt es noch unausgegoren. Die B-Seite besteht aus elegischen Folkballaden und einer aufwändigen Klangkollage mit dem

Titel *Alan's Psychedelic Breakfast.* Neben dem zusätzlichen musikalischen Terrain, das sich die Band erschließt, wird zum ersten Mal ein weiterer, für den einzigartigen Status von Pink Floyd verantwortlicher Faktor hörbar: *Atom Heart Mother* glänzt mit sorgfältigster Produktion und einer konkurrenzlos highfidelen Klangqualität. Bald werden Pink Floyds Werke als Maßstab für die aufkommende Audiophilen-Szene gelten.

*Meddle*, das die Band nach der Compilation *Relics* im November 1971 nachschiebt, geht diesen Weg konsequent weiter. Die Musiker, deren Debüt noch auf vier Spuren aufgenommen wurde, können nun auf komfortablen 16 Spuren arbeiten. Stolz erhebt sich hier zum ersten Mal der majestätische Floyd-Sound, der auf späteren Welterfolgen zur Trademark wird. Wieder bildet eine kompliziert verschachtelte, über eine ganze Plattenseite reichende Rocksuite das zentrale Stück. Mangelte es *Atom Heart Mother* noch an kompositorischer Schlüssigkeit und dramaturgischer Durchschlagskraft, so erreicht *Echoes* nun in allen Belangen die volle Punktzahl. Auch die andere Albumseite, eingeleitet vom grandiosen Instrumental *One Of These Days*, das zum Dauerbrenner in Undergrounddiskotheken wird, überzeugt.

Mit *Meddle* ist die Selbstfindung der Barrett-losen Band abgeschlossen. Erstmalig haben sich Wrights atmosphärische Klangwelten, Gilmours feierlicher Gitarrenton und seine effizient konstruierten Soloausflüge sowie die zur Slow Motion neigende Rhythmusgruppe zum großen Ganzen vereint – die Ahnung kommender Gigantomanie und Paranoia eingeschlossen.

Das Jahr 1972 verbringt die Band mit der Arbeit an einem Filmsoundtrack (*La Valleé*, wiederum von Barbet Schroeder), der unter dem Titel *Obscured By Clouds* erscheint, kaum Wellen schlägt, aber mit seinen kompakten Kompositionen ein wichtiges Bindeglied zwischen *Meddle* und dem überwältigenden Opus Magnum schafft, das nun folgen wird. Nach Tourneen in Nordamerika und Europa hat sich die Band mit ihrem Toningenieur Alan Parsons ab Juni 1972 in den Abbey

Road Studios verschanzt, wo sie an ihrem nächsten Album werkelt. Im März 1973 erscheint *The Dark Side Of The Moon*.

Und jetzt ist nichts mehr wie zuvor. Innerhalb weniger Wochen hat nahezu jeder europäische Rockfreak dieses überwältigende Klangerlebnis, gespickt mit berückenden Melodien und faszinierenden Geräuschcollagen, im heimischen Plattenregal. Und auch der US-Markt, der Pink Floyd bis dahin ignoriert hat, explodiert. Dank einer der aufwändigsten Werbekampagnen in der Geschichte der Tonträgerindustrie stürmt *Dark Side* auf Platz eins der Billboard-Charts. Wobei der immense Erfolg nicht allein darauf gründet, dass die Band hier am Ziel ihrer Reise zu einer aufregenden, einzigartigen Klangästhetik angekommen ist und die perfekte Mischung aus Experiment und Popappeal gefunden hat. *Dark Side* trifft auch thematisch ins Schwarze. Die Songs drehen sich um ein universelles Thema, die Entfremdung und Desillusionierung des Menschen in einer hochtechnisierten Umwelt. Ein Motiv, das sich perfekt in die Post-Sixties-Katerstimmung der frühen Siebzigerjahre fügt. So deprimierend die Thematik auch ist, Floyd gelingt es, sie in höchst sinnliche und sogar singletaugliche Musik zu packen – das trotz 7/8-Takt und endlosem Registrierkassen-Geratter höchst eingängige *Money* wird in den USA erfolgreich als Single veröffentlicht.

.....................................

Bis ins Jahr 1974 ist die Band nun auf Tourneen rund um den Globus unterwegs. Plötzlich sind Pink Floyd nicht mehr nur die kultisch verehrte Speerspitze des Progressive Rock, jetzt sind sie ein Produkt, eine Marke, ein Multi-Millionen-Dollar-Unternehmen, das entsprechenden Einsatz verlangt. Fotosessions, Interviews, Konzerte und dazu Business-Dates, die mit Musik nichts zu tun haben, füllen die Terminkalender. Eine Entwicklung, von der Waters, Gilmour, Wright und Mason überrollt werden und die ihnen die kreative

Luft abzuschnüren droht. Ab Sommer 1974 nehmen sich die vier eine Auszeit, widmen sich ihren Familien und mehr oder weniger teuren Hobbies. Erst Anfang 1975 stellen sie sich der Herausforderung, einen Nachfolger für *Dark Side* zu schaffen. Typisch für die eigenwilligen Musiker, dass sie zunächst die Idee verfolgen, das Erreichte mit einer radikalen Kehrtwende einzureißen. Allen Ernstes wollen sie ein Album produzieren, das auf konventionelle Instrumente komplett verzichtet. Eine künstlerische Sackgasse, natürlich. Fragmente der ungewöhnlichen Versuche jedoch finden sich auf dem nächsten Album, dem am 15. September 1975 veröffentlichten *Wish You Were Here*, wieder.

Auch diesmal dreht sich alles um ein zentrales Thema: Syd Barrett. Eines Abends, als gerade *Shine On You Crazy Diamond* abgemischt wird, taucht der Bandgründer unvermutet in den Abbey Road Studios auf – verwirrt, geisterhaft. Die gespenstische Visite bestärkt Roger Waters darin, in den Texten für das Album Syds trauriges Schicksal zu reflektieren. Dessen Präsenz ist in jeder Rille des neuen Albums spürbar. *Wish You Were Here* bringt nicht wirklich Neues und variiert »nur« die etablierte Mischung. Minutenlang mäandern atmosphärische Introsequenzen wie in *Shine On You Crazy Diamond (Part 1)*, dazu bestimmen Gilmours epische Soli, Wrights pompöse Klangwände und Masons Schlagzeug, das sich wie Lava durch die Gehörgänge schiebt, das im Unterschied zu *Dark Side* deutlich düsterere Bild. Neben den bedrückenden Aspekten der Syd-Saga sind dafür auch Waters' bittere Abrechnungen mit dem Showbiz (*Have A Cigar*, *Welcome To The Machine*) verantwortlich – Reaktionen auf den Stress, der mit dem *Dark Side*-Erfolg eingesetzt hat.

Noch bitterer fällt das nächste Werk aus, *Animals* gilt als eines der unzugänglichsten und sprödesten Alben der Gruppe. Waters, nun auf dem besten Weg zum kreativen Alleinherrscher im Floyd-Universum, lässt seiner zynischen Weltsicht freien Lauf und teilt die Menschheit auf in Hunde, Schweine und Schafe. Er nutzt die Analogie für eine gallige, an Orwells *Farm der Tiere* erinnernde Abrechnung mit Opportunismus, Profitgier und Pharisäertum.

Die misanthropische Grundfärbung erstaunt, schließlich ist der gerade geschiedene Waters bei der Entstehung von *Animals* frisch verliebt. Auch das vergleichsweise banale Cover-Artwork überrascht, es zeigt eine naturalistische Aufnahme des Londoner Battersea-Kraftwerks. Auch damit signalisiert *Animals* eine Rückkehr der Band aus den Weiten des Alls auf die Erde. Musikalisch verzichtet *Animals* auf viele bewährte Elemente. Wrights Keyboards bleiben im Hintergrund, die Arrangements streckenweise untypisch karg, und nur gelegentlich setzt die Produktion noch auf den bewährten Cinemascope-Sound. Manche vermuten in *Animals* Pink Floyds Antwort auf den Punk. Dabei richtet das Album sein Spotlight vor allem auf Dave Gilmour. Die Techniken und Elemente, die sein Spiel auszeichnen, hat er hier zur Perfektion entwickelt: flüssige Bendings, das wunderbar weiche Vibrato, seine deutlich Blues-beeinflusste Phrasierung sowie ein einzigartiger Sinn für Ökonomie und einprägsame Melodien. Auf *Animals* ist das alles so präsent wie kaum je zuvor, begünstigt durch die fehlende Dominanz der Keyboards.

Der neuerliche Erfolg kann die gewachsenen Spannungen unter den vier Musikern jedoch kaum noch übertünchen. Wright und Mason haben das Interesse an der Band sichtlich verloren, Gilmour und Waters haben sich privat kaum noch etwas zu sagen, und der Bassist betrachtet Floyd inzwischen als Vehikel für seine künstlerischen Großvisionen. Als die Gruppe bei einem Investmentgeschäft Millionen Pfund verliert und unversehens in finanzielle Turbulenzen gerät, setzt Waters den Kollegen die Pistole auf die Brust: Entweder sie entscheiden sich für sein *The Wall*-Projekt oder er verlässt die Gruppe, wohl wissend, dass die anderen ohne ihn keine tragfähige Idee für ein neues Album in petto haben und demnach vor dem Bankrott stünden. Als das Doppelalbum *The Wall*, eine bombastische Melange aus pathetischem Rock, Opernversatzstücken und Weltkrieg-II-Geräuschfetzen, im Dezember 1979 erscheint, wird es zum gigantischen Verkaufserfolg.

Kommerziell sind Floyd nun auf dem Höhepunkt, als Band aber mausetot. Wright war von Waters während der Aufnahmen aus der Gruppe gemobbt worden, und wo früher vier unterschiedliche Musiker Mut und Liebe zum Experiment teilten, herrschen nun Waters' Obsessionen und Paranoia sowie ein fataler Hang zum Kitsch vor. Die Geschichte vom fiktiven Rockstar Pink ist ein »großes fettes Doppelalbum von einer großen fetten Band« (*Musikexpress*), mit einem der fettesten Singlehits jener Jahre, dem von einem Schulchor getragenen *Another Brick In The Wall Pt. II*. Die gigantische Welttournee folgt auf dem Fuße, zwei Jahre später wird die verquaste Rockoper mit Boomtown-Rats-Sänger Bob Geldof in der Hauptrolle verfilmt.

Für das nächste Album, *The Final Cut* (1983), holt sich Waters mit Michael Kamen einen externen Produzenten und drückt ansonsten sein Konzept eines so deprimierten wie schmerzhaften Anti-Kriegs-Statements durch, dass er seinem gefallenen Vater widmet. Musikalisch ist dieser »letzte Schnitt« ein düsteres, Streicher-lastiges Kammerspiel, aufgeblasen, melodramatisch und pompös. All die Sinnlichkeit und musikalische Raffinesse, die bis dahin vor allem Gilmour beigesteuert hatte, fehlt. So ist *The Final Cut* letztlich nicht mehr als ein Waters-Soloalbum, auf dem neben anderen zwei Floyd-Musiker mitspielen.

..................................

Der Rest ist schnell erzählt: Die Fans, die Pink Floyd in den Siebzigerjahren als geniale Neuerer und Vordenker verehrten, zucken nur noch mit den Schultern und wenden sich den jungen Bilderstürmern des New Wave und den hedonistischen Freuden der Disco zu. 1985 verlässt Waters die Band – im festen Glauben, dass die dann ihren Geist aufgibt. Er verrechnet sich. Gilmour, Wright und Mason ringen sich zu neuen Taten durch, bringen mit *A Momentary Lapse Of Reason* (1987) sowie *A Division Bell* (1994) zwei weitere Studioalben heraus und absolvieren dazu erfolgreiche Welttourneen. All das aber ist letztlich nicht mehr als ein fader Nachhall zur eigentlichen, längst abgeschlossenen Floyd-Story. Waters selbst bezeichnete die nach seinem Abgang entstandenen Alben mal als »ganz gelungene Imitationen«, womit er zweifellos Recht hatte, denn weder inhaltlich noch konzeptionell setzten diese Platten neue Akzente. Das Beste, was sich über sie sagen lässt: Gekonnt lieferten sie Schlüsselreize für ein erwachsen gewordenes Publikum, das sich gerne an Großtaten wie *Dark Side Of The Moon* oder *Wish You Were Here* erinnerte. Die Musik spielte ohnehin längst woanders.

Von Anfang an kreiste die Floyd-Story um das Schicksal von Syd Barrett. So paradox es klingt: Ohne ihn wäre die Band nicht die geworden, die sie ist. Mit ihm freilich auch nicht. Das hochbegabte Genie, das mit Barrett gegangen war, ersetzten Pink Floyd durch phantastische Klangarchitekturen und kühle Technokratie, womit sie sich eine neue Identität schufen. Roger Waters, der Sensibelste und Zerrissenste, baute die Mauer, von der *The Wall* erzählt, auch im wirklichen Leben auf. Sie isolierte ihn von seinen Mitstreitern und zerstörte die gemeinsame Band. Nach zwanzig Jahren scheint diese Mauer nun durchlässig geworden zu sein. Die überraschende Reunion für *Live 8* hat das gezeigt. Mit dem Krebstod von Rick Wright am 15. September 2008 indes haben auch die letzten Optimisten den Glauben an eine Wiedervereinigung aufgeben müssen. Tröstlich immerhin, dass die drei Überlebenden anlässlich des Abschieds von Wright nicht nur ihren Keyboarder unisono als wichtigen Teil der Band würdigten, sondern auch unabhängig voneinander ihr Bedauern erklärten, die Möglichkeiten einer neuerlichen Zusammenarbeit nicht häufiger genutzt haben.

*Empfehlenswert:*

**The Dark Side Of The Moon (1973)**
Es war der Moment, in dem Pink Floyd ihre Bestimmung erreicht hatten – und gleichzeitig das größtmögliche Publikum. Nach *Meddle* von 1972, das schon einen Riesenschritt in der Entwicklung der Band markiert hatte, waren die vier Musiker gemeinsam mit ihrem Produzenten/Toningenieur Alan Parsons in den Londoner Abbey Road Studios für ein gutes Jahr in Klausur und aufs Ganze gegangen. Das Ergebnis war grandios: Bluesrock, Post-Psychedelia und fokussierter Artrock wuchsen zu einem homogenen Gesamtkunstwerk zusammen, sorgfältig und phantasievoll konzipiert und mit größtmöglicher Akribie produziert. Kurz: State Of The Art in Sachen anspruchsvoller Rockmusik. Wie sehr *Dark Side* seine Zeit definierte, zeigt allein schon der einzigartige Rekord, den das Album aufstellte: 741 Wochen, mehr als 14 Jahre also, hielt sich die Platte in den US Billboard Charts! Rund 45 Millionen Exemplare wurden bis heute verkauft.

**Relics (Compilation)**
Diese 1971 veröffentliche Kopplung versammelt einen Querschnitt durch die frühen Alben der Band. Enthalten sind neben den von Syd Barrett geschriebenen A-Seiten (*Arnold Layne*, *See Emily Play*) diverse B-Seiten, darunter das verträumte *Julia Dream* und das beängstigende *Be Careful With That Axe, Eugene* sowie mit *Bike* ein weiterer Barrett-Song. Dazu gibt's zwei Tracks vom Soundtrack *More* sowie vom Debütalbum die psychedelische Klangkollage *Interstellar Overdrive* und mit *Remember A Day* ein Stück vom zweiten Album *A Saucerful Of Secrets*. Macht unterm Strich eine kurzweilige und aufschlussreiche Reise durch die experimentierfreudige Frühphase von Pink Floyd.

**Live At Pompeji: The Director's Cut (DVD)**
Im Oktober 1971 reisten Pink Floyd nach Italien, um dort im antiken Amphittheater von Pompeji einige ihrer Bühnenstücke zu spielen. Unter der Regie von Adrian Maben entstand dabei ein Kinofilm, der stimmungsvoll den damaligen Bühnenact der Band einfängt, eindrucksvolle Versionen ihres Repertoires zeigt, darunter das majestätische *Echoes*, und zudem in seiner heute erhältlichen *Director's Cut*-Version auch dokumentarisches Material präsentiert, das die Band während der Arbeit an *The Dark Side Of The Moon* in den Londoner Abbey Road Studios zeigt. Ein Klassiker in der Rock-Cinemathek und eine faszinierende Momentaufnahme von Pink Floyd auf der Höhe ihres Schaffens.

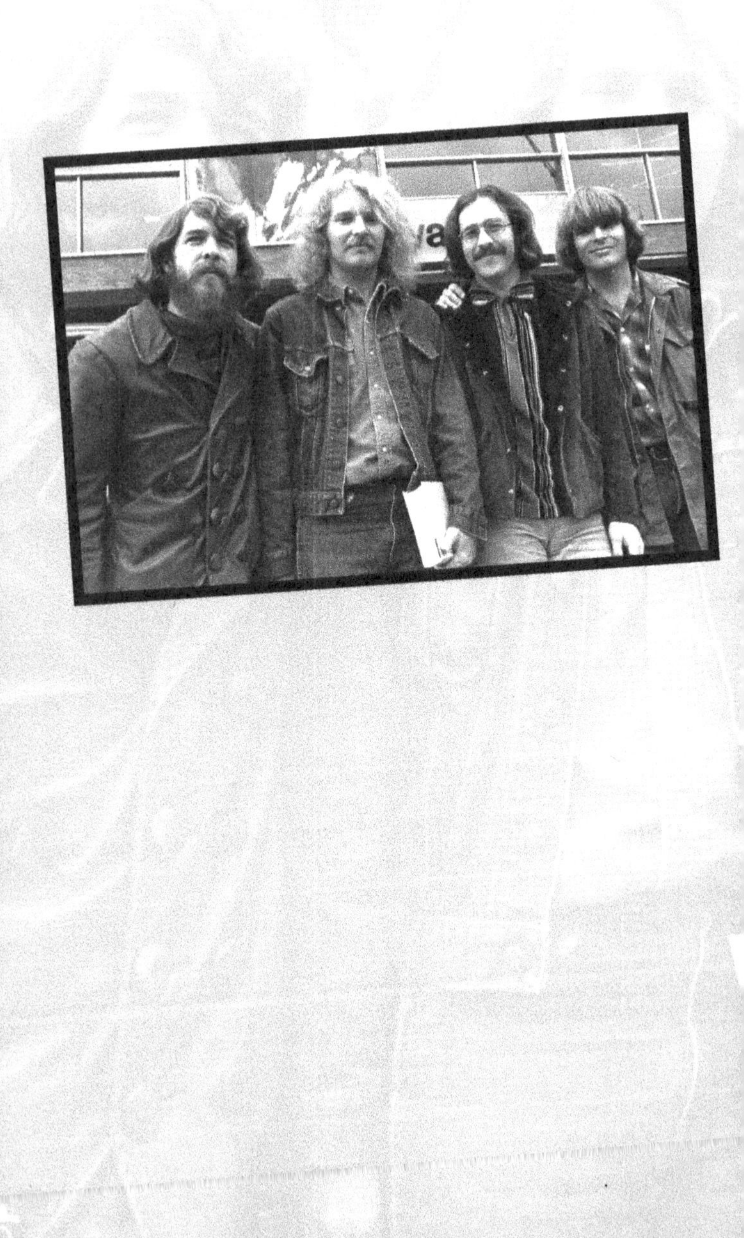

# BAD MOON RISING

*Creedence Clearwater Revival und der Fluch des Ruhms*

»Ich will Songs schreiben, die auch in zehn Jahren noch im Radio gespielt werden.« Schon 1968, als Creedence Clearwater Revival mit *Suzy Q* ihren ersten Top-20-Hit schafften, hatte John Fogerty (61) das klargestellt. Eine künstlerische Guideline, mit der er sich und seine Band in gewisser Weise aus ihrem zeitlichen Kontext löste. Einfacher gesagt: CCRs Musik sollte zeitlos sein – und wurde es. Ihre Songs hätten genauso gut zehn Jahre früher oder später entstanden sein können. Als Ende der Sechzigerjahre alle anderen Acid Rock machten, in Improvisationsorgien die eigene Virtuosität feierten und sich dabei häufig in ziellosen Experimenten verloren, waren CCR das exakte Gegenteil: catchy, kompakt, auf den Punkt. Creedence Clearwater Revival wurden zu Giganten des Single-Formats und eroberten dem Rock quasi im Alleingang die 45er-Platte zurück.

Auch wenn Kritiker und Anhänger des Progressive Rock sie seinerzeit nicht ganz ernst nehmen wollten, heute gelten CCR als die wohl größte US-Band der Rock-Ära, als Mit-Initiatoren des Americana-Genres und Schöpfer eines Katalogs, der sich neben denen von Beatles, Stones und Dylan hören lassen kann.

In einem schier unglaublichen Schaffensrausch platzierten Fogerty & Co. in nur knapp drei Jahren neun Singles und fünf (!) Alben in den US-Top 5. Nicht nur in den USA, auch in Europa wurden sie als Rockgötter verehrt, in England etwa rangierten sie 1970 in der Gunst der Leserschaft des *New Musical Express* gar vor den Beatles. Dabei war ihr Scheitern zu diesem Zeitpunkt schon nicht mehr zu verhindern, auch wenn sie selbst noch an eine Zukunft glaubten. Ihr Verhängnis war die fragile Balance ihrer Egos. Erfolg allein reichte den vier Musikern nicht, sie wollten auch die Absolution der Kritik, wollten Künstler, wollten bedeutend sein. Dabei waren sie es längst.

Bruce Springsteen brachte es 1993 auf den Punkt, bei seiner Rede zur Einführung von CCR in die Rock'n'Roll Hall Of Fame, sagte er: »In den späten Sechzigern und frühen Siebzigern waren sie nicht die hippste Band in der Welt – aber die beste!«

...................................

Die Geschichte von Creedence Clearwater Revival beginnt in El Cerrito, einem verschlafenen Vorort von San Francisco, nördlich von Berkeley gelegen. Los ist dort in den bleischweren Eisenhower-Jahren so gut wie gar nichts. Jungs wie die fünf Fogerty-Brüder – Jim, Tom, John, Daniel und Bob – können nicht viel mehr tun als im Baseball-Team ihrer Schule zu glänzen, Mädchen aufzureißen, fernzusehen oder Radio zu hören. Letzteres immerhin ist in der Bay Area eine lohnende Angelegenheit. Im dicht besiedelten Gebiet um die Golden Gate Bridge gibt es mehr als ein Dutzend Sender, die ihr Programm nach den Bedürfnissen der verschiedenen Bevölkerungsgruppen ausrichten. Schwarze leben hier neben mexikanischen Einwanderern, Chinesen, Italienern und sonstigen Nationalitäten, nicht zu vergessen die vielen Studenten der benachbarten University of California in Berkeley. So tönen in den Fünfzigerjahren neben Hollywoodschlagern und Orchesterschnulzen auch Rhythm'n'Blues, Country und Folk aus dem Lautsprechern. Frank Sinatra und Perry Como, aber auch John Lee Hooker, Jimmy Reed, Hank Williams und das Kingston Trio.

Eine musikalische Sozialisation, die vielfältiger nicht sein könnte. Als dann plötzlich Bill Haley, Elvis Presley, Little Richard und Jerry Lee Lewis die Szene betreten, erwischt den 17-jährigen Tom das Rock'n'Roll-Fieber. 1958 steigt er bei den Playboys als Sänger ein, ein Jahr später schon wechselt er zu einer anderen lokalen Band mit dem schönen Namen Spider Webb & The Insects. In der Nachbarschaft gilt Tom bereits als Star, aber auch der gerade 13-jährige John ist längst infiziert. Seine wenigen Platten, darunter Haleys *Rock Around The Clock* und Roy Orbisons *Ooby Dooby*, sind seine wertvollsten Besitztümer. Auf einer billigen Gitarre übt er verbissen die Melodien, die er auf diesen Platten hört, Scotty Moore aus Elvis' Band und *Rebel Rouser* Duane Eddy sind seine Vorbilder. Dazu träumt der scheue und verschlossene Junge von den Südstaaten, den Wäldern und Sümpfen Louisianas, Städten wie New Orleans und dem »ol' man river« Mississippi.

In der Portola Junior Highschool findet John trotz seiner Schüchternheit Gleichgesinnte. Tatsächlich begegnet er dort schon mit 14 den beiden Jungen, mit denen sein Schicksal für den Rest seines Lebens verbunden bleiben sollte: Douglas »Cosmo« Clifford und Stewart »Stu« Cook. Doug will Trommler werden, Stu kann Klavier spielen. Im Frühling 1959 bilden die drei ein Trio, nennen sich The Blue Velvets und absolvieren erste Auftritte bei Partys und Schulfesten.

Etwas mehr als ein Jahr später kommen die Dinge ins Rollen. Tom, der mit seinen Insects beim Del-Fi Label in Los Angeles einen Plattendeal bekommen hat, ist nach einigen Flops desillusioniert nach El Cerrito zurückgekehrt. Wieder zuhause, entdeckt er, dass die Band seines kleinen Bruders inzwischen richtig was drauf hat. Gelegentlich tritt er als Gast bei ihren Gigs auf, und als er einen Solo-Deal mit dem lokalen Orchestra Label abschließt, macht er sie kurzerhand zu seiner Begleitgruppe. Tommy Fogerty & The Blue Velvets sind nichts anderes als die späteren Creedence Clearwater Revival – allerdings mit Tom als Sänger. Bis diese Gruppe mit der Stimme von John und Welthits wie *Proud Mary* oder *Bad Moon Rising* für weltweite Furore sorgt, liegen noch acht harte Jahre vor ihr. Es ist der Sommer 1961, Tom ist gerade 20, die anderen drei 16 Jahre alt.

So wichtig ihnen der Rock'n'Roll ist, so unbestritten allerdings bleibt, dass die Schule vorgeht. Die Musik gilt als Hobby, und Tom, der sich langsam aber sicher mit dem Gedanken vertraut macht, dass der Traum von der ruhmreichen Musikerkarriere ein Traum bleiben wird, muss bereits eine Familie ernähren. Er nimmt einen Job bei Pacific Gas & Electric an, die drei anderen bereiten sich auf ihren Highschool-Abschluss vor, den sie 1963 schaffen.

Im Februar 1964 lösen die Beatles mit ihrem ersten US-Besuch ein regelrechtes Erdbeben aus, und auch die Velvets spüren, dass eine neue Zeit anbricht. Tom, John, Stu und Cosmo suchen ein Label, das nicht nur lokal, sondern national arbeitet, und finden es direkt vor ihrer Tür. Allerdings ist Fantasy Records nicht für Rock'n'Roll oder Pop bekannt, sondern als Heimstatt einiger der bedeutendsten Vertreter des sogenannten Westcoast Jazz. 1963 gelingt Fantasy mit dem Instrumental *Cast Your Fate To The Wind* von Vince Guaraldi ein Überraschungshit, über dessen Entstehung der Journalist Ralph G. Gleason einen Dokumentarfilm für eine örtliche TV-Station dreht. Die Blue Velvets sehen diesen Film im Frühjahr 1964 und beschließen, bei Fantasy anzuklopfen. Sie erwischen genau den richtigen Zeitpunkt, denn auch dort hat man die Zeichen der Zeit erkannt und sucht nach einer jungen Band, die dem Label helfen kann, auf den durchstartenden Beat-Zug aufzuspringen. Schnell einigt man sich, und Tom unterschreibt den Vertrag auch im Namen der anderen, die nach amerikanischem Recht noch nicht geschäftsfähig sind.

Als erstes werfen die Velvets ihren altmodisch klingenden Namen über Bord, ab sofort nennen sie sich The Visions. Alsdann nehmen sie mit *Don't Tell Me No Lies*, einer Komposition der beiden Fogerty-Brüder, ihre erste Single für das Label auf. Aber: Nichts tut sich, was schlicht daran liegt, dass Fantasy die Single gar nicht erst veröffentlicht. Denn Sol und Marc Weiss, den Inhabern der Firma, gefällt der Bandname nicht. Tom und seinen Jungs bleibt nichts anderes übrig, als weiterhin tapfer durch die Bars und Kneipen der Bay Area zu tingeln. Im November 1964 endlich kommt der Song doch noch auf den Markt. Die Visions sind erleichtert und voller Hoffnung – bis sie feststellen, dass die Plattenfirma ihnen kurzerhand einen neuen Namen verpasst hat, der nun auf dem Plattenlabel prangt: The Golliwogs, die landläufige Bezeichnung für Negerpuppen, die in den Südstaaten gerne als Schirmständer verwendet werden. Zum ersten Mal bekommen die jungen Musiker die willkürliche Macht der Plattenindustrie zu spüren.

.......................................

Die vier finden sich mit dem ungeliebten Namen ab und bringen das Jahr 1965 mit weiteren Sessions und gefloppten Singles hinter sich. Im November aber erscheint mit *Brown-Eyed Girl* ein Song, der entscheidende Weichen stellt. Zum ersten Mal besorgt John nicht nur den Leadgesang, sondern überwacht auch die Produktion des Stücks. Innerhalb der Band beginnt er sich nun als der Talentierteste durchzusetzen. Der Erfolg gibt ihm recht, rund 10.000 Exemplare kann Fantasy im Winter 1966 von *Brown-Eyed Girl* losschlagen. Der Song schwimmt zwar stilistisch deutlich im Fahrwasser der britischen Bands, besonders von Van Morrisons Them, aber erstmals drückt John einem Golliwogs-Song seinen Stempel auf, dazu überzeugt das Stück mit einem komplexen und doch ökonomischen Arrangement.

Fantasy schließt nun mit den vier Jungs aus El Cerrito einen Management-Vertrag ab und versucht, bessere Gigs zu besorgen. Erschwert wird die Situation allerdings dadurch, dass John und Doug 1966 zur Army einberufen werden. John reißt seine Zeit als Reservist ab, Doug geht zur Küstenwache. Trotzdem bestehen die Golliwogs weiter. Im Herbst 1966 bringen sie mit *Walking On Water* einen Song heraus, der wie eine Blaupause dessen wirkt, wofür Creedence Clearwater Revival berühmt werden sollten: Erstmals hat sich die Band von den formalen Fesseln ihrer Vorbilder gelöst, erstmals gelingt es ihr, eine ganz eigene, beinahe epische Atmosphäre zu schaffen. Und erstmals zeigt *Walking On Water* die unverwechselbare Handschrift von John. Die anderen sind ab jetzt nur noch ausführende Musiker, mit der kreativen Seite haben sie kaum noch zu tun, Komposition, Arrangement und Produktion hat der Jüngste unter Kontrolle. Es ist der Beginn eines beispiellosen Triumphzuges und gleichzeitig der Anfang vom Ende der Band – noch bevor sie Creedence Clearwater Revival heißt und ihre erste Langspielplatte aufnimmt (auf der ein Jahr später eine Neuaufnahme dieses Songs unter dem Titel *Walk On The Water* zu hören sein wird).

Doch zunächst geht es steil bergauf. John und Cosmo sind im Frühsommer 1967 zurück von der Army und beschließen, mit den anderen zusammen ein kleines Häuschen, The Shire in den Bergen von El Sobrante, zu mieten. Dort will die Band ihren Sound grundlegend überarbeiten. Ermutigt wird sie dabei von Saul Zaentz, einem langjährigen Mitarbeiter von Fantasy Records, der die Firma in diesem Jahr übernommen hat und auf das Talent der Golliwogs setzt. Zur gleichen Zeit explodiert nur wenige Meilen entfernt, im magischen Dreieck von Golden Gate Park, Haight Ashbury und Fillmore West, die psychedelische San Francisco Scene mit Bands wie Grateful Dead, Jefferson Airplane, Quicksilver Messenger Service, Big Brother & The Holding Company und Moby Grape. Allesamt Gruppen, die ihren elektrifizierten Folk zu langen

Jamsessions ausbauen, dabei gerne auf formale Strukturen verzichten und lieber auf bewusstseinserweiternde Stimulanzien zurückgreifen.

Die vier Vorortrocker in den Bergen von El Sobriante sind anders: Mit Drogen haben sie nichts am Hut, dafür umso mehr mit dem lebensfrohen Rhythm'n'Blues der Fünfzigerjahre. Dazu pflegen sie eine Liebe zum Rockabilly und zum Erbe von Hank Williams – all dies der Stoff, aus dem Pop anno 1967 durchaus *nicht* gemacht ist. Fogerty und die Seinen juckt das wenig, höchstens insofern, als dass sie sich von Saul Zaentz überreden lassen, ihr Cover des Dale-Hawkins-Klassikers *Suzy Q* von 1957 zur zehnminütigen Jamsession auszubauen. Zaentz ist begeistert und will den Song zweigeteilt als Single herausbringen. Das aber geschieht erst im Juni 1968. Zunächst lässt Zaentz die Band ihr Albumdebüt aufnehmen, allerdings unter der Bedingung, den Namen zu ändern. Das lassen sich die Golliwogs nicht zweimal sagen, kurz darauf heißen sie Creedence Clearwater Revival. Ein Name mit symbolischer Bedeutung: Das erste Wort, inspiriert durch den Vornamen eines Freundes, erinnert an credence (Glaube), das zweite entstammt einer damals aktuellen Bierwerbung und steht für Klarheit, während das dritte auf den künstlerischen Neuanfang der Band anspielt.

Im Januar und Februar spielen CCR das Material für die erste LP ein, wobei John Fogerty die künstlerische Oberaufsicht führt und *Suzie Q* nachträglich mit ein paar psychedelischen Klangeffekten aufmotzt. Im Juni erscheint das Stück als Single, das Album folgt einen Monat später. *Creedence Clearwater Revival* (1968) zeigt die Band zwar noch auf der Suche, und ihr musikalisches Profil ist noch längst nicht so scharf wie wenige Monate später auf *Bayou Country* (1969), aber die Zutaten sind bereits deutlich auszumachen: Neben Johns Nebelhornstimme, die sich zuvor in zahllosen Clubs unverstärkt durchsetzen musste, und der kompakten Rhythmusgruppe, die ihren Job ohne viel Federlesen erledigt, sind Einflüsse von Sun Records und Stax/Volt ebenso zu erkennen wie der typische Swamp Rock aus der Gegend von New Orleans. *Suzie Q* entwickelt sich zum lokalen, später zum landesweiten Radiohit, im Oktober schafft es einen respektablen Platz elf in den Charts. Das nachgeschobene *I Put A Spell On You*, ursprünglich 1956 von Voodoo-Rocker Screamin' Jay Hawkins aufgenommen, macht die Band weiter bekannt.

Die Ouverture der CCR-Saga ist damit abgeschlossen. Dass Creedence nun, auf dem Höhepunkt der Hippie-Ära, als erste Gruppe ihrer Generation eine Rückbesinnung auf die Rock-Roots einläuten, liegt auch daran, dass sie im Unterschied zu den meisten ihrer Zeitgenossen ihre Laufbahn nicht erst mit der britischen Invasion begannen, sondern bereits als Band arbeiteten, als R'n'B und Rock'n'Roll noch das Feld beherrschten. Aber auch ihre Herkunft aus der Arbeiterschicht und ihr damit verbundenes bodenständiges Weltbild unterscheiden CCR von vornherein von der zumeist aus der Mittelschicht stammenden Konkurrenz des Acid Rock. Symbolisch für diesen Unterschied stehen die Klamotten, in denen sich John Fogerty seinem Publikum präsentiert: Jeans, Holzfällerhemd, Cowboyboots – fortan die Uniform aller »ehrlichen« Rock'n'Roller.

Die Basic Tracks für ihr zweites Album spielen CCR im Herbst 1968 in den berühmten RCA Studios in Hollywood ein, wo schon die Rolling Stones *Satisfaction* aufnahmen. Die Leadvocals und Guitar-Overdubs besorgt John ohne die anderen in einem zweiten Arbeitsgang. Sieben Songs sind auf *Bayou Country*, knapp 34 Minuten Spielzeit, und sie machen CCR mit einem Schlag zur heißesten Band der Stunde. Die Monstersingle *Proud Mary*, veröffentlicht am 15. Januar 1969, rollt so unaufhaltsam an die Chartsspitzen der Welt wie der darin besungene Dampfer über den Mississippi. Ein simples Zwei-Akkord-Riff, ein Gospel-beeinflusster Refrain, ein stoischer Midtempo-Groove, all das gespielt im Stil von Booker T & The MG's, wobei John mit einem sparsamen Gitarrensolo seinem erklärtem Vorbild Steve Cropper nacheifert. Nicht zu vergessen die detailscharfen Textbilder, mit denen John, der bis dahin nie südlich der Mason-Dixon-Line war, eine authentische Südstaatenwelt schafft.

*Proud Mary* ist der musikalische Gegenentwurf zum Spacerock von Hendrix' *Electric Ladyland* und dem stilistischen Sammelsurium des *White Album* der Beatles. Es ist nicht der einzige Geniestreich auf *Bayou Country*, auch *Born On The Bayou* schlägt mit schwerem Southern Groove und stimmigen Lyrics in die Swamprock-Kerbe, weitere Highlights wie das achtminütige *Keep On Chooglin'* runden das Bild ab.

Auf diesem Album klingen CCR zum ersten Mal vollkommen bei sich selbst. Mehr noch, sie haben das, was der Amerikaner »momentum« nennt, sozusagen den Scheitelpunkt der perfekten Welle erwischt. Kaum mit *Proud Mary* etabliert, liefern sie die nächsten Single-Hämmer: *Green River*, Titelstück des bereits im August 1969 folgenden dritten Albums, *Bad Moon Rising*, *Lodi*, *Commotion* – mit atemberaubender Sicherheit schüttelt Fogerty die kommenden Klassiker aus dem Ärmel. Das Publikum spürt, dass es sich hier um Qualitätsware handelt und macht CCR zur erfolgreichsten Band des Jahres. Fogerty & Co profitieren davon, dass sich die Rockszene in immer unkommerziellere Sphären mäandert und das Bedürfnis des Publikums nach kompakten Songs zunehmend ignoriert. Da fällt ein kleines Malheur kaum ins Gewicht: CCR spielen in der Nacht zum 17. August 1969 beim Woodstock Festival, Fogerty aber verweigert eine Freigabe des Materials, so dass der Gig weder auf den späteren Album noch im Film vertreten ist und der Band damit ein gehöriges Stück nachhaltiger Legendenbildung entgeht.

Noch im selben Jahr, im November1969, folgt Album Nummer vier, *Willie And The Poor Boys*, das mit *Down On The Corner* und *Fortunate Son* zwei weitere Top-Hits bietet. Nach zehn Jahren des Tingelns endlich in der Belle Etage der Branche angekommen, sind CCR nun ununterbrochen unterwegs, exzessiv touren sie durch die USA, besuchen Europa und gehen zwischendurch ins Studio. Fogertys Kreativität scheint unerschöpflich, was er anpackt wird zu Gold. Im Juli 1970 kann Fantasy das fünfte Album veröffentlichen, und *Cosmo's Factory* legt die ohnehin hohe Latte noch etwas höher. Nicht weniger als sechs Klassiker sind an Bord, darunter die furiosen Rocker *Travelin' Band* und *Up Around The Bend*, der lässig-fröhliche Country-Rockabilly *Lookin' Out My Back Door*, der schwerblütige Gospel *Long As I Can See The Light*, das düstere *Run Through The Jungle* und nicht zuletzt die melancholische Anti-Vietnamkriegs-Hymne *Who'll Stop The Rain?*. Zudem gibt die Band mit einer elfminütigen Lesung von Marvin Gayes *I Heard It Through The Grapevine* eine beeindruckende Demonstration ihrer Fähigkeiten als musikalisches Improvisationstheater – grandios.

.......................................

Ende 1970 gelten Creedence Clearwater Revival als die neuen Beatles, oder doch wenigstens als Amerikas Antwort auf die Fab Four. Fogerty & Co lächeln von Millionen Postern, verkaufen mehr Platten als der Rest und okkupieren die Airwaves rund um die Uhr. Ihre Band aber ist da bereits kaputt. *Pendulum*, aufgenommen im November 1970 in Wally Heiders Studio in San Francisco und veröffentlicht am 7. Dezember mit einer rauschenden Presse-Party im CCR-Hauptquartier »Factory«, ist das letzte Album des Quartetts. Nicht mehr lange, und Tom Fogerty wird seinen Ausstieg bekanntgeben. Er hat die Nase voll von Johns totaler Dominanz und es im Grunde nie verwunden, dass der Erfolg just in dem Moment einsetzte, als er die Führung der Band an seinen jüngeren Bruder abgegeben hatte. Tom plant eine Solokarriere.

Insider sind von seinem Schritt kaum überrascht. Seit einiger Zeit bereits murren Tom, Stu und Cosmo, denn in Johns Schatten fühlen sie sich kreativ ausgebremst. Je erfolgreicher die Band wurde, desto kompromissloser bestimmte John den Kurs. Nicht nur in Sachen Musik, auch in geschäftlichen Belangen hat er sich zum unbarmherzigen Kontrollfreak entwickelt. Er ist es, der bestimmt, welche Gigs gespielt, welche Tourneen gemacht, welche Interviews gegeben und welche TV-Auftritte absolviert werden. Seine drei Mitspieler fühlen sich entmündigt, ihre Egos verdörren. So jedenfalls sehen sie das. Außerdem, so glauben sie, braucht ihr Mastermind dringend eine schöpferische Pause, sie sind überzeugt, dass John dem immensen Erfolgsdruck kaum mehr standhalten kann.

Seit Monaten liegen die Nerven blank, im Herbst 1970 kommt es zur offenen Meuterei. Tom verlangt kategorisch, wieder den Leadgesang zu übernehmen, zumindest gelegentlich. Stu und Cosmo wollen eigene Songs beisteuern. Mehr noch, sie wollen diese Songs auch singen und produzieren. Kurzerhand setzen sie John als Bandleader ab. Man kommt überein, dass *Pendulum* das letzte Album unter seiner Regie sein soll. Noch einmal rafft sich die Band zu großen Songs auf, darunter das wunderbare, von dunklen Ahnungen geprägte *Have You Ever Seen The Rain* und der unbeschwerte Kracher *Hey Tonight.* Musikalisch erkundet Fogerty auf *Pendulum* behutsam neues Terrain, holt erstmals Bläser hinzu und räumt den Keyboards mehr Platz ein. Trotz des Erfolgs von *Pendulum* wird die Stimmung in der Band nicht besser. Als sich John weiter beharrlich weigert, Tom ans Mikrophon zu lassen, reicht der im Februar 1971 entnervt sein Abschiedsgesuch ein. CCR sind zum Trio geschrumpft.

John ahnt längst, dass das Ende von CCR besiegelt ist. Er weiß, dass seine beiden Mitstreiter nicht in der Lage sind, gleichwertiges Material beizusteuern. *Mardi Gras* (1972) gibt ihm Recht. Zum Entsetzen der Fans singt John nur bei vier Songs, darunter die Abschiedshits *Sweet Hitch Hiker* und *Someday Never Comes.* Den Rest der Platte bestreiten Doug und Cosmo mit eigenen countrylastigen Beiträgen, die den gewohnten CCR-Standard kaum halten können. Im *Rolling*

*Stone* zerreißt der einflussreiche Journalist und spätere Springsteen-Manager Jon Landau das Album in der Luft. Statt eines Neuanfangs ist *Mardi Gras* zur künstlerischen Bankrotterklärung geworden – verursacht durch die Selbstüberschätzung von Cook und Clifford sowie Fogertys Entmachtung, sein Abdanken als Bandchef kommt einer freiwilligen Enthauptung gleich. Das Album verkauft sich vergleichsweise schlecht, die Streitereien zwischen den drei Musikern werden hässlicher. Zudem zeigt sich Saul Zaentz nicht bereit, den beschämend schlechten Vertrag seiner unterbezahlten Goldesel nachzubessern. Fogerty zieht sich zurück. Nach dem letzten Konzert am 22. Mai 1972 beginnt er mit der Arbeit an *The Blue Ridge Rangers* (1973), einem reinen Countryalbum, das er im Alleingang einspielt. Am 16. Oktober folgt der Schlussstrich: Fantasy Records erklärt das offizielle Ende der Band.

..........................................

Was folgte, waren vier unbefriedigende Solokarrieren, endlose gerichtliche Auseinandersetzungen und ein Bruderzwist, der bis zu Toms Tod im Jahr 1990 andauerte. Immerhin scheint sich John Fogerty im Herbst seiner Laufbahn vom Trauma des CCR-Erbes befreit zu haben, seit etwa zehn Jahren veröffentlicht er wieder regelmäßig und erfolgreich neue Alben. Zuletzt unterschrieb er gar wieder bei Fantasy Records, nachdem die Luft mit Zaentz' Ausscheiden und dem Verkauf des Labels an Concord Records dort für ihn wieder rein geworden ist und er nun endlich frei über sein CCR-Material verfügen kann. Derweil tingeln seine einstigen Mitstreiter Cook und Clifford mit der CCR-Coverband Creedence Clearwater Revisited durch die Lande. Auch wenn Creedence Clearwater Revival nur eine kurze Zeit beschieden war – ein Ziel, vielleicht sein wichtigstes, hat John erreicht: Die Songs von damals sind zeitlos und werden auch heute noch, vier Jahrzehnte später, im Radio gespielt.

*Empfehlenswert:*

**Chronicle – The 20 Greatest Hits (Compilation)**
Im Grunde waren Creedence Clearwater Revival eine Singles-Band. Wohl keine Gruppe der ausgehenden Sechzigerjahre verstand es so perfekt, ihre Songeinfälle in ein hoch ansteckendes Drei-Minuten-Format zu packen, ohne sich dabei andauernd zu wiederholen. Wer CCR über die bis heute allgegenwärtigen Gassenhauer *Proud Mary* und *Have You Ever Seen The Rain* hinaus kennenlernen will, sollte sich also eine Sammlung ihrer auf 45er-Schallplatten veröffentlichen Songs zulegen. *Chronicles* ist da nach wie vor die beste Adresse: Vollständig bietet die Sammlung alle großen Hits plus die wichtigsten B-Seiten, als da wären *Suzy-Q*, *Sweet Hitch Hiker*, *Green River*, *Hey Tonight*, *Down On The Corner* und andere mehr. Eigentlich unglaublich, dass sie all dies innerhalb von gerade einmal vier Jahren auf die Menschheit losließen.

**Cosmo's Factory (1970)**
Dass CCR eine Singles-Band waren, heißt indes nicht, dass sie neben den Hits auf ihren Alben nichts zu bieten gehabt hätten – im Gegenteil. Zum Beispiel den elfminütigen Intensiv-Jam über Marvin Gayes *I Heard It Through The Grapevine*, gelungene Coverversionen von Bo Diddleys *Before You Accuse Me*, Roy Orbisons *Ooby Dooby* und *My Baby Left Me* aus der Feder von Arthur Crudup, berühmt geworden durch Elvis Presley. Dazu die Hits, nicht weniger als sechs sind es hier: *Travelin' Band*, *Up Around The Bend*, *Lookin' Out My Back Door* und, seinerzeit auf den jeweiligen B-Seiten veröffentlicht, aber kein bisschen weniger klassisch: *Who'll Stop The Rain?*, *Run Through The Jungle und Long As I Can See The Light.*

**Revival / John Fogerty (2007)**
Seit Mitte der Neunzigerjahre hat John Fogerty wieder in die Spur gefunden und inzwischen einige feine Alben mit

neuem Material veröffentlicht. Das bislang letzte in dieser Reihe ist *Revival*. Die zwölf Songs kommen angenehm entspannt daher, verweisen gelegentlich augenzwinkernd auf die CCR-Vergangenheit und bringen musikalisch natürlich keine besonderen Überraschungen. Warum auch, schließlich hat Fogerty zeitlebens ein stilistisches Gebiet beackert, das geprägt ist von schweren, countrygefärbten Südstaaten-Grooves und dem vitalen Rockabilly der Fünfzigerjahre. Innerhalb seines Spektrums aber hat Fogerty als Songwriter auch heute noch einiges zu bieten, zum Beispiel *Long Dark Night*, das sich kritisch mit der Bush-Ära auseinandersetzt, die nostalgisch-romantische Reminiszenz *Summer Of Love* oder den weltmüden, altersweisen *Broken Down Cowboy*.

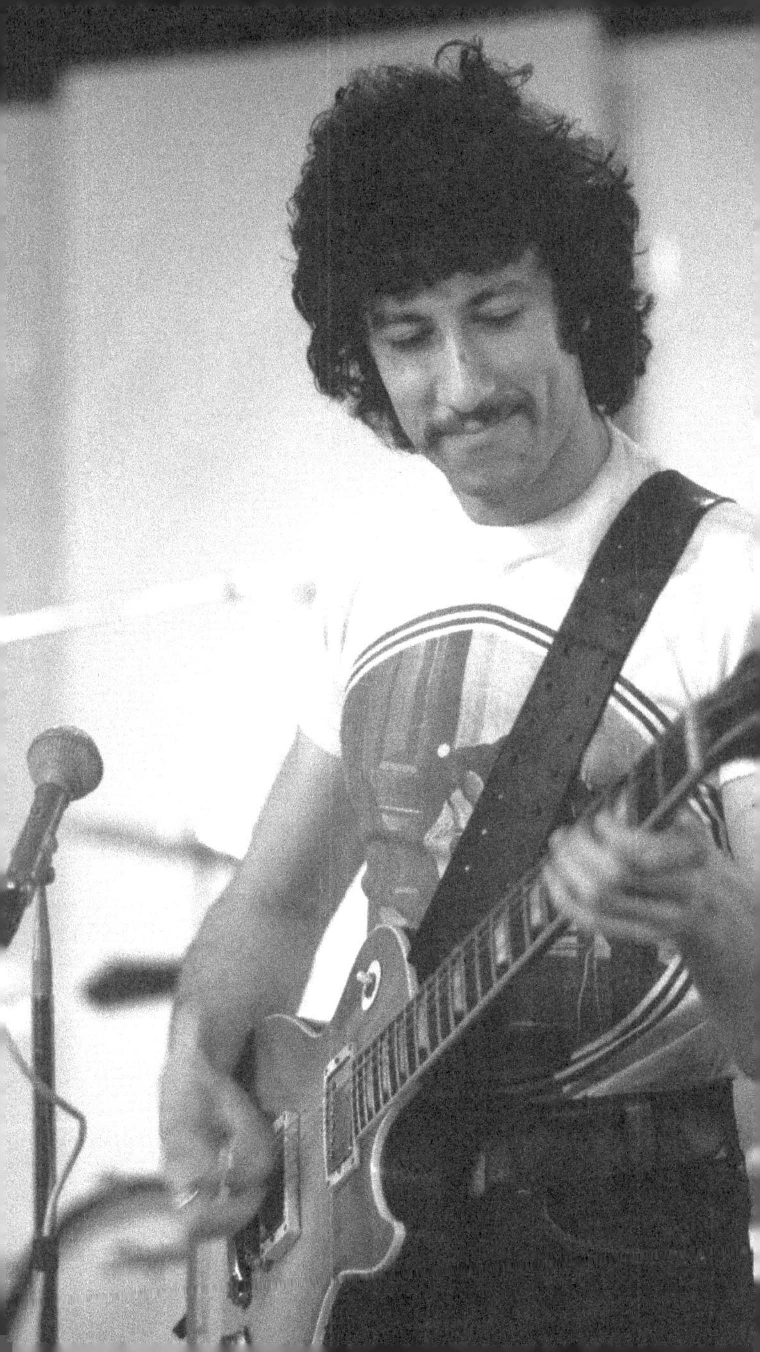

# ALBATROSS

*Der lange, irre Trip des Peter Green*

Musikmesse Frankfurt. Später Vormittag in der riesigen, mit nüchternem Neonlicht ausgeleuchteten Halle, wo die Gitarrenhersteller ihre Produkte ausstellen. Der »Backstage«-Bereich des Fender-Standes gleicht einer Oase der Ruhe inmitten des tobenden und tönenden Messe-Infernos. Hier, am sogenannten Meeting Point, trifft man sich an runden Stehtischen zum gepflegten Business-Talk. Hostessen reichen belegte Brötchen und gekühlte Säfte. Die Wichtigen verhandeln hinter verschlossenen Türen. Die sich nur wichtig nehmen, wuseln in H&M-Anzügen und Krawatten mit bunten Gitarren-Symbolen umher, der Rest trägt gepflegten Szene-Style, lungert rum und blättert in bunten Prospekten.

Nur der Dicke dort nicht. Allein steht er am Nebentisch, kaut ein wenig verloren vor sich hin, Krümel hängen in seinen Bartfusseln. Schlecht gepflegte, graue Locken quellen unter einer schmucklosen Wollmütze hervor, fallen wirr auf die Schulterpartie seines farblosen, ausgebeulten Sweatshirts. Der Mann passt hier nicht hin, wirkt wie ein verirrter Tramp, den der Hausherr mal eben reingeholt hat, damit er sich aufwärmen und satt essen kann. Niemand scheint sich um ihn zu kümmern. Aber es kommt auch niemand, um ihn höflich hinauszukomplimentieren.

Die markante Nase, das runde und breite Gesicht mit dem charakteristischen Doppelkinn, der scheue Blick, dazu die gepflegten, schlanken Finger, die einen so sonderbaren Kontrast zum Rest der Erscheinung bilden – langsam dämmert's: Der da steht, ist ein leibhaftiger Gitarrengott. Allerdings einer, dessen Geschichte von den sprichwörtlichen Geschwistern Genie und Wahnsinn erzählt.

....................................

Laut Geburtsregister von Bethnal Green im Bezirk Borough of Tower Hamlets, gelegen mitten im Londoner East End, wurde der Säugling, der später als Peter Green Ruhm erlangen sollte, am 29. Oktober 1946 als viertes Kind von Joe und Ann Greenbaum geboren. Aus der Kindheit des kleinen Peter Allen sind keine Auffälligkeiten überliefert – bis auf die, mit der sich damals eine ganze Generation englischer Nackkriegskids auseinandersetzte: Eine neue Musik ergoss sich wie ein Tsunami aus den Radios über die britischen Inseln. Sie nannten es Rock'n'Roll, und die Helden waren junge Weiße wie Elvis, Little Richard und Jerry Lee Lewis. Aber die UK-Teens entdeckten sehr schnell auch die schwarzen Väter dieses Radaus, Leute wie Muddy Waters, B. B. King, Howlin' Wolf, »Brother« Ray Charles oder John Lee Hooker. Zuhause im Königreich konnten allenfalls Skiffle-König Lonnie Donegan und die Instrumentalband The Shadows dagegenhalten. Ansonsten aber galt für Legionen pickeliger Briten-Bengel: American Music Rules!

Klein Peter beginnt sich schon mit zehn Jahren für die Gitarre zu interessieren. Vielleicht war es sein Großvater Mark Rachman, ein vagabundierender Geiger, von dem Peter das Talent geerbt hat. Sein älterer Bruder Michael jedenfalls besitzt eine Gitarre, er bringt Peter erste Akkorde bei. Und der lernt schnell. Zumal er von den Eltern aufgemuntert wird.

Wenn wieder mal ein seiner Meinung nach schlechter Song über den Äther gesendet wird, pflegt Vater Greenbaum seinen Jüngsten zu fragen: »Na, Peter, ist das nicht ein lausiges Solo? Das kannst du doch bessser, oder?« Und Peter kann es bald schon besser. Sehr viel besser. Sachen wie die Titelmelodie der populären TV-Show *Gun Law* sind da nur Peanuts, die spielt der Jüngling quasi mit links. B. B. King, Muddy Waters und vor allem Hank Marvin, Leadgitarrist der Shadows, das sind die Meister, die er intensiv studiert.

Peters erste berufliche Station nach dem Schulabschluss ist allerdings das glatte Gegenteil dessen, was den Talenten des sensiblen Jungen entsprechen würde, angesichts der wenig verlässlichen Perspektive eines Musikerlebens jedoch verständlich: Er beginnt zunächst eine Lehre als – Schlachter! Erwartungsgemäß bleibt der Job jedoch ein Intermezzo, denn etwa zur selben Zeit, mit gerade 15 Jahren, absolviert er seine ersten Auftritte als Musiker. Seinen jüdischen Nachnamen hat er da schon zu Green verkürzt. Bobby Denim and The Dominos heißt die erste Station in Peter Greens Karriere. Man spielt das damals übliche Repertoire, eine Mischung aus klassischen Rock'n'Roll-Songs und aktuellen Charthits.

Lange hält es Peter dort nicht, musikalisch interessanter scheinen ihm die mehr am Rhythm'n'Blues orientierten Muskrats. In jenen Jahren spielt Green noch Bass. Folglich ist es auch nicht der Gitarrist Eric Clapton, der den 18-Jährigen bei einem Yardbirds-Gig im legendären »Crawdaddy Club« am meisten beeindruckt, sondern Paul Samwell-Smith, der bei den britischen R'n'B-Heroen den Bass zupft. Ihm und Bill Wyman von den Rolling Stones eifert Peter nach. Mitte der Sechzigerjahre – Beatles, Stones, Kinks und Who haben sich als Speerspitze des Britpop etabliert – kommen die Dinge auch für den inzwischen 19-jährigen Green in Bewegung. Nach einer weiteren Station, den Tridents, landet er zu Beginn des Jahres 1966 bei Pete Bardens (der vor allem durch seine Band Camel in den Siebzigern bekannt werden sollte). Dessen Band nennt sich Peter B's Looners, und dort sitzt hinterm Schlagzeug ein spindeldürrer 1,96-m-Riese, mit dem sich Green, der zwischenzeitlich zur Gitarre gewechselt hat, schnell anfreundet. Sein Name: Mick Fleetwood. Immerhin erleben die beiden nun ihre Plattenpremiere. The Looners nehmen eine Single mit dem Titel *If You Wanna Be Happy* auf.

Die wenigsten bleiben damals lange bei einer Gruppe, wenn sich nicht schnell der Erfolg einstellt. Auch Peter Green sieht sich um. Eine der Bands, die in den Musikerkreisen jener Tage am meisten bewundert werden, sind John Mayalls Bluesbreakers, bei denen inzwischen auch Eric Clapton spielt. Längst ist Peter ein großer Clapton-Fan geworden. Als der Mann, den sie »Gott« nennen, im Frühjahr 1966 die Bluesbreakers hinter sich lässt und zu einer längeren Reise nach Griechenland aufbricht, drängt sich der ansonsten schüchterne Green dem Bandleader Mayall als Ersatz regelrecht auf. Bei drei Gigs springt er ein und macht seine Sache so gut, dass er, als der heimgekehrte Clapton endgültig seinen Hut nimmt, den Zuschlag für dessen Nachfolge erhält. Zunächst muss sich Green mit der reservierten Reaktion des Publikums auseinandersetzen, das dem neuen Mann mit Skepsis begegnet. Aber sehr bald hat Green die Bluesenthusiasten, die zu Mayalls Konzerten pilgern, überzeugt. Sein Ton mag weniger spektakulär, seine Licks vielleicht nicht ganz so schnell wie die von »Slowhand« sein – nichtsdestotrotz überzeugt der gefühlvolle und höchst melodische Stil, den Green pflegt, schon nach wenigen Takten.

Es sind mehr die Kleinigkeiten, die das Besondere an Peters Spiel ausmachten. Er schattiert die Noten mit einem dezenten, flüssigen Vibrato sowie jeder Menge Sustain, so dass sie ewig nachklingen. Seine Licks versieht er mit feinsten dynamischen Nuancierungen und verfügt dabei über eine bemerkenswert sichere und geschmackvolle Intonation. Hinzu kommt sein untrügliches Gespür für die richtige Note an der richtigen Stelle. Viele braucht er nicht, die wenigen aber, die er hören lässt, bleiben in den Ohren hängen. Im Unterschied zu anderen Gitarrenhelden scheint sein Spiel gänzlich uneitel. Im Herbst 1966 nehmen die Bluesbreakers *A Hard Road* auf, Peters Albumpremiere, und hier glänzt er mit *The Supernatural*, einem Instrumental, das seinen einzigartigen, mehr an B. B. King als – wie etwa bei Kollege Clapton – an Freddie King oder Otis Rush geschulten Stil erstmalig präsentiert. B. B. King persönlich wird nur wenige Jahre später bei einem Konzert in London über diesen weißen Jungen sagen: »Peter Green ist der Einzige, bei dem ich kalten Schweiß bekomme. Er ist der Beste!« Und das in Gegenwart von Eric Clapton und George Harrison.

Überliefert ist ein kurzer Wortwechsel zwischen Decca-Produzent Mike Vernon und Bandchef John Mayall, als die Bluesbreakers damals das Studio betreten. Vernon erinnert sich: »Sie hatten einen Gitarren-Amp dabei, den ich noch nie gesehen hatte. Also fragte ich: ›Wo ist denn Eric?‹ Mayall antwortete: ›Er ist nicht mehr dabei, hat uns vor ein paar Wochen verlassen. Keine Sorge, wir haben einen, der besser ist.‹ Ich sagte ›Moment, das ist ja lächerlich. Jemand Besseren? Besser als Eric Clapton?‹ Worauf Mayall brummte: ›Vielleicht ist er jetzt noch nicht besser, aber warte ein paar Jahre, dann wird er der Beste sein.‹«

Prophetische Worte, die Green im Studio bestätigt. Als *A Hard Road* am 17. Februar 1967 erscheint, staunt so mancher Clapton-Fan, wie vollständig der Bursche mit seiner Les Paul den Vorgänger vergessen lässt.

.....................................

Lange indes währt auch das musikalische Glück bei Mayall nicht. Im Sommer 1967 explodiert die Londoner Szene regelrecht. Bands wie die Jimi Hendrix Experience, Cream und Traffic sind die neuen Sterne am Rockhimmel, alles scheint möglich. Warum also sollen sich junge talentierte Musiker weiter in der zweiten Reihe hinter Veteranen wie dem damals schon 33-jährigen Mayall verstecken? Sie können es schließlich auf eigene Rechnung schaffen. Mick Fleetwood, der bei den Bluesbreakers Aynsley Dunbar ersetzt hat, und Peter Green trauen sich und gründen in jenem Summer of Love ihre eigene Gruppe. Wobei John Mayall den Keim für die neue Band selbst gelegt hat: Ende Oktober 1966 hat er Peter Green zum Geburtstag eine Stunde Studiozeit geschenkt. Der hat die Gelegenheit genutzt, um mit Fleetwood und John McVie erste Songs einzuspielen, darunter ein Instrumental, dem sie den Titel *Fleetwood Mac* geben.

Nur wenige Monate später erscheinen Fleetwood Mac auf der Bildfläche. Neben Green und dem zuvor von Mayall wegen Trunkenheit gefeuerten Fleetwood besteht die Truppe aus dem 19-jährigen Slide-Virtuosen Jeremy Spencer, den Labelboss Mike Vernon vermittelt hat, sowie zunächst Bob Brunning am Bass. Der aber hilft nur am Anfang aus, bis auch Bluesbreakers-Bassist John McVie den Absprung bei Mayall geschafft hat. Der Albatross ist gestartet. Seinen Jungfernflug macht er am 12. August 1967 auf der Bühne des Windsor National Jazz And Blues Festival – wie ziemlich genau ein Jahr zuvor Cream. Vernon hat Fleetwood Mac zu seinem Label Blue Horizon geholt, im Herbst beginnt die Arbeit am ersten Album. Es erscheint im Februar 1968 und etabliert die junge Band aus dem Stand als Bannerträger des britischen Blues-Booms. Mit Leichtigkeit haben sie all die Mitbewerber, von Chicken Shack bis Savoy Brown, aus dem Feld geschlagen. Neben Jeremy Spencers unüberhörbar von Elmore James befeuerter Slide-Gitarre macht vor allem Peter Green den entscheidenden Unterschied zur Konkurrenz. Nicht nur sein filigranes Spiel beeindruckt, auch zeigt *Peter Green's Fleetwood Mac*, wie das Debüt betitelt ist, dass hier ein großes Songwriter-Talent reift. Seine Beiträge wie *Looking For Somebody* lassen erahnen, dass der Junge mehr drauf hat als ein paar Bluesklischees. Und er hat einen ganz speziellen, sofort identifizierbaren Ton. Mit dem allerdings hat es auch seine spezielle Bewandtnis: Green hatte eines Tages seine 1959er Les Paul Standard auseinandergenommen. Beim erneuten Zusammenbauen jedoch war ihm ein kleiner, folgenreicher Fehler unterlaufen. Er hatte einen Tonabnehmer versehentlich falsch herum eingesetzt – mit dem Ergebnis, dass die Gitarre in der Mittelstellung zwischen den beiden Tonabnehmern magnetisch »out of phase« geschaltet war und deshalb einen – damals noch kaum bekannten – hohl und diskant klingenden Toneffekt produzierte.

Das erste Mac-Album schafft es bis auf Platz vier der britischen Charts, erstaunlich genug für eine Platte mit purem Chicago-Blues. Aber in jenen Jahren gilt reines Zwölftakter-Gemisch bei einer jugendlichen Klientel als hip, und junge Musiker wie die von Fleetwood Mac genießen bei einem fachkundigen Publikum nicht nur Respekt, sie werden auch von jeder Menge junger Mädchen umschwärmt. So ganz bierernst nehmen sie die ganze Sache ohnehin nicht. Wie sich Mick Fleetwood später erinnern wird: »Wir waren zu der Zeit eine lustige, vulgäre und betrunkene Vaudeville-Bluesband. Wir machten Musik, um uns zu amüsieren, um den Leuten Spaß zu bringen und Kohle zu verdienen.«

Reich und berühmt sind Green & Co durch ihren Anfangserfolg jedoch noch längst nicht. Aber sie haben einen optimalen Start hingelegt, der ihnen nun erlaubt, ein paar Träume zu verwirklichen. Zum Beispiel den, mal mit den großen schwarzen Vorbildern zu jammen. Als Bluesbreakers haben sie – ohne den Chef – zuvor schon den US-Musiker und Muddy-Waters-Vetter Eddie Boyd begleitet und mit ihm das Album *7936 South Rhodes* eingespielt. Nun, während ihrer zweiten US-Tour, kommt es zu einem weiteren Höhepunkt in der Laufbahn der britischen Blues-Enthusiasten: Bei einer denkwürdigen Session jammen sie im Januar 1969 in Chicago unter anderem mit Buddy Guy, Otis Spann und Willie Dixon. Veröffentlicht wird das Ganze als *Blues Jam At Chess.*

Peter Green gilt zuhause im UK inzwischen als das neue Gitarren-Ass, man hat ihn auf den selben Sockel gestellt wie zuvor EC und Jeff Beck. Ein Status, der Green allerdings schon im Frühjahr 1968 auf die Nerven geht. In einem Interview gibt er nach der ersten US-Tournee der Band zu Protokoll: »Ich liebe es, den Blues für Leute zu spielen, die ihn nicht kennen und die keine Ahnung von der Band haben. Sie hören die Botschaft viel besser als die, die kommen um zu sehen, wie schnell ich spiele, welche Gitarren und welche Saitenstärke ich benutze und all den Quatsch.« Heldenverehrung ist dem scheuen und introvertierten Green zuwider. Zwar will er genauso seinen Spaß wie Fleetwood, Spencer und die anderen, aber seine künstlerischen Ambitionen sind ihm heilig.

Schon die frühen für Mac geschriebenen Songs, darunter der spätere Santana-Welthit *Black Magic Woman*, haben deutlich gezeigt, dass Greens Talent weit über das des braven Blues-Soldaten hinausreicht. Folglich tut sich im Sommer 1968 ein zarter Riss in der Band auf. Jeremy Spencer, als Songwriter nicht halb so begabt wie Green, will bei den Blues- und Rock'n'Roll-Leisten der Band bleiben, Green indes entwickelt sich in Riesenschritten weg von den Limitierungen des Genres – und wird unzufrieden. Man verfällt auf eine salomonische Lösung und holt den 19-jährigen Danny Kirwan, einen Freund von Green, als dritten Gitarristen in die Band. Er fungiert als Bindeglied zwischen dem Roots-orientierten Spencer und dem musikalischen Kosmopoliten Green. Das erste Ergebnis dieser neuen Konstellation ist eine Nummer, die mit klassischem Blues so wenig zu tun hat wie mit Beatles, Hendrix oder Cream. Ein Instrumental, das leise, fast unbemerkt in die Gehörgänge schleicht und sich mit wenigen sparsamen und unwiderstehlichen Melodielinien dauerhaft dort einnistet – hübsch, aber nach allgemeinem Dafürhalten und allen Erfahrungswerten kein Hit. Und doch: Im Winter 1968/69 thront *Albatross* stolz auf dem Gipfel der englischen Charts. Fleetwood Mac feiern ihre erste Nr. 1.

Viele der wichtigsten Songs im Repertoire der Gruppe hat Green geschrieben. Nicht nur das, auch den Leadgesang hat er übernommen – für die Band ein zusätzliches Plus, denn seine Stimme, in der immer auch eine gehörige Portion Leid und Verdrossenheit mitschwingt, verleiht gerade den ruhigen Nummern wie *Need Your Love So Bad* eine wunderbar melancholische Aura. Der Gitarrist ist zum Frontmann geworden, der er nie sein wollte. Und er ist immer mehr ins Zentrum der Aufmerksamkeit geraten, nicht nur bei den Fans, auch bei den Medien. Eine Rolle, die seinem introvertierten Naturell keineswegs entspricht. Green fühlt sich zunehmend unwohl und dem Druck nicht gewachsen. Das Medium, in dem er das der Welt mitteilt, sind seine Lieder. Der erste und vielleicht drastischste dieser »Bekenner«-Songs ist die Single *Man Of The World*, die im Frühjahr 1969 erscheint und trotz des traurigen Textes bis auf Platz 2 klettert. Darin heißt es: »I guess I've got everything I need, I wouldn't ask for more. And there's no one I'd rather be. But I just wish that I'd never been born.«

Ein Pophit aber, selbst wenn es sich dabei um einen so komplexen wie diesen handelt, wird kaum als Hilferuf wahrgenommen. Die sich abzeichnende Abkapselung des Gitarristen ist kaum noch aufzuhalten. Hilfe von seiner Band kann der sensible Green nicht erwarten, seine Kollegen haben angesichts des rauschhaften Erfolgs und des übervollen Terminplans genug mit sich selbst zu tun. Hinzu kommt Greens wachsender Drogenkonsum. Vor allem die synthetische Psychodroge LSD hat es ihm angetan. Mit Folgen: Der psychisch ohnehin labile Musiker verliert zusehends die innere Balance und verheddert sich in abstrusen Ideen, mit denen er seiner Band das Leben nicht eben leichter macht. So kommt er zu der Überzeugung, dass alles Geld des Teufels sei und die Band ihre Einnahmen bis auf das zum Überleben und Arbeiten notwendige Minimum wohltätigen Organisationen spenden sollte. Wenig erstaunlich, dass der Vorschlag bei hedonistischen Frohnaturen wie Mick Fleetwood kaum auf Gegenliebe stößt.

Zudem beginnt Green sich in einen religiösen Wahn hineinzusteigern. Auf der US-Tour im Winter 1969/70 tritt er in weiten Roben und mit einem großen Holzkreuz um den Hals auf. Der Text des in jenen Wochen aktuellen Mac-Hits *Oh Well*, wiederum geschrieben von Green, spricht auch in dieser Hinsicht Bände: »Now, when I talked to God I knew he'd understand. He said, stick by my side and I'll be your guiding hand. But don't ask me what I think of you, I might not give the answer that you want me to.« Fleetwood-Mac-Biografin Leah Furman vermutet in den zwei musikalisch unterschiedlichen Teilen des Songs gar ein Indiz für die zu dieser Zeit aufkommende Schizophrenie des Gitarristen in Folge seines wachsenden LSD-Konsums.

Die Katastrophe steht nun unmittelbar bevor. Vor dem endgültigen Showdown aber erlebt die Band vom 5. bis 7. Februar 1970 ihren musikalischen Höhepunkt, dokumentiert in der 3-CD-Box *Live At The Boston Tea Party*. Bei den Konzerten in der Beantown Hall in Boston befinden sich Peter Green und Fleetwood Mac in Bestform. Noch einmal demonstriert die Band mit ihrer Drei-Gitarren-Front, dass sie auf Augenhöhe mit Koryphäen wie den Allman Brothers agiert, und noch einmal zeigt Peter Green seine einzigartigen Fähigkeiten, nicht nur als exzellenter Gitarrist, sondern auch als Sänger, der seine Zuhörer berühren kann.

..........................................

Im März 1970 touren Mac durch Deutschland, wo das Schicksal in München seinen Lauf nimmt. Was genau dort geschieht, darüber kursieren bis heute verschiedene Versionen. Fest steht: Peter Green verschwindet für mindestens 24 Stunden von der Bildfläche, offenbar verbringt er die Zeit in einer Hippievilla auf dem Land. Dort soll er jede Menge LSD geschluckt haben. Mit fatalen Folgen, die er selbst Jahre später mit den Worten zusammenfassen wird: »Ich ging auf einen Trip und kehrte nicht mehr zurück.« Physisch kommt er zwar schon nochmal zurück, aber nur, um im April in Los Angeles mit seiner Band die letzte gemeinsame Single, das bedrückende *The Green Manalishi*, aufzunehmen und um den Kollegen mitzuteilen, dass er sie nach der Tournee verlassen werde.

Weder mental noch physisch ist Green länger in der Lage, das Leben als kreativer Kopf und Star einer erfolgreichen Rockband zu bewältigen. Der Albatross ist abgestürzt, und der Wahn hat das Genie besiegt.

Was folgt, ist der traurige Niedergang eines begnadeten Musikers und eines Menschen, der den inneren Kompass verloren hat. Es beginnen die dunklen Jahre. Zunächst gibt es ein Soloalbum von ihm zu hören, aber *The End Of The Game* (1970) entpuppt sich als wenig inspirierte Sammlung ausufernder Jamsessions, die niemand braucht. Green selbst zieht sich nach seinem letzten Konzert mit der Band, das am 28. Mai 1970 stattfindet, zurück. Wie er die Presse wissen lässt, hat er das Interesse an der Musik verloren und will sich nun ausschließlich der Religion und der Nächstenliebe widmen. Seine Les Paul vermacht er einem jungen Bewunderer, der später selbst berühmt werden wird: Gary Moore, ein 18-jähriger Gitarrist aus dem irischen Belfast. 25 Jahre später spielt Moore übrigens mit just dieser Gitarre das Album *Blues For Greeny* ein, eine Hommage an sein großes Vorbild.

Von Green indes ist für den Rest des Jahrzehnts nur noch Befremdliches zu hören. Mal wird er als Friedhofsgärtner gesichtet, mal soll er in einer Hafenkneipe in Cornwall jobben. Dann wird von einer Elektroschocktherapie in London berichtet und dass er sich der Sekte Children Of God angeschlossen habe. Schließlich tauchen Meldungen auf, dass er in einem israelischen Kibbuz untergetaucht sei. Der absolute Tiefpunkt ist 1977 erreicht, als ein Bote einen Tantiemen-Scheck überbringen will und der paranoide Green den guten Mann mit einem, allerdings nicht geladenen, Gewehr an der Haustür empfängt. Nach diesem Vorfall landet der Gitarrist prompt in stationärer

Behandlung. Während Greeny also, weitgehend vergessen, in der Klapse hockt, tobt draußen das pralle Pop-Leben: Seine alte Band ist inzwischen eine völlig andere und thront, die Nasen voller Koks, mit dem Millionenerfolg *Rumours* (1977) auf dem Gipfel des kalifornischen Rock-Olymps. Daheim in Großbritannien hingegen toben Grünschnäbel wie Johnny Rotten durch die Clubs und zetern: »London's burning!«

In den Siebzigern nimmt Green eine Entwicklung, die fatal an den Niedergang des Pink-Floyd-Gründers Syd Barrett erinnert, der ja ebenfalls mit exorbitantem LSD-Konsum zusammenhängt. Umso erstaunlicher das Comeback von Peter Green nur knappe zwei Jahre später. Zwar ist er nach seinem Ausstieg aus der Band immer mal wieder auch als Musiker aktiv gewesen – so hat er gelegentlich bei seinen alten Kumpels Fleetwood und McVie ausgeholfen und sich hier und da als Gastmusiker sehen lassen – aber im Grunde ist er stumm geblieben.

Nach seinem Klinikaufenthalt ist Green im Herbst 1978 so weit stabilisiert, dass er mit alten Freunden wie Pete Bardens und Gitarrist Snowy White sogar wieder ein Tonstudio betritt. Das kleine PVK-Label hat ihn verpflichtet und lässt ihn abseits des Big Business in Ruhe arbeiten. 1979 erscheint mit *In The Skies* das erste Green-Album seit neun Jahren. Ein ermutigendes Lebenszeichen – sowohl für Green selbst wie auch für alle da draußen, die den Mann mit dem sanften und so intensiven Gitarrenton nicht vergessen haben. *In The Skies* ist nicht die Neuerfindung des Rades, aber die Platte enthält mit Stücken wie *Slabo Day* und dem Titelsong feine Nummern, die zeigen, dass Green noch weiß, wie man Gitarre spielt. Gleiches lässt sich vom Nachfolger, dem ein Jahr später erschienenen *Little Dreamer*, sagen. Trotz soliden Handwerks und stellenweise inspirierter Momente kann das Comeback allerdings nicht darüber hinwegtäuschen, dass der Peter Green von 1980 nicht mehr der von 1969 ist. Das alte Feuer, die damals fast brennende Intensität seines Spiels, all das scheint nun unter einem dichten Nebel verborgen. Aber immerhin, er ist zurück. Und er geht sogar auf Tournee.

Dort allerdings gibt er ein irritierendes Bild ab: unförmiger Kaftan, langer Bart, trüber Blick. Da steht ein Mann mit für einen Gitarristen ungewöhnlich langen Fingernägeln, der sich von seiner zweitklassigen Begleitband Kolors scheinbar willenlos durch das Set treiben lässt. Die souveräne Autorität der alten Tage ist sichtlich dahin. Und keiner, der ihn auf dieser Tour im Jahr 1984 sieht, wundert sich, dass dieses Comeback von Peter Green nur ein Strohfeuer ist. Für den Rest der Achtzigerjahre taucht er wieder ab, scheint einmal mehr wie vom Erdboden verschluckt. Er lebt allein in einem Haus in Richmond und scheint langsam, aber sicher vor die Hunde zu gehen. Er hört Stimmen, sieht Gespenster und verkommt auch äußerlich immer mehr. Erst zu Beginn des neuen Jahrzehnts geht es wieder aufwärts, als Peters ältester Bruder Len und dessen Frau Gloria ihn in ihrem Haus in Great Yarmouth aufnehmen und so eine allmähliche Stabilisierung seines Gesundheitszustandes ermöglichen.

1995 ist Green so weit wiederhergestellt, dass er mit seinem alten Freund Nigel Watson ein neues Bandprojekt, die Splinter Group, in Angriff nehmen kann. Mit von der blueslastigen Partie ist neben Watson auch der Drummer und Britrock-Veteran Cozy Powell, der wenig später, am 5. April 1998, tödlich verunglücken wird. Die neue Band erweist sich als stabil und stürzt sich in die Arbeit. Allein 1996 gibt Peter Green's Splinter Group rund 150 Konzerte überall in Europa, und 1997 erscheint das erste von mittlerweile neun Alben, die Green mit dieser Band aufgenommen hat, darunter zwei Tribute-Alben für Robert Johnson. Mancher argwöhnt, dass hinter dem überraschend zurückgekehrten Aktivismus des Gitarristen vor allem das geschäftliche Interesse seines Freundes Watson steckt. Dagegen aber spricht, dass es Green mit der Splinter Group ganz offensichtlich und nach eigenem Bekunden gut geht. Als seine alte Band, Fleetwood Mac, 1998 in die Rock'n'Roll Hall Of Fame eingeführt wird, taucht er überraschend auf der Bühne des Waldorf Astoria Hotels in New York City auf und jammt mit Carlos Santana zu *Black Magic Woman*.

Bis 2004 bleibt die Splinter Group zusammen, dann steigt Green überraschend aus und verdrückt sich wieder einmal, diesmal nach Schweden. Wie er später einräumen wird, machen ihm die Nebenwirkungen der Psychopharmaka zu schaffen, die er dauerhaft einnehmen muss, vor allem leidet er unter Konzentrationsschwierigkeiten. Trotzdem kommt er auch diesmal zurück. Seit 2008 arbeitet er mit einer Formation, die sich Peter Green & Friends nennt und in wechselnden Besetzungen Konzerte gibt.

.........................................

Obwohl sich die musikalische Bilanz der Splinter Group als solide Live-Band und Bluesrock-geerdetes Studioprojekt durchaus sehen lassen kann – seitdem hat Green keine weiteren Platten mehr aufgenommen –, bleibt festzustellen, dass Peter Green als musikalische Lichtgestalt allenfalls ein Schatten des Mannes ist, der einst mit seiner Gitarre, wunderbar gefühlvollem Gesang und Songs wie *Oh Well* und *Man Of The World* Einzigartiges schuf. Wichtiger aber als das: Heute scheint Peter Green seine Krankheit so weit unter Kontrolle zu haben, dass er wieder ein halbwegs normales und für seine Verhältnisse zufriedenes Leben führen kann. Seine Dämonen, zu denen nicht zuletzt auch die Musik selbst gehört, hat er offenbar einigermaßen im Griff. In einem seiner seltenen Interviews sagte er vor einigen Jahren: »Früher hat die Gitarre für mich gesprochen. Aber das kann ich nicht mehr zulassen, sonst würde sie nur wieder mein Herz brechen.«

*Empfehlenswert:*

**The Best Of Peter Green's Fleetwood Mac (Compilation)**
Diese Zusammenstellung bietet einen repräsentativen Überblick über Fleetwood Macs Jahre mit Peter Green – von den rustikalen Chicago-Blues-Adaptionen à la *Shake Your Moneymaker* und *Need Your Love Tonight* bis hin zu den schon sehr eigenständigen Hits *Black Magic Woman*, *Oh Well* (lobenswerterweise in der langen Version mit *Part 1* und *Part 2*), *The Green Manalishi*, und *Man Of The World*. Nicht zu vergessen das Instrumental *Albatross*, das hier im Original und überflüssigerweise mit einer neuen, von Chris Coco feat. Peter Green eingespielten Version vertreten ist. Ebenso unverständlich, dass unter den 20 Titeln auch einer ist, mit dem Greens Fleetwood Mac seinerzeit nichts zu tun hatten: Das sehr schöne *I'd Rather Go Blind* stammt von Chicken Shack. Deren Sängerin Christine Perfect allerdings heiratete Mac-Bassist John McVie 1968 und übernahm Jahre später bei der Band ihres Gatten die Keyboards. Das allerdings ist eine andere Geschichte.

**The Anthology (Compilation)**
Wer tiefer in Greens Geschichte eintauchen und gleichzeitig auch etwas tiefer ins Portemonnaie greifen möchte, der wird mit diesem liebevoll produzierten 4-CD-Set bestens bedient. Die Sammlung schlägt mit insgesamt 64 Tracks den ganz großen Bogen, dokumentiert Greens Anfänge mit Peter Bardens Looners und John Mayall, liefert das wichtigste Material aus der Zeit bei Fleetwood Mac plus viele Kooperationen aus dieser Zeit, darunter mit Otis Spann, Eddie Boyd und Duster Bennett, beschäftigt sich mit Greens Soloschaffen Ende der Siebzigerjahre – das allerdings nur sehr oberflächlich – und bringt die Highlights der Splinter Group. Dazu gibt's ein Booklet mit Essays und raren Fotos.

**The Peter Green Story – Man Of The World (DVD)**
Anlässlich des 40-jährigen Bandjubiläums von Fleetwood Mac erschien im Jahr 2007 auch eine Würdigung jenes Mannes, der einst die Band gegründet hatte, an deren Welterfolgen Ende der Siebzigerjahre aber keinen Anteil mehr hatte. Die *Peter Green Story* enthält circa zwei Stunden Filmmaterial, darunter eine ausführliche Dokumentation, die sich naturgemäß vor allem mit seiner Zeit bei John Mayall und Fleetwood Mac befasst und rares Archivmaterial mit jeder Menge Interviewsequenzen kombiniert, in denen neben Peter Green auch Weggefährten wie Mick Fleetwood, John McVie, Jeremy Spencer und Carlos Santana zu Wort kommen. Netter Gimmick: In der Bonus-Sektion stellt Green seine wertvolle Gitarrensammlung vor. Angesichts des wenigen Materials zum Thema ein unbedingt empfehlenswerter Film, der nun auch in einer für den deutschsprachigen Markt aufbereiteten Fassung vorliegt.

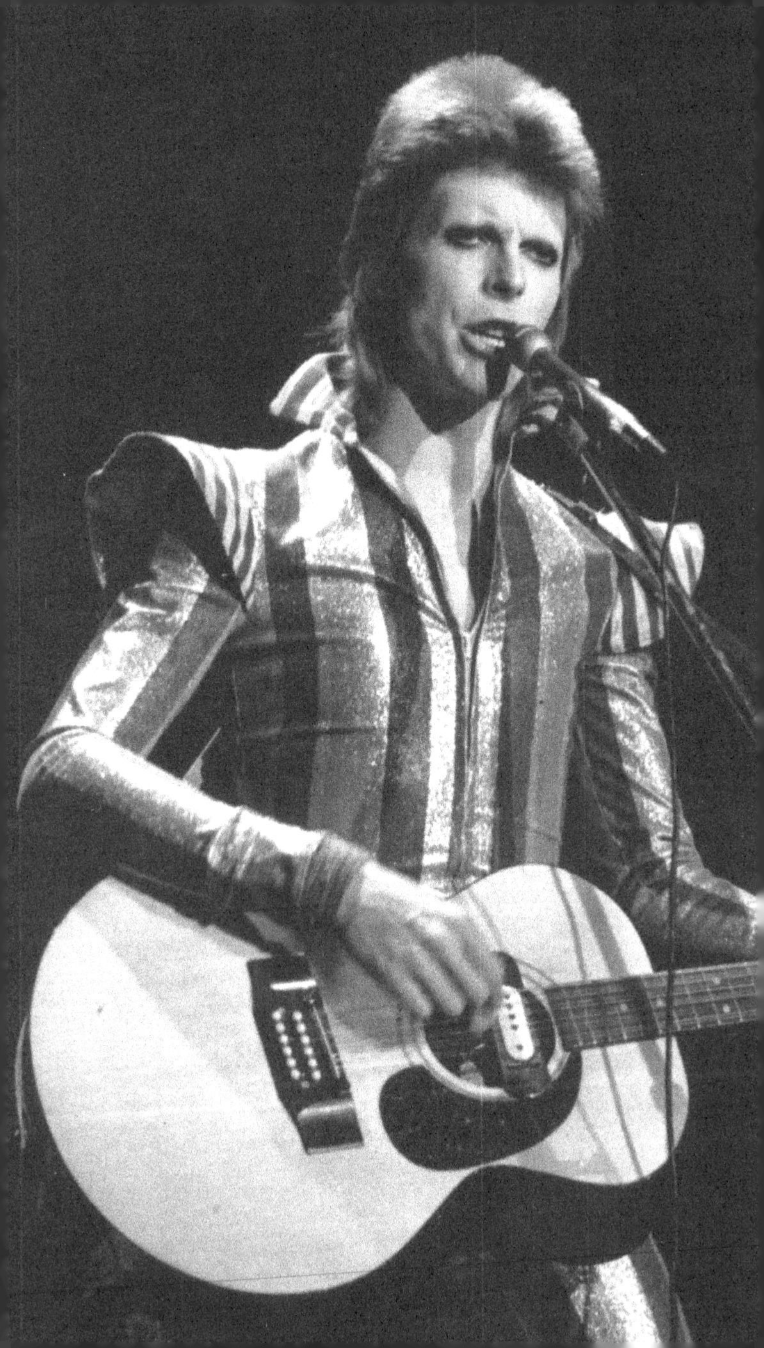

## STARMAN

*David Bowie – wer bin ich und wie viele?*

Es sind nicht immer die Hits, die unsterblich machen. Oft ist es auch ein einzelner Moment, der einen Musiker ins Hirn des Publikums brennt. Dieser eine Moment, in dem der Künstler eins wird mit seiner Zeit und diese Zeit eins wird mit ihm. Ein Augenblick nur, der aber kann das gesellschaftliche Bewusstsein nachhaltig prägen. Zum Beispiel die Beatles: Bei ihnen war es der 7. Februar 1964. An jenem Abend stürmten die Liverpooler zum ersten Mal via TV und *Ed Sullivan Show* in Millionen amerikanischer Haushalte und katapultierten damit die vom Kennedy-Mord traumatisierte Nation mitten in die Swinging Sixties.

David Robert Jones erlebt diesen, seinen entscheidenden Moment im Sommer 1972. Genauer: am 6. Juli, einem Donnerstag. Da tritt der 25-Jährige, der sich als Musiker David Bowie nennt (nach dem gleichnamigen amerikanischen Messer), mit seiner Band, den Spiders From Mars, in der BBC-Fernsehshow *Top Of The Pops* auf. Ein denkwürdiger Auftritt, der eine Generation von Jugendlichen elektrisiert.

Zunächst kommt eine tiefblaue zwölfsaitige Gitarre ins Bild. Man sieht Bowies Hand, mit der er die ersten Akkorde von *Starman* anschlägt. Kurz wird sein Gesicht eingeblendet.

Das Schlagzeug setzt ein, und plötzlich sieht man den Mann in seiner ganzen bunten, so vollkommen andersartigen Pracht. Orangerot gefärbtes Haar, dezentes Make-up, dunkler Lidschatten, Kajal um die Augen, ein Phantasiekostüm in grellem Rot und Blau, halb Strampelanzug, halb Uniform. Dazu kniehohe Schaftstiefel. Ein Alien – please let me introduce myself: Ziggy Stardust!

Kaum weniger außerirdisch seine Spießgesellen: der feingliedrige Gitarrist Mick »Ronno« Ronson mit platinblonder Langhaarmähne. Ohnehin nicht das, was man sich unter einem Rocker-Raubein vorstellt, steckt er jetzt in einer gold glänzenden Bluse, gleichfarbiger Hose und Plateaustiefeln mit grotesk hohen Absätzen. Die feminine Ausgabe von Elton Johns Rocket Man. Bassist Trevor Bolder hat seinen Backenbart silbern gefärbt, ein bizarrer SciFi-Catweazle. Drummer Mick »Woody« Woodmansey, der stoisch und gänzlich unmaskiert seinen Job verrichtet, nimmt sich daneben fast wie ein Fremder aus.

Kein Wunder, dass Mom und Dad beim Anblick dieser Gestalten im TV der Atem stockt. Die Kids indes sind außer sich. So hat sich noch keiner auf die Bühne gestellt. Auch nicht dieser Marc Bolan, dessen aufgemotzter Simpel-Rock derzeit in den Kinderzimmern das Ding der Stunde ist. Bei ihm und seinem etwas weibischen Kumpan Mickey Finn wirken Federboa und Schminke irgendwie albern, bei Bowie dagegen hat das Ganze etwas Gefährliches, provozierend Echtes. Ist dieser Typ wirklich schwul? Offenbar, wenn man seinen Worten Glauben schenken darf. Im Februar hat Bowie im *Melody Maker* verkündet: »Ich bin schwul und war es schon immer, sogar als ich noch David Jones war.« Dass dieser ehemalige Mr. Jones dazu auch noch mit einer gewissen Mary Angela Barnett verheiratet ist – was soll's, schließlich ist Angie ebenfalls bi, wie sie gerne öffentlich bekennt.

Als Bowie den Arm um Ronnos Schulter legt und die zwei den Refrain von *Starman* ins Mikrophon singen, hat das mit gewöhnlicher Macho-Kumpanei kaum etwas zu tun. Im Gegenteil, lächelnd scheinen sich diese beiden Paradiesvögel über alle Geschlechtergrenzen hinwegzusetzen. Es ist nicht nur die bizarre Kostümierung, es ist diese provokante Gewissheit, die aus ihren Gesichtern und aus jeder lässig-arroganten Geste spricht: Wir sind jung, wir sind anders, wir sind schön, und wir sind Stars! Die perfekte Formel, um ein junges Publikum zu faszinieren.

Nach Bowies *TOTP*-Auftritt finden es die Kids im Königreich plötzlich cool, sich zu schminken und auf androgyn zu machen. Jahre später wird es Gary Kemp, als Songwriter für Duran Duran selbst berühmt geworden, stellvertretend für seine Generation auf den Punkt bringen: »Meine eigene Wirklichkeit war so meilenweit entfernt von dort, wo dieser Typ offenbar zuhause war, dass mein Ziel von nun an nur noch darin bestand, genau dorthin zu gelangen. Ich glaube, das galt für die meisten in meiner Generation.«

.....................................

Wohl wahr, zumal Bowie zu diesem Zeitpunkt seine musikalischen Lehr- und Wanderjahre bereits hinter sich hat. Mit dem Album *The Rise And Fall Of Ziggy Stardust And The Spiders From Mars* (1972), von dem die Single *Starman* stammt, hat er eine höchst attraktive Mischung aus beatlesken Melodien, psychedelischen Klangeffekten und muskelstrotzenden Hardrock-Riffs angerührt. Und den bis dahin eher belächelten Glamrock so zum komplexen und anspruchsvollen Rockstil erhoben.

Als Bowie seinen Ziggy Stardust erfindet, ist er lange genug im Geschäft, um zu wissen, was die Presse für ihre Schlagzeilen braucht. Und auch, womit sich die Öffentlichkeit provozieren lässt. Schließlich sieht sich Bowie nicht als gewöhnlichen Popmusiker, sondern, wie er einem Magazin erläutert, als »singenden Schauspieler«. In *Moonage Daydream* (Schwarzkopf & Schwarzkopf Verlag, 2005) erinnert er sich: »Die Idee einer überlebensgroßen Rockfigur kam mir gegen Ende 1970. Die britischen Charts waren voll von Shirley Bassey, Lee Marvin, Rolf Harris und Norman Greenbaum. Der anständigste Versuch in diesem Jahr war wohl *All Right Now* von Free. Es war generell ziemlich trostlos.« Mit Maskeraden und Possenspiel kennt sich Bowie aus, seit er 1967/68 in der Theatergruppe des englischen Pantomimen Lindsay Kemp gearbeitet hat. Dort hat er gelernt, sich selbst gebührend zu inszenieren. Die Einflüsse, die er damals aufnimmt, von Vaudeville bis zu Avantgarde-Theater und Comedia d'ell Arte, wird er in den kommenden Jahrzehnten immer wieder kultivieren.

*Ziggy Stardust* markiert den vorläufigen Endpunkt in Bowies musikalischer Selbstfindung. Als Teenager hatte der am 8. Januar 1947 in Brixton geborene Junge noch Saxophon gespielt und davon geträumt, bei Little Richard anzuheuern. Später, inzwischen spielt er Gitarre und singt, flirtet er bei den King Bees und Manish Boys mit dem Chicago Blues. Beide Bands hinterlassen Singles, die jedoch allesamt erfolglos ausfallen. Bei seiner dritten professionellen Station, The Lower Third, schwenkt er stilistisch weg vom R'n'B hin zum Mod-Rock, wie ihn The Who pflegen. Bowies Band ergattert einen Plattenvertrag bei der Beatles-Firma EMI und nimmt unter der Regie von Who- und Kinks-Producer Shel Talmy ihr Debüt *You've Got A Habit Of Leaving* auf, erschienen im August 1965 – ein so unverschämtes Who-Plagiat, dass sogar Townshend persönlich sich darüber mokiert, als The Lower Third bei einem seiner Gigs das Vorprogramm bestreiten.

Wenig später verschwindet Bowie für einige Monate in ein schottisches Buddhistenkloster. Zurück in London und offenbar erleuchtet, taucht er in die Hippie- und Folkszene ein und freundet sich mit Mark Feld alias Marc Bolan an. 1967 unterschreibt der ehrgeizige Newcomer bei Deram und bringt sein erstes Soloalbum heraus. *David Bowie* (1967), eine unausgegorene Mischung aus Easy-Listening-Pop und psychedelischem Folk, schlägt jedoch kaum Wellen, auch die Single

*The Laughing Gnome* geht unter. Frustriert nimmt Bowie wiederum eine Auszeit vom Musikgeschäft und heuert bei Kemps Theatertruppe an. Dazu beobachtet er, wie sich sein Kumpel Marc Bolan in den Londoner Clubs im Duo mit Steve Peregrine Took als Tyrannosaurus Rex abmüht und trotz vier Alben und lautstarker Schützenhilfe von BBCs DJ-Hipster John Peel kaum vorankommt. 1969 kehrt Bowie zurück – mit einem Sonntagsschuss, der Bolan erblassen lässt. *Space Oddity* erzählt die Geschichte des einsamen Astronauten Major Tom. Veröffentlicht nur drei Wochen nach der ersten Mondlandung, rauscht der Song im Sog der mächtigen Saturn-V-Rakete umgehend in die Top Ten der englischen Charts. Bowies erster echter Hit! Das dazugehörige Album, *Man Of Words, Man Of Music*, bleibt mangels kommerziell attraktiver Songs jedoch hinter den Erwartungen zurück. Bowie stört das wenig, kann er doch mit den Hiteinnahmen ein eigenes Studio finanzieren und seine künstlerische Unabhängigkeit sichern. Noch aus einem anderen Grund ist das Album wichtig. Bei den Aufnahmen trifft er erstmals auf Mick Ronson, der in seiner weiteren Entwicklung eine entscheidende Rolle spielen wird.

Bowie hat jetzt Zeit und Ruhe, zwischen neuen Stars wie Led Zeppelin oder Elton John ein erfolgversprechendes eigenes Profil zu entwickeln. Zunächst verlegt er sich unter Ronsons Einfluss auf die härtere Gangart. Für *The Man Who Sold The World* (1971) gibt er seinem Hippiefolk einen deftigen Hardrock-Anstrich. Etwas später, auf dem keyboardlastigen *Hunky Dory* (1971), ist davon freilich kaum noch etwas zu spüren. Jetzt dominiert ein deutlicher Singer/Songwriter-Ansatz. Mit Ausnahme der mittelprächtig erfolgreichen Single *Changes* werfen die Alben nichts Zählbares ab, der Schöpfer von Major Tom gilt schon bald als One-Hit-Wonder. Ein boshafter Kritiker witzelt gar, Bowie habe die wenigen abgesetzten Alben selbst gekauft.

Wer genauer hinhört, stellt jedoch fest, dass der zukünftige Superstar inzwischen seine eigene Sprache zwischen Pop-

Appeal und Avantgarde-Kunst gefunden hat. Auch reicht sein musikalisches Spektrum über die üblichen Rockklischees weit hinaus. Vielleicht am wichtigsten: sein unfehlbares Gefühl für Stil und sein Sinn für Drama. Letzterer wurde bereits in frühen Kindertagen geschärft. Denn schon Klein David war im wahrsten Sinne des Wortes vom Wahnsinn umzingelt. Seine Tante Una starb mit Ende dreißig in einer Nervenklinik, nachdem Schizophrenie diagnostiziert worden war. Eine andere Tante ließ wegen drohender Psychose eine Operation am offenen Hirn durchführen. Sein Halbbruder Terence Burns, ein Sohn aus der ersten Ehe der Mutter, litt ebenfalls an Schizophrenie und Depression. David selbst blieb in dieser Beziehung unauffällig. Er gehörte zu den eher introvertierten Kindern und galt als guter Schüler. Sein Kunstlehrer in der Bromley Technical High School, Owen Frampton, Vater des späteren Stargitarristen Peter Frampton, attestierte dem Zögling: »Er arbeitet engagiert und mit Freude an seiner Kunst.«

Mit 14 musste David eine achtmonatige Schulpause einlegen. Bei einer Schlägerei mit seinem Kumpel George Underwood um ein Mädchen namens Carol hatte er sich am linken Auge verletzt. Trotz mehrerer Operationen konnten die Ärzte nicht verhindern, dass Davids Pupille dauerhaft geweitet blieb. Bis heute ein optisches Markenzeichen, das viel zu Bowies einzigartigem Image beiträgt – mit dem Zweiten sieht man eben besser aus.

Inwiefern die psychischen Krankheiten in Bowies Familie eine prägende Rolle für David gespielt haben, bleibt Spekulation. Fakt ist, dass er schon zu Beginn seiner Karriere bewusst mit Identitäten spielte. So ließ er sich für das Cover von *The Man Who Sold The World* als attraktiv auf eine Chaiselongue gegossene Halbwelt-Lady ablichten. Für *Hunky Dory* dagegen wählte er als Covermotiv ein ätherisches, geradezu geschlechtsloses Porträtmotiv.

Ende 1971: Bowie is ready to rumble. Er weiß jetzt, wie's geht, und er will es um jeden Preis durchziehen. RCA spürt das und investiert 100.000 Dollar in die Neuverpflichtung. *The Rise And Fall Of Ziggy Stardust* soll für Major Tom die nächste Karrierestufe zünden, ihn in Superstar-Sphären schießen. Und das Team Bowie/Ronson leistet ganze Arbeit.

..................................

Ende 1972 ist die Operation Superstar geglückt: Nicht nur hat *Ziggy Stardust* weltweit abgeräumt, auch hat Bowie mit *Alladin Sane* (1973) den Nachfolger schon so gut wie fertig. Dazu hat er sich, ganz nebenbei, durch seine Arbeit mit Lou Reed (*Transformer*, 1972), den Stooges (*Raw Power*, 1972) und Mott The Hoople (*All The Young Dudes*, 1972) einen hervorragenden Ruf als Produzent verdient. Last not least hat er mit seiner US-Tour im Herbst den Durchbruch im Land der unbegrenzten Möglichkeiten geschafft. Nicht schlecht für ein einziges Jahr. Als ambitionierter und höchst intelligenter Popstar stellt er sich die Sinnfrage aber bereits jetzt, kaum dass er ganz oben angekommen ist: Quo vadis, Ziggy?

Der hat seine Schuldigkeit getan und geht nirgendwo mehr hin. Beim Abschlusskonzert der Welttournee am 3. Juli 1973 im Londoner Hammersmith Odeon lässt Bowie den Sternenmann sterben, tatsächlich ein *Rock'n'Roll Suicide*, und verkündet gar, ganz auf Knalleffekt bedachter Theaterprofi, seinen eigenen Abschied von der Live-Bühne. Den er natürlich nicht ernst meint – wer zur Abschlussparty seiner Welttournee Leute wie die McCartneys, Starrs, Jaggers, Keith Moon, Jeff Beck, Lou Reed, Barbra Streisand und Dr. John begrüßen kann, der geht nicht so einfach, der bleibt.

Wie groß Bowies Einfluss zu diesem Zeitpunkt schon ist, davon zeugt eine Legende, deren Wahrheitsgehalt letztlich unerheblich ist: Nach jener letzten Spiders-Show soll der glühende Fan John Lydon, später berühmt-berüchtigt als Ober-Sexpistole Johnny Rotten, mit Kumpels Teile des Equipments geklaut haben.

Dass Ziggy sterben musste, hat seinen guten Grund: David hat keine Lust, sich auf den glamrockenden Alien mit transsexueller Neigung festlegen zu lassen. Denn erstens schlummern noch jede Menge andere Identitäten in ihm, und zweitens weiß er sehr genau, dass der angesagte Trend von heute am nächsten Morgen schon Schnee von Gestern ist. Bevor er sich nun seiner nächsten Häutung widmet, spielt er auf die Schnelle in Frankreich ein paar Sixties-Oldies ein. Das Album heißt *Pin Ups*, bleibt im Bowie-Katalog eher eine Fußnote und erscheint im Oktober 1973. Neben der Hitsingle *Sorrow* verschafft es ihm vor allem eine dringend nötige Atempause und Zeit, den nächsten Coup vorzubereiten.

Zu Beginn des neuen Jahres arbeitet Bowie an einer Musical-Adaption von George Orwells *1984*. Wegen rechtlicher Probleme wird daraus zwar nichts, ein Teil der Musik aber findet sich auf *Diamond Dogs* (1974) wieder. Im Sommer entert das gemeinsam mit John Lennon geschriebenen *Fame* die Charts, und Bowie begibt sich auf ausgedehnte US-Tour, die ihn zu einem ganz neuen musikalischen Abenteuer sowie – natürlich – einer neuen Kunstfigur inspiriert: Er entdeckt die Disco. Beziehungsweise den Phillysound und den seit Otis Reddings Tagen eleganter und leichtfüßiger gewordenen Soul. Er traut seinem Gespür, ahnt, dass bald die ganze Welt tanzen will, und er macht sich daran, seine Musik zu amerikanisieren.

Die musikalische Wandlung bringt auch eine optische mit sich. Elegante Abendgarderobe ist es, worin Bowie sich nun dem Publikum zeigt – die Geburtsstunde des Thin White Duke. Der allerdings findet zunehmend auch Gefallen an der Kehrseite des Nachtlebens: Ab 1975 versackt Bowie, inzwischen in Los Angeles sesshaft, im Kokainsumpf. Seiner Musik schadet das nicht, die beiden Alben dieser Soulphase – *Young Americans* (1975) und *Station To Station* (1976) – überraschen zwar manchen Fan, erschließen aber auch neue Publikumsschichten. Hits bringen sie obendrein, neben dem spröde groovenden *Fame* das elegant-kühle *Golden Years*. Lange bevor Mick Jagger und andere Celebrities den Tanztempel »Studio 54« in Manhattan entdecken, hakt Bowie das Kapitel Disco schon wieder ab. 1976 kehrt er zunächst nach London zurück, wo er sich an der Victoria Station überflüssigerweise in einer Pose fotografieren lässt, die nicht Wenige als Nazigruß interpretieren. Später wird er einräumen, dass dies und auch einige missverständliche Äußerungen zum Thema Faschismus in einem *Playboy*-Interview vom September 1975 dem Drogeneinfluss geschuldet war.

Im damals isolierten Westteil von Berlin findet er endlich das kreative Biotop, das er in L.A. und an der Themse schon lange vermisst. Dort verspricht er sich die Möglichkeit ungestörter künstlerischer Weiterentwicklung. Mit Iggy Pop, inzwischen einem engen Freund, bezieht er eine Altbauwohnung in Schöneberg. Der abtrünnige Roxy-Music-Keyboarder Brian Eno fungiert als musikalischer Partner-in-crime. Die nun folgenden Alben *Low* (1977), *Heroes* (1978) und *Lodger* (1979) bieten die vielleicht beste, originellste und einflussreichste Musik, die Bowie in seiner langen Karriere kreiert hat. Eno eröffnet ihm neue Klanguniversen, dazu teilen die beiden eine große Faszination für die experimentelle elektronische Musik junger deutscher Bands wie Kraftwerk, Can und Tangerine Dream. Die düster-anarchische Stimmung der Stadt und ihre Subkultur inspirieren Bowies Songwriting. Vor dem Hintergrund der Punkrevolte erobern diese Alben der Popästhetik ganz neue Felder. Dissonante Elemente, elektronische Verfremdungen, nicht selten der Verzicht auf hergebrachte Songstrukturen – all das ist bis dahin im Pop kaum möglich, wird aber bald darauf im Mainstream angekommen sein.

Allein *Heroes*, der wohl nachhaltigste Singlehit in Bowies Karriere, demonstriert das beispielhaft: Unter der zunächst konventionell rockenden Oberfläche rumoren düstere Synthesizer, dazu mäandern melancholische, in extreme Hallräume getauchte Gitarren, und das monoton-metallische Hämmern des Schlagzeugs erinnert an die Fabrikwelten Fritz Langs.

Über all dem singt sich der zunächst geradezu gelangweilt wirkende Bowie in eine existenzielle Verzweiflung, die jedem Hitparaden-Konsumenten Schauer des Entsetzens über den Rücken jagen muss. So etwa dürfte sich ein Delinquent vor dem Jüngsten Gericht fühlen – *nach* dem Urteil, das den Gang ins Fegefeuer verhängt.

Zum Ende des Jahrzehnts ist Bowie nicht mehr der bilderstürmende Ziggy von 1972, inzwischen ist er eine respektierte, aber auch kontroverse Ikone der Popkultur, gleichermaßen Schrittmacher der Avantgarde und glamouröser Superstar. Auf *Scary Monsters* (1980) fasst er seine Arbeit der Siebzigerjahre noch einmal souverän in neuen Songs zusammen. Dann wird es Zeit für die nächste Häutung.

..................................

Die präsentiert den geläuterten, drogenfreien Mittdreißiger in Partystimmung. Das deutet sich schon 1981 auf der hochkommerziellen Popsingle *Under Pressure*, einem Duett mit Queen-Stimme Freddie Mercury, an. Anschließend jedoch pausiert Bowie als Plattenkünstler und spielt Theater (*Elephant Man*) oder in Kinoproduktionen (*Christiane F.*, *The Hunger*). Nach einem Zwist mit Stammproduzent Tony Visconti verpflichtet er 1983 für sein nächstes Album den Bassisten Nile Rodgers, dessen Arbeit mit Chic als State Of The Art der tanzfreudigen frühen Achtziger gilt. Was die beiden, assistiert unter anderem von Bernard Edwards und dem noch völlig unbekannten Stevie Ray Vaughan, für *Let's Dance* (1983) aushecken, wird für Bowies Fans zur faustdicken Überraschung. Höchst elegant gestylter Post-Disco-Pop dominiert die Platte, die mit dem Titeltrack, *China Girl* und *Modern Love* drei Riesenhits abwirft.

*Let's Dance* wird zum größten Verkaufserfolg in Bowies Karriere, läutet aber gleichzeitig eine kreative Flaute ein, von der er sich so recht erst ein Jahrzehnt später erholen wird. Die folgenden Alben (*Tonight*, 1984, *Never Let Me Down*, 1987) bleiben musikalisch zwar in ähnlicher Fahrrinne, enttäuschen aber durch schwache Songs und einen seltsam blassen Hauptdarsteller. Später wird er in einem Interview einräumen, dass er »in den Achtzigern eigentlich kaum noch kreativ« war. Den Tiefpunkt erreicht er, als er 1985 gemeinsam mit Mick Jagger ein läppisches Remake des Sixties-Klassikers *Dancing In The Street* fabriziert. Ende der Achtzigerjahre wirkt der Brite, der einst als Ein-Mann-Revolution ästhetische und musikalische Standards des Pop verändert hatte, ausgebrannt, lustlos und gelangweilt. Die einst so schillernde Rock-Diva hat abgetakelt.

Bowie selbst weiß das am besten – und zieht sich am eigenen Schopf aus der Schlinge. Er knipst dem »Superstar« kurzerhand das Licht aus, besinnt sich auf den Musiker David Jones und gründet eine Band, in der er nur einer von vielen ist. Tin Machine nennt er das Unternehmen. Zusammen mit dem Gitarristen Reeve Gabrels und den Brüdern Hunt und Tony Sales als Rhythmusgruppe schreibt er sich rauen Gitarrenrock auf die Fahnen. Inspiration beziehen Tin Machine von Indie-Bands wie Sonic Youth oder The Pixies. Das Publikum bestaunt die Blechmaschine neugierig, verliert aber schon nach dem zweiten Album (*Tin Machine II*, 1991) und einem Live-Nachschlag (*Oh Vey, Baby!*, 1992) das Interesse. Egal, das Projekt hat seinen Zweck erfüllt und seinen Schöpfer auf den Pfad der künstlerischen Tugend zurückgerockt. Tin Machine haben für Bowie eine reinigende Wirkung, nun fühlt er sich bereit, seine Solokarriere wieder aufzunehmen.

Für eine neuerliche Zusammenarbeit verpflichtet er Nile Rodgers, und auch Mick Ronson, der kurz darauf einem Krebsleiden erliegt, taucht auf *Black Tie White Noise* (1993) noch einmal auf. Zwar leidet dieses Comeback-Album unter der nach Achtzigerjahren klingenden Produktion, und so manches darauf wirkt unausgegoren, trotzdem aber ist unüberhörbar: Der Meister, inzwischen ein gestandener Mittvierziger, will es noch einmal wissen, zeigt sich experimentierfreudig und ambitioniert wie seit Berliner Tagen nicht. Beflügelt wird die neue Kreativität durch privates Glück: Kurz zuvor, 1992, hat David das somalische Supermodel Iman Abdulmajid geheiratet.

1995 ist Bowie wieder voll auf der musikalischen Höhe: Mit *Outside* holt er sich im Handstreich den Respekt der Kritik zurück. Zusammen mit seinem alten Freund Eno vermählt er geschickt die elektronische Musik seiner Berlin-Trilogie mit aktuellen Stilen wie Grunge, Techno und Industrial. Als kommerziell sonderlich erfolgreich erweist sich die sperrige Musik jedoch nicht. Genauso *Earthling* (1997), bei dem Bowie noch radikaler Neuland beschreitet und seine Songs einem wahren Platzregen von Techno-, Drum'n'Bass- und Jungle-Rhythmen aussetzt.

Die Neunziger werden zu dem Jahrzehnt, in dem die Gründerväter der Rock- und Popmusik plötzlich wieder Konjunktur haben. Aber nicht nur ein mit ihnen gereiftes Publikum pilgert in ihre Konzerte, auch nachgewachsene Generationen entdecken die Pioniere jener Musik, die in der Alltagskultur inzwischen allgegenwärtig ist. So wundert es kaum, dass junge Künstler, allen voran Kurt Cobain, Trent Reznor und die Smashing Pumpkins, Bowie in den frühen Neunzigern Komplimente machen und sich zu seinem Einfluss auf ihre Arbeit bekennen. Wohl mit ein Grund, warum der so Geschmeichelte, immer auf der Suche nach Quellen kreativer Frischzellen, im Gegenzug nun die Ideen des Nachwuchses aufgreift und 1995 gar mit Trent Reznors Nine Inch Nails auf eine Co-Headliner-Tour durch die USA geht. Dessen Publikum allerdings schließt den Altstar nicht wirklich ins Herz, und auch im Technolager empfinden nicht wenige Bowies neue Musik als Anbiederung. Seine alten Fans hingegen steigen spätestens bei *Earthling* aus, können damit schlicht nichts anfangen.

Kommerziell sitzt Bowie zwischen allen Stühlen, musikalisch jedoch vollendet *Earthling* die Runderneuerung des nunmehr 50-Jährigen. Das Arsenal seiner Möglichkeiten ist nun upgedatet, und zum Ende des Jahrhunderts hat er ganz offenbar auch wieder eine Idee davon, was er als Künstler sagen will. Nach all den musikalischen Forschungsreisen, Stilwechseln und Maskeraden seiner Karriere scheint er versöhnt mit der Vergangenheit und hat offenbar Lust, mal wieder eine richtig gute Bowie-Platte zu machen. So jedenfalls klingt das, was leidgeprüfte Fans zum Ausklang der Neunzigerjahre erwartet, in denen sie dem Meister auf einem nicht immer leicht nachvollziehbaren Zickzack-Kurs gefolgt waren.

Als am 5. Oktober 1999 *Hours* erscheint, gibt es »Classic Bowie« zu hören. Eine ausgewogene, geradezu entspannte Sammlung fokussierter Rocksongs, die sich im wesentlichen mit den stilistischen Eckpunkten von Bowies Seventies-Katalog begnügt. Keine waghalsigen Experimente, kein Wildern in aktueller Avantgarde, keine Innovation um der Innovation Willen. Fast klingt es, als wäre der gute alte Ziggy zurückgekehrt. Schon die Single *Thursday's Child* bündelt gekonnt Spiders-Rock, die Melancholie von *Space Oddity* und die düsteren Klangwelten von *Heroes*. Wie ein roter Faden zieht sich ein Thema durch das Album, das Bowie der Presse so erklärt: »Der Charakter, den ich dort geschaffen habe, ist ein Mann Mitte fünfzig, der Rückschau hält und merkt, dass vieles in seinem Leben nicht geklappt hat. Nur mit mir selber hat das wenig zu tun.« Glaube ja keiner, das alte Rock-Chamäleon gäbe auf seine späten Tage plötzlich Autobiografisches zum Besten.

2002 folgt *Heathen*, mit dem Bowie den neuen »alten« musikalischen Kurs konsolidiert. Diesmal hat er sogar Tony Visconti wieder ins Boot geholt – wer auch könnte den Vintage-Bowie besser ins neue Jahrtausend übertragen als jener Mann, der schon in den Siebzigern einige der besten Alben des Thin White Duke produzierte? *Heathen* und das ein Jahr später erschienene, bislang letzte Bowie-Album *Reality*, wiederum mit Visconti aufgenommen, sind getragen vom gelassenen Verzicht auf Plakatives und Provokantes sowie dem entspannten, nie aber nostalgischen Rückblick auf die eigene künstlerische Evolution. All dies geschieht handwerklich auf höchstem Niveau, im Grundton fällt es geradezu heiter und versöhnlich aus.

Ein trotz seiner 56 Jahre erstaunlich juveniler Bowie präsentiert *Reality* mit seiner Band am 8. September 2003 in den Hammersmith Riverside Studios, London. Auf der Bühne steht da ein Mann, der sichtlichen Spaß an seiner Musik hat, munter mit dem Publikum scherzt und ganz bei sich wirkt. Ein mit der Welt zufriedener Rock'n'Roll-Grande also? Es sieht so aus.

.......................................

Im Juni 2004 erleidet Bowie bei einem Konzert auf dem Hurricane-Festival im deutschen Scheessel eine leichte Herzattacke und wird anschließend in einer Hamburger Klinik operiert. Nach seiner Genesung hat sich der Mann, der brillant wie kein anderer mit Identitäten, Stilen, Moden und deren künstlerischen Ausformungen spielte und damit der Popkultur immer wieder neue Impulse gab, aus dem Musikgeschäft zurückgezogen. Hin und wieder gibt er kurze Gastauftritte bei befreundeten Musikern, und gelegentlich werden seine musikalischen Hinterlassenschaften neu aufgelegt. Im Jahr 2005 gab Bowie noch einmal seiner Leidenschaft für die Leinwand nach, der er einst 1976 mit *The Man Who Fell From Earth* zum ersten Mal in einer Hauptrolle gefrönt hatte. In Christopher Nolans Film *The Prestige* übernimmt er die Rolle des heute weitgehend vergessenen Edison-Rivalen Nicola Tesla.

Musikalisch allerdings herrscht Funkstille. Das heißt, nicht ganz: 2008 veröffentlichte Bowie unter dem Titel *iSELECT* eine persönliche Zusammenstellung seiner liebsten Songs aus seinem Repertoire. Dass er immer noch ein wachsames Auge auf die Entwicklungen hält, bewies allein die Tatsache, dass er dabei als einer der ersten prominenten Musiker auf die konventionellen Vertriebswege verzichtete und das Album exklusiv als freie Beilage der britischen Zeitung *The Mail On Sunday* beilegen ließ.

Das Bild des mit sich und der Welt glücklichen neoklassizistischen Bowie von *Reality* ist das wohl letzte, dass David

Robert Jones die Musikwelt hat sehen lassen. Nach geschätzten 140 Millionen verkauften Schallplatten scheint Major Tom am Ziel seiner langen Reise angekommen.

*Empfehlenswert:*

**Best Of Bowie (CD + DVD Compilation)**
Einen so visuell orientierten Künstler wie Bowie muss man sehen – gut also, dass es die umfassende Compilation *Best Of Bowie* auch als Doppel-DVD gibt. Darin enthalten sind praktisch sämtliche großen Hits, die Bowie in 40 Jahren gelungen sind, dazu einige nicht ganz so bekannte Songs, zu denen aber entsprechendes Filmmaterial vorliegt. Interessant und amüsant, durch welche auch aus heutiger Sicht grenzwertigen optischen Inkarnationen sich der gerne als »Pop-Chamäleon« titulierte Musiker vor allem im Laufe der Siebzigerjahre gearbeitet hat. Das Paket enthält 47 Clips, in chronologischer Reihenfolge montiert, und bietet Vollbedienung für alle, die sich – im Wortsinne – ein Bild von Bowie machen wollen.

**The Rise And Fall Of Ziggy Stardust And The Spiders From Mars (1972)**
Hätte er nur dieses eine Album gemacht, er hätte auch so seinen Platz in der Rockgeschichte bis heute behalten. Der Glamrock zeitgenössischer Musiker wie T. Rex, Sweet oder Gary Glitter zeichnete sich vor allem durch pompöses Auftreten auf, hinter dem in der Regel aber inhaltliche Leere gähnte. Bowies *Ziggy Stardust* nun pumpte die glamouröse Präsenz der Musik auf, indem er sie mit der Vision eines sexuell ambivalenten SciFi-Helden auflud. Und musikalisch hatte er jede Menge zu bieten, Songs wie *Starman*, *Five Years*, *Suffragette City* oder *Ziggy Stardust* blieben hängen, auch weil Produzent/Gitarrist Mick Ronson sie mit cleveren Arrangements zu faszinierendem Hardrock hochtunte.

**Low (1977)**

Teil 1 der sogenannten »Berlin-Trilogie« – von 1976 bis 1978 lebte und arbeitete David Bowie in Berlin, wo er sich mit Produzent Tony Visconti und Brian Eno zunehmend mit den Einflüssen der jungen elektronischen Musik befasste, namentlich der von Kraftwerk, NEU! und der englischen Avantgarde-Rocker The Wire. Das Ergebnis geriet zu einem der eindrucksvollsten Alben in seinem Katalog, *LOW* verschmolz Bowies Sinn für Pop und Provokation mit der düsteren Kälte synthetischer Klangerzeugung. Die erste Hälfte des Albums bestand auf einzelnen fragmentarisch angelegten Songs inklusive der Hitsingle »Sound And Vision«, die zweite Plattenseite bestand ausschließlich aus atmosphärischen Instrumentals wie »Warszawa« und dem elegischen »Subterreneans«. LOW gilt heute zu Recht als wegweisend für die weitere Entwicklung der elektronischen Popmusik.

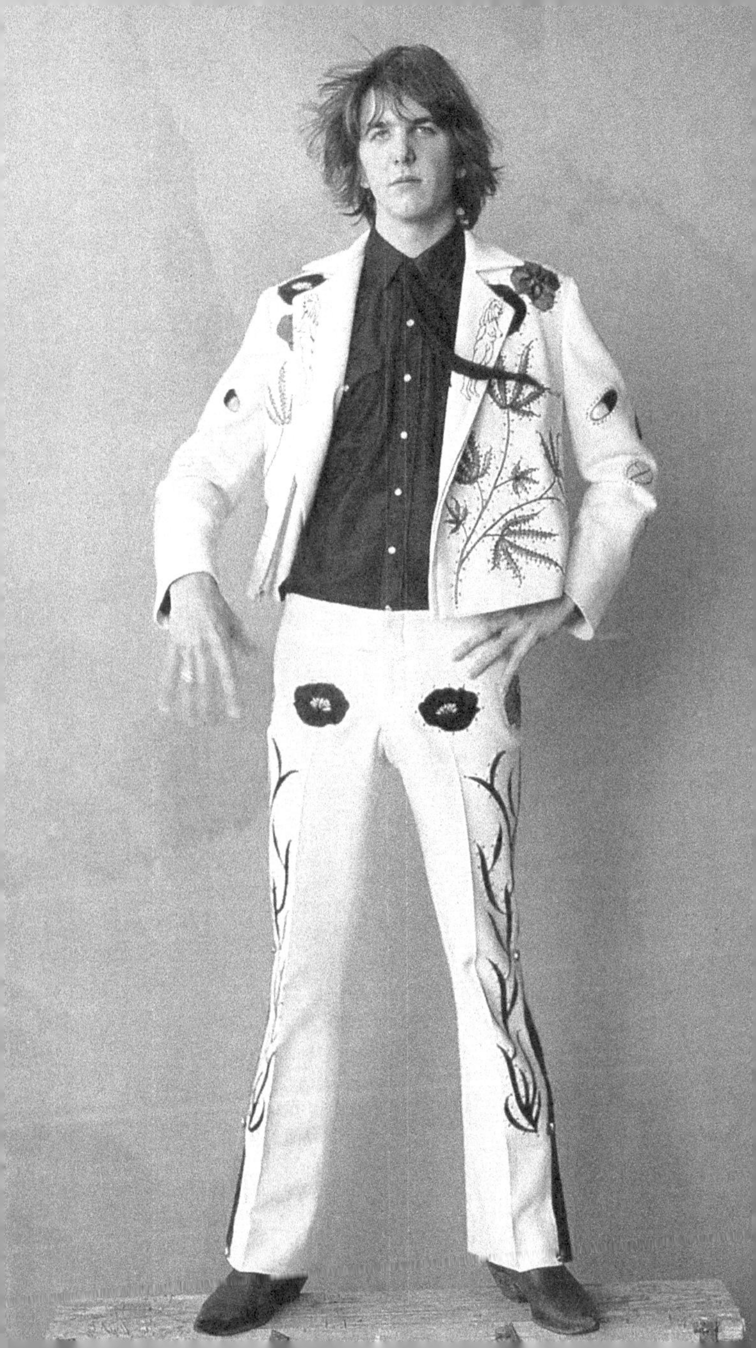

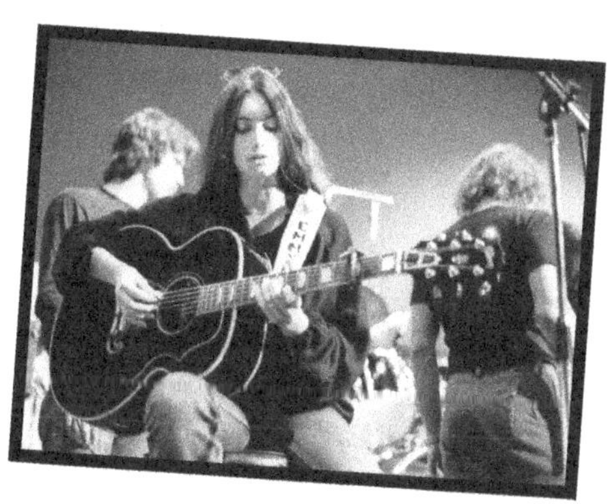

## LOVE HURTS

*Gram Parsons & Emmylou Harris*
*Letzte Ausfahrt: Joshua Tree*

*Some say he was a star*
*But he was just a country boy*
*His simple songs confess*
*And the music he had in him*
*So very few possess*

Es hätte ein Märchen werden können. Eines von zwei Menschen, die ihr Glück finden. Der eine ein gut aussehender Südstaaten-Dandy, selbstsicher, über die Maßen talentiert, aus reichem Hause. Und sie die klassische Gute Fee, schön, ernst und von eisernem Willen.

Stattdessen wurde es eine Tragödie von melodramatischem Format, eine der traurigsten und berührendsten in der an Tragödien weiß Gott nicht armen Geschichte der populären Musik. Von der großen Gabe der Hauptfigur künden drei Worte, graviert in eine unscheinbare Steinplakette auf einem Friedhof bei New Orleans: »God's own singer«. Der Mann, von dem Rolling Stone Keith Richards sagte, »er konnte buchstäblich jedes einzelne Mädchen im Publikum zum Weinen bringen – eine verdammt seltene Fähigkeit«, starb mit nur 26 Jahren.

Seinen Namen, Gram Parsons, kannte da bis auf ein paar Eingeweihte kaum einer. Emmylou Harris, die Fee aber, die, wie sie selbst sagt, als Musikerin erst durch ihn zu leben begann, kam zu spät. Als sie ihm begegnete, waren die Weichen für sein Ende längst gestellt, sie konnte nur zusehen und kurz noch seine Vision teilen. Danach blieb ihr nichts, als sein Vermächtnis unverdrossenen und mit nie versiegender Hingabe in die Welt zu tragen. Ihre Ernte wurde überreich: Harris hat es zu einer der erfolgreichsten und einflussreichsten Karrieren der letzten Jahrzehnte gebracht und ist mitverantwortlich dafür, dass Gram Parsons Musik heute, 37 Jahre nach seinem Tod, die verdiente Anerkennung zuteil wird.

Was die beiden verband, nannte er »Cosmic American Music«. Die Verbindung von Rock und Country, das große Erbe von Appalachen-Folk, Bluegrass, Bakersfield und Nashville, überführt in den Rock'n'Roll der Baby-Boomer-Generation. Oder, wie Parsons es selbst oft genug beschrieb: »Country with a rock'n'roll attitude«. Ein Weg, den er praktisch im Alleingang antrat, als er in den Sechzigerjahren zu seiner musikalischen Reise aufbrach. Und ein Weg, auf dem er oft genug über die eigenen Beine fiel. Er verfügte über immenses musikalisches Talent, war charmant, kannte die richtigen Leute und konnte sie für sich begeistern. Gleichzeitig aber zerbrach er nach und nach unter der Last seiner von düsteren Dramen geprägten Jugend und deren Folgen sowie einem unheilvollen Hang zur Selbstzerstörung, der sich in wahllosem Drogenkonsum, aber auch Beziehungsunfähigkeit und Selbstüberschätzung äußerte. Mit 26 Jahren starb Gram Parsons allein in der kalifornischen Mojave-Wüste. Chris Hillman, einer seiner engsten Freunde, sagte über seinen ehemaligen Bandkollegen: »Er war ein gequälter Junge, der in seinem Leben viel Schmerz aushalten musste. Es war die absolute Tennessee-Williams-Southern-Gothic-Tragödie. Ich habe keine Ahnung, was ihn hätte retten können.«

Seit seinem Tod aber scheint er erst wirklich zu leben. Posthum wurde Gram Parsons zum Gottvater des Countryrock und zur verklärten Kultfigur, bei der Wahrheit und Legende kaum noch zu unterscheiden sind. Sein zu Lebzeiten kaum je erfolgreiches und gar nicht mal sonderlich umfangreiches Werk hinterließ tiefe Spuren und ruft bis heute immer wieder junge Musiker auf den Plan, die sich auf seinen Einfluss berufen. Alle Jahre wieder werden Tribute-Alben mit Neuinterpretationen seiner Songs veröffentlicht, zu seinem Todestag findet regelmäßig ein Gedenkfestival statt, weltweite Fanzirkel halten sein Andenken in Ehren.

Und Emmylou? Die wichtigste Begegnung ihres Lebens war nach eigenem Eingeständnis die mit Gram Parsons. Später bekannte sie in einem Interview mit dem US-Journalisten Peter Doggett: »Als Gram starb, fühlte ich mich wie amputiert, als sei mein Leben zerschlagen. Wir waren nur kurz zusammen, aber in dieser kurzen Phase wurde mir alles klar. Ich hatte vorher nie begriffen, welche Art Musik in mir schlummerte. Dann aber, als ich ganz genau wusste, was ich wollte und wohin es gehen sollte, war er weg.« Und Parsons' Biograf Ben Fong-Torres gestand sie: »Ich habe ihn geliebt und werde das immer tun.« Auch heute sind ihre Konzerte ohne einen Titel von ihm undenkbar. Fast scheint es, als hätte Emmylou ihr ganzes musikalisches Leben lang die Beziehung mit Gram weitergelebt.

..................................

Zur Welt kommt Cecil Ingram Connor III. am 5. November 1946 in Winter Haven, Florida. Sein Großvater mütterlicherseits, John Snively, ist ein schwerreicher Mann, er besitzt ein Drittel der Zitrusfelder in Florida. Gram trägt den Namen seines Vaters Cecil »Coon Dog« Connor, des Ehemannes von Avis, geborene Snively. Zunächst verbringt Gram eine sorgenfreie Kindheit in Waycross, Georgia, wo sein Vater für den Schwiegervater eine Obstkistenfabrik leitet. Mit neun Jahren lernt der Junge erste Akkorde auf dem Klavier. Ein Jahr später schon steht fest, dass er sein Leben der Musik widmen will: Im City Auditorium in Waycross, Georgia, sieht Gram am 22. Februar 1956 einen Auftritt von Elvis Presley. Gram holt sich nach der Show ein Autogramm und ist fortan nicht mehr derselbe. Musik spielt spätestens jetzt die Hauptrolle in seinem Leben. Er lernt noch eifriger am Klavier, verbringt jede freie Minute am Radio, wo er den in den Südstaaten üblichen Mix aus Hillbilly, Rhythm'n'Blues und Gospel inhaliert, und er kauft sich immer mehr Platten. Vor allem solche von Elvis, zu deren Playback er dann auf der Veranda des Elternhauses für die Nachbarskinder den kleinen King Of Rock'n'Roll gibt.

Im Jahr darauf schlägt das Schicksal zum ersten Mal zu: Einen Tag vor Weihnachten erschießt sich sein Vater, zermürbt von den ewigen Demütigungen durch die Snivelys und seiner zerrütteten Ehe. Der Rest der geschockten Familie, Mutter Avis, Gram und dessen kleine Schwester – sie heißt ebenfalls Avis – zieht zurück nach Winter Haven. Dort heiratet Avis ein zweites Mal: Bob Parsons, smart und immer in Schale, adoptiert die beiden Kinder. Seitdem tragen sie seinen Namen. Gram, der inzwischen seine Liebe zur Gitarre und zur Folkmusik entdeckt hat, gründet erste Bands (einer seiner pubertierenden Mitmusiker übrigens ist Kent Lavoie, der es als Lobo später zu Hits und Reichtum bringt). Langsam macht sich der gut aussehende Teenager mit der Gänsehautstimme einen Namen, eifrig sammelt er seine Erfahrungen, trifft immer mehr Musiker, treibt sich auch in New Yorks Greenwich Village herum und bekommt von Stiefvater Bob am Ende gar einen ganzen Club in Winter Haven eingerichtet, damit er dort regelmäßig spielen kann. Ein Geschenk, das Gram freudig annimmt, das aber auch einen schalen Beigeschmack hat. Gram spürt, dass Bob, dem viele nachsagen, er sei nur scharf auf das Geld der Snivelys, all dies vor allem tut, um ihn und auch die kleine Avis zu umgarnen.

Am Tag seiner Highschool-Abschlussfeier ereilt Gram, er ist gerade 18 Jahre alt, der nächste Schickssalschlag: Im Krankenhaus erliegt seine Mutter ihrer alkoholbedingten Leberzirrhose. Schon bald machen Gerüchte die Runde, Bob habe seiner Frau, die er ohnehin bei jeder Gelegenheit betrog, Scotch ins Krankenhaus gebracht und damit ihre tödliche Alkoholvergiftung verursacht. Man kann nur ahnen, welch verheerende Auswirkungen der Verlust der Eltern auf Grams seelische Stabilität hat. Er tut nun, was er fortan immer tun wird, wenn's brenzlig wird: Er macht sich davon, verlässt Winter Haven und schreibt sich an der Harvard University für ein Theologie-Studium ein. In den Seminaren wird er kaum je gesehen, dafür umso häufiger in den Kneipen rund um den Campus, wo er tief in die pulsierende Musikszene eintaucht.

Gram entdeckt Country, die Musik seiner Kindertage, neu. Er beginnt, das Beat-Repertoire seiner frisch gegründeten International Submarine Band mit der Musik seines großen Idols Hank Williams und aktueller Stars wie George Jones, Buck Owens und Merle Haggard zu kreuzen. Nach nur einem Semester bricht er das Studium ab und zieht 1966 mitsamt Band nach New York. Dort nimmt die ISB bald eine erste, unbeachtete Single auf. Wenig später entschließt sich die Band, frustriert von der aussichtslosen Situation an der Ostküste, zur Übersiedlung nach Los Angeles. Schnell knüpft Parsons die nötigen Kontakte, und prompt erhält die International Submarine Band einen Deal bei Lee Hazlewoods Label LHI Records.

Inzwischen weiß Gram sehr genau, was er will: eine zeitgemäße Version von Country. Und das erste ISB-Album, *Safe At Home* (1968), löst diesen Anspruch mit Songs wie *Blue Eyes* und *Luxury Liner* ein. Im Unterschied zu anderen Bands, denen es reicht, traditionelle Instrumente der Countrymusik wie Fiddle und Pedal Steel gelegentlich mal einsetzen, geht die ISB einen entscheidenden Schritt weiter: Sie schreibt und spielt reinrassige Countrysongs, die sie allerdings mit der Intensität einer Rockband interpretiert. Die im April 1968 veröffentlichte Platte fällt beim Hippie-Publikum jener Tage, das Country als Synoym für spießiges Hinterwäldlertum betrachtet, durch, lediglich ein paar Kritiker erkennen und würdigen die Pioniertat.

.................................

Gram ist ernüchtert und muss überdies mit privaten Problemen klarkommen. Die Band löst sich auf, und, schlimmer für ihn, seine Freundin Nancy verlässt ihn – mitsamt dem gerade geborenen Baby Polly. Etwa zu dieser Zeit trifft Gram Chris Hillman, den Bassisten der Byrds. Die müssen den Verlust von David Crosby kompensieren und suchen nach frischer Inspiration. Der Mann mit der Country-Vision bekommt den Job. Und die Byrds erleben ihr blaues Wunder. Wie Roger McGuinn später bekannte: »Wir wollten einen Keyboarder – stattdessen bekamen wir George Jones in einem verdammten Paillettenanzug.« Mit seinem Enthusiasmus bringt Gram die Byrds auf Country-Kurs. Was im Frühjahr bei den gemeinsamen Sessions in Nashville entsteht, ist im Grunde Parsons' Album. *Sweetheart Of The Rodeo* klingt fast wie die vorweggenommenen Flying Burrito Brothers, Grams spätere Band. Nur, dass hier noch Roger McGuinn singt, auch wenn die meisten der Leadvocals im Studio zunächst von Gram skizziert werden. Wegen vertraglicher Probleme mit LHI Records jedoch – so die offizielle Version, manche behaupten auch, dass Roger McGuinn eifersüchtig auf die tragende Rolle des gerade 21-jährigen Neu-Byrds war – darf er nicht als Leadsänger fungieren. McGuinn singt daher nachträglich die Vocals neu ein. *Sweetheart Of The Rodeo* gilt heute als Pioniertat und künstlerisches Highlight im Byrds-Katalog, damals jedoch floppt das Album – es schafft gerade einmal Platz 77 in den Billboard-Charts und verkauft nur knapp 50.000 Exemplare. Zu überraschend ist der stilistische Haken für die Fans von *Mr. Tambourine Man*.

Als die Byrds im Sommer 1968 in England touren, lernt Gram einen Mann kennen, der schnell zum engen Freund

und eine wichtige Rolle in seinem Leben spielen wird: Keith Richards. Noch in London wird Grams Schicksal als Byrd besiegelt: McGuinn will zum Abschluss der Tournee in Südafrika spielen. Parsons weigert sich wegen der dortigen Apartheidspolitik strikt, fliegt nicht mit den anderen nach Kapstadt – dafür aber aus der Band.

Zurück in Los Angeles, macht er sich daran, seine eigene Gruppe, die Flying Burrito Brothers, auf die Beine zu stellen. Schon wenige Wochen nach dem unerquicklichen Südafrika-Abenteuer der Byrds hat auch Chris Hillman die Nase voll und wechselt zu Parsons. Die beiden schreiben nun zusammen für die neue Band Songs, darunter *Sin City*, *Wheels*, *Juanita* sowie das wunderbare Double *Hot Burrito #1* und *Hot Burrito #2*. 1969 erscheint *The Gilded Palace Of Sin*, ein Geniestreich, der heute als eines der Meisterwerke der Sechzigerjahre gewürdigt wird. Öffentlich wahrgenommen wird das Album im Jahr seiner Veröffentlichung allerdings kaum, dem FM-Radio ist das Ganze zu countrylastig, der reaktionären Nashville-Mafia zu hippiesk und subversiv. Symptomatisch für das Problem ist schon die Optik der Band. Für ihr erstes Plattencover haben sich alle vier Musiker beim berühmten Country-Schneider Nudie Cohn, der schon Hank Williams eingekleidet und Elvis' berühmten Goldanzug entworfen hat, psychedelische Rhinestone-Anzüge anfertigen lassen, besetzt mit Strasssteinen und eigenwilligen Hippie-Motiven. Die Idee dazu stammt natürlich von Gram, der damit auch in der Wahl der Garderobe seiner alten Elvis-Liebe frönt und seinen Nudie-Suit mit Marihuana-Pflanzen, Pillenfläschchen und nackten Frauen verzieren lässt. Country-Fans, die Parsons deutlich an Mick Jagger orientiertes Bühnengehabe ohnehin schwul finden, wollen mit solchen Hippies nichts zu schaffen haben. Und die naturverbundenen Hippies finden's nur affig und eitel. So wegweisend die musikalische Vision der Burritos auch ist – eine elegante Kombination aus Rock-Dynamik, Soul-Intensität, zeitgemäßen Texten und der aufrichtigen, mitunter sentimentalen Bodenständigkeit des Country – die Band sitzt zwischen allen Stühlen. Gerade 40.000 Exemplare von *The Gilded Palace Of Sin* werden verkauft.

Frust ist die Folge. Gram reagiert wie immer: Er lässt sich gehen, taucht ab und betäubt den Schmerz. Die vom Label A&M gesponserte Tournee wird zum Desaster. Die Band reist mit der Eisenbahn kreuz und quer durch die Staaten und vertreibt sich die langen Fahrzeiten mit allen nur erdenklichen Arten von Drogen und Räuschen. An Musik denkt kaum jemand, ans gemeinsame Proben schon gar nicht, entsprechend katastrophal verlaufen die Gigs. Selbst wohlmeinende Kollegen wie Bernie Leadon kommentieren die Burritos-Konzerte vernichtend: »Super Band, nur haben sie einen entscheidenden Punkt vergessen: das Musikmachen.« In der Tat, auch wenn das Album in Los Angeles' quirliger Musikszene das Stadtgespräch ist und Gram als junges Genie und Spiritus Rector der gerade entstehenden Countryrock-Bewegung gilt, die noch Bands wie Poco und die Eagles (mit Bernie Leadon) hervorbringen wird: Auf der Bühne können die Burritos die Vorschusslorbeeren nicht einlösen.

Das Label A&M schickt die Band für einen zweiten Versuch ins Studio. Zwar ist Bassist Chris Ethridge ausgestiegen und Hillman und Parsons schreiben kaum noch zusammen, aber mit Bernie Leadon kommt hochwertiger Ersatz (er wird später auf dem Eagles-Album *On The Border* seinen alten Kumpel Gram mit der Ballade *My Man* würdigen). Aber der alte Schwung ist dahin. *Burrito Deluxe*, veröffentlicht im Mai 1970, fällt gegen das Debüt ab. Lediglich das wunderbare *Wild Horses* von Jagger/Richards, das Keith Gram überlässt, noch bevor die Stones es selbst veröffentlicht haben, die etwas süßliche, an die Byrds erinnernde Single *Cody Cody* und die Hillman/Parsons/Leadon-Komposition *Older Guys* hinterlassen nachhaltigen Eindruck. Gram scheint ohnehin nur noch mit halbem Herzen dabei zu sein, immer tiefer versinkt er im Drogensumpf, inzwischen gehört neben

Alkohol, Pillen und Kokain auch Heroin zu seiner Apotheke. Außerdem nutzt er jede Gelegenheit, um mit seinen neuen Kumpels, den Rolling Stones, abzuhängen. Die Verbindung hat auch Vorteile: Als die Engländer am 6. Dezember 1969 das berüchtigte Altamont Free Festival veranstalten, dürfen die Burritos im Vorprogramm vor dem mit Abstand größten Publikum spielen, das sie je gesehen hat. In diesem Fall nach ein paar Proben sogar mit ansprechender Leistung. Trotzdem, kurz nach der Veröffentlichung von *Burrito Deluxe* haben Grams Mitmusiker die Schnauze voll und werfen ihren notorisch bedröhnten und völlig unzuverlässig gewordenen Bandgründer kurzerhand raus. Unter der Führung von Chris Hillman wollen sie ohne ihn weitermachen.

.....................................

Der Geschasste zuckt nur mit den Schultern und begibt sich zunächst einmal mit seiner neuen Freundin Gretchen auf einen ausgiebigen Europatrip. Finanzielle Sorgen muss er sich ohnehin nicht machen, da er aus dem Snively-Erbe einen jährlichen Scheck von mehr als 50.000 Dollar erhält. Eine komfortable Situation, um die ihn Musikerkollegen, die von der Hand in den Mund leben müssen, nur beneiden können, die allerdings gleichwohl zu Grams wenig fokussierter Arbeitshaltung beiträgt.

Den größten Teil des Sommers 1971 verbringt er in »Nellcôte«, dem südfranzösischen Anwesen von Keith Richards in Villefranche-sur-Mer, wo die Stones gerade ihr Album *Exile On Main St.* einspielen. Gram und der Hausherr hängen wochenlang miteinander rum, argwöhnisch beobachtet vom eifersüchtigen Mick Jagger, sie spielen Gitarre und schreiben Songs, die nie aufgenommen werden. Für die Rolling Stones eine besonders fruchtbare Phase, Keith lässt sich von Gram in die Geheimnisse der Countrymusik einweisen, und umgekehrt beeinflusst der souverän alle Grenzen ignoriende Sex & Drugs & Rock'n'Roll-Lebensstil der Stones den Amerikaner. Parsons verliert bald jegliches Maß und beginnt der Stones-Entourage, speziell Richards' Lebensgefährtin Anita Pallenberg, auf die Nerven zu gehen. Im Spätsommer werden er und Gretchen diskret in einen Flieger nach Los Angeles verabschiedet.

Erst im folgenden Winter kümmert sich Gram wieder um seine Karriere.

Schnell ist ein Solo-Deal mit Warner-Chef Mo Austin abgeschlossen. Gram beginnt mit der Suche nach passenden Musikern für eine neue Band. Die Burritos, inzwischen ohne ihn unterwegs, haben derweil in Washington, D.C., eine Entdeckung gemacht. Nach einem Gastspiel dort haben sie in einem kleinen Club eine Folksängerin entdeckt, die nicht nur phantastisch aussieht und über eine betörende Sopranstimme verfügt, sondern dazu auch noch Country-Nummern wie Kitty Wells' *It Wasn't God Who Made Honky Tonk Angels* singen kann. Chris Hillman, inzwischen wieder versöhnt mit Gram, weiß, dass sein alter Buddy auf der Suche nach einer Gesangspartnerin für sein Soloalbum ist und berichtet ihm von der jungen Frau. Nach einigem Drängen macht sich Gram auf, um die 24-jährige Emmylou Harris, so ihr Name, zu besuchen. In Emmylous Washingtoner Stammclub stehen die beiden mit ihren Gitarren für zwei Songs gemeinsam auf der Bühne und singen zum ersten Mal miteinander. Gram weiß, dass er nun nicht länger suchen muss.

Emmylou hat zu diesem Zeitpunkt schon einiges hinter sich und ist vom Musikgeschäft gründlich desillusioniert. Geboren in Birmingham, Alabama, und aufgewachsen in der Gegend von Washington, D. C., wo ihr Vater als hoher Marine-Militär arbeitet, hat sie sich das Gitarrespielen selbst beigebracht und, nach ersten Live-Erfahrungen in Washingtoner Cafés, schon in ihren Teenagerjahren in den Folkzirkeln von New Yorks Greenwich Village herumgetrieben. Zunächst scheint alles nach Plan zu laufen. Sie verliebt sich in den Songwriter Tom Slocum, heiratet, bekommt ein Kind und nimmt zwischendurch für das kleine Folklabel Jubilee ihr erstes Album auf. *Gliding Bird*, eine unter Zeit- und Geldmangel produzierte, wenig homogene Sammlung von Folksongs, erscheint Anfang 1970 und geht unter wie ein Stein. Obendrein ist das Label kurz darauf bankrott. Frustriert verlässt Emmylou New York und zieht mit ihrem Baby nach Nashville, versucht sich dort als Kellnerin durchzuschlagen. Ihre Ehe scheitert nun endgültig, und das Geld reicht hinten und vorne nicht. Im Winter 1970 gibt sie auf und kehrt zurück zu ihren Eltern nach Washington. Dort arbeitet sie tagsüber für eine Immobilienfirma, nachts tingelt sie mit einem Folktrio durch die örtlichen Clubs. Die Eltern passen derweil auf Töchterchen Hallie auf.

Sonderlich beeindruckt allerdings ist die skeptisch gewordene junge Mutter vom ersten Treffen mit Parsons nicht, auch wenn die beiden auf Anhieb perfekt harmonieren und er ihr von Kalifornien, einem gemeinsamen Album und weiteren Plänen vorschwärmt. Monatelang passiert zunächst nichts, hin und wieder nur ruft Gram an und bittet um noch etwas Geduld. Emmylou beginnt sich damit abzufinden, dass ihre Karriere als Musikerin wohl auf Washingtons Kneipen beschränkt bleiben wird. Dann endlich, im Sommer 1972, schickt Gram ein Flugticket nach Los Angeles, und Emmylou macht sich auf den Weg.

Derweil hat Gram seine Band beisammen. Sie besteht aus Ric Grech, einem englischen Bruder im Geiste, der zuvor bei Family, Traffic und Blind Faith Bass gespielt hat, sowie den Elvis-Begleitmusikern Glen T. Hardin (Piano), James Burton (Gitarre) und Drummer Ronnie Tutt – eine Traumbesetzung für Elvis-Fan Parsons. Zunächst fühlt sich Emmylou bei den Sessions nicht besonders wohl, sie sind, typisch Gram, sehr locker organisiert, und der an der Westküste übliche Rock'n'Roll Lifestyle ist ihr fremd. Aber sie arrangiert sich schnell, betrachtet das Ganze als Lernprozess und findet zwischen all den erfahrenen Musikern bald ihren Platz. Auf den meisten Stücken singt sie gemeinsam mit Gram, die Palette reicht vom den sanften Balladen *A Song For You* und *New Soft Shoe* über lebhaften Honky Tonk wie *Still Feeling Blue* und *Big Mouth Blues*, Country-Heuler wie *We'll Sweep Out The Ashes In The Morning* bis zum R'n'B-beeinflusstem *Cry One More Time*. Gram hat für *GP* das Beste aus Rock- und Country zusammengeführt. Emmylou beschrieb das später so: »Er brachte die Poesie und Vision seiner eigenen Rock-Generation in dieses traditionelle Format der Countrymusik mit ein und machte so etwas ganz anderes, eigenes daraus. Man konnte wirklich sagen, dass er mit jedem Bein in einer anderen Musikkultur stand.« Als *GP* im Januar 1973 erscheint, bekommt es zwar freundliche Kritiken, aber wieder einmal passiert weder in den Plattenläden noch in den Radiostationen allzu viel.

Für eine kreuz und quer durch das Land führende Tournee stellt Parsons eine neue Band zusammen, die Fallen Angels. Natürlich mit Emmylou. Geprobt wird kaum, Gram hält das nicht für nötig und ist wegen seines chaotischen Lebensstils inklusive entsprechender Stimulanzien wohl auch kaum in der Lage, diszipliniert zu arbeiten. Entsprechend lausig spielt die Band zunächst. Emmylou, inzwischen selbstbewusst genug, nimmt sich die Jungs zur Brust und verordnet den gefallenen Engeln resolut Probenarbeit. Nach und nach entwickelt sich die Sache und im Verlauf der Tournee muss die Band vor begeisterten Zuhörern sogar Zugaben geben. Highlights des Bühnensets sind die ungeheuer intensiven Duette zwischen Emmylou und Gram. Ex-Burrito Bernie Leadon, mittlerweile Mitglied der Eagles, berichtet: »Jeder war gebannt von Emmylous Stimme, die so ätherisch war. Diese Harmonie zwischen ihnen lag wohl an ihren ungeheuren Fähigkeiten. Denn ich kannte Gram ja und wusste, dass er ohnehin nie übte.«

Wobei Emmylou eine gewisse Naivität zugute kommt. Sie hat nie gelernt, schulmäßige Harmonien zu singen. Statt also die üblichen Terzen oder Quinten zu singen, beobachtet sie Gram, der ein sehr intuitiver Sänger ist, genau und improvisiert zu seinen Gesangslinien jeweils ganz eigene Melodien. Mit ihrer Stimme umtanzt sie seinen Leadgesang regelrecht. Besonders eindrucksvoll zu hören ist dies schon auf der Fallen-Angels-Tour bei einer Ballade von Boudleaux Bryant, *Love Hurts*, die für Grams zweites Soloalbum vorgesehen ist. Wer die beiden hört und sieht, kann nur gebannt sein.

Nach Abschluss der Tour, im Juli 1973, beginnen die Sessions für dieses zweite Album in Wally Heiders Studio in Hollywood. Wiederum mit denselben Musiker aufgenommen, die schon auf GP gespielt haben, enthält *Grievous Angel* mit *The Return Of The Grievous Angel* und *In My Hour Of Darkness* nur zwei neue Parsons-Songs, die anderen vier datieren aus früheren Jahren, zum Teil zurück bis in die Zeiten der International Submarine Band (*Brass Buttons*) und seines Engagements bei den Byrds (*Hickory Wind*). Der Grund dafür dürfte sein, dass Grams Haus in Laurel Canyon kurz vor Beginn der Aufnahmearbeit abgebrannt war und er nur wenige Notizen und Textfragmente vor den Flammen retten konnte. Neben dem berührenden *Love Hurts* ist *In My Hour Of Darkness* der Schlüsseltrack von *Grievous Angel*. Mit seiner feierlichen Gospelmelodie passend am Ende des Albums platziert, wirkt der Song heute wie Abschiedgruß von einem, der weiß, dass er bald gehen wird. Die eingangs zitierten Songzeilen lesen sich wie ein Nachruf, auch wenn Parsons sie tatsächlich für den am 14. Juli 1973 von einem betrunkenen Autofahrer überfahrenen Byrds-Gitarristen Clarence White geschrieben hat.

Trotz nach wie vor exzessiven Drogenmissbrauchs macht Gram während der Aufnahmen zu *Grievous Angel* auf die Beteiligten einen überraschend konzentrierten Eindruck. Alle, auch Emmylou, glauben, dass es mit ihm, trotz der soeben gescheiterten Ehe mit Gretchen, wieder aufwärts geht: »Ich dachte, er hätte sich gefangen und es würde noch viele gemeinsame Alben geben. Ich hatte keine Ahnung, dass etwas passieren könnte.«

Nach Abschluss der Aufnahmen nimmt sich Gram ein paar Tage frei und fährt mit drei Freunden zum Joshua Tree. Die karge Wüstenlandschaft dort ist schon lange seine bevorzugte Adresse, wenn er für eine Weile ausspannen will. Am Abend des 18. September 1973 bleibt Gram allein in seinem Zimmer Nr. 8 im Joshua Tree Inn Motel zurück, als seine Gefährten sich aufmachen, um etwas zum Essen aufzutreiben. Was genau danach passiert, ist bis heute nicht zweifelsfrei geklärt. Fakt aber ist, dass ihn seine Freunde bei der Rückkehr leblos vorfinden. Nach vergeblichen Versuchen, ihn zu wecken, wird er ins Yucca Valley Hospital gefahren, wo um kurz nach Mitternacht nur noch sein Tod festgestellt werden kann. Die Ursache ist laut Obduktion eine Mischung aus Tequila und Morphium, vor der Grams geschundener Körper nur noch kapitulieren konnte.

So traurig Gram Parsons' Leben endete, so bizarr ist das Nachspiel: Sein Stiefvater veranlasst die Überführung des Leichnams nach Florida, offenbar in der Hoffnung, Grams Vermögen zu erben, wenn er ihn dort begräbt. Parsons enger Freund Phil Kaufman verhindert das. In erster Linie allerdings, weil Gram und Phil sich wenige Monate zuvor bei der Beerdigung von Clarence White geschworen haben, dass derjenige, der den anderen überlebt, dessen Leiche am Joshua Tree verbrennt. Kaufman hält Wort. Gemeinsam mit einem Kumpel stiehlt er den Sarg am Los Angeles Airport, fährt damit zum Joshua Tree und verbrennt dort, nach Genuss von reichlich Bier und Whiskey, die Leiche.

.....................................

*Grievous Angel* erscheint posthum im Januar 1974. Und wieder das gleiche alte Spiel: Kaum einer interessiert sich für die Platte. Zunächst. In den folgenden Jahren aber wird Gram Parsons' Werk nach und nach von einem größeren Publikum entdeckt und sein Einfluss anerkannt. Tatsächlich hat wohl kein einzelner Musiker so konsequent daran gearbeitet, die traditionelle Country-Musik, den viel zitierten Blues des weißen Mannes, kongenial in einen Rock-Kontext zu übertragen. Heute ist es eine Binsenweisheit, dass zeitgenössische Künstler aus den verschiedensten Lagern, von Wilco über Sheryl Crow bis hin zu den Black Crowes und Elvis Costello, ohne die Vorarbeit von Parsons nicht die wären, die sie sind. Letzterer, ein ausgemachter Parsons-Fan, brachte die Faszination Parsons' in einem Interview auf den Punkt: »Wer von Grams Gesang nicht berührt wird, der hat ein wirklich großes Problem.«

Fast 37 Jahre lang ist der »Elvis der Country-Musik«, wie ihn ein Journalist nannte, nun tot. Sein Geist indes ruht ganz und gar nicht, jährlich fährt er auf dem Gedenkfestival am Joshua Tree Monument in die Seinen, und längst ist seine Formel – ein Teil Rock'n'Roll, ein Teil Honky Tonk und zwei Teile Herzschmerz – zum Markenzeichen geworden.

Zu einem großen Teil ist dies das Verdienst von Emmylou, der Guten Fee, die zu spät kam, um den »Grievous Angel« zu retten. Nach seinem Tod kehrte sie zunächst zurück nach Washington. Der Schock saß tief. Zwar gründete sie dort eine neue Band, aber für mindestens ein Jahr war sie, wie sie selbst sagt, »mit dem Herzen nicht dabei«. Gegen Ende 1974 aber kam ihre eigene Karriere in Fahrt. Grams ehemaliger Manager Eddie Tickner und Linda Ronstadt, mit der sich Emmylou in Los Angeles angefreundet hatte, verschafften ihr einen Plattenvertrag. Unter der Produzentenregie von Brian Ahern (den Emmylou drei Jahre später heiratete) wurde die Hot Band zusammengetrommelt, in der sich viele alte Bekannte wiederfanden, darunter Glen T. Hardin und James Burton, die schon *GP* eingespielt hatten. Als 1975 *Pieces Of The Sky,* Emmylous erstes echtes Soloalbum, erschien, klang es wie die logische Fortführung von Grams Musik. Mit Songs der Louvin Brothers, von Merle Haggard und Boudleaux & Felice Bryant enthielt es Stücke, die Gram Parsons genauso ausgesucht haben könnte. Gleichzeitig aber deutete das Album, zum Beispiel mit der wunderschönen Lesung von Lennon/McCartneys *For No One*, an, dass Emmylou eigene Akzente setzen würde. Ihr bis heute beeindruckend vielseitiges und konstant großartiges Werk hat das zur Genüge bewiesen. Ihren Mentor allerdings hat sie nie vergessen. Noch heute gehört ihr vielleicht schönstes Abschiedsgeschenk, die von ihr selbst geschriebene, majestätische Ballade *Boulder To Birmingham* von *Pieces Of The Sky*, zu den Highlights ihres Bühnensets. Darin singt sie, mit einer Stimme, die wie die von Gram jeden Augenblick zu brechen scheint, was nur singen kann, wer einen Teil seiner selbst verloren hat:

*I would rock my soul in the bosom of Abraham*
*I would hold my life in his saving grace*
*I would walk all the way from Boulder to Birmingham*
*If I thought I could see, I could see your face*

*Empfehlenswert:*

**Sacred Hearts & Fallen Angels – The Anthology**
**(Gram Parsons Compilation)**
Der Doppel-CD-Schuber mit beigelegtem, 52-seitigem Booklet zeichnet den ebenso steinigen wie visionären Weg dieses so begabten Einzelkämpfers in allen Stationen nach. Von den ersten Aufnahmen mit der International Submarine Band, den Highlights des epochalen Byrds-Albums *Sweetheart Of The Rodeo* und den wegweisenden Großtaten mit den Flying Burrito Brothers bis zu den wunderbaren Soloalben, gibt's hier alle Schlüsseltracks und noch einiges mehr. 46 Songs, einer ergreifender als der andere. Etwa die unter die Haut gehenden Duette mit Emmylou Harris, das beängstigend zerbrechliche *Hot Burrito #1*, das schöne Stones-Cover *Wild Horses*, aber auch die frappierende Umdeutung des Bee-Gees-Hits *To Love Somebody* in eine Country-Ballade.

**Emmylou Harris – Songbird: Rare Tracks & Forgotten Gems (Compilation)**

Stolze 25 Originalalben hat die Lady aus Birmingham, Alabama, inzwischen veröffentlicht, darunter so unterschiedliche wie die rocklastigen *Luxury Liner* und *Wrecking Ball*, fast reine Bluegrass- und Roots-Platten wie *Roses In The Snow* und *At The Ryman*, aber auch Popalben wie in den Achtzigerjahren *Evangeline* und *White Shoes*. Umso erstaunlicher die Homogenität dieses aus vier CDs und einer DVD bestehenden Querschnitts. Und das liegt natürlich vor allem an dieser einzigartigen Stimme, die auch den unterschiedlichsten Stilen und Songs ihren Stempel aufdrückt. Allerdings handelt es sich hier, wie der Untertitel schon sagt, um *Rare Tracks & Forgotten Gems*, also um die weniger bekannten Aufnahmen. Die Hits, wenn man denn von solchen sprechen will, beispielsweise *Boulder To Birmingham*, *Evangeline* und *Mr. Sandman* sind hier nicht zu hören, dafür aber eine liebevoll und mit Verstand zusammengestellte Sammlung von 78 Songs, die zu den schönsten ihrer langen Karriere gehören. Darunter auch Live-Material, das während der *Fallen Angels*-Tour, ihrer einzigen mit Gram Parsons, enstand. Und jede Menge Duette, etwa mit Linda Ronstadt, Dolly Parton, Steve Earle, Gene Clark, Beck, George Jones und anderen, sowie einige bislang eher unbeachtet gebliebene Albumtracks und vereinzelte Live-Versionen. Die DVD bietet ausgesuchte TV- und Bühnenauftritte aus verschiedenen Dekaden, beigelegt ist zudem ein 200-seitiges Booklet mit kaum bekannten Fotos, klugen Essays und Anmerkungen zu jedem einzelnen Song.

**Gram Parsons – Fallen Angel (DVD, Dokumentarfilm von Gandulf Henning)**

In Zusammenarbeit mit der englischen BBC und dem Parsons-Biograf Sid Griffin entstanden, ist dies ein abendfüllender Film über das Leben des Mannes, der heute gemeinhin als Vater des Countryrock gilt. Henning holte für sein Projekt jede Menge

Zeitzeugen vor die Kamera, neben musikalischen Wegbegleitern wie Keith Richards, Emmylou Harris, Chris Hillman und anderen sind dies auch Parsons' ehemalige Ehefrau Gretchen und diverse Angehörige seiner Familie. So entstand ein höchst authentisches, aufschlussreiches Porträt einer ebenso faszinierenden wie auch widersprüchlichen Persönlichkeit, das dazu mit jeder Menge selten gesehenem Archivmaterial glänzt. Ein spannender Film und eine wunderbare Hommage an einen der immer noch großen Unbekannten der Rockgeschichte.

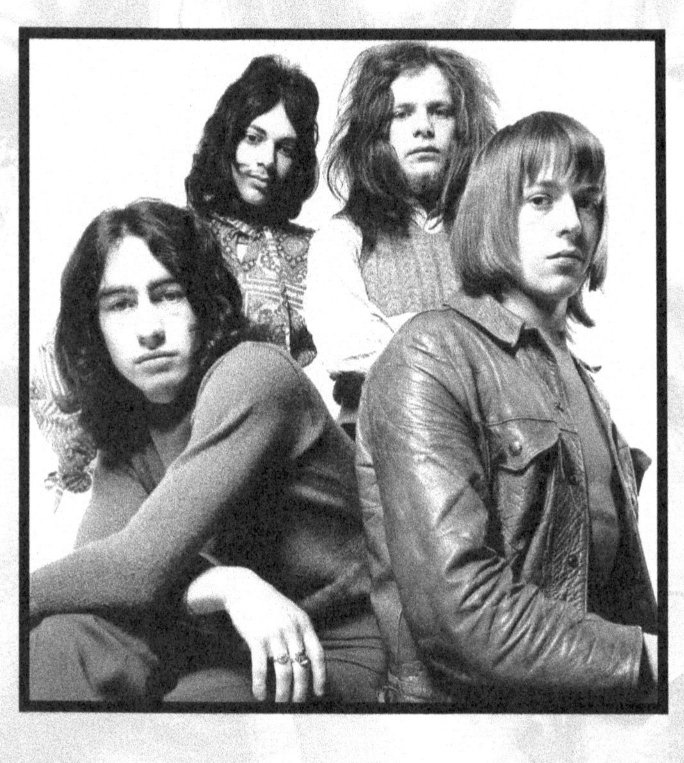

# GESCHMOLZENES GOLD

*Wie Free im Scheinwerferlicht verglühten*

ALEXIS Korner befand: »Sie sind die letzte große Band der Sechziger.« Und Al Kooper, selbst Legende, setzte noch eins drauf: »Vergiss die Stones, vergiss die Beatles, die größte Band von allen war Free!« Welch ein Kompliment für die vier, die im Frühjahr 1968 erstmals zusammenspielten, zur brillantesten Bluesrock-Band von allen wurden und alsbald in der Hitze der Spotlights verbrannten. Die Geschichte von Free ist eine von Genie und Triumph, von aufopferungsvoller Freundschaft und herzzerreißender Tragik. Mit *All Right Now* schrieben sie Rockgeschichte, mit ihrem kraftstrotzenden Bluesrock bereiteten sie das Feld für den Hardrock. Sie verkauften 20 Millionen Platten, und der vielleicht Begabteste von ihnen musste sterben, weil er für das Leben zu schwach war – zumindest für das eines Pophelden.

.........................................

London, 17. April 1968. Es ist früher Nachmittag, als sich Mike Vernon, 23-jähriger Inhaber des aufstrebenden Blueslabels Blue Horizon, mit Paul Rodgers trifft. Ziemlich groß ist der 18-Jährige und athletisch gebaut. Müde und ein wenig mürrisch blicken seine dunklen Augen aus tiefen Höhlen. Er singt bei einer Band namens Brown Sugar. Nun will sich Rodgers mit zwei Kumpels von den Black Cat Bones treffen, um ein paar Bluesstandards zu proben und vielleicht eine neue Band auf die Beine zu stellen. Paul Kossoff heißt der eine, Simon Kirke der andere. Ersterer ist ein 17-jähriger Gitarrist aus dem Norden der Stadt, ein gedrungenes Männchen mit kurzen Armen, wirrer Löwenmähne und leicht gehetztem Blick. Sein Freund, auch erst 18, ist das glatte Gegenteil: groß und stark wie ein Baum, mit kantigem Gesicht und der stoischen Gelassenheit eines Nordmannes. Dieser Wikinger-Typ trommelt und kommt aus Shropshire, einer Grafschaft im Westen.

Kurz nachdem Vernon die Tür zum Nag's Head Pub in Battersea aufgeschlossen hat, tauchen Kossoff und Kirke auf. Wenig später, die drei bauen gerade im ersten Stock ihr Equipment auf, sehen sie, wie unten auf der Straße ein Taxi hält und ein schmächtiger Jüngling mit dichtem, schwarzem Haar und leicht karibisch anmutenden Gesichtszügen aussteigt. In der Free-Biografie *Heavy Load* (Moonshine Publishing Ltd., 2000) schildert Simon Kirke die Szene: »Er war mit einem schwarzen Taxi gekommen und bat den Fahrer sogar um eine Quittung, was ich erstaunlich fand, weil jeder andere von uns mit dem Bus gekommen war. Aber er war ja in einer bekannten Band, hatte bei John Mayall gespielt.« Andy Fraser heißt der coole Bursche – und ist immerhin schon 15 Jahre alt!

Tatsächlich hat Fraser, der nun seinen Bass mitsamt Vox-Verstärker in den Pub schleppt, schon bei Londons Bluesdaddy John Mayall gespielt. Fast sechs Monate lang hat er die Bluesbreakers verstärkt, bis der Chef seine Mannschaft wieder mal umbesetzt. Der andere legendäre Bluesmentor der Szene, Alexis Korner, ist so etwas wie ein Ersatz-Papa für den vaterlos aufgewachsenen Andy. Familienanschluss hat der dunkelhaarige Junge, durch dessen Adern karibisches Blut fließt, denn seine Mutter stammt aus Britisch Guyana, über seine Freundin Sappho, Korners Tochter, gefunden. Oft hängt er bei den Korners rum und fachsimpelt mit Alexis, der ihn bei Mayall empfohlen hat.

Auch Korner hat sich im Nag's Head Pub angesagt. Er will sehen, wie es seinem Schützling ergeht. Was er hört, haut ihn um. Sofort empfiehlt er die Band einem befreundeten Promoter und schlägt den vier Jungs, zwischen denen es hörbar gefunkt hat, den Namen Free vor. Als Korner den Pub abends verlässt, ist das Quartett bereit für den Start in den Rockolymp. Zuvor allerdings hat Nesthäkchen Fraser noch eine Kleinigkeit zu klären: »Dann bin ich der Chef«, lässt er die anderen wissen. Die sind verblüfft – und akzeptieren. Wie Rodgers später sagt: »Wir dachten: Wenn er die Eier dazu hat, soll er's doch versuchen.«

1968. Der »Summer of Love« ist vorbei. In Paris, Berlin und Chicago stehen die Studenten auf den Barrikaden, die Morde an Martin Luther King und Robert Kennedy erschüttern die Welt, der Prager Frühling wird von den Panzern des Warschauer Pakts überrollt, und der Vietnamkrieg eint die westliche Jugend in wütendem Protest. Inzwischen singen sogar die Beatles von *Revolution*, und die Stones haben nach dem luschigen 67er-Jahr mit ihrem sinistren *Jumpin' Jack Flash* ein furioses Comeback hingelegt. Hippieseligkeit ist out, rüder Bluesrock, wie ihn Fleetwood Mac und Chicken Shack auf Mike Vernons Blue-Horizon-Label spielen, dagegen in.

Kein Wunder also, dass Vernon die Youngsters aus dem Nag's Head Pub verpflichten will. Zumal die – ohne Plattenvertrag! – im Juli durch Korners Vermittlung eine BBC-Session für John Peel bestreiten dürfen. Letztlich aber zieht Vernon den Kürzeren gegen Chris Blackwell. Der 31-jährige Chef des Island-Labels hat gerade die Supergroup Traffic lanciert und dazu die hochgelobten Jethro Tull verpflichtet. Der Deal mit Free freilich scheitert um ein Haar. Blackwell mag den Bandnamen nicht, er schlägt Heavy Metal Kids vor. Die vier Grünschnäbel aber bestehen auf Free und drohen, ihren Vertrag andernfalls sausen zu lassen. Blackwell gibt nach.

Im Oktober gehen Free in die Morgan Studios. Einige der Songs, die sie aufnehmen wollen, etwa *Walk In My Shadow*, *Moonshine* und *I'm A Mover*, haben sie bereits im Nag's Head probiert. An jenem 19. April schon spielten sie gut, jetzt aber, nach einem halben Jahr auf britischen Clubbühnen, sind sie exzellent, klingen wie aus einem Guss. Und agieren mit einer geradezu Ehrfurcht gebietenden Autorität. Über den Zwölftakt-Purismus sind Free bereits hinaus, immer noch aber metertief in der düsteren Gefühlswelt des Blues verwurzelt. Ihre Stärke liegt in den getragenen Tempi, den bleischweren Grooves und in der emotionalen Kraft, die diese Musik entfaltet. Ihr Blues gleicht einem scheinbar träge dahinfließenden Strom, nicht eben spektakulär, aber wenn man genauer hinsieht, entdeckt man darin erstaunliche Dinge, wilde Strudel, rabenschwarze Tiefen und eine finstere, geradezu bedrohliche Unerbittlichkeit.

Da ist zunächst mal Paul Rodgers, dessen Stimme so souverän, seelenvoll, dynamisch und gleichzeitig kontrolliert klingt, dass kaum zu fassen ist, dass ihr Besitzer nicht mal zwanzig Jahre alt ist. Wenig hat er von den Dingen erlebt, über die er da singt, und doch gibt er überzeugend wie kein anderer den Macho, den Schoßhund, den Loner und den Haudrauf. Dann ist da diese ungeheuer straffe Rhythmusgruppe, die den Songs bei aller hartrockenden Kraftmeierei mit sicherem Instinkt präzise Ökonomie verpasst. Mehr noch, Kirkes stoisches Gehämmer ist voll filigraner Akzente. Fraser schafft mit melodischen Akkordverzierungen ein spürbares Gegengewicht zur allgegenwärtigen Gitarre. Überhaupt, was wäre all das ohne diese Gitarre? Koss, wie sie ihn nennen, gibt den Songs mit knochentrockenen Riffs ein stabiles Rückgrat, spielt keinen Ton zuviel und gibt seinen ohnehin schon flüssigen Soli mit diesem unglaublichen Vibrato eine beängstigende Dringlichkeit. Bei ihm kommt jede Note direkt aus dem Bauch. Kein kalter Techniker, keiner, für den schnell gleich gut wäre, stattdessen lässt er Lücken zwischen den Noten, gibt ihnen Raum zum Atmen.

Die Songs dieses Debüts *Tons Of Sobs* stammen von der Band selbst, nur zwei Fremdvorlagen sind darunter. Howlin' Wolfs *Going Down Slow* und *The Hunter*, ein testosteronhaltiger Rocker von Booker T. & The MG's, den Albert King bekannt gemacht hat. Das Album, das im Wesentlichen das damalige Bühnenset der Band wiedergibt, klingt heute noch so frisch und rau wie vor über 40 Jahren. Und es bildet einen der wichtigsten Brückenköpfe des britischen Blues der Sechzigerjahre zum Hardrock der heraufdämmernden Siebziger.

..................................

Allerdings verhallt das frühe Meisterwerk weitgehend ungehört. Den Frühling und Sommer 1969 hindurch hockt die Band tagaus, tagein in ihrem alten Ford Transit, fährt von einem Gig zum nächsten. Meist sind sie auf sich allein gestellt, reisen mit höchstens einem Roadie, der am Steuer sitzt, und allenfalls einem weiteren Begleiter, der sich ums Organisatorische kümmert und vor Ort die Gagen kassiert. Die vier lernen den Job von der Pike auf, übernachten in Bed & Breakfast-Pensionen, müssen nachts gelegentlich heimlich Hotelkühlschränke aufbrechen, damit sie noch etwas in den Magen bekommen, spielen vor manchmal nur einer Handvoll Zuschauer und sind die meiste Zeit zugedröhnt bis obenhin – lustig ist das Rock'n'Roller-Leben. Und anstrengend. Zumal zwischendurch immer wieder im Studio neues Material eingespielt wird.

Allmählich tun sich erste feine Risse im Bandverbund auf. Rodgers und Fraser werden immer dominanter, sie liefern den Löwenanteil der Songs. Ihre Vorstellungen von der Umsetzung der Stücke werden anspruchsvoller. Vor allem Kossoff ist genervt, im Studio kann er sich kaum durchsetzen. Er fühlt sich gegängelt, mag sich nicht auf die Rolle des braven Akkordarbeiters beschränken. Mit seiner Gitarre will er Rodgers' Gesang kommentieren und umspielen, so wie er es auf *Tons Of*

*Sobs* tat und auf der Bühne Abend für Abend tut. Die Streitigkeiten häufen sich. Besonders diplomatisch gehen die Jungs, die mehr oder weniger auf der Straße leben, dabei nicht miteinander um. Nun kommt auch noch hinzu, dass Koss in der Band bald auf die Rolle des Freaks festgelegt ist. Beim Spielen verzieht er das Gesicht zu grotesken Fratzen, ein bisschen paranoid ist er sowieso, und dauernd fühlt er sich angegriffen, muss sich von Rodgers sogar Gitarrenparts zeigen lassen, worauf er, der draußen umjubelte Gitarrenheld, beleidigt reagiert. Dazu ist er meistens auch noch bis unters Dach zugekifft. Die anderen machen ihre Witzchen mit und über Koss.

Der frustrierte Gitarrist beginnt sich nach anderen Bands umzuschauen, jammt mit Jethro Tull und den Rolling Stones, wo Brian Jones' Platz frei geworden ist. Kirke ist ebenfalls unzufrieden, und die beiden anderen denken über eine Zukunft als Duo nach. In dieser Situation zieht Chris Blackwell die Notbremse. Er übernimmt die Regie im Studio und überzeugt die Gruppe, dass sie ihr Potenzial längst noch nicht ausgeschöpft hat. Blackwell rettet die Band, und als das zweite Album, *Free*, im Oktober 1969 erscheint, sehen die Dinge schon wieder rosiger aus. Free haben inzwischen mit Blind Faith eine siebenwöchige US-Tour absolviert und erstmals in großen Hallen gespielt. Unterwegs hat sich Koss mit Eric Clapton angefreundet, und der hat mit dem 19-Jährigen die Gitarre getauscht, ihn sogar über sein einzigartiges Vibrato ausgefragt. Balsam für das angeschlagene Selbstbewusstsein des Free-Gitarristen. Obendrein schafft *Free* Platz 22 in den UK-Charts. Nicht viel, aber es geht aufwärts, auch wenn nun der triste englische Winter mit den immer gleichen Clubgigs in der Provinz wartet.

Nach einer wenig aufregenden Show im Norden hocken die müden Recken backstage, und Andy klimpert ein paar Akkorde auf der Akustikgitarre. Paul brummt einige obszöne Zweizeiler, und dazwischen immer wieder »all right now, baby, baby, it's all right now«. In wenigen Minuten schmieden die

Beiden daraus einen Song. Sie halten ihn bewusst simpel, denn neben all den langsamen Nummern brauchen sie für ihre Shows auch etwas, wozu man tanzen kann. Im Mai bringt Island *All Right Now* als Single heraus – und jetzt platzt der Knoten auf dem Plattenmarkt. Im Sommer 1970 landen Free *den* Sommerhit, getoppt in den Charts nur von Mungo Jerrys *In The Summertime*. Plötzlich findet sich die Band auf Augenhöhe mit Led Zeppelin und Black Sabbath, den gefeierten Stars der Stunde, und tritt bei *Top Of The Pops* auf. Der *Melody Maker* titelt, schreibt gar von »Freemania«, und am 29. August folgt der absolute Höhepunkt: Vor rund einer halben Million Menschen spielen Free bei »Britain's Woodstock«, dem Isle Of Wight Festival.

Jeder in der Band ist glücklich über den Durchbruch, für den man so hart geackert hat. Und stolz auf den Erfolg. Das neue Album, *Fire And Water*, geht weg wie warme Semmeln. Mit der kompletten, fast sechsminütigen Fassung von *All Right Now*, Frasers grandiosem Bass-Solo auf *Mr. Big* und dem zarten *Don't Say You Love Me* präsentiert das Album die beste Plattenseite, die Free je aufgenommen haben. Zwar sind sie nun auf dem Gipfel, als echte Undergroundband aber halten sie den Kontakt zur Basis, lassen die Fans nach Konzerten sogar in ihre Garderobe. Kossoff, gestärkt durch den Erfolg und ohnehin ein arglos-freundlicher Mensch, feiert mit zahlreichen Bewunderern und Groupies. Die anderen: dito. Friede, Freude, Eierkuchen, endlich!

........................................

Aber als Persönlichkeit reagiert jeder von ihnen unterschiedlich auf die neue Situation. Rodgers kauft sich ein teures Anwesen und gibt den dekadenten Rockstar, Kirke genießt den Erfolg draußen auf dem Lande, Fraser kauft sich neues Equipment, darunter ein Mellotron. Und Kossoff wird immer paranoider. Je mehr Bewunderung dem Schauspieler-Sohn begegnet, desto stärker zweifelt er an seinen Fähigkeiten. Die Drogen tun ein Übriges, isolieren ihn zunehmend. Und dann passiert etwas, das ihn vollkommen aus der Bahn wirft: Am 18. September 1970 stirbt Jimi Hendrix, für Paul so etwas wie Soulbrother und Godfather in Personalunion. Ein verheerender Schlag für Kossoff, der bis dahin noch von einer Zusammenarbeit mit seinem Idol träumte. Kirke wird später berichten: »Es haute ihn um. Er aß nichts mehr und geriet in einen schrecklichen Zustand.« Wie eine düstere Wolke hängt dieser Tod über den Sessions für *Highway*, das Album nach *Fire And Water*.

Blackwell drängt, er will einen zweiten Hammer vom Kaliber *All Right Now*. Fraser und Rodgers glauben ihn zu haben, aus einem Kossoff-Riff haben sie das exzellente *The Stealer* geschmiedet. Auch Blackwell ist überzeugt. Die Single, die Frees frischen Status als Hitband untermauern soll, erscheint am 30. Oktober – und floppt gnadenlos. Im Nachhinein wundert das wenig, der Song verfügt weder über den unwiderstehlichen Drive von *All Right Now*, noch über dessen plakativen Refrain oder ein ähnlich prägnantes Riff. Im Herbst 1970 aber kann keiner verstehen, warum sich der Song als Rohrkrepierer entpuppt. Presse und Live-Publikum haben das Stück doch angenommen, nur in den Charts taucht es einfach nicht auf.

Auch *Highway* geht ohne zugkräftigen Hit unter, gerade einmal Platz 41 schafft es in England. Island schickt die Band sofort wieder in die Tourneemühle, im Januar stehen die USA auf dem Plan, im Februar England, dann Japan, Australien und danach wieder Amerika. Zwischendurch werden neue Songs eingespielt, auch die nächste Single, *My Brother Jake*. Die Band geht auf dem Zahnfleisch, drei Jahre ohne Urlaub fordern ihren Tribut. Als sich *My Brother Jake* tatsächlich zum mittelprächtigen Hit entwickelt, geht der Schuss allerdings nach hinten los: Die treue Free-Gefolgschaft hält den leichtgewichtigen Popsong für Ausverkauf. Im Sommer 1971 schiebt die Plattenfirma das superbe *Free Live!* nach, aber da ist es längst zu spät. Die vier können nicht mehr, weder miteinander noch kräftemäßig. Speziell zwischen Rodgers und Fraser, die beide erbittert um die Führungsrolle kämpfen, geht gar nichts mehr. Kirke kann wenig ändern, und Kossoff ist physisch und psychisch am Ende. Am 9. Mai, nach einem Konzert in Sydney, gibt die ausgebrannte und frustrierte Band ihre Trennung bekannt.

Befreit von der lähmenden Agonie und der Business-Maschinerie, in die Free eingespannt war, bricht nun jeder in Aktionismus aus. Rodgers gründet Peace, Fraser nennt seine Band Toby. Die anderen tun sich mit dem Bassisten Tetsu Yamauchi und dem Keyboarder John »Rabbit« Bundrick zusammen und nehmen *Kossoff, Kirke, Tetsu And Rabbit* auf. Die Free-Story scheint unwiderbringlich zu Ende. Ein halbes Jahr später aber, im Winter, haben alle ein wenig Abstand gewonnen und dazu ernüchtert festgestellt, dass die neuen Projekte sich schwer tun. Schlimmer noch: Koss ist in einem erbärmlichen Zustand. Seine drei Ex-Bandkollegen wissen, dass ihr Gitarrist am meisten von allen unter der schlechten Stimmung und dem Ende der Band leidet. Trotz aller Reibereien sind die vier noch immer Freunde, und für ihren sensiblen Gitarristen fühlen sie sich verantwortlich. Rodgers in der Rückschau: »Andy sagte: Lass uns die Band wieder zusammenbringen und sehen, ob wir Paul vor sich selbst retten können.« Kossoff ist überglücklich, und Manager Johnny Glover bereitet eine Tournee vor. Er weiß: Die Fans haben Free nicht vergessen.

Im Januar geht's in England los, die USA und auch Japan sollen folgen. Zunächst ist die Tournee der reine Triumphzug, Free sind nach ihrem Split größer als je zuvor, Publikum und Presse jubeln unisono. Aber die Reunion steht unter keinem guten Stern. Seit dem Split im Mai des Vorjahres hat sich Kossoffs Tablettensucht drastisch verschlimmert, sein Spiel beginnt darunter zu leiden. Immer öfter ist er völlig indisponiert. Am 22. Februar bricht er in Newcastle auf offener Bühne zusammen. Nicht zum letzten Mal. Die Band weiß kaum je, ob der Gitarrist zum angesetzten Konzert auftaucht, in welcher

Verfassung er ist und ob er den Gig durchstehen wird. Kossoff selbst weiß am besten, wie sehr er der Band, die er über alles liebt, schadet – aber er kann einfach nicht aufhören.

Im März 1972 haben Free die Island Studios gebucht, sie wollen Songs für ein neues Album aufnehmen. Fraser steuert *Travelling In Time* bei, Rodgers *Guardian Of The Universe.* Als Zeichen des guten Willens wird verabredet, dass die Autorencredits gleichmäßig auf die Band verteilt werden. Noch einmal reißen sich alle zusammen, raffen sich zu konzentrierter Arbeit auf. Obwohl die Nerven blank liegen, wird *Free At Last* ein respektables Album. Es ist düsterer in der Färbung, lässt aber alte Stärken aufblitzen, vor allen in den emotionalen Momenten etwa von *Magic Ship* oder der Hitsingle *Little Bit Of Love.*

Im Frühjahr steht die US-Tour an – sie wird zum Desaster, das Free den endgültigen Todesstoß versetzt. Wieder ist es der inzwischen völlig unberechenbare Kossoff, der einen geordneten Ablauf unmöglich macht. Aber auch der alte Graben zwischen Fraser und Rodgers bricht wieder auf, nun tiefer denn je. Die beiden giften sich ununterbrochen an. Als dann auch noch Chefroadie Jim McQuire an den Folgen eines Drogencocktails stirbt, gibt das dem Tourneetross den Rest. Alles fällt auseinander, deprimiert kehrt die Band nach England zurück. Fraser, Rodgers und Kirke haben alles versucht, um Koss zu helfen. Sie wissen nun, dass sie machtlos sind. Der Jüngste zieht die Konsequenz: Entnervt steigt Andy Fraser im Juli endgültig aus. Für die anstehende Japan-Tour werden Tetsu Yamauchi und »Rabbit« Bundrick verpflichtet, und Rodgers übernimmt für den vorerst und offiziell »wegen Krankheit« ausgemusterten Kossoff zusätzlich die Gitarre.

Im Herbst versuchen Free einen letzten Neustart und beginnen mit der Arbeit an einem neuen Album. Kossoff taucht nach einer Entziehungskur nur sporadisch auf, versinkt bald wieder im Mandrax-Sumpf. Tetsu macht seinen Job als Sideman, nimmt aber kaum Einfluss, und Rodgers ist der Chef.

Allerdings liefert ihm der texanische Dickschädel Rabbit heftige Kämpfe. Als die Songs im Kasten sind und Chris Blackwell sie zum ersten Mal hört, trifft ihn fast der Schlag. Die Produktion ist schlampig und nicht veröffentlichungstauglich. Er ruft Andy Johns, der die Band in besseren Zeiten im Studio betreut hat. Johns sperrt die Musiker kurzerhand aus dem Studio aus, setzt sich hinters Pult und rettet, was zu retten ist. Letztlich erscheint *Heartbreaker* im Januar 1973. Kaum etwas hat die Musik darauf allerdings mit der rauen, fast kammermusikalischen Bluesrock-Kunst der frühen Free-Jahre zu tun, die Band klingt geglättet, fast gezähmt. Und doch sprechen aus den sorgsam ausgearbeiteten Balladen wie *Come Together In The Morning* und *Muddy Water* tiefe Trauer und Schwermut. Der fürs FM-Radio maßgeschneiderte Hardrock von *Wishing Well* dagegen geht heute noch als Blaupause für das später von Bands wie Boston und Foreigner beackerte AOR-Format durch. Das Publikum jedenfalls kauft das Album und macht *Wishing Well* zum Hit.

Hinter den Kulissen aber herrschen Katerstimmung und Ernüchterung. Jeder weiß: Die alte Chemie ist dahin. Rodgers will endlich eine Band ohne Drogenwracks und Egoprobleme. Nachdem Free im Februar 1973 endgültig den Geist aufgeben, baut er mit Simon Kirke Bad Company auf. Und Kossoff? Ihm brechen zwei Dinge das Herz: Manager Glover hat ihn von der, wie sich herausstellen wird, letzten Tournee im Januar ausgeschlossen. Und dann wird sein Name auf den *Heartbreaker*-Credits noch nicht einmal im offiziellen Band-Lineup, sondern nur bei den Begleitmusikern geführt.

..........................................

Koss ist raus und in Zukunft auf sich selbst gestellt. Mit Freunden, darunter auch seinen Free-Kumpels, nimmt er bei verschiedenen Sessions in den nächsten Monaten Material für ein Soloalbum auf, das noch 1973 erscheint. *Back Street Crawler* wird zwar kein großer Erfolg, zeigt aber, dass Kossoff noch immer ein superber Gitarrist ist und als Songwriter große Momente hat, ein Stück wie *Molten Gold* hätte zweifellos jedes Free-Album geziert. Die Platte ermutigt ihn, eine feste Tourband zu engagieren, die er Back Street Crawler tauft. Kossoffs Solokarriere beginnt aussichtsreich. 1974 nimmt Atlantic-Boss Ahmet Ertegun die Band unter Vertrag und zahlt eine Viertelmillion Dollar Vorschuss. Im Spätsommer 1975 erscheint *The Band Plays On* und bekommt zu Recht gute Kritiken.

Aber Kossoffs Niedergang ist nicht mehr aufzuhalten, der sensible Gitarrist kann seinen Drogenmissbrauch einfach nicht in den Griff bekommen. Seine gesundheitlichen Probleme sind mittlerweile lebensbedrohlich geworden. Im Herbst 1975 wird er mit einem Magengeschwür ins Krankenhaus eingeliefert. Während der Behandlung verschlechtert sich sein Zustand so sehr, dass sein Herz für volle 35 Minuten stillsteht. Als er mühsam wieder halbwegs aufgepeppelt ist, macht er sich Anfang 1976 an die Arbeit für ein neues Album.

Dann kommt der 19. März. Auf einem Nachtflug von Los Angeles nach New York, irgendwo über den Wolken, hört sein Herz einfach auf zu schlagen. Koss' ausgelaugter Körper kann nicht mehr. Nie wieder wird geschmolzenes Gold aus seinen Fingern fließen.

*Empfehlenswert:*

**Fire And Water (1970)**
Mit ihrem dritten Album waren Free 1970 auf dem Gipfel ihrer Schaffenskraft angekommen. Getragen vom ebenso brachialen wie clever inszenierten Riffrocker *All Right Now*, katapultierte *Fire And Water* die Band an die Spitze der englischen Rock-Elite. *All Right Now* wurde zum Welthit und gehört heute neben *Smoke On The Water* von Deep Purple oder Led Zeppelins *Stairway To Heaven* zu den Erkennungsmelodien der Siebzigerjahre. Das Album zeigt aber auch, dass

Free mehr drauf hatten als simplen Haudrauf-Rock. Man höre nur das filigrane Zusammenspiel im phantastischen *Mr. Big*, die wunderbare Soul-Ballade *Don't Say You Love Me*, den dynamischen Bluesrock des Titeltracks oder das schwermütige *Heavy Load*. Allein dieses Album hätte gereicht, um Free unsterblich zu machen.

**Songs Of Yesterday (Compilation)**

Wer mehr über diese heute fast vergessene Band wissen möchte, der sollte sich diese 5-CD-Box zulegen. *Songs Of Yesterday* verzichtet weitgehend auf die Hitversionen der bekannten Stücke und konzentriert sich stattdessen auf den ersten drei CDs auf interessante Alternativ-Versionen, Studio-Outtakes und zum Teil neue Stereo-Mixe. CD 4 besteht ausschließlich aus Live-Mitschnitten zweier Shows aus dem Jahr 1970, während CD 5 verschiedene Aufnahmen von Solo-Projekten der einzelnen Musiker, Tracks vom kurzlebigen Free-Zwischendurch-Projekt Kossoff, Kirke, Tetsu, Rabbitt sowie Sharks und Peace versammelt. Dazu gibt's ein üppiges Booklet mit umfassender Biografie, Track-by-Track-Infos und jede Menge seltenem Fotomaterial. Die insgesamt 80 Stücke ergeben ein eindrucksvolles Denkmal für eine der wohl talentiertesten Bands der Rockgeschichte.

**Free Forever (DVD, 2006)**

Erstaunlich, dass diese relativ kurzlebige Gruppe in Zeiten, als Pop- und Rockmusik in TV und Kino noch ein Mauerblümchendasein führten, so viel Bildmaterial hinterlassen hat. Liebevoll restauriert und zusammengestellt, ist diese Hinterlassenschaft seit 2006 auf dem DVD-Doppeldecker *Free Forever* erhältlich. Zu sehen und zu hören gibt's neben dem berühmten Auftritt beim Isle Of Wight Festival 1970 sämtliche TV-Auftritte im deutschen *Beat-Club*, Gastspiele bei englischen TV-Shows sowie Promofilme von *All Right Now*, *The Stealer*, *My Brother Jake* und *Wishing Well*. Vor allem die eindrucksvollen Live-Sequenzen zeigen, dass Free im Unterschied zu vielen anderen berühmten Bands jener Zeit intuitiv verstanden hatten, dass gerade in der Musik weniger oft mehr ist. Kaum eine Gruppe erreichte je mit so sparsamen Mitteln eine derartige Dynamik, Effizienz und emotionale Tiefe. Ergänzt wird die Musik auf der DVD von jeder Menge O-Tönen der beteiligten Musiker, die zum Teil aus Interviews der frühen Siebziger stammen, zum Teil aber auch erst 2006 für die Produktion von *Free Forever* gedreht wurden. Kurz: eine vorbildliche Retrospektive einer auch optisch keineswegs langweiligen Band – großes Rock-Kino!

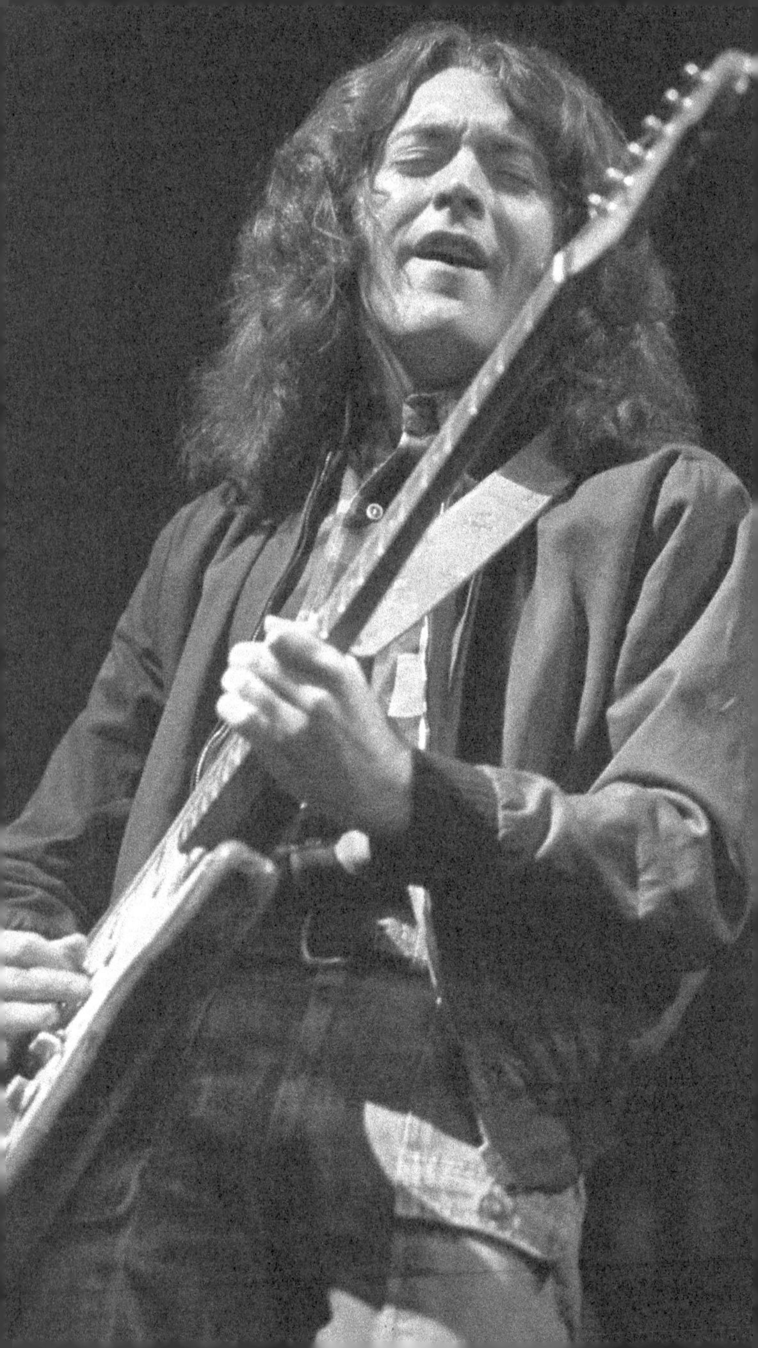

# DER SCHWEISS DES BLUES

*Rory Gallagher – Gitarrengott in Jeans*

»OH Gott, diese ewige Stimmerei vor jedem Song, das war so unglaublich nervig!« Norbert Dembski grinst und schüttelt den Kopf. »Aber das waren andere Zeiten«, brummt der graumelierte Fünfziger und fixiert dabei irgendeinen entfernten Punkt an der Wand der Hotelbar. Es ist spät nachts im Münchener Arabella Hotel, und Dembski erinnert sich an Rory Gallagher. In den Achtzigerjahren zogen die beiden kreuz und quer durch Europa, Norbert verpasste Rorys Band am Mischpult den richtigen Sound.

Es waren tatsächlich andere Zeiten. In jenen Jahren, lange bevor diensteifrige Roadies die Gitarren alle fünf Minuten mit elektronischen Geräten nachstimmten, waren für derlei Feinarbeit noch Hand und Ohr des Künstlers gefragt. Typen wie Rory nahmen's damit recht genau. Pling, plong, ploiiiiing… Der richtige Ton brauchte seine Zeit. Konzerte waren noch keine perfekt inszenierten Showspektakel, sondern zwanglose Treffen der Musikfreunde vor und auf der Bühne. Man war unter sich und hatte dieselbe Idee von der Sache. Die da oben waren für die Musik zuständig, die da unten fürs fachmännische Urteil und, natürlich, die Party. Einen perfekteren Musiker als Rory Gallagher aus

Cork, Irland, hätte sich für diese Sorte Ritual niemand ausdenken können.

Rorys Gitarre, das möglicherweise ramponierteste Stück Holz der Popgeschichte, symbolisierte seinen Besitzer und dessen Idee von Rock'n'Roll perfekt. Schon zu seligen Taste-Zeiten, Rory erster bekannter Band in den späten Sechzigern, war der Lack von dieser Fender Stratocaster gänzlich ab, und schon damals überzeugten Klampfe und Spieler durch die Intensität ihres Auftritts. Äußerlichkeiten interessierten da nicht, was zählte, waren Energie und Spaß an der Sache. Und nicht zuletzt natürlich auch die Kunst.

Das nötige Können hatte sich Rory in seinen frühen Teenagerjahren angeeignet. Als Kind in Derry hatte er amerikanische Soldatensender gehört und die Musik von Leuten wie Muddy Waters, Leadbelly, Gene Autry und Roy Rogers in sich aufgesogen. Aber auch Engländer wie Jazzdaddy Chris Barber und Skifflekönig Lonnie Donegan hatten ihn angeturnt. Zunächst begann der Junge auf einem Spielzeuggitarre, dann auf einer Ukulele zu spielen. Mit neun Jahren, so ist verbürgt, bekam Rory seine erste Akustikgitarre. Und mit 15 fand er, man darf es so sagen, die Liebe seines Lebens: eben jenes Stratocaster-Modell von 1961 mit Drei-Ton-Sunburst-Lackierung, Rosenholz-Griffbrett und Erlenkorpus. Die Gitarre mit der Seriennummmer 64351 muss eines der ersten Fender-Modelle gewesen sein, die den Weg nach Irland fanden. Stolze 100 Pfund blätterte Rory 1963 auf die Ladentheke von Crowley's Music Centre in Cork. In jenen Tagen eine fürstliche Summe.

Die beiden waren ab sofort unzertrennlich. 1967 allerdings, Rory war gerade 19 geworden, schienen sich ihre Wege zu trennen. Damals wurde die Gitarre aus dem Tourbus gestohlen, glücklicherweise aber tauchte das gute Stück nach einer Woche wieder auf. Ansonsten, so berichten alle, die Rory kannten, gab es die beiden, Mann und Gitarre, bis zu Rorys Ende – er starb am 14. Juni 1995 in London an den Folgen einer Lebertransplantation – nur im Doppelpack. Wohin der kleine Ire mit der dunklen Mähne auch ging, immer schleppte er seine Strat mit sich rum. Und sobald er irgendwo unterwegs eine Garderobe, einen Club oder ein Studio betreten hatte, packte er vor allem anderen die Gitarre aus. Es schien fast, als würde er sich ohne dieses Ding auf dem Schoß nackt fühlen.

George Kerwinski, ein ehemaliger Tourmanager, berichtet noch heute erstaunt: »Er hockte dann in seiner Garderobe und klimperte vor sich hin. Dabei unterhielt er sich und widmete den Anwesenden improvisierte Musikstücke. Ich war unglaublich stolz, als er einmal einfach so einen Blues begann, darüber einen simplen Zweizeiler sang und grinste: ›This little piece of music is for you, George!‹« Vollblutmusiker eben. Einer, der offenbar nicht recht wusste, was auf dieser Welt anfangen, wenn nicht den Blues spielen. Frauen oder gar Groupies, bevorzugter Zeitvertreib der meisten Kollegen, wurden kaum je an Rorys Seite gesichtet. Er selbst pflegte über das Thema Beziehung & Familie achselzuckend hinwegzugehen: »Bei meinem Lebenstil unmöglich!« Seine Gitarre war ihm, vielleicht notgedrungen, genug – ein Einzelkämpfer, Außenseiter, Freak.

Dabei war der Blues bei Gallagher nicht bitteres Lamento. Rory war, so die übereinstimmenden Aussagen, ein zwar schüchterner, aber durchaus lebenslustiger Typ, der Gesellschaft liebte, gerne und heftig trank. Die gleiche unkomplizierte Lebensfreude zeichnete auch seine Musik und seinen Stil als Gitarrist aus. Ein Vergleich mit dem britischen Kollegen Eric Clapton gibt da Aufschluss. Nehmen wir die Bühnenpräsenz der beiden: Clapton, in der Regel in teures Tuch gehüllt, stand fest und kerzengerade auf dem Fleck. Wenn er sich bewegte, dann allenfalls um den Kopf beim Solo emphatisch in den Nacken zu werfen oder sich gemessenen Schrittes zum Mikrophon zu begeben. Ganz anders Rory: Mit kleinen Schritten trippelte er von einer Bühnenecke zur anderen, hüpfte wie ein Rumpelstilzchen vor dem Drumpodest umher und war überhaupt beständig in Bewegung. Seine Klamotten? Nun ja, noch heute gilt sein Outfit – Turnschuhe, Jeans, kariertes Hemd und/oder Jeansjacke – als Standardkluft aller »ehrlichen« Rocker.

Ähnlich gegensätzlich auch das Spiel der beiden Musiker. Claptons Ton war bei aller Eleganz der Intonation immer klagend, zeugte von der gequälten Künstlerseele. An einem guten Tag ließ Eric sein Publikum mit jedem Ton in tiefste Abgründe blicken. Ganz anders Rory. Sein Spiel war rustikal, voller Energie, vorwärts drängend, gleichsam ein Tsunami aus Tönen. Mit jedem Riff, mit jedem Lick war Rory darauf aus, die Party im Saal zu befeuern.

Beide, Clapton und Gallagher, gelten bis heute als Meister der Bluesgitarre. Beide aber vermittelten mit ihrem Spiel eine vollkommen unterschiedliche Persönlichkeit. Um Clapton, den Getriebenen, musste man bei dessen schmerzhaft intensiven Soli fast Angst haben, mit Kumpel Rory indes wollte jeder Freundschaft schließen und nach der Show ein Bierchen zischen. In Claptons Spiel gab es reichlich lyrische Momente, die aber gelegentlich die Grenze zum Kitsch auch deutlich überschritten. Das wiederum wäre bei Gallagher nicht vorgekommen, lyrische Momente waren bei ihm entweder kleine Inseln im lustvoll losgetretenen Bluessturm oder, wie etwa beim legendären Mandolinen-Folkrock von *Goin' To My Hometown*, deftige Dokumente der soften Seite dieses vor Vitalität strotzenden Bluesrabauken.

Interessant und folgerichtig auch die Wege der beiden Musiker in die Solokarriere. Der eine, Clapton, wandte sich nach den Pioniertaten von Cream entspanntem Country-Blues, Soul und Gospel zu, wobei er als Virtuose, zumindest im Studio, immer öfter hinter den Song und die Band zurücktrat. Gallagher dagegen suchte den entgegengesetzten Weg: Er tauchte nach dem unseligen Ende von Taste (deren Schaffen man, bei Licht betrachtet, kaum mit der polyglotten Musikalität von Cream vergleichen konnte) noch tiefer in den britisch geprägten Bluesrock ein, dem er seinen ureigenen Stempel aufdrückte.

Überdies war seine Musikerseele nach wie vor fest verankert in der irischen Folklore, die lange Freundschaft mit den Dubliners ist dafür nur einer von vielen Belegen. Ansonsten galt: It's the singer, not the song – Rory und seine Gitarre, das war die Message. Seine Mitmusiker hatten da kaum etwas zu melden, blieben letztlich namenlose Hilfskräfte.

Während Clapton sich ab Mitte der Siebzigerjahre darauf verlegte, seinen Blues in das jeweils zeitgemäße Klangdesign zu kleiden, und so zum Superstar des Rockzirkus aufstieg, hatte Rory, bei aller Akribie in der Studioarbeit, mit derlei Pop-Orientierung rein gar nichts am Hut. Der augenfälligste Beweis für seine Anti-Showbiz-Haltung findet sich im Januar 1975. Damals wurde Gallagher neben anderen prominenten Kandidaten von den Rolling Stones zu Sessions nach Rotterdam eingeflogen. Die Band suchte einen Nachfolger für den gerade ausgestiegenen Mick Taylor.

Dass Jagger & Co. den Mann, der just zu dieser Zeit mit *Irish Tour '74* einen regelrechten Triumph feierte, als festes Mitglied engagiert hätten, ist aus heutiger Sicht nicht sehr wahrscheinlich. Zumal die gegenseitigen Sympathien, vor allem die zwischen Keith Richards und Gallagher, eher begrenzt gewesen sein sollen. Spekulationen darüber allerdings sind müßig, denn Rory kümmerte sich nach der Audition nie ernsthaft darum, die Haltung der Stones in dieser Sache zu erkunden. Das Superstar-Dasein schien ihn tatsächlich nicht zu reizen, lieber flog er im Anschluss an die Stones-Session nach Japan, um den dortigen Kids den Blues nahezubringen.

Ob er mit dem ab Mitte der Siebzigerjahre nicht immer glücklichen Kurs der Glimmer Twins warm geworden wäre, ist zudem fraglich. Auch ein weiteres Angebot, nämlich Ritchie Blackmore bei Deep Purple zu beerben, hat ihn offenbar nicht ernsthaft interessiert – zumal die musikalische Perspektive hier noch viel weniger gepasst haben dürfte. Schließlich war Gallagher von jeher ein Verfechter der reinen Blueslehre. Das zeigte sich schon an seinem Equipment. Rorys Spiel lebte von der Dynamik und von filigranen Läufen, die er mit großer Leichtigkeit immer wieder zwischen die Zeilen streute. Dazu benötigte er einen gleichermaßen transparenten wie süffigen Gitarrenton, der nicht matschte und doch kraftvoll genug war, sich auch im Live-Gefecht durchzusetzen. Die Stratocaster war dafür ideal. Sie konnte rau und aggressiv, aber auch zart und geradezu fragil klingen – ganz so, wie Rory es wollte.

Übermässige Verzerrung und Kompression überließ er den Hardrockern und Metallern, und auch die wunderbare Welt der Klangeffekte wie Chorus und Flanger sollten nach seinem Urteil lieber die Kollegen der Popfraktion erkunden. Auf Dynamik ausgelegte Röhrenverstärker wie Fender Bassman oder Vox AC 30 bildeten mit Rorys Strat ein ideales Gespann. Als Zutat zur puristischen Klangformel duldete der Meister denn auch höchstens einen Höhenbooster, der ihm bei seinen Soli das nötige Plus an Durchsetzungskraft verschaffte. Ansonsten pflegte Gallagher seinen speziellen Sound ausschließlich mit der Gitarre, dem Amp und seinen Händen herzustellen. Für seine Ausflüge ins Slide-Fach nahm er in der Regel eine Fender Telecaster zur Hand. Seine bevorzugte Akustikgitarre war ebenfalls ein Klassiker, die Martin D-35. Nicht weiter überraschend übrigens, dass Gallagher in seinen Konzerten schon lange vor Clapton und der modischen Unplugged-Welle einen festen Akustik-Teil eingebaut hatte – für einen an Folk und Blues orientierten irischen Songwriter eigentlich das Selbstverständlichste der Welt. Ein hinreißender Querschnitt aus Gallaghers akustischem Schaffen ist auf dem posthum veröffentlichten Album *Wheels Within Wheels* (2003) zu hören.

Auch der persönliche, von Tragik jeweils nicht freie Lebensweg der beiden Musiker entspricht ihrer musikalischen Entwicklung. Der Bluesbarde Clapton schien das Unglück magisch anzuziehen und wurde von privaten Katastrophen in Serie heimgesucht. Blues'n'Booze-Apostel Gallagher hingegen soff sich schlicht und ergreifend zu Tode. Worüber sich der Ire im übrigen auch keinen Kopf machte: »Blues ist nun mal ungesund. Das Trinken und der Blues gehören zusammen, eins bedingt das andere«, wie er einmal formulierte.

Da passen die Gitarren dieser beiden so unterschiedlichen Musikertypen buchstäblich ins Bild: Claptons berühmte Stratocasters, »Blackie« und »Brownie«, sahen gepflegt und teuer aus, Rorys heruntergekommene Strat-Axt dagegen wirkte, als habe ihr Besitzer sie zufällig auf einer Müllhalde gefunden. Bis heute genießt sie legendären Ruhm als definitives Bluesrock-Instrument.

Zurück ins Arabella Hotel. Dort steht der Mann, der Rorys geliebte Stratocaster sogar einmal auseinandernehmen durfte. »Es war 1982 in Berlin«, berichtet Norbert Dembski, »wir waren auf der *Jinx*-Tour. Beim Konzert im ›Metropol‹ hatte Rorys Strat ein paar Aussetzer gehabt, irgendwas stimmte mit der Elektronik nicht. Rory bat mich deshalb, mal nach dem Ding zu sehen. Also nahm ich die Gitarre mit ins Hotel. Dort schraubte ich dann das Schlagbrett ab. Ich hatte mich schon gewundert, welch ein Schmier unter den Kanten klebte – als ich das Plastikteil dann abnahm, traute ich meinen Augen nicht. Unglaublich! Der komplette Hohlraum war gefüllt mit einer undefinierbaren Masse. Alles war zugewuchert von einem riesigen Pilz. Offenbar war der Dreck das Ergebnis von Hunderten von Konzerten. So was habe ich nie wieder gesehen.« Dembski erklärt, wie die Verschmutzung, die schließlich auch die Elektronik lahmlegte, zustandekommen konnte: »Der Typ hat beim Spielen unglaublich geschwitzt. Und all dieser Schweiß lief immer in die Gitarre rein. Sie hatte tatsächlich den Schweiß von 20 Jahren Blues gesammelt.« Donal Gallagher berichtet, dass im Blut seines Bruders ein ungewöhnlich hoher Säureanteil enthalten war. Daher wirkte Rorys Schweiß auf dem zu Beginn der Sechzigerjahre üblicherweise verwendeten Nitrolack der Gitarre wie ein Abbeizer. Dembski jedenfalls entfernte all denn Schmutz behutsam, säuberte die Kontakte und Regler mit Reinigungsbenzin und schraubte das Instrument wieder zusammen. Am nächsten Abend stand Rory mit seinem Leib- und Magenprügel auf der Bühne. Wie jeden Abend.

Nachtrag: Gallaghers Gitarre befindet sich bis heute im Besitz seines Bruders Donal. Seit 1998 hat die Firma Fender eine exakte Nachbildung dieser Gitarre, die sogenannte Custom Shop Rory Gallagher Stratocaster, in kleiner Auflage auf den Markt gebracht.

*Empfehlenswert:*

**Irish Tour '74 (1974, als CD und DVD erhältlich)**
Keine Frage, während dieser Tournee befand sich Rory Gallagher in Galaform. Und glücklicherweise hat der Regisseur Tony Palmer über diese Tour und ihren Protagonisten einen abendfüllenden Film angefertigt, mit jeder Menge Live-Material von der Bühne, aber auch reichlich Aufnahmen, die backstage und unterwegs gedreht wurden. Herausgekommen ist dabei eins der intensivsten und spannendsten Filmporträts der Rock-Ära, das Gallagher als bodenständigen und zugänglichen Musiker zeichnet, der vom Publikum tatsächlich als einer der ihren betrachtet wird. Musikalisch glänzte Gallagher zu dieser Zeit mit dem Material seiner Soloalben *Tattoo* und *Blueprint*, zu den Höhepunkten zählten zudem Coverversionen von Muddy Waters (*I Wonder Who*) und Tony Joe White (das akustische *As The Crow Flies*). Die Tournee wurde damals auf dem heute als CD erhältlichen Doppelalbum *Irish Tour* dokumentiert.

**Big Guns – The Very Best Of Rory Gallagher (1976)**
Die Doppel-CD fasst Gallaghers Karriere labelübergreifend von den Sechzigerjahren mit Taste bis zu Aufnahmen seiner späten Soloalben zusammen. Zu hören gibt's 24 Tracks, darunter Schlüsselsongs wie Tastes *What's Going On*, eine Live-Version des berühmten *Bullfrog Blues*, das akustische *Going To My Hometown* und die legendäre *Tattoo'd Lady*. Meisterliche Musik eines meisterlichen Gitarristen und Performers,

die stilistisch vom krachenden Chicago Blues und atemlosen Boogie über tief in die irische Folktraditionen getauchte Rocksongs bis zu beseeltem Countryblues reicht.

**Live At Rockpalast (DVD, 2008)**
Rory Gallagher war in erster Linie ein Bühnenkünstler, einer, der von seiner Spontaneität, seinem kumpelhaften Charme und natürlich von seiner gleichermaßen virtuosen wie vitalen Performance lebte. Wer die bis heute ungebrochene Popularität des Iren verstehen will, der sollte ihn also auf der Bühne sehen. In den Siebzigerjahren trat Rory Gallagher dreimal beim *Rockpalast* des WDR auf. Das erste Konzert fand 1976 im kleinen Studio L in Köln statt, das zweite im selben Jahr im Rahmen der Rocknacht in der Essener Grugahalle und das dritte bei einer Jam Session 1979 in Wiesbaden. 1982 folgte noch ein Auftritt an der Loreley am Rhein, und 1990 gab er ein Konzert in der Kölner Live Music Hall. Sämtliche Shows hat der WDR in einer 3-DVD-Box zusammengefasst, die den Bühnenkünstler Gallagher in allen seinen Schattierungen zeigt – elektrisch, akustisch, als Leader seines Trios und in größerer Besetzung beziehungsweise mit Gastsänger Frankie Miller. Faszinierend, aufschlussreich – und musikalisch in jeder Sekunde ein Genuss.

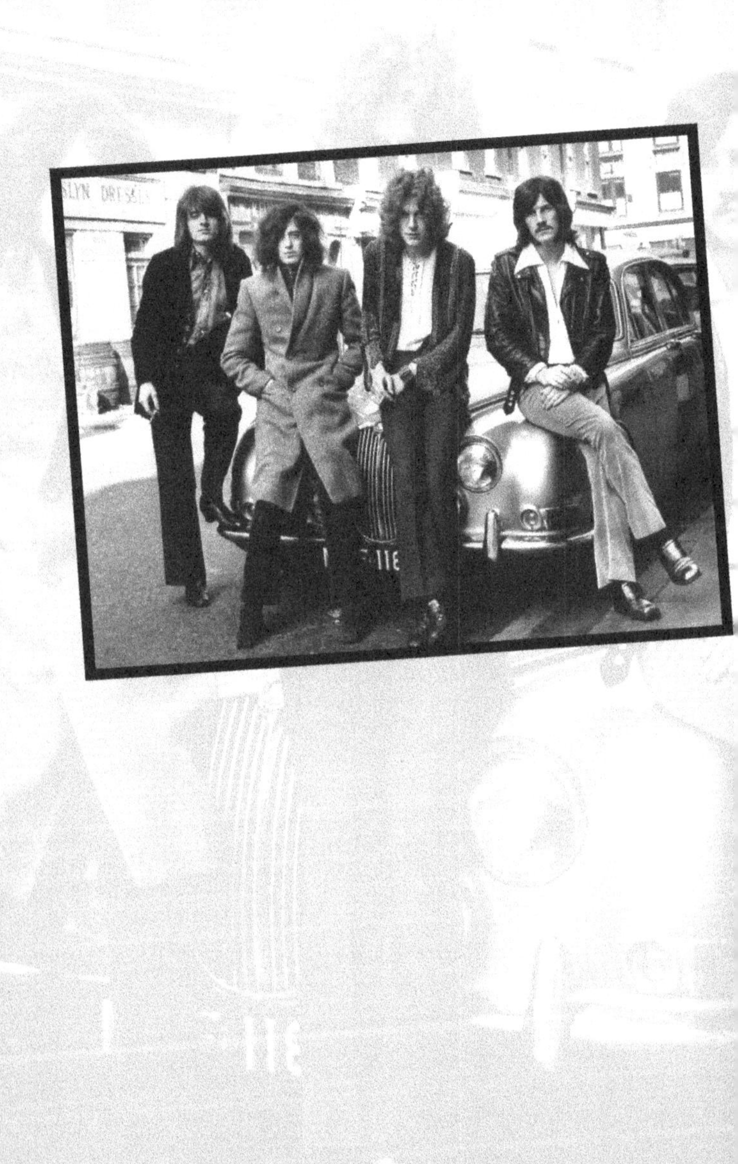

# GÖTTERHÄMMERUNG

*Led Zeppelin – Schmiede des Heavy Metal*

ÜBERLEBENSGROSS war alles an ihnen, vom ersten Moment an. Die Lautstärke, der Sex, der Mythos, die Musik, sogar der Manager und nicht zuletzt die Unverfrorenheit, mit der sie alles vereinnahmten, was ihnen für ihre Ziele irgendwie nützlich erschien. Nicht zu vergessen ihr unglaublicher Erfolg und die Folgen ihrer zehnjährigen Regentschaft auf dem Planeten Rock. Led Zeppelin waren in den Siebzigerjahren der feuchte Traum eines jeden, ganz gleich ob Fan, Musiker, Groupie oder Geschäftsmann. Kaum, dass sie 1969 aufgetaucht waren, wurden sie zum perfekten Prototypen der Rockband, zur omnipotenten Viererbande.

Da war zunächst einmal Sänger Robert Plant: Er stand hinter dem Mikro, den schlanken Körper leicht nach hinten gebogen, eine Hand auf die Hüfte gestützt, die blonden Engelslocken über dem strammen Hintern baumelnd, mit einem Gesicht, das im einen Moment noch romantisch und feminin wirkte, im nächsten aber schon dem arroganten Lüstling gehörte, der unersättlich nach dem nächstbesten Rock gierte. Seine Stimme, unwirklich hoch, ging durch Mark und Bein, wer sie einmal gehört hatte, vergaß sie nie wieder. Eine phantastische Mischung aus Erroll Flynn und Brigitte Bardot. Die

Mädchen drehten durch, die Jungs waren heilfroh, dass er da oben für (fast) alle dieser Mädchen unerreichbar blieb.

An der Gitarre, der mit dem Doppelhals, ein zarter Engel mit diabolischem Blick und schwarzen Locken. Jimmy Page war ein Glam-Dandy, er liebte strassbesetzte Jacken mit Drachenapplikationen, unter denen er nichts als seine unbehaarte Jünglingsbrust trug, ließ die Gitarre auf Kniehöhe hängen und taumelte über die Bühne wie ein bedröhnter, in sich gekehrter Rumpelstilz. Aus seinem Instrument holte er die unglaublichsten Klänge, Akkorde, die den Boden beben ließen und gleichzeitig das Hirn in Scheiben schnitten. An ihm wirkte die Gitarre wie der Zauberstab des Merlin, und mindestens genauso virtuos beherrschte er sie. Er lebte in seiner eigenen Welt, und die war undurchsichtig, zwielichtig. Page war die Coolness in Person.

Der Dritte im Bunde war ein Grizzlybär. Er wirkte im Hintergrund. Ein Kreuz wie ein Holzfäller, grobschlächtig, Vollbart und von urgewaltiger Kraft. John Bonham war das trommelnde Monster, tumb vielleicht, aber freundlich eigentlich, nur eben jederzeit bereit, aus der Haut zu fahren. Einer, den nichts umhaut, der nicht lange fackelt. Mit seinen zwei Stöcken schuf er einen rot glühenden Lavastrom, auf dem sich der Zeppelin'sche Klangkosmos unbarmherzig und alles mit sich reißend ins Tal wälzte. An guten Tagen, und das waren die meisten, konnte ihm keiner das Wasser reichen. Ein wilder Kerl.

Dann war da noch der Feingeist hinten links in der Bühnenecke, ein zierlicher Junge mit nicht eben markanten Gesichtszügen, verschwiegen wie ein Grab, kaum je in Bewegung, das perfekte Klischee des Bassisten, dessen Wasser still und abgrundtief sind. John Paul Jones' Spiel wirkte zunächst unauffällig, denen, die zuhören wollten, offenbarte es jedoch das feingliedrige Gerüst, das dieses majestätische Luftschiff in Form und auf Kurs hielt. Er war die graue Eminenz im Hintergrund, präzise, kühl, unnachgiebig.

Led Zeppelin passten perfekt in ihre Zeit. Die Jahre ihres Aufstiegs waren die, in denen die Aufbruchstimmung der Sechzigerjahre ihren vollen Schub entwickelt hatte. Nicht nur war die Mondlandung geglückt, man reiste nun regelmäßig dorthin, die phantastische Science-Fiction-Welt des Perry Rhodan schien nur noch einen Wimpernschlag der Weltgeschichte entfernt. Farbfernsehen für alle, Bildung sowieso, und selbst im Adenauerland wollte man mehr Demokratie wagen. Dass alles besser werden würde, galt als beschlossene Sache. Die Führungsrolle Amerikas war dabei unbestritten, die Suche nach neuen Ufern der entscheidende Imperativ in Kultur, Technologie und Philosophie. Grenzen waren dazu da, eingerissen zu werden, Utopie schien machbar.

Die populäre Musik der Sechzigerjahre hatte eine Sprache geschaffen, mit der die in ihr vereinten Dialekte – Blues, Folk, Jazz und Music Hall – überall in der westlichen Welt verständlich geworden waren. Zum Ende der Dekade hatte man begonnen, mit entfernteren Einflüssen zu spielen, fernöstlichen wie solchen aus der Klassik, afrikanischen und lateinamerikanischen. Nun war es an der Zeit, dass jemand daherkommen würde, der all dies zu einer souveränen Vision universeller Musikalität formt, zu einem Super-Rock, größer, schöner, wagemutiger und verführerischer als alles vorher Dagewesene. Die Siebzigerjahre brauchten eine Monsterband, ein bombastisches Super-Pop-Unternehmen, mächtiger als das kleinkarierte Business, lauter als jede Stimme sonst im Konzert der Jugendkultur-Stars und selbstverständlich jenseits aller moralischen Konvention. Götter also. Led Zeppelin waren die ideale Besetzung für diesen Job.

..................................

Als der 24-jährige Jimmy Page, Gitarrist, ehrgeizig und ambitioniert bis in die Haarspitzen, im Sommer 1968 vor den Trümmern seiner Band The Yardbirds steht und versucht, daraus etwas Neues, Zukunftsträchtiges zu formen, geht ihm all das jedoch kaum durch den Kopf. Stattdessen hört er seine ganz eigene Musik. Und die will er nun endlich machen. Der Keim dieser Superband ist in seiner musikalischen Vita schon wie selbstverständlich angelegt. Jahrelang half der Junge, der mit 13, inspiriert von der Elvis-Single *Baby Let's Play House*, die Gitarre für sich entdeckt hatte, bei unendlich vielen Schallplattenproduktionen aus. Sein Spiel, von vornherein nicht nur an Elvis-Sideman Scotty Moore und Rockabilly-As James Burton geschult, sondern auch geprägt von Bluesmännern wie Elmore James, Muddy Waters, Big Bill Broonzy sowie den Folkgrößen Bert Jansch und John Renbourn, bewegt sich souverän durch alle erdenklichen Stile. Dazu interessiert er sich lebhaft für die technische Seite, ist einer von denen, die der Gitarre neue Klänge erschließen wollen. Schon Mitte der Sechzigerjahre beaufsichtigt er bei Andrew Oldhams Immediate-Label erste Studioproduktionen. Er gehört zur kleinen Elite Londoner Musiker, die ganz genau wissen, wie es geht. Er ist schon jetzt weise genug, nicht nur auf den kurzlebigen Popmarkt zu schielen, andererseits ist er Realist genug um zu wissen, dass Erfolg nur mit einem Massenpublikum möglich ist. Mit dem Ende der Yardbirds ist Jimmy klar geworden, dass er sich dazu ein eigenes Medium schaffen muss, eines, in das er all seine Erfahrungen, sein Talent und seine Energie pumpen kann.

Was er dazu braucht, ist vor allem ein Sprachrohr. Dass Robert Plant, zu diesem Zeitpunkt gerade erst 19 Jahre alt, noch viel mehr als das sein würde, kann Page nicht ahnen. Dass dieser Junge aus Birmingham aber ein Sänger ist, mit dem sich die Welt erobern lässt, das hat er schon beim ersten Augenschein intuitiv begriffen. Das Einzige, was Page nicht verstehen kann, ist, dass auf dieses Riesentalent vor ihm noch niemand aufmerksam geworden ist. Grund genug, schnell zu handeln. Nachdem Page auf Anraten seines Kumpels Terry Reid, den er ursprünglich als Sänger im Auge hatte, diesen

Robert Plant in einem Birminghamer Club begutachtet hat, lädt er ihn sofort zu sich nach Hause ein. Nach anfänglicher Skepsis – Page fürchtet, dass an dem jungen Mann irgendein Haken sein muss – sind die beiden innerhalb von wenigen Stunden ein Herz und eine Seele. Die musikalischen Vorlieben teilen sie, der Respekt vor dem kreativen Potenzial des jeweils anderen ist groß und die Konspiration in Sachen Masterplan augenblicklich.

Ein Bassist wartet da bereits in den Startlöchern. John Paul Jones, Sohn eines in den Vierzigerjahren erfolgreichen Arrangeurs von Big-Band-Jazz, hat bereits im zarten Alter von sechs Jahren mit dem Klavierspiel begonnen. Seine musikalische Ausbildung umfasst neben den üblichen Rock'n'Roll- und Blues-Einflüssen auch Jazz und Klassik. Wie Page gehört er trotz seiner jungen 22 Jahre zu den mit allen Wassern gewaschenen Londoner Session-Veteranen, die bis zu zwanzig Aufnahmesitzungen pro Woche in den verschiedenen Plattenstudios absolvieren. Natürlich kennen sich Page und Jones schon länger. Im April 1968, bei den Aufnahmen von Donovans *Hurdy Gurdy Man*, für die Jones das musikalische Arrangement besorgt, hat er Page gesagt, dass er die Nase von der ewigen Sessionarbeit voll habe und gerne dabei wäre, wenn dieser was Neues auf die Beine stellt. Page erinnert sich also – und Jones ist ein Telefonat später im Boot.

Fehlt noch der Drummer. Plant weiß Rat. In Birmingham wohnt ein alter Freund, mit dem er schon in vielen Bands gespielt hat. John »Bonzo« Bonham, auch erst 19 Jahre alt, hat als Knirps auf alles eingeschlagen, was Ähnlichkeit mit einer Trommel hatte, bis die Eltern dem 15-Jährigen endlich ein richtiges Schlagzeug schenkten. Andere Ambitionen hatte Bonzo nie – ein Lehrer soll gesagt haben: »Aus dem wird entweder ein Müllmann oder ein Millionär« – und so hat auch er schon früh begonnen, bei diversen Bands in und um Birmingham professionell zu spielen. Im Juli 1968 sehen Page und sein Kumpel, der Yardbirds-Manager Peter Grant,

Bonham bei einem Konzert des US-Sängers Tim Rose spielen. Auf Anhieb sind sie von den Qualitäten des trommelnden Kraftpakets überzeugt – nur ziert sich der Mann zunächst noch. Wichtiger als die Aussicht auf neue musikalische Ufer scheint Bonzo das nicht sonderlich hohe, dafür aber sichere wöchentliche Gehalt, das er bei seiner damaligen Band kassiert. Nach acht Telegrammen von Plant und nicht weniger als vierzig von Grant lässt sich Bonham erweichen und sagt zu. Später kommentiert er: »Ich mochte ihre Musik eben lieber als die von Chris Farlowe und Joe Cocker, die mich ebenfalls haben wollten.«

........................................

Und jetzt geht alles rasend schnell: Zur ersten Probe trifft man sich im Keller eines Plattenladens auf der Gerrard Street. Schon das erste Stück, die alte Yardbirds-Nummer *The Train Kept A-Rolling*, lässt es zwischen den vier Musikern funken. Später wird Page sagen: »Als ich Bonzo spielen hörte, wusste ich, dass das etwas Großes wird.« Bereits einen Monat später, im September 1968, absolviert die neue Band, deren Repertoire zunächst aus umarrangierten Bluesstandards besteht, unter dem Namen The New Yardbirds eine kleine Skandinavien-Tournee, zu der sich noch die alten Yardbirds verpflichtet hatten. Page, Plant, Jones und Bonham lernen sich kennen und sie spüren, dass das, was sie zu bieten haben, weit über das hinausgeht, was die Yardbirds leisten konnten. Ein eigener Name muss her. Die Legende berichtet, dass Keith Moon und John Entwistle von The Who Wochen zuvor in New York mit Page über eine gemeinsame Supergruppe phantasierten und Moon das Ganze mit dem Spruch kommentierte: »We'd go down like a lead zeppelin!« (sinngemäß: Wir würden absaufen wie eine bleierner Zeppelin). Page erinnert sich daran, streicht das A und schon hat sein Baby einen Namen.

Auftritt Peter Grant. Ein Riese von 1,95 Metern mit 150 Kilo Lebendgewicht. Als Led Zeppelin zusammenfinden, ist er bereits 33 Jahre alt und im Popgeschäft erfahren wie kaum einer sonst in London. Angefangen hat er seine Karriere in den Fünfzigerjahren als Türsteher in der berühmten 2i's Coffee Bar, wo die erste Garde britischer Rockstars wie Cliff Richard und Tommy Steele ein- und ausging. Nach einem Intermezzo als Schauspieler und kleinen Auftritten in Spielfilmen wie *Cleopatra* und *The Guns Of Navarone* begann er in den Sechzigern, als Tourbegleiter von Jerry Lee Lewis, Chuck Berry, Eddie Cochran und den Everly Brothers den Management-Job von der Pike auf zu lernen. 1966 hat er die Betreuung der Yardbirds übernommen, zudem gemeinsam mit seinem Freund und Bürogenossen Mickie Most das Plattenlabel RAK gegründet. Grant ist nicht nur einer, der sich durchsetzen kann, er ist auch clever und hat einen guten Riecher für Trends. Auf seinen Reisen mit den Yardbirds durch die amerikanischen Studentenstädte und Undergroundclubs hat er erkannt, dass abseits vom etablierten Popmarkt, der seine Stars durch Singles, Mittelwellenradio und TV-Shows groß macht, ein neuer, riesiger Markt mit einem zahlungskräftigen und anspruchsvolleren Publikum entstanden ist. Diese neue Generation von Fans hört Alben und FM-Radio, besucht Konzerte und informiert sich in der Undergroundpresse.

Als Grant sich daran macht, für Led Zeppelin einen Plattenvertrag an Land zu ziehen, hat er diesen neuen Markt vor Augen und verhandelt entsprechend. Er will für seine Band absolute künstlerische Freiheit, will von vornherein auf das Album als primäres Medium setzen, keine Singles veröffentlichen und das Publikum statt mit Fernsehauftritten durch ausgedehnte Konzerttätigkeit erobern. Ahmet Ertegun von Atlantic Records teilt nach den positiven Erfahrungen, die er mit den ähnlich agierenden Cream gemacht hat, diese Sicht der Dinge und vertraut auf das Potenzial der neuen Gruppe. Die beiden werden sich einig, und Grant holt für seine Schützlinge einen Vorschuss von 200.000 Dollar heraus. So viel hat noch keine neue Band bekommen. Geschweige denn die Freiheit, über Veröffentlichungszeitpunkt, Gestaltung, Promotion und natürlich musikalische Inhalte ihres Produkts vollkommen autonom zu entscheiden – eine für den späteren Erfolg von Led Zeppelin essenzielle Voraussetzung, die sich am Ende für alle Beteiligten, auch die Plattenfirma, in reichlich klingender Münze auszahlen wird.

Im Oktober spielen Led Zeppelin unter der Führung ihres erfahrenen Gitarristen in gerade einmal 30 Studiostunden ihr Debüt ein. Kurz vor Weihnachten, noch vor Veröffentlichung der Platte und nach einigen eher reserviert aufgenommen UK-Konzerten, gehen sie auf ihre erste US-Tournee. Schließlich weiß Grant, dass sich ihr Schicksal dort entscheiden wird. Also wird ordentlich Gas gegeben: Bis zum nächsten Weihnachtsfest wird die Band schon sage und schreibe vier Konzertreisen durch die USA absolviert haben, dazu ebenfalls vier kurze Tourneen daheim mit Abstechern ins europäische Ausland. Bis zum Ende des Jahres 1969 haben Led Zeppelin unglaubliche 180 Shows hinter sich.

Die Amerikaner scheinen auf diese Band nur gewartet zu haben. Was sie zu hören und sehen kriegen, haut die Rockfreaks vor Ort um und spricht sich in der Szene rasend schnell herum. Auf der Bühne überfahren Led Zeppelin ihr Publikum mit ungeheurer Wucht und geradezu physischer Gewalt. Mit Tonnen von Lärm und atemberaubender Musikalität walzen sie allen Widerstand nieder. Jimmy Page zerlegt den guten alten Blues in seine Einzelteile, die er dann auf Bonhams und Jones' donnernden Fundamenten zu neuen, gigantischen Rock-Monumenten auftürmt. Derweil gurrt, gockelt und giert Plant nach Sex und verkündet lauthals, die Seele der Frau sei ohnehin unten in der Hölle geschaffen worden (*Dazed And Confused*).

Beim Zeus: Page, Plant, Jones, Bonham und Grant haben wahrhaftig die größte Band der Welt erschaffen. Nur, allen gefällt sie nicht. Etwa den selbst ernannten Hütern der reinen Rock-Lehre und deren Sprachrohr, dem Musikmagazin *Rolling Stone* aus San Francisco. Als *Led Zeppelin* im Januar 1969 erscheint, schreibt deren Autor John Mendelssohn das Album mit einer vernichtenden Kritik in Grund und Boden. Tenor: Da sei nun nichts zu hören, was die Jeff Beck Group ein paar Wochen zuvor auf ihrem Debüt *Truth* (1968) nicht schon besser gesagt hätte. Und überhaupt mangele es den Herrn Page und Plant deutlich an Kompetenz und Inspiration. Zwar kommt das zweite Album, *Led Zeppelin II*, erschienen im Oktober 1969 und in kurzen, hektischen Sessions zwischen den allgegenwärtigen US-Konzertterminen eingespielt, beim selben Rezensenten schon besser weg (»Man muss zugeben, dass sie eine ganz besondere und betörende Formel entwickelt haben, die sie, so scheint es, im Schlaf beherrschen«), letztlich aber wohl auch, weil sich die unstete Jeff Beck Group da schon wieder aufgelöst hat und weitere Beweise ihres Genies schuldig bleiben. Selbst der *Rolling-Stone*-Redakteur erkennt nun, dass die Musik von *Whole Lotta Love* und allen weiteren Tracks vor allem der ersten Albumseite ein Potenzial offenbart, das bei weiten noch nicht ausgeschöpft scheint.

Schon im ersten Jahr haben sich Led Zeppelin auf beiden Seiten des Atlantiks als Umsatzlokomotive etabliert. Unter den Groupies, in jenen Tagen zuverlässigster Gradmesser für den Coolness-Faktor einer neuen Band, gelten die Musiker von Led Zeppelin inzwischen als begehrenswerteste Trophäen weit und breit. Pamela Des Barres und Bebe Buell, die prominentesten von ihnen, reißen sich um die blassen Engländer. Die Band lässt sich das gerne gefallen und erwirbt sich mit dionysischen Exzessen unterwegs einen konkurrenzlosen Ruf als Rock'n'Roll Animals.

Im Frühling 1970 ziehen sich Led Zeppelin nach anderthalb Jahren on the road zurück in ein kleines Cottage in Wales, wo sie die Songs für ihr drittes Album vorbereiten. Das Haus heißt

Bron-Y-Aur und liegt mitten in der Natur, drei Meilen nördlich des Ortes Machynlleth. Hier beschäftigen sich Page und Plant erstmals ausgiebig mit den Folkeinflüssen, die ihre Musik auch auf den ersten beiden Alben schon durchzogen hatten, die neben dem schwermetallenen Blues von *Whole Lotta Love* und *Dazed And Confused* aber weitgehend überhört worden waren. Vor allem das epische *Gallows Pole* entpuppt sich als Schlüsselsong in der rasend schnellen Entwicklung der Band. Das Stück basiert, wie auch andere Songs auf *Led Zeppelin III* (1970), darunter *Friends* und der Folk-Stampfer *Bron-Y-Aur Stomp*, auf einem Arrangement mit akustischen Instrumenten, beginnt für Zeppelin-Verhältnisse fast zart und wächst sich in seinen fünf Minuten zum machtvollen Metal-Folk-Punk aus, wie ihn bis dahin keiner gehört hat. Überdies erschließt sich Plant als Texter neue Dimensionen, er beginnt sich für keltische Geschichte zu interessieren und die Mythenwelt der von Feen und Gnomen bevölkerten düster-nebligen Wälder zu erforschen. Womit er den Nerv der Zeit trifft und dem Eskapismus entgegenkommt, der nach dem Ende der Love & Peace-Euphorie weite Teile der Szene befallen hat. Die Musik von Led Zeppelin hat mit diesem dritten Album entscheidend an Tiefe und Variabilität gewonnen. Immer wirkungsvoller filtert die Band ihre im Blues verwurzelte Ausgangposition durch die individuellen Fähigkeiten ihrer Mitglieder. Page spielt nicht einfach nur Gitarre, mit seinem Instrument orchestriert er die Songs regelrecht, schafft für jedes Stück eine ganz eigene Atmosphäre, wobei stilistische und klangliche Grenzen nicht zu existieren scheinen.

Kaum weniger bedeutsam: John Paul Jones, dessen kompetente, auch jazzkundige Keyboardarbeit den Tracks zusätzliche Dimensionen eröffnet. Trotz aller Studiotüftelei aber bleibt jedes Stück als kompakte und konzentrierte Bandperformance erkennbar. Dennoch befindet der legendäre Lester Bangs im *Rolling Stone* gönnerhaft: »Nicht schlecht alles in allem, weil Zeppelin immerhin kreativ genug sind, ihrem uninspirierten

Material wenigstens stellenweise angenehmem klanglichen Zierrat zu spendieren und dazu professionell genug, die Aufnahmen klar und sauber zu halten. Man kann wenigstens alles hören, was sich nicht von allen ihren Konkurrenten sagen lässt.« Dazu empfiehlt Bangs Robert Plant, mal ein bisschen bei Iggy & The Stooges reinzuhören.

Aus der auch andernorts frustrierenden Reaktion der Medien ziehen Led Zeppelin Konsequenzen. Interviews geben sie so gut wie gar keine mehr, und auch TV-Auftritte lehnen sie grundsätzlich mit der Begründung ab, dass eine adäquate Tonqualität im Fernsehen nicht gewährleistet sei. Sie beschränken die Kommunikation mit dem Publikum ganz bewusst auf ihre Platten und Konzerte. Wohl wissend, dass die damit einhergehende Mystifizierung der Band nicht schadet, ganz im Gegenteil. So fühlen sich Fans von Led Zep dem exklusivsten Club des Rockzirkus zugehörig, entsprechende Loyalität inbegriffen. Grant und die Seinen geben dem Affen Zucker. Ihre öffentliche Präsenz kontrollieren sie wie niemand sonst im Rockgeschäft, ihre Konzerte sind generalstabsmäßig organisierte Materialschlachten, bei denen den Veranstaltern jeder Handgriff und jedes Ausstattungsutensil vorgeschrieben ist. Die strengen Sitten und Gebräuche auf den Tourneen setzt Peter Grant gerne eigenhändig, zur Not auch mit den Fäusten, durch, nicht umsonst gilt er als der härteste Manager der Branche. In Sachen Business macht ihm ohnehin keiner was vor. Grant ist einer der Ersten, der die Zeichen der Zeit erkennt und die wachsende Marktmacht der Künstler in bare Münze wandelt. So pusht er zu Beginn der Siebzigerjahre den Künstleranteil an den Nettoeinnahmen der Konzerte praktisch im Alleingang auf bis dahin undenkbare 90 Prozent.

Spätestens seit 1970 rollt der Rubel im Reich des Zeppelins. Als sich die Band im Herbst 1970 zum Songschreiben wiederum nach Bron-Y-Aur verzieht und in Headley Grange, einem alten Landhaus in Hampshire, wohin das mobile Aufnahmestudio der Rolling Stones bestellt wird, mit der Arbeit an ihrem vierten Album beginnt, gehört sie zu den wenigen echten Großverdienern der Szene. Nach nunmehr zwei Jahren im Geschäft geht es nicht mehr darum, eine neue Band zu etablieren, stattdessen können sich die Musiker nun unabhängig von kommerziellen Zwängen darauf konzentrieren, einzig ihrer künstlerischen Vision zu folgen. Inzwischen sind Page, Plant, Jones und Bonham nicht nur musikalisch zur Einheit gewachsen, sie harmonieren – höchst selten im Rockbiz – auch menschlich und sind trotz unterschiedlicher Charaktere und Temperamente auch abseits der Bühne zu Freunden geworden. Man trifft sich außerhalb des nach wie vor dichten Terminplans, Page und Plant machen gar gemeinsam Urlaub. Eine Konstellation, die kreative Höhenflüge fördert.

Auch in jenem Herbst, als die beiden Zeppelin-Zampanos wieder gemeinsam in Bron-Y-Aur ausspannen. Dabei ist im Laufe der Zeit auch ein komplexes Instrumentalstück entstanden, das Page mit einem sanftem Arpeggio in a-moll beginnt. Eine liebliche Folkmelodie, die im Mittelteil zum ruhig dahinfließenden Rock und im Finale Furioso zur majestätischen Metal-Hymne anschwillt. Als Jimmy das im Rohbau befindliche Stück Robert während einer Aufnahmesitzung in Hadley Grange – tatsächlich vor dem brennenden Kamin – vorspielt, schnappt der sich Stift und Papier und schreibt intuitiv die erste Zeile dazu: »There's a lady who's sure all that glitters is gold – and she's buying a stairway to heaven«. 90 Prozent des restlichen Textes, so ist verbürgt, kommen im selben Rutsch. John Paul Jones schreibt dazu ein subtiles Streicherarrangement und einen Flötenpart. Nach wenigen Takes haben Led Zeppelin die vielleicht größte Rockballade aller Zeiten aufgenommen. Wie Page später einem Journalisten erklären wird, birgt das achtminütige Opus »die Essenz von Led Zeppelin. Es war alles darin und es zeigt die

Band von ihrer besten Seite, nämlich als Einheit. Es war ein Meilenstein für uns. Jeder Musiker will etwas von Dauer schaffen, etwas, das der Zeit standhält, und ich glaube, wir haben das mit *Stairway To Heaven* getan.« Wohl wahr. Hier findet sich alles, was Led Zeppelin einzigartig macht: die ganze musikalische Bandbreite, von lyrisch bis heavy, von zart bis hart, komplex und in süffigsten Klangfarben, mit vertracktesten Rhythmen, von simplem 4/4- bis 5/4- und 7/8-Takten, all das organisch montiert, pathetisch, bombastisch, nie aber in den Kitsch abkippend, dazu ein Text, der in mystischen Bildern schwelgt. *Stairway To Heaven* zeugt zudem von der großen Pop-Sensibilität, die vor allem Page und Jones in ihren Jahren als Sessionsmusiker entwickelt hatten – eine Qualität, die Led Zeppelin, neben vielen anderen Fähigkeiten, der Konkurrenz voraus haben. Wohl kaum wäre diese achtminütige Ballade sonst zum bis heute meistverlangten Musikstück im US-Radio geworden.

Bei seiner ersten Bühnenaufführung am 5. März 1971 in Belfasts Ulster Hall reißt das Opus Magnum, wie Jones sich erinnert, allerdings »niemanden vom Stuhl«. Page indes entsinnt sich, dass die Band im Los Angeles Forum, als sie es dort zum ersten Mal dem amerikanischen Publikum präsentierte, stehende Ovationen bekam. Dabei ist der Song noch gar nicht veröffentlicht, das dazugehörige Album mit weiteren Geniestreichen wie dem vertrackten Opener *Black Dog*, dem granitharten Boogie *Rock'n'Roll* und der elegischen, in Tolkiens *Herr der Ringe*-Welt abtauchenden Folkhymne *The Battle Of Evermore* erscheint erst im November 1971.

*Led Zeppelin IV* markiert zweifellos den Höhepunkt von Page, Plant, Jones und Bonham als Band. Das Album entwickelt sich zum größten Verkaufserfolg Led Zeppelins, stürmt überall die Hitparaden und wurde bis heute in rund 40 Millionen Exemplaren abgesetzt. Dabei gibt es im Vorfeld der Veröffentlichung jede Menge Stress. Die Musiker weigern sich trotz hartnäckigen Drängens der Plattenfirma, von *Stair-*

*way To Heaven* eine gekürzte Fassung für das Single-Format freizugeben. Mit dem Thema Single stehen sie ohnehin auf Kriegsfuß, ihre Überzeugung: Jedes Album präsentiert den aktuellen Stand der Entwicklung von Led Zeppelin in all seinen Facetten, eine Single würde in der Öffentlichkeit nur ein bruchstückhaftes Bild zeichnen. Grant bleibt hart, *Stairway* ein Albumtrack, und damit all jene, die diesen Song besitzen wollen, gezwungen, das ganze Album zu kaufen. Das überdies noch nicht einmal einen Titel hat. Mehr noch: Led Zeppelin verbieten der Plattenfirma, überhaupt irgendetwas auf das Cover des Albums zu schreiben, weder einen Titel noch den Bandnamen. Der alte Mann mit dem Reisigbündel auf dem Rücken, der das Cover ziert, muss den Inhalt also alleine verkaufen. Im vollen Bewusstsein ihrer grandiosen Musik besteht die Band darauf, dass sich das Album einzig und allein durch seine Qualität durchsetzen soll. Ein riskantes Spiel, das Led Zeppelin letztendlich gewinnen.

Statt Ross und Reiter zu nennen, verewigen sich die vier Musiker mit mysteriösen, runenähnlichen Symbolen im Innencover. Jeder der Vier hat sich ein spezielles Zeichen ausgesucht, das ihn nun repräsentiert. Die Welt rätselt, was diese Zeichen bedeuten könnten, und überhaupt gibt dieses Album jede Menge Rätsel auf. Manche wollen gar satanische Botschaften hören, die nur zu entschlüsseln sind, wenn man *Stairway To Heaven* rückwärts abspielt. Dass Jimmy Page seit Beginn der Siebzigerjahre das Haus des berüchtigten Okkultisten Aleister Crowley besitzt und in dem Ruf steht, sich intensiv mit schwarzer Magie zu beschäftigen, beflügelt derlei Spekulationen nur. Spätestens nach *Led Zeppelin IV* haftet der Band ein mystisches, düsteres Image an. Ozzy Osbourne und Black Sabbath, die sich eifrig um ein ähnlich sinistres Bild in der Öffentlichkeit bemühen, wirken daneben wie Feierabend-Satanisten, die auf dämmrigen Friedhöfen alte Damen erschrecken.

*Houses Of The Holy*, das fünfte Led Zeppelin-Album, erscheint im März 1973. Die Band ist nun die größte der Welt, der Triumph von *Stairway To Heaven* hat ihr zusätzlich zur nibelungentreuen Underground-Gefolgschaft ein breites Mainstream-Publikum beschert, und ihre Tourneen brechen weiterhin sämtliche Rekorde. Die Presse, insbesondere der *Rolling Stone*, mag sich dennoch nicht recht mit Plant & Co. anfreunden, wieder einmal gibt es Schelte. Redakteur Gordon Fletcher nennt das Album »eines der langweiligsten und konfusesten, die ich in diesem Jahr gehört habe«. Vor allem moniert er, dass die Band ihre stilistischen Möglichkeiten über den Blues hinaus erweitert: »Wenn sie sich wirklich ernst nähmen, würden sie erkennen, wie dumm es ist, über dieses Genre hinauszugehen.«

Eine für die Erwartungshaltung, der sich Zep inzwischen gegenüber sehen, symptomatische Sicht. Berühmt sind sie geworden als die Band, die den Blues in ein zeitgemäßes, modernes Format gebracht hat – lauter, härter, gewalttätiger und elektrischer als alles, was in den Sechzigerjahren zu hören war. Ein Klischee, von dem sie sich nun befreien muss, will sie weiterhin künstlerisch beweglich und auf der Höhe der Zeit bleiben. Insofern ist *Houses Of The Holy* mit seinen Experimenten in Sachen Funk (*The Crunge*) und Reggae (*D'yer Mak'er*) und seinem Verzicht auf den alten, von Gitarren dominierten Zwölftakter zugunsten neugieriger Inspektionsreisen in die Welt der Synthesizer ein kluger und zukunftsweisender Schritt. Auch wenn plakative Monstersongs wie *Stairway* oder *Rock'n'Roll* diesmal nicht zu hören sind.

Kommerziell kann die Band ohnehin nichts falsch machen. *Houses Of The Holy* wird zum Verkaufshit und die 1973er-US-Tournee zum einzigartigen Triumphzug, absolviert im eigenen Boeing-Jet »The Starship« und festgehalten im Tourfilm *The Song Remains The Same*, der allerdings erst 1976 in die Kinos kommt. Led Zeppelin haben zur Mitte der Siebzigerjahre alles erreicht. Was sie anpacken, funktioniert und wird unter ihren Händen zu Gold.

Nach *Houses Of The Holy* ist der Vertrag mit Atlantic ausgelaufen. Getreu Peter Grants Politik der Unabhängigkeit und Profitmaximierung gründen Led Zeppelin mit Swan Song ihr eigenes Label. Das erste dort erschienene Werk wird zu ihrem künstlerisch anspruchsvollsten. Nichtsdestotrotz ist das Doppelalbum *Physical Graffiti* immens erfolgreich und sackt schon aufgrund der Vorbestellungen in den USA Platin ein. Wie sehr die Band zu diesem Zeitpunkt das musikalische Geschehen dominiert, zeigt allein der Umstand, dass ihre fünf zuvor veröffentlichten Alben im Windschatten von *Physical Graffiti* plötzlich wieder in den Top 200 der Billboard Charts auftauchen. Zwei Jahre nach dem letzten Werk – die bislang längste Pause zwischen zwei Studioalben – setzt eine regelrechte Zeppelin-Mania ein, die Tickets für die von Januar bis März geplante, nunmehr zehnte US-Tour und die folgenden Konzerte in England gehen in Rekordzeit weg. Kein Wunder, *Physical Graffiti* bedeutet für Led Zeppelin so etwas wie das Weiße Album für die Beatles, *Exile On Main St.* für die Rolling Stones und *Electric Ladyland* für Jimi Hendrix. Nicht so sehr glänzt das Album mit einzelnen spektakulären Songs, vielmehr präsentiert es ein überquellendes Füllhorn all dessen, was im Led-Zeppelin-Kosmos eine Rolle spielt: schwerer elektrischer Blues (*In My Time Of Dying*), polternder Rock'n'Roll (*Boogie With Stu*), Hardrock (*Houses Of The Holy*, *The Rover*), Funk (*Trampled Under Foot*), Folk (*Bron-Yr-Aur*), sogar Country (*Down By The Seaside*). Nicht zuletzt auch orientalische Einflüsse, wie das grandiose *Kashmir* zeigt. Led Zeppelin nehmen darin im Grunde alle Weltmusik-Experimente vorweg, mit denen sich die Rockmusik erst Jahre später befassen wird (Peter Gabriel, Paul Simon etc.). *Physical Graffiti* ist ein Eintopf, der auch nach dem x-ten Genuss noch neue Geschmacksnuancen offenbart. Aber: Musik ist Geschmackssache, und so lässt sich der *Rolling Stone* auch diesmal nur zu widerwilligem Lob herab. Jim Miller schreibt: »Sie mögen nicht die größte Rockband der Siebzigerjahre sein, aber nach sieben Jahren, fünf Alben und nun *Physical Graffiti* muss man sie wohl zu diesem Kreis zählen.« Die Fans haben ihre Entscheidung längst getroffen. Für sie sind Led Zep die Größten.

Was weder die Fans noch die Band selbst ahnen: Der Gipfel ist erreicht, nun beginnt der allmähliche Abstieg. Und das Schicksal schlägt an unerwarteter Stelle zu. Um genau zu sein, in Griechenland. Am 5. August 1975 verunglücken Robert Plant und seine Frau Maureen auf der griechischen Insel Rhodos mit dem Auto. Maureen erleidet einen Schädel-, Hüft- und Beinbruch, Robert bricht sich den Ellenbogen und einen Knöchel. Die beiden landen in einem kleinen Notfallkrankenhaus. Wie Plant später erzählt, »lag ich mit Schmerzen danieder und versuchte die Kakerlaken aus dem Bett zu vertreiben, während der Typ neben mir, ein betrunkener Soldat, *The Ocean* von *Houses Of The Holy* sang«. Die Band muss sämtliche Konzerte absagen. Es ist fraglich, ob Robert sein Bein je wieder ohne Einschränkungen bewegen kann. 18 Monate lang wird er auf einen Rollstuhl angewiesen sein.

Als Led Zeppelin wenig später im November in den Münchener Musicland Studios mit den 18-tägigen Sessions für ihr nächstes Album beginnen, sitzt Plant seinen Kollegen im Sessel gegenüber. *Presence* (1977) deutet eine gewisse Stagnation an und beschränkt sich auf knochentrockenen Blues und Rock, die üblichen Ausflüge in akustische Gefilde bleiben aus. Neben Großtaten wie dem epischen *Achilles' Last Stand*, dem aufregenden Bluesrock *Nobody's Fault But Mine* und dem düsteren *For Your Life* leistet sich die Band auch Stücke, die bei früheren Produktionen ausgemustert worden wären. Trotzdem verkauft sich das Album grandios, stürmt in den USA und Großbritannien auf Platz eins. Selbst die Kritik in Gestalt des alten Feindes *Rolling Stone* urteilt gnädig und attestiert »eine weitere gewonnene Schlacht dieser Band von Überlebenden«.

Als Roberts Bein wieder in Ordnung ist und der Zeppelin im Februar 1977 endlich wieder auf US-Bühnen landet, hat sich da draußen eine Menge verändert. In London und New York rütteln die Punks an den Grundfesten der etablierten Popwelt, ihre Feindbilder sind die Dinosaurier der Szene, allen voran Pink Floyd, Rolling Stones und natürlich – Led Zeppelin. Joe Strummer, Anführer der jungen The Clash, verkündet: »Ihre Musik muss ich mir nicht anhören, wenn ich nur eins ihrer Albumcover sehe, muss ich schon kotzen.« Die loyale Gefolgschaft der Luftschiffer stören solche Kampfansagen wenig, auf der elften US-Tour von Led Zeppelin stürmen sie zu Zehntausenden die Stadien, wo sie denn auch dreistündige Spektakel geboten bekommen, die ihre Helden im Zenit ihres Könnens zeigen.

Alles wieder gut also. Bis zum 24. Juli, als die Band ihr Konzert im Alameda County Coliseum im kalifornischen Oakland beendet. Kurz nach der Show erfährt Robert Plant durch einen Anruf seiner Frau vom Tod seines fünfjährigen Sohnes Karac, der daheim in England einer tückischen Virusinfektion erlegen ist. Sofort werden die restlichen Konzerte gecancelt. Robert wird eine Weile brauchen, bis er über den Schock hinweg ist und Kraft für ein neuerliches Album gefunden hat. Die nächsten Monate zieht er sich zurück und stellt seine Rolle als Superstar des Rockzirkus zunehmend in Frage.

Im November 1978 nimmt die Band ihr nächstes Album *In Through The Out Door* auf. Die kreativen Gewichte haben sich verschoben. Bonham und Page steuern deutlich weniger zu den Songs bei. Ersterer kämpft mit dem Alkohol, Letzterer mit seiner Heroin-Abhängigkeit. Led Zeppelin sind mit Vollgas durch eine ganze Dekade gerauscht, alles haben sie dabei mitgenommen, was das Musikerleben on the road hergibt, Drogen, Partys, Sex, fast durchgehend bewegten sie sich am oberen Energie- und Kreativitätslevel. Nun macht sich der Verschleiß bemerkbar. John Paul Jones übernimmt im Studio die Regie, er gibt den neuen Songs einen zeitgemäßen Anstrich, vor allem sein neu erworbener Synthesizer der Marke Roland hinterlässt Spuren. *In Through The Out Door* ist zwar noch immer unverkennbar Led Zeppelin, aber man hört dem Album an, dass Disco, Punk und New Wave nun die Szene beherrschen. Die Band experimentiert – nicht immer erfolgreich – mit den neuen Einflüssen, einzelne Songs wie der rifflastige Opener *In The Evening* oder der träge Blues *I'm Gonna Crawl* schließen an alte Standards an, anderes wirkt fremd, gewöhnungsbedürftig, etwa *All My Love*, Plants nachdenkliche Hommage an seinen toten Sohn, oder auch das mit Samba-Rhythmen spielende *Fool In The Rain*.

Im Angesicht der heraufziehenden Achtzigerjahre scheinen sich Led Zeppelin zu häuten. Was dabei herauskommen würde, wird aber offen bleiben. Als sich die Band nach einer erfolgreichen Europatour im Herbst 1980 in Jimmy Pages Haus trifft, um sich dort auf ihre zwölfte US-Tour vorzubereiten, trifft sie ein Schlag, von dem sie sich nicht mehr erholen kann. Am Mittag des 25. September finden Robert Plants Assistent Benji LeFevre und John Paul Jones Drummer John Bonham tot in seinem Bett. Wie sich herausstellt, ist er an seinem Erbrochenen erstickt, nachdem er am Tag zuvor 40 Wodka getrunken hat. Am 4. Dezember 1980 verkünden Led Zeppelin in einer gemeinsamen Presseerklärung das Ende der Band.

.....................................

Die drei Überlebenden versichern bis heute, dass es ihnen unmöglich war, einen anderen Drummer anzuheuern. Jimmy Page: »Es war unmöglich weiterzumachen. Wir hatten einen großen Respekt voreinander und den wollten wir aufrechterhalten – im Leben wie im Tod.« Led Zeppelin waren, anders als viele zeitgenössische Bands, die oft von ein oder zwei prägenden Figuren dominiert wurden, ein Team von vier gleichberechtigten Musikern. Insofern wäre die Band nie mehr dieselbe gewesen. Jimmy Page, Robert Plant und John Paul Jones haben sich konsequent an dieses Credo gehalten. Öffentlich als Led Zeppelin aufgetreten sind sie seit Bonhams

Tod nur wenige Male bei ausgesuchten Gelegenheiten, so beim *Live Aid*-Konzert im Juli 1985 (mit Phil Collins am Schlagzeug) und beim 40-jährigen Jubiläum ihrer alten Plattenfirma Atlantic am 14. Mai 1988 in New York. Getrommelt hat bei dieser Gelegenheit im Übrigen nicht irgendwer, sondern John Bonhams Sohn Jason, damals 21 Jahre alt und auf dem besten Wege, sich selbst als international gefragter Drummer zu etablieren. Am 12. Januar 1995 wurden Led Zeppelin in die Rock'n'Roll Hall Of Fame aufgenommen, ein weiterer Anlass, bei dem die Familie inklusive Bonhams Kindern Jason und Zoe komplett erschien. Dass es mit der engen Freundschaft von einst allerdings nicht mehr so weit her war, demonstrierte John Paul Jones, der während der Zeremonie sarkastisch bemerkte: »Danke, meine Freunde, dass ihr euch doch noch an meine Telefonnummer erinnert habt!«

Der Mythos Led Zeppelin indes ist über die inzwischen drei Jahrzehnte seit Bonhams Tod nicht nur intakt geblieben, er ist zu einer der ganz großen Legenden der Rock-Ära gewachsen. Legionen von jungen Bands haben sich immer wieder auf das Erbe von Page, Plant & Co. berufen, unbestritten gilt der Zeppelin heute als Mutterschiff des Heavy-Metal und wohl einflussreichste Band der Siebzigerjahre. Kein Wunder also, dass in schöner Regelmäßigkeit der Katalog neu vermarktet wird und auch gelegentlich bislang Ungehörtes aus den Archiven auftaucht. 1982 schon hatte Jimmy Page mit *Coda* ein Album herausgebracht, das ausschließlich aus Outtakes von Sessions aus den zwölf gemeinsamen Jahren der Band bestand. Überhaupt kümmert sich vor allem Page um die Repertoire-Pflege, persönlich überwacht er das Remastering alter Alben und die Zusammenstellung neue Compilations.

Umstritten sind Led Zeppelin und ihr Werk wie eh und je. Das alte Misstrauen der Kritik ist nach wie vor spürbar und gerne wird das Zeppelin-Œvre auf pure Gigantomanie und stumpfen Sexismus reduziert. Letztlich bleibt das Ansichtssache, aber eine Einlassung wie die des renommierten englischen

Autors Charles Shaar Murray in seiner lesenwerten Studie *Jimi Hendrix – sein Leben, seine Musik, sein Vermächtnis* stimmt nachdenklich: »Wenn Plant heult: ›I'm gonna give you every inch of mah lurve‹ – ›ich geb dir jeden Zentimeter meiner Liebe‹ – dann ist das Wort ›Andeutung‹ viel zu milde für die Intensität, mit der er zu verstehen gibt, dass seine Liebe ganz wörtlich sein Penis ist. Der Fachausdruck für dieses Zeug ist ›Cock-Rock‹: Er übersetzt die vergnügte Fleischlichkeit und den wehmütigen Realismus des Blues in ein blühendes Schwelgen in den Machtphantasien heranwachsender Männlichkeit.« Die aber nun mal aus der Psychologie weißer männlicher Jugendlicher nicht wegzudenken sind und die Led Zeppelin als potente Jungmänner nur zu gerne bedienten. Bescheidenheit war ihre Sache ohnehin nie, musikalisch nicht und im Umgang mit dem anderen Geschlecht erst recht nicht.

In diesem Zusammenhang: Weg zu diskutieren ist zudem auch nicht, dass kaum eine weiße Rockband so nonchalant die Quellen ihrer Inspiration verschwieg wie Led Zeppelin. So ist und bleibt das berühmte *Whole Lotta Love* ein Rip-Off des Willie-Dixon-Originals *You Need Love* und dessen Small-Faces-Covers *You Need Loving* (das seinerseits unrichtigerweise Ronnie Lane und Steve Marriott als Autoren angibt). Und viele weitere als Eigenkompositionen ausgegebene Stücke, *Nobody's Fault But Mine* (Blind Willie Johnson) und *The Lemon Song* (Howlin' Wolf), um nur zwei weitere Beispiele zu nennen, basieren auf Kompositionen afroamerikanischer Bluesmusiker. Andererseits wird gerade an der Musik von Led Zeppelin, die solche Vorlagen in vollkommen neue Dimensionen überführte, die Fragwürdigkeit solcher Diskussionen deutlich. Schließlich ist das Umarrangieren und -texten bereits vorhandener Songs eine Kompositionstechnik, die so alt ist wie die Musik selbst. Fakt ist, dass Led Zeppelin zu ihrer Zeit federführend Stilmittel, Produktionstechniken und ein musikalisches Vokabular entwickelten, das aus der Architektur aller Rockmusik, die danach kam, nicht mehr wegzudenken war. Mal abgesehen davon, dass Page, Plant, Jones und Bonham hochbegabte Songwriter waren, wie die lange Reihe ihrer Klassiker eindrucksvoll belegt.

Verständlich also, dass im Laufe der Zeit auch immer wieder Gerüchte um eine Reunion von Led Zeppelin auftauchten. Dass es mit einer dauerhaften Wiedervereinigung der Band doch noch mal etwas werden könnte, dafür sorgten Page, Plant, Jones und Drummer Jason Bonham im Herbst 2007 selbst: In der Londoner O2-Arena gaben sie am 10. Dezember aus Anlass des Todes von Atlantic-Boss Ahmet Ertegun ein gemeinsames Konzert, das ausschließlich aus altem Led-Zeppelin-Material bestand. Die 20.000 Zuschauer, die Eintrittspreise zwischen 125 und 250 Pfund berappt hatten, waren nach der Show vollends aus dem Häuschen. Desgleichen die internationale Kritik, allen voran der gute alte Lieblingsfeind *Rolling Stone*. David Fricke schwärmte: »Diese Band war Led Zeppelin in jeder Hinsicht!«

Prompt wurde in der Folge über eine weitere Zusammenarbeit der Veteranen spekuliert. Page und Jones waren nicht abgeneigt. Robert Plant, inzwischen höchst erfolgreich mit Bluegrass-Sängerin Alison Krauss unterwegs, machte jedoch unmissverständlich klar, dass er in seinem Alter keine Lust mehr habe, sich mit einer Vergangenheit zu messen, deren entscheidender Antrieb seinerzeit jugendlicher Elan und überbordende Energie gewesen waren. Weise Worte, die Page und Jones indes nicht hinderten, für eine gemeinsame Tournee nach Alternativen auf Plants Posten zu suchen. Offenbar erfolglos. Jones hat sich inzwischen einem neuen Projekt namens Them Crooked Vultures gewidmet, mit dem er Ende 2009 erste Achtungerfolge feiern konnte. Jimmy Page indes hat mit den Gitarristen Jack White und The Edge von U2 den recht erfolgreichen Dokumentarfilm *It Might Get Loud* gedreht.

Der *Rolling-Stone*-Autor Stephen Davis schrieb einmal über Led Zeppelin: »Gib einem Engländer 50.000 Watt, einen gecharterten Jet, eine Prise Kokain und ein paar Groupies –

schon denkt er, er sei ein Gott.« Led Zeppelin glaubten das nicht nur. Ein Jahrzehnt lang waren sie es auch.

*Empfehlenswert:*

**Led Zeppelin (allgemein als IV bekannt, 1971)**
*Das* Referenzwerk im Zeppelin-Katalog. Dieses Album, das keinerlei Schrift auf dem Titel zeigt, nur das Bild eines gebückten alten Mannes mit Reisigbündel auf dem Rücken, gehört zu den Ikonen des Seventies-Rock. So organisch wie hier flossen Songideen, musikalische Höhenflüge und thematisches Spektrum – von der romantischen keltischen Sagenwelt bis hin zum derben Cock-Rock – weder davor noch danach auf einem Album der Engländer zusammen. Allein die erste Seite bietet ausschließlich Klassiker: *Black Dog* mit seiner vertrackten Rhythmik, das überschäumende *Rock And Roll*, der epische Folk-Ausflug *The Battle Of Evermore* mit Gastsängerin Sandy Denny und natürlich die Überballade *Stairway To Heaven.* Nicht ganz so spektakulär, aber von unbändiger Kraft und nicht weniger grandios die zweite Seite: der dramatische Riffrocker *Misty Mountain Hop*, der Heavy-Funk *Four Sticks*, eine weitere Akustik-Exkursion mit *Going To California* und die schwerblütige Blues-Apokalypse von *When The Levee Breaks*. Page & Co. auf dem Höhepunkt ihres Schaffens.

**Mothership (Compilation)**
Auch wenn Led Zeppelin das Album immer als ihr primäres Format begriffen haben und Zusammenstellungen einzelner Songs daher problematisch sind – hier ist die Geschichte dieser Band schlüssig, weitgehend vollständig und für Einsteiger geeignet erzählt. Chronologisch bündelt *Mothership* 24 Tracks, von den Highlights der frühen Alben wie *Whole Lotta Love*, *Communication Breakdown* und *Dazed And Confused* über die Schlüsselsongs der klassischen mittleren Phase (*Stairway To Heaven*, *D'Yer Mak'er*, *Kashmir*) bis hin zu den wichtigsten

Tracks aus der letzten Flugphase des Zeppelins. Jimmy Page selbst hat das Material zusammengestellt und behutsam remastered.

**Led Zeppelin (DVD)**
Mit der Qualität ihrer Darbietungen auf dem 1976 veröffentlichten Film ***The Song Remains The Same*** über die 1973-US-Tour waren Led Zeppelin nie so ganz zufrieden. Wer sich indes einen Überblick über ihre Entwicklung als Live-Band verschaffen will, der kann auf dieser Doppel-CD den ganzen langen Weg durch die Siebzigerjahre noch einmal nachvollziehen. Konzerte waren im Grunde der primäre Lebenszweck dieser Band, entsprechend faszinierend sind die hier zu sehenden Bilder, die von der geradezu telepathischen Kommunikation untereinander und der unbändigen Experimentierlust der vier Musiker zeugen und den Zuschauer nacherleben lassen, wie die Band in mitunter halbstündigen Exkursionen die entlegendsten Winkel ihrer Stücke erforschte. *Led Zeppelin* bietet Material von insgesamt vier Konzerten, als da wären die legendäre Show in der Royal Albert Hall im Januar 1970, ein Auftritt im Madison Square Garden 1973, das triumphale Homecoming-Konzert in Londons Earl's Court 1975 sowie das nicht minder triumphale Live-Comeback der Band beim englischen Knebworth-Festival 1979. Dazu gibt es in den Bonus-Sections der DVDs Schätze wie frühe TV-Auftritte von 1969 in Dänemark und Frankreich, Pressekonferenzen, TV-Interviews und Promofilme.

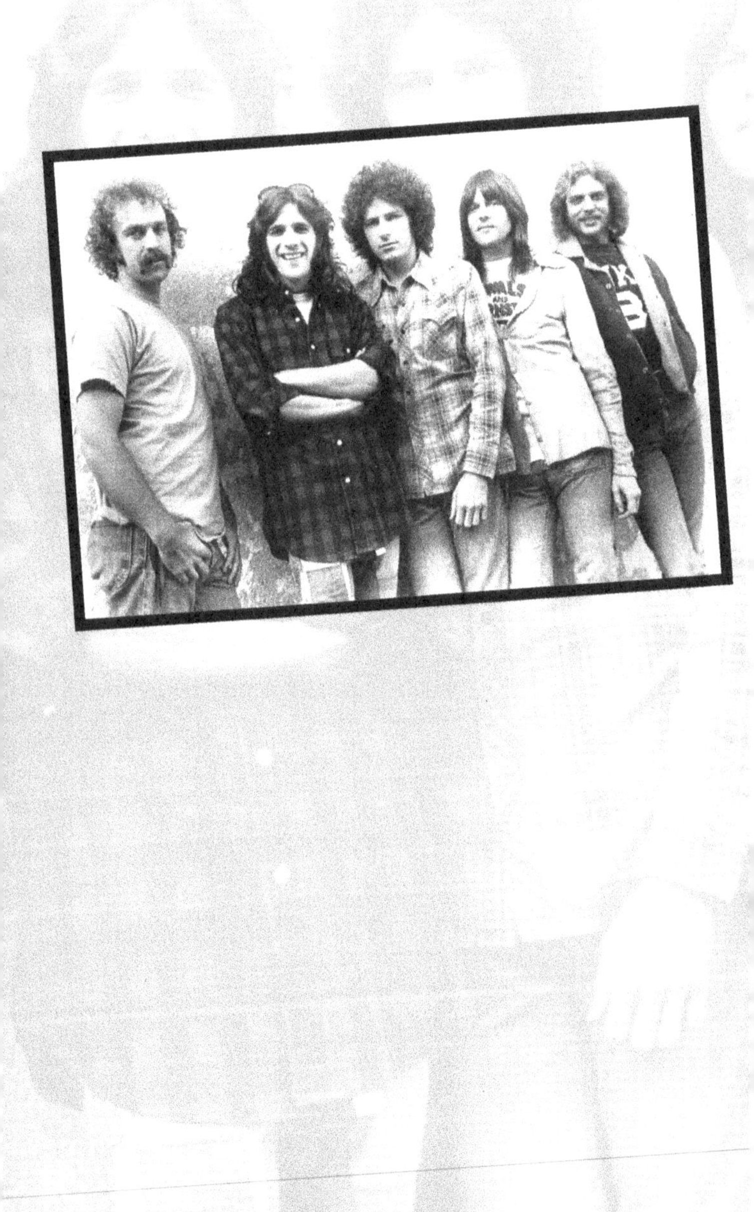

## DESPERADOS

*The Eagles oder: Wie der Westcoast-Rock seine Unschuld verlor*

Kunst oder Kommerz? Professionalität oder Zynismus? Nur leicht oder schon seicht? Das sind die Pole, zwischen denen das Werk der wohl kalifornischsten aller Bands von Anfang an pendelte. Den einen sind die Eagles bis heute perfekte Verkörperung des Besten, was der US-Rock zu bieten hat, die anderen sehen in ihnen den Triumph gewissenlosen Handwerkertums in Verbindung mit kalter Perfektion.

Fakt ist: Mit dem vor 35 Jahren erschienenen Multimillionenseller *Hotel California* schuf die Band ein Album, das den Mythos des Westcoast-Rock bis heute symbolisiert wie kein zweites. Und mit ihrem *Greatest Hits 1972-1975* landeten die Eagles eines der weltweit bestverkauften Alben aller Zeiten – in der Bilanz wohl nur unwesentlich hinter Michael Jacksons *Thriller*. Die L.A. Cowboys wurden zur zweifelsohne einflussreichsten US-Band der Siebzigerjahre, ihre Geschichte erzählt indes nicht nur von begnadeten Handwerkern, sondern auch davon, wie die Rockszene jener Jahre ihre Unschuld verlor.

.......................................

Das Jahr 1969 geht zu Ende: Der Traum von Love & Peace ist geplatzt. Die bestialischen Morde von Charles Mansons Strandbuggy-Freak-Family an der Filmschauspielerin Sharon Tate und anderen haben den Glauben an die Ideale der Hippies nachhaltig erschüttert. Nicht weniger ernüchternd das gewalttätige Fiasko, dem die Rolling Stones nach ihrem schlampig organisierten Free Concert am Altamont Speedway nahe San Francisco nur mit knapper Not entkommen waren. Die Beatles, Symbolfiguren des Aufbruchsgeistes der Swinging Sixties, waren faktisch aufgelöst, statt *All You Need Is Love* galt nun Jim Morrisons *The End*, während Jagger/Richards *Gimme Shelter* lamentierten.

Musikalisch hatte Los Angeles London den Rang als Rockmekka abgelaufen. Und so, wie in Großbritannien mit der zweiten Welle des Brit-Blues eine Rückbesinnung auf die Wurzeln des Rock stattfand, gingen auch junge US-Rocker auf die Suche nach den Quellen ihrer Musik. Allen voran ein hochsensibler junger Songwriter und Country-Fanatiker aus Florida, der 1968 bei den Byrds eingestiegen war und denen auf *Sweetheart Of The Rodeo* einen spektakulären, kommerziell allerdings desaströsen Kurswechsel verpasst hatte. Gram Parsons wollte Rock mit Country versöhnen, jener in den Augen vieler Hippies reaktionären Musik, mit der er in Florida aufgewachsen war. Nach seinem nur einige Monate währenden Byrds-Gastspiel gründete Parsons die Flying Burrito Brothers, die zu einem der wichtigsten Einflüsse der jungen Los-Angeles-Szene werden und einen tragenden Ast im Stammbaum der Eagles bilden sollten. »Cosmic American Music« nannte Parsons seine musikalische Vision, die Presse sprach von »Countryrock«.

Das Ganze war mehr als nur die fixe Idee eines versponnenen Hippies. Der Trend hin zu traditionellen, natürlichen Klängen lag in der Luft. Mochten die NASA-Jungs auf dem Mond spazieren, Bob Dylan hatte mit *John Wesley Harding* längst schon eine musikalische Rückkehr aufs platte Land eingeläutet und The Band, seine ehemaligen Begleiter, mit *Music From Big Pink* in dieselbe Kerbe geschlagen. Getragen wurde die Idee auch von jeder Menge junger Musiker, vor allem denen, die durch die Clubs von Los Angeles tingelten, meistens von weit her nach Kalifornien gekommen waren und eine musikalische Muttermilch genossen hatten, die von Folk und Bluegrass durchsetzt war.

Ein paar von ihnen schickten sich nun an, die ersten kommerziellen Früchte des Countryrock zu ernten, zum Beispiel Poco und die Nitty Gritty Dirt Band, während sich die enorm einflussreichen Buffalo Springfield mit Neil Young, Stephen Stills und Richie Furay bereits wieder aufgelöst hatten.

Zu diesen jungen Musikern gehört auch Bernie Leadon, ein 23-Jähriger aus Minneapolis, Minnesota, der als Multiinstrumentalist in den verschiedensten Bands schon fast ein ganzes Jahrzehnt auf dem Buckel hat. Seine wichtigste Station waren die Burritos, denen er seit 1969 angehörte und die er nun, im Frühling 1971, verlässt, um sich der Begleitband von Linda Ronstadt anzuschließen.

Randy Meisner kommt aus einem Kaff namens Scottsbluff in Nebraska. Auch er ist mit seinen 25 Jahren längst ein Veteran und Gründungsmitglied von Poco, die um die Jahrzehntwende zu den heißesten Acts gehören, die L.A. zu bieten hat. Poco, mit den Buffalo-Springfield-Überlebenden Jim Messina und Richie Furay, haben die Formel der Burritos aufgenommen, orientieren sich aber stärker an Folk und Bluegrass und scheinen mit ihrem Goodtime-Rock auf dem Sprung zu Popruhm. Meisner jedoch verkracht sich Messina und Furay noch bevor das Debütalbum erscheint. Zwar halten Poco lange durch, bis tief in die Achtzigerjahre, aber letztlich gehören sie zu den großen Verlierern des Country-Rock-Booms.

Glenn Frey wiederum hat mit Country noch kaum etwas am Hut, als er seine ersten Sporen in seiner Geburtsstadt Detroit verdient. Dort, in der fernen Motor City, wird hart gerockt, und Frey gehört schon als Teenager der Begleitband des wenig älteren Bob Seger an. Aber auch ihn zieht es gen Westen. 1968 landet er in Los Angeles, wo er sich mit John David Souther anfreundet. Die beiden schreiben gemeinsam Songs und teilen sich bald ein Haus mit einem anderen jungen Songwriter, Jackson Browne.

Ein Kumpel des Trios kommt aus Linden, einem verschlafenen Nest in East Texas, wo sein Vater einen Laden für Auto-Ersatzteile betreibt. Don Henley, ebenfalls 23, ist Trommler und gilt als talentierter Songschreiber. Er ist erst ein Jahr zuvor, 1970, mit seiner Band Shiloh an die Westküste gekommen. Ein Album haben die Texaner aufgenommen. Es floppt.

Im Frühsommer des Jahres 1971 ist Henley so gut wie pleite. Da kommt der Anruf eines Bekannten, den er im »Troubadour«-Club, dem damals wichtigsten Szenetreff in L.A., kennen gelernt hat, gerade recht: Glenn Frey will Henley als Drummer für die Begleitband der 25-jährigen Lokalmatadorin Linda Ronstadt verpflichten, 200 Dollar die Woche gibt es zu verdienen. Henley sagt zu und ahnt nicht, dass damit seine Zukunft besiegelt ist. Zwar stehen er, Frey, Leadon und Meisner zusammen nur ein einziges Mal mit Linda Ronstadt auf der Bühne – es ist ein Gig in Disneyland im July 1971 – der aber reicht, um die späteren Eagles vom gemeinsam vorhandenen Potenzial zu überzeugen.

Im Herbst schon unterzeichnet die frisch gegründete Band einen Vertrag mit Ronstadts engem Freund David Geffen für dessen gerade geschaffenes Asylum-Label. Die Firma hat zwar noch keine einzige Platte veröffentlicht, aber schon jetzt so vielversprechende Talente wie Laura Nyro, Joni Mitchell und Jackson Browne im Stall. Bald wird Asylum als Synomym für relaxten, Songwriter-dominierten Softrock stehen – die Musik, die die Welt bis heute mit dem Begriff Westcoast verbindet.

Geffen besorgt seinen Schützlingen als Produzenten den besten Starthelfer, der zu haben ist. Glyn Johns hat bereits mit den Rolling Stones, Led Zeppelin und The Who gearbeitet. Kurioserweise finden die Aufnahmen für den Jungfernflug der so uramerikanischen Adler in London statt. Die Bestandteile des frühen Eagles-Sounds: Vier erfahrene Instrumentalisten und überdurchschnittlich talentierte Sänger, die, jeder für sich, auch als Songwriter reichlich zu bieten haben. Dazu ein musikalisches Spektrum, das von Leadons Country-Roots bis zu Freys Rock'n'Roll-Wurzeln reicht. Auf dem selbstbetitelten Debüt *Eagles*, erschienen am 1. Juni 1972, findet sich denn auch eine ausgewogene Mischung. Fast peinlich genau ist die Balance zwischen den vier Musikern austariert, die Autorencredits sind aufgeteilt. Interessanterweise kommt ausgerechnet Henley mit nur einem Beitrag am schlechtesten weg. Zu selbstverfassten Highlights wie dem locker rockenden Welthit *Take It Easy* (den Jackson Browne mitgeschrieben hat) und Henleys *Witchy Woman* gesellen sich zwei Fremdvorlagen, die zu Eagles-Klassikern werden: *Train Leaves Here This Morning* von Gene Clark, dem Ex-Byrd, der mit seinem so glücklosen wie ambitionierten Album *No Other* kurz darauf *das* Vermächtnis des Countryrock-Movements schaffen wird, sowie *Peaceful Easy Feeling* aus der Feder des kalifornischen Songwriters Jack Tempchin.

Ein Song im übrigen, der wie kaum ein anderer die musikalische Formel der frühen Eagles zusammenfasst: dichte Akustikgitarren über leichtfüßiger Rhythmusgruppe, dazu ein paar cleane Licks aus Leadons Telecaster, fein dosierte Pedal-Steel- sowie Banjo-Würze und obendrauf geradezu himmlisch arrangierter Harmoniegesang. Fast noch wichtiger: Im Unterschied zu vielen zeitgenössischen Bands in stilistisch ähnlichem Fahrwasser konzentrieren sich die Eagles auf das Wesentliche, verzichten auf solistische Eitelkeiten und stellen ihre musikalischen Fähigkeiten diszipliniert in den Dienst der Songs. Überdies verwenden sie die typischen Country-Elemente wie Pedal Steel und Banjo so dezent, dass auch ein Pop-Publikum nicht gleich verschreckt wird.

Ende 1972 kann sich die Bilanz der Eagles sehen lassen: zwei Top-Ten-Hits, ein Goldalbum und eine erfolgreiche

US-Tournee. Nicht schlecht für den Anfang. Und wieder geht's mit Glyn Johns nach London, um dort das zweite Album einzuspielen. Diesmal haben sich Henley und Frey zusammengesetzt und acht der elf Songs gemeinsam geschrieben, with a little help von ihrem alten Kumpel J. D. Souther sowie den Bandmates Meisner und Leadon. *Desperado* (1973) liegt ein Konzept zugrunde, die Songs drehen sich um den alten Westen und den Mythos des Outlaws, verkörpert durch die legendäre Dalton-Bande. Anders als bei den Konzeptalben diverser Kollegen erzählen die Eagles jedoch keine zusammenhängende Geschichte. Sie gruppieren ihre Songs nur locker um das Grundthema. So locker, dass der Konzeptgedanke allenfalls zu ahnen ist.

Eindeutig geriet die Covergestaltung. Das Frontbild zeigt die vier Musiker in der typischen Kluft klassischer Western-Outlaws: grobe Jeans, Baumwollhemden, Westen, Stoppelbärte, Patronengurte und Gewehre. Auf der Rückseite liegen die Vier (plus partner-in-crime Jackson Browne) gefangen und gefesselt im staubigen Dreck einer Hollywood-Westernstadt – mit *Desperado* ist der Mythos des Westens endgültig im Rock'n'Roll angekommen.

Der Trick funktioniert – plötzlich sind die Eagles nicht mehr nur irgendeine, zugegeben erfolgreiche, Countryrockband, sondern *die* romantischen Rebellen der US-Rockszene. Dass ihre sorgfältig auf FM-Radioformat geschliffene Musik dabei auch vor großflächigem Streichereinsatz nicht zurückschreckt (wie im elegischen *Doolin' Dalton*), tut der Sache keinen Abbruch, im Gegenteil.

Zwar haben unter anderem schon Crosby, Stills, Nash & Young auf *Deja Vú* (1970) mit der Western-Optik geflirtet und auch die unsteten Grateful-Dead-Ableger New Riders Of The Purple Sage haben das Thema Outlaw auf *The Adventures Of Panama Red* (1972) bearbeitet. Keiner jedoch hat dieses Image so konsequent auf die Pose des Rockhelden übertragen und dabei so attraktive Songs zu bieten wie die

Designer-Desperados aus Los Angeles. Mit Folgen: Countryrock, der bis dahin kommerziell zwischen allen Stühlen saß, wird durch die Verschmelzung der musikalischen Slickness der Eagles mit der attraktiven Hollywood-Mythologie des Westerns salo(o)nfähig – und gleichzeitig am höchsten Baum zwischen Santa Fé und den Rocky Mountains aufgeknüpft! Denn die Band, die für diese Entwicklung verantwortlich zeichnet, betrachtet ihre so populäre Version von Gram Parsons »Cosmic American Music« nicht als verpflichtende musikalische Guideline, sondern höchstens als eine von vielen zur Verfügung stehenden Hitparaden-Optionen. Erlaubt ist schließlich, was Erfolg bringt. Nicht die Bohne sind die Eagles daran interessiert, sich fortan auf Countryrock festlegen zu lassen. Ihre musikalischen Ambitionen, besonders die von Frey und Henley, zielen von vornherein weiter – vor allem in Richtung Rock.

.....................................

Als Erster im engeren Zirkel bekommt das nun Glyn Johns zu spüren. Zu den Aufnahmen für das dritte Album, *On The Border* (1974), ist die Band wieder nach London gereist, wo die Arbeit in den Olympic Studios einmal mehr von Johns beaufsichtigt wird. Bald aber kommt es zu Auseinandersetzungen. Johns beharrt auf der bisherigen stilistischen Ausrichtung. Die Eagles aber, allen voran die tragende Achse Henley-Frey, wollen rocken. Johns wird gefeuert, als gerade erst zwei Songs im Kasten sind.

Zurück in Los Angeles, heuert die Band für die weiteren Aufnahmen Bill Szymczyk an, der zuvor schon Joe Walsh betreute, mit dem die Eagles bereits gemeinsam auf Tour waren. Nicht die einzige Veränderung: Mit dem 26-jährigen Don Felder aus Gainesville/Florida holen die Eagles einen weiteren, höchst versierten Gitarristen in die Band. Die Verbindung kommt über Bernie Leadon zustande, der schon in den Sechzigerjahren in Gainesville bei einer Band namens Continentals gespielt hatte, bei der zeitweise auch Felder (und der junge Stephen Stills) mitwirkte.

Derart verstärkt, vollenden die Eagles *On The Border*, das mit der erfolgreichen Single *Already Gone* und einer Ode an *James Dean* zwei kraftstrotzende Rocker enthält, aber auch mit modernstem Bluegrass (*Midnight Flyer*) aufwartet. Ironischerweise entwickelt sich aber ausgerechnet die noch von Glyn Johns betreute Ballade *The Best Of My Love* zur ersten Nr.-1-Single der Band. Damit verbunden: der endgültige Durchbruch im FM-Radio und beim Mainstream-Publikum.

1975 sind die Eagles bestens aufgestellt, um es nun auch in die kleine, feine Liga der Superstars zu schaffen: Von den Countryrock-Wurzeln haben sie sich weitgehend emanzipiert, befreit können sie nun mit allen populären Stilen experimentieren. So verfügt die Band über ein reichhaltiges musikalisches Waffenarsenal, zu dem neuerdings gar auch eine schlagkräftige Drei-Gitarrenfront gehört. Last but not least steht ihr mit Produzent Bill Szymczyk ein Mann zur Seite, der den unbedingten Willen der Musiker zum ganz großen Erfolg nicht nur teilt, sondern auch weiß, wie sich dieser Million-Dollar-Sound anhören muss.

Im Frühjahr 1975 arbeiten alle Beteiligten an dem Album, das, veröffentlicht am 10. Juni, die Band endgültig in die Chefetage des US-Rock katapultieren soll. Die vorab ausgekoppelte Single, der Titeltrack von *One Of These Nights*, zeigt denn auch eindrucksvoll, dass die Eagles inzwischen in einer ganz anderen Liga spielen als die Konkurrenz. Offen flirtet der Song mit der Disco-Mode, perlt dabei aber locker-lässig wie jamaikanischer Reggae aus den Boxen und glänzt mit ebenso transparenter wie süffiger Produktion. Das Ganze ist exzellenter Soulrock von einer Band, die es inzwischen auch versteht, die unterschiedlichen Beiträge der einzelnen Mitglieder zu einem organischen Gruppensound zu verarbeiten. Die Folge: *One Of These Nights* ist das erste wirklich homogene Album der Kalifornier, das im Unterschied zu den Vorgängern auch als Ganzes funktioniert und nicht wie ein mehr oder weniger willkürlicher Stilmix daherkommt. Zudem treffen die Songs der Eagles mit ihrem so romantischen wie weltmüden Unterton den Nerv der Rockgemeinde nicht nur in den USA.

*One Of These Nights* wird zum bis dahin erfolgreichsten Adler-Album. Neben dem Titeltrack wirft die Platte zwei weitere Top-Ten-Singles ab: *Lyin' Eyes*, eine einschmeichelnde Referenz an die Countrywurzeln der Band, und Randy Meisners erhabene Ballade *Take It To The Limit*.

Die Eagles strotzen nun vor Selbstbewusstsein und gehen auf eine triumphale Welttournee. An deren Ende allerdings wirft der gestresste Bernie Leadon das Handtuch: Er hat genug vom Popstar-Dasein und stellt seinen Posten zur Verfügung. Joe Walsh übernimmt. Eine Personalie mit programmatischer Bedeutung, denn mit Leadon verschwindet der Country-Flügel aus dem Adlerhorst und wird ersetzt durch eine mit allen stilistischen Wassern gewaschenen Allround-Gitarre.

Die meisten anderen Bands hätten nach dem rauschenden Erfolg von *One Of These Nights* auf Ergebnissicherung gespielt und die gefundene Erfolgsformel wiedergekäut. Anders die Eagles. Zwar sind sie klug genug zu erkennen, dass einmal gewonnene Fans grundsätzlich konservativ sind und bedient werden wollen. Und sie wissen auch, dass *One Of These Nights* den definitiven Eagles-Sound etabliert hat. Für den Marsch auf den höchsten Gipfel aber steht noch ein Meisterwerk aus, das den entscheidenden Schritt über den Tageshit hinaus ins kollektive Langzeitgedächtnis des Publikums schaffen muss.

Wie nahe die Band der amerikanischen Seele schon gekommen ist, zeigt im Jahr 1976 der so gigantische wie überraschende Erfolg der zwischendurch veröffentlichten Best-Of-Sammlung *Eagles: Their Greatest Hits 1971–1975*. Das Album entwickelt sich zum Phänomen, schießt auf Platz 1 der Charts, erreicht in kürzester Zeit Platinstatus und verkauft sich über 25 Millionen Mal. Bis heute ist die Platte das neben Michael Jacksons *Thriller* erfolgreichste US-Album aller Zeiten. Ein Coup, der die Eagles steinreich und zu Rockmegastars macht. Noch aber sind Champagner- und Kokain-Partys nicht an der Tagesordnung, noch funktioniert die symbiotische Songwriting-Partnerschaft zwischen Henley und Frey.

Zu dieser Zeit hat das Rockgeschäft einen weiteren Schritt in seiner Evolution von der Undergroundszene der Sechzigerjahre zum lukrativen Multi-Millonen-Dollar-Business vollzogen. Mediale Vermarktung und Promotiontechniken, die Organisation von großen Tourneen und deren technische Ausstattung, die Entwicklung der Studiotechnologie und nicht zuletzt auch die wirtschaftliche und künstlerische Emanzipation der Musiker gegenüber den Bossen der beteiligten Firmen sind inzwischen weit fortgeschritten. Dazu ist aus dem ehemaligen Szene- und Teen-Publikum der Sechzigerjahre eine erwachsene, nach Millionen zählende Masse geworden, die in der breiten Mitte der Gesellschaft angekommen ist, ihre Musik aber nach wie vor auch als Identitätsausweis betrachtet und, wie die monströsen Verkaufserfolge von Fleetwood Mac, Peter Frampton und Pink Floyd zeigen, für in früheren Jahren kaum für möglich gehaltene Umsätze sorgen kann. Die Eagles stehen nach *One Of These Nights* an der Schwelle zu derartigen Größenordnungen, und noch haben sie Biss, noch sind sie hungrig auf frische Beute.

Volle achtzehn Monate arbeiten sie mit Bill Szymzcyk an ihrem nächsten Werk, das im Dezember 1976 vorsorglich in höchster Auflage in die Läden gekarrt wird. Zu Recht: Kurz darauf hat *Hotel California* nicht nur Platz 1 und Platin erreicht, sondern auch die astronomische Verkaufszahl von zehn Millionen Exemplaren. Die Eagles sahnen weltweit ab. Das sanft rockende *New Kid In Town* wird als erste Single ausgekoppelt und erreicht wie selbstverständlich Platz 1 der US-Charts. Als Schlüsselsong des Albums aber erweist sich der Titeltrack. Das epische, fast sieben Minuten lange Stück mit seinem effektvollen, von Don Felder geschriebenen Zwei-Gitarren-Arrangement setzt nicht nur musikalische Standards, es ist auch einer der stärksten Momente der Eagles als Songwriter. Mit seinem klugen und nachdenklichen Text lotet *Hotel California* den hohlen Glamour des kalifornischen Way Of Life geradezu beängstigend präzise aus, bis in die tiefsten Abgründe – »we are all just prisoners here, of our own device.«

Dass die Herren Rockmillionäre in diesen Abgründen längst selbst zuhause sind, müssen sie wohl gewusst haben. Ist also dieser Moment der Wahrhaftigkeit Absicht? Oder ist er das letzte Zucken ihrer geschundenen, längst zu nüchternen Profitmaschinen degenerierten Songwriterseelen? Was auch immer – *Hotel California* wird schlagartig zu einem der handverlesenen Klassiker der Rock-Ära. Bis heute landet das Stück in den Polls der einschlägigen Magazine zuverlässig unter den zehn besten Songs aller Zeiten.

Für die Eagles ist dieser monumentale Erfolg Segen und Fluch zugleich. Sie haben es geschafft. Aus Gram Parsons' Vision haben sie eine Musik entwickelt, die zur massenwirksamsten des Jahrzehnts geworden ist und Maßstäbe setzt für das, was man noch im nächsten Jahrhundert Classic Rock nennen wird. Dazu hat sich für sie der Amerikanische Traum in einer Weise erfüllt, die kaum besser zu illustrieren ist als mit Walt Disneys im Geldspeicher badenden Onkel Dagobert. Mehr geht nicht. Aus den L.A.-Cowboys der späten Sechzigerjahre sind nun, eine Dekade später, satte Mittdreißiger geworden, die das süße Leben der Hollywood-Schickeria genießen und dabei kaum ein Amusement, legal wie illegal, auslassen.

Nach der Welttournee von 1977 hat Randy Meisner – wohl nicht nur im übertragenen Sinn – die Nase voll, er quittiert den Dienst im Herbst. Seinen Posten übernimmt Timothy B. Schmit, der den Bassisten schon einmal beerbt hat, 1971 bei Poco, die Meisner für die Eagles verlassen hatte. Als postertauglicher Musterhippie mit mexikanischem Blut bereichert Schmit die Eagles nicht nur optisch, er beschert der Band auch eine extrem hohe, bestens für die schwierigen Satzgesänge geeignete

Stimme und beweist als Komponist ein Händchen für leichte, haarscharf am Kitsch entlang segelnde Balladenkost.

Die Arbeiten an *The Long Run*, dem Schwanengesang der Band, ziehen sich endlos hin. So endlos, dass die Beteiligten das schwierige Nachfolgewerk von *Hotel California* scherzhaft schon »The Long One« nennen. Als das Album endlich im September 1979, fast drei Jahre nach *Hotel California*, erscheint, ist es eine glatte Enttäuschung. Lediglich der kraftvolle Soul des Titelsongs, das rockige *Heartache Tonight* und vielleicht noch das etwas schwülstige *I Can't Tell You Why* haben annähernd das gewohnte Format, der Rest wirkt wie Second-Hand-Eagles – kraftlos, beliebig, wenig originell. Was das treue Publikum nicht hindert, auch dieses Album millionenfach zu kaufen.

Aber die Band selbst weiß es besser, der Zenit ist überschritten. Zumal sich in den Charts längst Punk, Disco und New Wave bemerkbar machen. Dazu gerät der ohnehin schon immer höchst fragile Betriebsfrieden immer öfter außer Kontrolle. Nach dem Live-Dokument *Eagles Live* (1980) und einer weiteren Welttournee werfen die Musiker denn auch ausgelaugt und entnervt das Handtuch. Am 31. Juni 1980, nach einem Konzert in der Long Beach Arena in Los Angeles, ist Schluss. Zwar wird der Split nie offiziell als solcher verkündet, Don Henleys legendärer Spruch, erst dann wieder zusammen zu spielen, wenn die Hölle zufriere, lässt jedoch keine Fragen offen. Fortan machen Henley, Frey & Co. als Solokünstler von sich reden. Bis dann die Hölle tatsächlich zufriert ...

.....................................

1994, Warner Burbank Studios, Los Angeles. Fünf Herren mittleren Alters stehen auf der Bühne – die erfolgreichste US-Band der Siebzigerjahre singt für ein MTV Unplugged-Special erstmals seit 14 Jahren Klassiker wie *Hotel California*, *Take It Easy* und *Desperado*. Die nicht ganz überraschende

Reunion der Besetzung von 1980 ist die direkte Folge eines Tribute-Albums. Auf *Common Thread* hatten im Jahr zuvor Countrymusiker wie Travis Tritt, Trisha Yearwood und Tanya Tucker die Songs der Eagles neu interpretiert. Die Platte wurde überraschend erfolgreich, und sie zeigte, dass diese Songs auch fast 15 Jahre nach der Trennung der Band in Herz und Hirn des amerikanischen Publikums fest verankert waren. Mehr noch, sie bewiesen, dass die Eagles wie Coca-Cola, Andy Warhol, Marylin Monroe und die Kennedys zur ikonisierten Premium-Marke der amerikanischen Popkultur gereift sind.

Wie Glenn Frey selbst später anmerkte, war dies einer der ausschlaggebenden Faktoren für die Entscheidung, die Eagles wieder fliegen zu lassen. Hinzugekommen war wohl auch die Erkenntnis, dass der Popbetrieb inzwischen eine muntere und höchst geschäftstüchtige Riege von Altherrenbands unterhielt, zu denen neben den unkaputtbaren Rolling Stones jede Menge weiterer Acts aus den Sechziger- und Siebzigerjahren zählten, die aus der Versenkung aufgetaucht waren und nun ein nostalgiehungriges Publikum bedienten. Klar also, dass da auch für die Eagles Handlungsbedarf bestand.

In Anspielung auf Henleys einstige Bemerkung bekommt das bei der MTV-Session aufgenommene Reunion-Album den schönen Titel *Hell Freezes Over*. Neben vier neuen Songs, darunter die Single *Get Over It*, enthält es jede Menge Klassiker in orchestralen Neu-Arrangements. Erwartungsgemäß geht *Hell Freezes Over* weg wie die sprichwörtlichen warmen Semmeln. Die Band beginnt anschließend eine zweieinhalb Jahre währende Welttournee.

Trotz der seit 1994 immer wieder auftauchenden Gerüchte, müssen die Fans auf ein neues Studioalbum jedoch noch warten. Stattdessen beschränken sich die Westcoast-Veteranen in den kommenden Jahren darauf, ihr Vermächtnis für den Platten- und DVD-Markt immer wieder frisch aufzubereiten. So erscheint im Jahr 2000 das 4-CD-Boxset *Selected Works*

*1972–1999*, das neben einer Repertoire-Retrospektive auch den Mitschnitt des Millennium-Konzerts im Staples Center, Los Angeles, enthält. 2005 wird die in limitierter Auflage herausgegebene 5-CD-Retrospektive *Eagles* veröffentlicht, sie umfasst die Jahre 1972–1980. Dazu gibt Warner regelmäßig Best-Of-Sammlungen sowie DVDs mit aktuellen Konzertmitschnitten heraus. Der Geldsegen ist für die längst in die Rock'n'Roll Hall Of Fame aufgenommenen Kalifornier also auch weiterhin gesichert. Den allerdings spielen die Eagles seit einigen Jahren nur noch zu viert ein. Don Felder, neben Frey und Henley der einzige aus den Siebzigern verbliebene Mitinhaber der gemeinsamen Firma Eagles Ltd., wurde nach diversen Streitigkeiten im Jahr 2000 gefeuert und strengte daraufhin gegen die einstigen Kompagnons eine Klage an, die erst 2007 mit einem Vergleich beigelegt wurde.

Wer Henley, Frey, Schmit und Walsh heute, runde vierzig Jahre nach ihren Anfängen, auf einer ihrer regelmäßigen Welttourneen erlebt, hat zunächst einmal sehr tief in die Tasche gegriffen. Die Eintrittspreise für eine Eagles-Show definieren, was heutzutage in diesem Geschäft möglich ist, und liegen sogar jenseits der nicht eben billigen Konkurrenz von den Rolling Stones. Was der Konzertbesucher dann in den bis zu dreistündigen Shows zu sehen und zu hören bekommt, stößt allerdings nicht nur auf Zustimmung. Angesichts der atemberaubenden Präzision der Darbietungen, die kaum noch Raum für Spontaneität und Inspiration auf der Bühne zu lassen scheint, hat so mancher Konzertbesucher das Gefühl, dass die ganze Chose heute weniger mit der Lust und Sinnlichkeit des musikalischen Moments, dagegen sehr viel mehr mit ebenso gewissenhaftem wie auch kühlem Dienst am Kunden zu tun hat.

Umso überraschender, dass sich die Eagles im Jahr 2007, als längst schon keiner mehr damit rechnete, tatsächlich mit einem neuen Studioalbum in den Charts zurückmeldeten. *Long Road Out Of Eden* hieß die Doppel-CD, und tatsächlich enthielt sie 20 neue Songs, drei Viertel davon aus eigener Feder.

Natürlich war *Long Road Out Of Eden* sorgfältig darauf hingearbeitet, das ganze, große Revier der klassischen Eagles gelassen abzuschreiten und den alten Fans von *Take It Easy*, *New Kid In Town* und *Lyin' Eyes* zu geben, was sie sich unter dem musikalischen Absender seit Jahrzehnten vorstellten. Etwa das rockige *How Long*, das der Band 2008 ihren fünften Grammy einbrachte, oder Joe Walshs patentierter Gitarrenschrubber *Fail Grasp On The Big Picture*. Andererseits aber enthielt das Album auch einige Songs, vor allem von Don Henley, die auf einem Siebziger-Album der Band noch nicht möglich gewesen wären und künstlerisch eher bei dessen Solowerk der Achtzigerjahre andockten, darunter das suitenartig angelegte, über zehnminütige Titelstück

Einfluss auf die Rockszene des neuen Jahrhunderts hatte das Album allerdings nicht. Höchstens in Sachen Vermarktung: Als einer der ersten Mega-Acts des US-Showbiz schlossen die Eagles zur Veröffentlichung von *Long Road Out Of Eden* einen exklusiven Vertriebsvertrag mit Wal-Mart, der größten amerikanischen Warenhauskette. Zunächst einmal sollte schließlich die Kasse stimmen.

*Empfehlenswert:*

**Hotel California** (1976)
So etwas wie der Rolls Royce unter den großen Alben, die uns der US-Rock der Siebzigerjahre hinterlassen hat. Und der Gipfel im Schaffen der Eagles. Fünf Jahre nach ihrer Gründung hatten sie nun alle Häutungen hinter sich, die nötig waren, um Amerikas größte Band zu werden. Mit dem Titeltrack verführten sie ihr Publikum dank betörender Gitarren, leichtfüßiger Reggae-Rhythmik und fürwahr hymnischer Melodien ins gelobte Land des Westcoast-Rock, nur um es in den tiefgründigen Lyrics mit den Abgründen des Californian Way Of Life zu konfrontieren. Nicht genug damit, straffer Rock wie *Life In The Fast Lane*, relaxter Poprock wie *New Kid In Town*

und sinfonische Balladen wie *The Last Resort* trugen dazu bei, *Hotel California* zu einem der erfolgreichsten und wohl auch besten Alben der Rockgeschichte zu machen.

**Their Greatest Hits 1971–1975 (Compilation)**
Wer nachverfolgen möchte, wie sich die Eagles von ihren Anfängen als ambitionierte Countryrocker zum versierten und millionenschweren Mainstream-Act entwickelten, der liegt hier richtig – und bekommt zehn der tatsächlich besten Songs aus dem Adlerhorst zu hören: Die Skala reicht vom hemdsärmeligen Good-Time-Rocker *Take It Easy* über eleganten, leichtfüßigen Countryrock wie *Lyin' Eyes* und *Peaceful Easy Feeling* sowie hochmodernen Poprock wie *One Of These Nights* bis hin zu getragenen Breitwandballaden vom Schlage *Take It To The Limit* und *Best Of My Love*.

**Mein Leben mit den Eagles – 1974–2001: Durch Himmel und Hölle (Autobiografie von Don Felder)**
Die Eagles-Story aus erster Hand: Von 1974 bis zur Jahrtausendwende war Don Felder, ein hochtalentierter Gitarrist aus Gainesville, Florida, Mitglied der wohl erfolgreichsten amerikanischen Band aller Zeiten. Zwar war er als Autor nicht an vielen Eagles-Songs beteiligt, dafür gebührt ihm die Ehre, das legendäre Gitarrenarrangement von *Hotel California* erdacht zu haben. Trotzdem hat sich Felder in all den Jahren immer von den Leit-Adlern Glenn Frey und Don Henley zurückgesetzt gefühlt, die gemeinsame Zeit endete denn auch 2001 mit seinem Rauswurf und anschließenden, wenig appetitlichen Gerichtsprozessen. Felders Ton fällt in seiner ansonsten höchst lesenswerten Biografie stellenweise etwas bitter aus. Trotzdem ein faszinierender Einblick in die Geschichte einer großen Band – und auch in die einst abenteuerlichen, reichlich gesundheitsschädlichen Lebensgewohnheiten der amerikanischen Superstars.

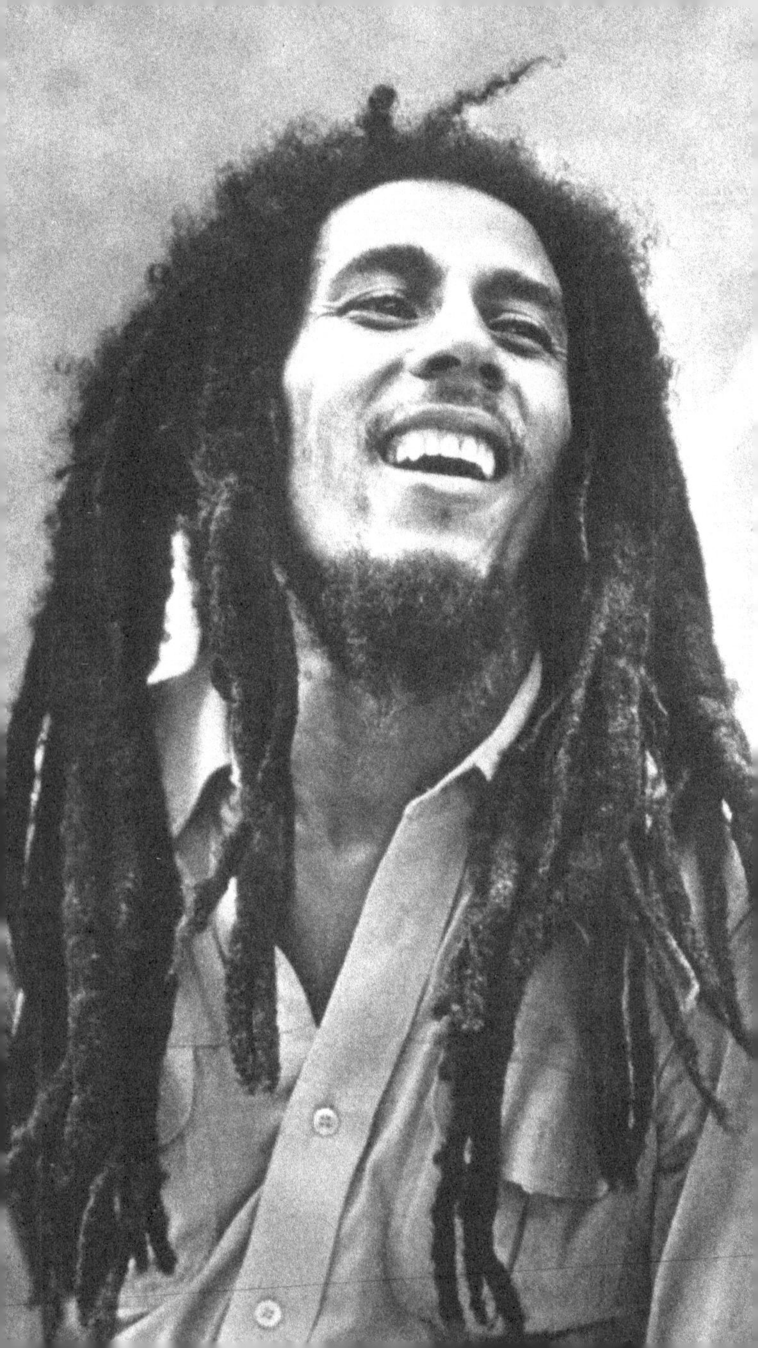

## SOUL REBEL

*Bob Marley – Roots, Reggae, Rasta*

»I'm a rebel, soul rebel. I'm a capturer, soul adventurer.« So sang er 1970 in *Soul Rebel*. Und so sah sich Bob Marley wohl selbst: ein Rebell, Eroberer, Abenteurer der Seele. Poet, Philosoph, Prophet und musikalischer Revolutionär – für ihn gehörte all das zusammen, Musik, Spiritualität, Religion und Politik. Vielleicht war es das, was seinen musikalischen Kreuzzug und seine charismatische Persönlichkeit so glaubwürdig machte. Als er mit den Wailers *Catch A Fire* herausbrachte, sein erstes Alben, das außerhalb von Jamaika veröffentlicht wurde, begann der weltweite Siegeszug des Reggae. Und der wäre ohne seinen Bannerträger, der als erster Superstar der Dritten Welt in die Musikgeschichte einging, nicht denkbar gewesen.

.....................................

Es ist der Sommer 1973, als die Welt erstmals auf diesen Bob Marley aufmerksam wird. Er ist da schon 28 Jahre alt und in der Musikszene seiner Heimat ein alter Hase. Als er mehr als zehn Jahre zuvor in Trenchtown, dem Ghetto der Hauptstadt Kingston, beginnt, erlebt Jamaika gerade bedeutsame

Veränderungen. Am 5. August 1962 wird nach fast 300 Jahren britischer Herrschaft um Punkt Mitternacht überall in der Stadt der Union Jack eingeholt und statt seiner die schwarz-grün-gelbe Nationalflagge gehisst. Jamaika ist nun ein unabhängiges, freies Mitglied des Commonwealth. Tagelang feiern die Menschen, auch an den Kreuzungen der großen Straßen von Trenchtown. Dort werden riesige Lautsprecherboxen, sogenannte Sound Systems, aufgebaut, und die bekanntesten Discjockeys der Stadt, Leute wie Prince Buster, Duke Reid oder Coxsone Dodd, ziehen ihre Shows ab. Aus zerfledderten Pappkartons ziehen sie ihre Platten, oftmals sind auf den Labels der Schellacks dic Interpretennamen ausgekratzt, damit die Konkurrenz sich nicht dieselben Platten besorgt. Die DJs, man nennt sie Selectors, toasten durch quäkende Mikrophone, die Meute tanzt dazu ausgelassen.

Zu hören gibt es importierte Rhythm'n'Blues-Hits der amerikanischen Südstaaten, sogenannte Race Music. Besonders Fats Domino ist beim Publikum beliebt, auch der Jump'n'Jive eines Louis Jordan. Immer öfter zudem Einheimisches aus primitiven Hinterhofstudios. Seit Ende der Fünfzigerjahre hat sich auf Jamaika ein ganz eigener Sound entwickelt: der Ska, eine schnelle, rhythmische, auf dem Offbeat betonte und ausschließlich hier gepflegte R'n'B-Variante, gewürzt mit Mento, Calypso und Jazz. Der neue Stil gilt bei den jungen »Rude Boys« im Ghetto als das angesagte Ding. Kingstons kleine Musikszene bedient gezielt die Bedürfnisse des tanzwütigen Sound-System-Publikums.

Der 18-jährige Robert Nesta Marley, ein drahtiger Bursche aus dem Dorf Nine Miles, St. Ann, Sohn einer Jamaikanerin und eines englischen Offiziers, der die Familie schon kurz nach Bobs Geburt verließ, ist Teil dieser Szene. Als Solist hat er bereits ein paar Aufnahmen gemacht, allerdings ohne nennenswerten Erfolg. Nun hat Bob mit seinen Partnern, dem 16-jährigen Neville »Bunny« Livingston und dem baumlangen, temperamentvollen Peter MacIntosh alias Peter Tosh (19), eine Gesangsgruppe gegründet, die sich Teenagers nennt. Die drei dürfen in Coxsone Dodds neuem Einspur-Studio an der Brentford Road vorsingen. Der Meister findet Gefallen am Sound der Youngsters. 300 Exemplare lässt er von *It Hurts To Be Alone*, einem der beiden eingesungenen Songs, pressen. Die Platte kommt an, und Dodd macht weitere Aufnahmen mit der Gruppe, die sich wenig später in The Wailing Wailers umbenennen wird.

Bald entsteht im Studio One, das sich über die Jahre zu so etwas wie dem Motown von Jamaika entwickeln wird, der Song *Simmer Down*, der zu Beginn des Jahres 1964 ein lokaler Hit wird. Siebzig Stücke, zumeist Selbstverfasstes im Ska-Stil, nehmen Marley, Tosh und Livingston, der sich nun Bunny Wailer nennt, bis 1966 für Dodd auf, darunter jede Menge erfolgreiche Singles. So weit, so gut, in der überschaubaren Szene der Insel ist Bob nun jemand. Aber Stars sind die Wailers deshalb noch längst nicht.

Ihr Leben spielt sich nach wie vor ab zwischen den ärmlichen Tenement Yards von Trenchtown und den archaischen Aufnahmegerätschaften von Coxsone Dodds Studio. Sie arbeiten hart und verdienen nur wenig, Auftrittsmöglichkeiten gibt es kaum, und das Urheberrecht interessiert hier niemanden. Bob ist kein Heiliger und sicher nicht der sanfte Idealist, als der er später stilisiert wird. Er hat die Regeln des Lebens in Trenchtown gelernt, weiß ganz genau, dass List und eine gewisse Verschlagenheit ebenso vonnöten sind um voranzukommen wie im Notfall die Gewalt der Straße. Schnell hat er es satt, für einen Hungerlohn harmlose Hits am Fließband zu produzieren. Er will mehr, will sich nicht herumkommandieren lassen, träumt von Unabhängigkeit und will raus aus dem Elend des Ghettos.

Inzwischen ist seine Mutter Cedella nach Newark im US-Bundesstaat Delaware gezogen, wo sie wieder geheiratet hat. Bob, seit einiger Zeit mit der zwei Jahre jüngeren Rita Anderson, Sängerin der Soulettes, liiert, will sie in Amerika besuchen.

Zunächst einmal, um dort Geld zu verdienen, damit er eine Familie gründen kann. Zuvor aber, am 10. Februar 1966, heiratet er Rita. Fast das ganze Jahr über bleibt er in Newark. Mit dem hektischen American Way Of Life jedoch kann er sich nicht anfreunden, zu sehr ist er den trägen Lebensstil der Karibik gewöhnt. Halbherzig jobbt er, am liebsten aber hockt er im Haus seiner Mom und schreibt neue Songs. Im Oktober ruft Uncle Sam, Bob soll zur Musterung, um dann als GI nach Vietnam zu gehen. Höchste Zeit also, die Kurve zu kratzen und nach Trenchtown zurückzukehren. Er nimmt den nächsten Flieger und baut sich, so die Legende, zuhause erst einmal einen großen Joint.

In Kingston hat sich jede Menge getan. Aus dem lange dominierenden Ska ist ein neuer Stil gewachsen, der Rocksteady. Sein Tempo ist deutlich gedrosselt, wodurch mehr rhythmische Variationen möglich werden. Verstärkt orientiert sich Rocksteady am populären US-Soul. Bob beginnt nun, sich mit der Religion der Rastafari auseinanderzusetzen, deren Glaube sich auf die Offenbarung des Johannes in der Bibel beruft. Religionsgründer Marcus Garvey hatte 1927 einen »kommenden großen König von Afrika« prophezeit. Den sehen die Rastafari im äthiopischen Kaiser Haile Selassie, den sie als auf die Erde zurückgekehrten Messias verehren. Dereinst soll er die ihrer afrikanischen Heimat beraubten Sklaven aus dem sündigen Babylon zurückführen. In Jamaika gelten die Rastas, wie man sie nennt, als Sonderlinge, ihre verfilzten Dreadlocks als nicht gesellschaftsfähig und ihr regelmäßiger Genuss von Marihuana, »Ganja«, als verwerflich. Bob dringt immer tiefer ein in Garveys Lehren, und er beginnt, seine Haare zu Dreadlocks wachsen zu lassen.

Die Wailers nehmen noch einige Singles für Dodd auf, der aber verliert spürbar das Interesse. Sie wechseln zu Leslie Kong, einem anderen Producer. Aber mit der durchgestylten und zunehmend am internationalen Popmarkt orientierten Welt des Rocksteady können sie nichts anfangen. Der Sound der Wailers ist rauer, ihre Texte werden zunehmend politisch, spirituell – nicht das, was im Rocksteady gefragt wäre. Die Gruppe scheint ein Auslaufmodell. Tatsächlich aber sind es die vom schnellen Dollar geblendeten Platzhirsche der Kingston-Szene, die den Anschluss verpassen. Was ihnen entgeht: In den späten Sechzigern rumort es in der westlichen Welt, und das Black Power Movement der USA erweist sich immer mehr als Schrittmacher einer Politisierung, die auch vor Trenchtown nicht halt macht.

Einem 31-jährigen, ziemlich launischen Burschen, der einige Jahre im Studio One und auch mit Leuten wie Prince Buster gearbeitet hat, geht es ähnlich wie den Wailers. Auch er will aus den strengen Limitierungen des Rocksteady ausbrechen. 1968 gründet er sein eigenes Plattenlabel und nennt es Upsetter Records. Sein Name: Lee »Scratch« Perry. Was er drauf hat, zeigt sich, als seine ersten unabhängigen Produktionen, etwa *The Return Of Django* oder *People, Funny, Boy* bei den Sound-System-Partys auf der Insel groß absahnen.

Die angeschlagenen Wailers und der Außenseiter Perry tun sich zusammen – eine Paarung wie ein musikalischer Sprengsatz. Marleys Profil als Songwriter wird zusehends schärfer, und Perrys Studioband The Upsetters beginnt den Rocksteady noch weiter zu verlangsamen, neue Stilmittel wie riffbetonte, unermüdlich pulsierende Bassläufe, polternde Snare-Rimshots und das später für den Reggae so typische, gedämpft auf den Offbeat gehackte Zwei-Akkord-Muster der Gitarre zu entwickeln. All das gerinnt zu unwiderstehlichen Grooves, die von den Musikern so sparsam gespielt werden, dass reichlich Platz bleibt für Perrys aberwitzige Produktionsgimmicks. Während der langen, Ganja-verqualmten Sessions im Studio 17 an der North Parade wird die Musik geboren, die bald als Roots Reggae die Welt erobern wird. Bunny Wailer wird Jahre später sagen: »Reggae ist der Herzschlag des Volkes.« Marley selbst gibt schon in jenen frühen Jahren die Losung aus: »Diese Musik trifft dich, aber du fühlst keinen Schmerz!«

Mit Perry entwickeln sich die Wailers weg von der kommerziellen Gesangstruppe, hin zu einer höchst disziplinierten Band mit unverwechselbarem Stil und klarer Vision. Upsetters-Bassist Aston »Family Man« Barrett und sein Bruder Carlton, Drums, steigen fest bei den Wailers ein. Unter Perrys Fittichen entstehen frühe Marley-Klassiker wie *Soul Almighty*, *My Cup*, *Soul Rebel* und *Duppy Conqueror*. 1970 erscheint ein Großteil der Aufnahmen unter dem Albumtitel *Soul Rebels*, kurz darauf folgt *Soul Revolution*. Beide Platten werden nicht nur auf Jamaika, sondern auch in der karibischen Gemeinde von London ein Erfolg. Marley reist an die Themse, schaut sich dort um und arbeitet mit seinem Landsmann Johnny Nash an einem nie vollendeten Soundtrack. Nash veröffentlicht Marleys Song *Stir It Up* als Single und landet auf einem respektablen Platz 11 der englischen Charts. Die Rest-Wailers folgen Marley nach Europa, spielen ein paar Clubgigs in England und verbringen den Winter im feuchtkalten London. Allerdings wartet auf sie weder ein Publikum noch ein Plattenmanager. Reggae gilt bei den Rockfans der westlichen Welt als eine Art musikalischer Taschenspielertrick, gut für einen Tageshit, aber kaum sonderlich ernst zu nehmen. Als Nash mitsamt seinem – und Bobs – Manager Danny Sims in die Karibik verschwindet, bleiben die Wailers mittellos und gestrandet in London zurück.

Die Rettung erscheint in Gestalt von Chris Blackwell, dem jamaikanischstämmigen Chef von Island Records. Bei dem hippen Plattenlabel stehen mit Traffic und Free zwei der renommiertesten Bands des zeitgenössischen Rock unter Vertrag. Blackwell mag die Wailers und spürt, dass diese eigenwilligen, misstrauischen Burschen Vertrauen brauchen. Zudem ist er überzeugt, dass er ihre sonderbare Musik einem weißen Rockpublikum nahe bringen kann. Mehr noch, er glaubt, dass es für den Reggae an der Zeit ist, über das Single-Format hinauszuwachsen. Warum sollten die Wailers mit einem sorgfältig produzierten Album nicht ein künstlerisch anspruchsvolles Statement liefern können? Blackwell nimmt die Gruppe unter Vertrag.

Ausgestattet mit einem ansehnlichen Vorschuss von 4.000 englischen Pfund, jetten die Wailers im Sommer 1972 zurück nach Jamaika und machen sich mit Feuereifer daran, in den Dynamic Sound Studios und den Harry J. Studios in Kingston ihr erstes Island-Album einzuspielen. Als Marley im Winter die fertigen Achtspur-Masterbänder bei Blackwell in London abliefert, wissen beide, dass der Produktion noch der entscheidende Schliff fehlt, der sie mittels Rock-Ästhetik einem internationalen Publikum schmackhaft machen kann. Blackwell bittet den texanischen Keyboarder John »Rabbit« Bundrick, den kargen Arrangements noch einen zusätzlichen Anstrich zu geben. Bundrick, der schon in Johnny Nashs Band gespielt hat, unterlegt einige Songs mit behutsamen Farbtupfern aus dem Clavinet und dickt die Playbacks mit seiner Hammondorgel an. Zusätzlich lässt Blackwell den texanischen Gitarristen Wayne Perkins Overdubs für *Concrete Jungle*, *Baby, We've Got A Date* und *Stir It Up* einspielen. Marley ist während dieser klanglichen Kosmetikarbeiten vor Ort. Es stört ihn keineswegs, dass die Rocker seine Musik gleichsam weiß anmalen – im Gegenteil, er will den Erfolg, und er wittert seine Chance, im Trojanischen Pferd der Rockmusik ein Publikum zu gewinnen, das um ein Vielfaches größer ist als die Zahl der bisherigen Anhänger. Zudem gefällt ihm die Arbeit der weißen Musiker. Jahre später erinnert sich Wayne Perkins, dass Bob nach einem Gitarren-Overdub des Texaners begeistert durchs Studio hüpfte und dem verblüfften Gitarristen vor lauter Begeisterung einen riesigen Joint zur Belohnung anbot – den dieser, so beteuert er, ablehnte.

Nach letzten Federstrichen an *Catch A Fire* erscheint das Album am 13. April 1973 weltweit. Obwohl es zunächst in nicht eben berauschenden Stückzahlen verkauft wird, erhält es jede Menge Aufmerksamkeit und einhelliges Lob in der Presse. Blackwell spürt, dass seine Schützlinge nun einen Fuß in der Tür haben. Und er weiß, dass er das Eisen schmieden muss, solange es heiß ist. *Catch A Fire* ist gerade erst auf dem Markt, da scheucht er die Band erneut ins Studio, um rechtzeitig ein weiteres Album in der Hinterhand zu haben. Im April 1973 spielen die Wailers, inzwischen um den Keyboarder Earl Lindo verstärkt, ein gutes Dutzend Songs ein, von denen einige zu handverlesenen Reggae-Klassikern werden: *Get Up, Stand Up*, *Burnin' And Lootin'*, *Rasta Man Chant*, *Pass It On*, neue Aufnahmen von *Duppy Conqueror* und *Small Axe* – sowie ein Song, der bald schon zu einem der größten Hits der Siebzigerjahre wird, allerdings in der Version eines weißen englischen Bluesgitarristen: Eric Clapton nimmt *I Shot The Sheriff* im Mai 1974 auf und macht so mit einem Schlag den Reggae im Allgemeinen und Bob Marley im Besonderen international bekannt.

.....................................

Bevor *Burnin'* im November 1973 erscheint, haben Marley, Tosh und Wailer ihre ersten Tourneen absolviert. Im Sommer bereisen sie die USA, wo sie im Juli eine Woche lang in New Yorks Max' Kansas City für die noch unbekannte E Street Band eines gewissen Bruce Springsteen das Vorprogramm bestreiten. Und im Herbst spielen sie einige Shows in Großbritannien.

*Burnin'* markiert das Ende des originalen Wailers-Lineups. Nach Fertigstellung des Albums verlässt Bunny Livingston die Band, Peter Tosh folgt nach der England-Tour. Beide waren immer mehr in Marleys Schatten geraten, in den nächsten Jahren werden sie erfolgreiche Solokarrieren starten. Bob baut die Band um, holt mit Al Anderson einen weiteren Gitarristen und füllt die Lücke im Gesang mit den I-Threes, zu denen neben seiner Frau Rita zwei weitere Backgroundsängerinnen gehören. Bislang wurden die Alben unter dem Gruppennamen The Wailers veröffentlicht, auch weil Blackwell glaubte, dass eine Band dem weißen Rockpublikum leichter zu verkaufen sei. Jetzt aber heißt die Gruppe Bob Marley And The Wailers.

Als die Band im Sommer 1974 wieder in den Harry J. Studios in Kingston auftaucht, um neues Material einzuspielen, haben sich die Dinge verändert: Bob ist der alleinige Chef. Und er ist nicht mehr der namenlose *Sufferah* aus dem Trenchtown-Ghetto, der zur Gitarre ein paar einfältige Lieder trällert. Auch ist er nicht mehr am unteren Ende der gesellschaftlichen Skala zuhause. Marley logiert mit Familie, Freunden und Glaubensbrüdern in einer prächtigen Kolonialvilla auf Kingstons Hope Road, und statt mit einem runtergekommenen Pickup-Truck kurvt er nun im PS-starken BMW durch die Straßen. Von den Großen des Pop wird er hofiert, Clapton singt seine Songs, McCartney schwärmt von seiner Musik. Dazu verfolgt die Boulevardpresse den neuen Messias der Jugendkultur auf Schritt und Tritt. Unbeirrt aber folgt der weiter seinem Pfad.

*Natty Dread* wird nichts weniger als ein Meisterwerk. Perfekt ist die Balance zwischen Spiritualität (*Lively Up Yourself, So Jah See*), politischen Statements *(Them Belly Full But We Hungry)*, (*Rebel Music 3 O'Clock Roadblock*) und einfühlsamen Balladen (*No Woman, No Cry*). Musikalisch ist die Band auf dem Zenit. Trocken, machtvoll und vital die Grooves, perfekt die Dramaturgie der Arrangements, und so farbig wie geschmackssicher die Instrumentierung. Kaum ein anderes Album aus dieser Zeit demonstriert das Spektrum und die Kraft des Roots Reggae überzeugender.

Mit *Natty Dread* wird Marley zum internationalen Superstar. Das Jahr 1975 verbringt er auf ausgedehnten Welttourneen, erstmals kommen nun auch jede Menge weiße Kids zu den Shows. Welch mitreißenden Live-Act Marley zu bieten hat, erleben am 19. Juli auch ein paar Tausend im Londoner Lyceum. Die dortige Show wird mitgeschnitten und unter dem Titel *Live* veröffentlicht – ein weiterer tragender Pfeiler des Marley-Mythos, dessen Fundament nun gelegt ist. Mit dem im Frühjahr 1976 folgenden Werk *Rastaman Vibration* festigt Bob seine Position. Zwar bietet das Album kaum so prägnante

Songs wie *No Woman, No Cry* oder *Get Up, Stand Up*, dafür aber lotet es souverän Marleys Themenpalette aus und bietet State of the Art in Sachen Reggae. Auch das US-Publikum hat ihn nun entdeckt – Top Ten!

Fast wie einen Heiligen verehrt ihn die Protestgeneration der westlichen Welt, seine Rasta-Rebellion trifft auf breite Solidarität. Wie keine andere Figur der Popkultur erfüllt Marley das Klischee des Edlen Wilden, der sich gegen Unterdrückung und Gewalt erhebt. Reggae, Rasta und Rebellion gelten als Synomyme und werden von den Post-Hippies in den USA wie in Europa romantisiert. Gras rauchen gilt als revolutionärer Akt, und Rastalocken gehören zum neuesten Schick. Dass kaum einer dieser Marley-Fans etwas über den Rastafarismus und seine archaische, autoritäre und den Emanzipationsbestrebungen der westlichen Jugendkultur völlig entgegengesetzte Ideologie weiß, stört dabei kaum.

Ganz anders die Situation daheim auf Jamaika: Die politische Lage dort hat sich zum hochexplosiven Pulverfass entwickelt. Als Pazifist und radikaler Verfechter des Rastafari läuft Marley Gefahr, mit seiner konsequenten Haltung zwischen die politischen Fronten zu geraten. Während ihn die einfachen Menschen respektieren, seinen Mut bewundern und seine Musik lieben, gibt es in den politischen Lagern einige, denen der selbsternannte Rasta- und Reggae-Prophet mit seinen öffentlichen Statements ein Dorn im Auge ist. Zudem verschärft sich der Grabenkrieg zwischen der Jamaican Labour Party des Oppositionsführers Edward Seaga und dem Lager des Ministerpräsidenten Michael Manley zusehends. Das Land scheint in einen Bürgerkrieg zu schlittern.

Am 16. Dezember sollen die Jamaikaner wählen. Für den 5. Dezember ist im National Heroes Circle das Smile-Jamaica-Konzert angesetzt, um die erhitzten Gemüter zu beruhigen. Auch Marley hat sich angesagt. Zwei Tage vorher aber, am 3. Dezember 1976, passiert es: Am frühen Abend tauchen Unbekannte in der Hope Road 56 auf, eröffnen ohne Warnung das Feuer auf Bob, seine Familie und anwesende Bandmitglieder. Nach wenigen Minuten sind alle Magazine leergeschossen und die Attentäter geflüchtet. Auf dem Anwesen herrscht heillose Panik. Wie durch ein Wunder kommt niemand zu Tode, aber Rita wird am Kopf getroffen und Bobs Manager Don Taylor lebensgefährlich verletzt. Bob selbst kommt mit einer leichten Wunde am Arm davon. Nach einem kurzen Check im Krankenhaus verdrückt er sich in die Berge außerhalb der Stadt. Zwei Tage später aber steht er mit seiner Band auf der Bühne im National Heroes Circle und verkündet: »I jus' wanted ta play fe da love of da people!«

Für Marleys Arbeit hat das Attentat weitreichende Folgen. Zunächst geht er ins englische Exil, und beginnt in London mit den Aufnahmen zum nächsten Album. Es ist das erste Mal, dass seine Musik nicht auf Jamaika entsteht. Überdies hat sich seine poetische Perspektive auf *Exodus* (1977) verändert, Songs wie *Natural Mystic*, *Exodus*, *So Much Things To Say* oder *Waiting In Vain* fallen deutlich nachdenklicher und weniger kämpferisch aus als frühere Arbeiten. Was sie nicht schlechter macht, im Gegenteil. Nicht umsonst wird *Exodus* Marleys bis dahin bestverkauftes Album.

Während der *Exodus*-Tournee in Europa erleidet Bob im Juni 1977 bei einem Fußballspiel eine Verletzung an der großen Zehe. Er schenkt der Sache keine Beachtung, muss aber nach einigen Wochen feststellen, dass die Wunde einfach nicht verheilt. Im Marley-Lager wächst die Sorge um seinen Gesundheitszustand, zumal der Tourneeplan mörderisch ist. Bob hält durch, im Juli aber kann er kaum noch laufen. Endlich konsultiert er Ärzte, und die raten angesichts der schlimm entzündeten Wunde sogar zur Amputation. Für Bob undenkbar, ein solcher Eingriff wäre mit seinen religiösen Überzeugungen kaum vereinbar. In Miami wird Marley schließlich ein Stück Haut transplantiert und die Zehe so gerettet. Weiter geht es wie gehabt, neues Album, diesmal *Kaya* (1978), das fast nur Liebeslieder enthält, und immer wieder Konzerte.

Am 26. Februar 1978 warten 2.000 Menschen am Flughafen von Kingston, um zu sehen, wie der berühmteste Sohn ihrer Insel nach 14 Monaten aus dem Exil heimkehrt. Ein triumphaler Empfang. Und ein Vorgeschmack auf das, was wenige Wochen später geschehen wird. Die politische Situation ist inzwischen eskaliert, blutige Auseinandersetzungen zwischen den Gangs der Jamaican Labour Party und der regierenden People's National Party sind an der Tagesordnung. Für den 22. April hat man nun das »One Love Peace Concert« organisiert, das ein Ende des Bürgerkrieges markieren soll. Neben Peter Tosh, Dennis Brown und Big Youth treten auch Bob Marley And The Wailers auf. Als sie ihr *Jamming* spielen, holt Bob die beiden politischen Gegner Edward Seaga und Michael Manley auf die Bühne. Unter dem ohrenbetäubenden Jubel von 100.000 Zuschauern vereinigt er ihre Hände über seinen Dreadlocks zum symbolischen Friedensschluss.

Im Frühsommer bricht die Band auf zu einer weiteren Welttournee, die sich zum wahren Triumphzug entwickelt. Das in Paris aufgenommene Live-Doppelalbum *Babylon By Bus* (1978) gilt bis heute als Sternstunde des Genres. Im folgenden Jahr gibt Bob erstmals auch Konzerte in Japan, Australien und Neuseeland.

Es fehlt noch der Schritt nach Afrika, den Marley zunächst nur im Studio vollzieht. *Survival* (1979) kehrt nicht nur zurück zur militanten Polit-Lyrik der frühen Jahre, es flirtet auch erstmals heftig mit den zeitgenössischen Strömungen afrikanischer Musik. Als Marley am 18. April 1980 tatsächlich nach Afrika »heimkehrt« und bei den Unabhängigkeitsfeierlichkeiten in Zimbabwe vor 40.000 Menschen auftritt, schließt sich für den Rastafari der Kreis. *Uprising* (1980), sein grandioses letztes Album mit dem berührenden Vermächtnis *Redemption Day*, ist da bereits zum größten Teil fertiggestellt.

..................................

Bob Marley sagte einmal: »Ich bin ein Revolutionär, der allein mithilfe seiner Musik kämpft.« 1980 scheint seine Mission erfüllt. Kaum ein Jugendlicher in Babylon, der sündigen westlichen Zivilisation, kennt nicht den Namen des Mannes, der zwanzig Jahre zuvor sein Heimatdorf verlassen hatte, um Musiker zu werden. Fast im Alleingang hat Marley seine Botschaft von Reggae, Rastafari und *One Love* um die Erde getragen. Welthits wie *No Woman, No Cry*, zornige Manifeste wie *Get Up, Stand Up* und eindringliche Meditationen wie *Waiting In Vain* werden noch Jahrzehnte lang von ihrem Schöpfer künden.

Am 21. September 1980 befindet sich Marley wieder einmal auf Tournee. New York: Beim morgendlichen Joggen im Central Park bricht der hagere Mann mit den langen Rastalocken zusammen. Kreislaufkollaps, Krankenhaus. Wenig später die niederschmetternde Diagnose: Der bereits im Vorjahr festgestellte und bislang geheimgehaltene Hautkrebs hat Metastasen in Leber, Lunge und Hirn gebildet. Noch einmal rafft sich Marley auf, versucht zu kämpfen, lässt sich im bayrischen Rottach-Egern vom deutschen Krebs-Spezialisten Dr. Josef Issels behandeln. Vergeblich. Bob weiß, dass er sterben wird. Anfang Mai will er nach Hause, bei der Zwischenlandung in Miami aber ist er bereits so schwach, dass er dort eilig in eine Klinik gebracht wird. Zu spät. Nur vierzig Stunden, nachdem er Deutschland verlassen hat, stirbt der Soul-Rebell am Vormittag des 11. Mai 1981.

Er wurde 36 Jahre alt. Seine mediale Heiligsprechung setzte umgehend ein, der Reggae aber, der seine Führungsfigur und seinen prominentesten Botschafter verloren hatte, stagnierte nun für ein gutes Jahrzehnt, bevor sich eine neue Generation daran machte, Marleys Erbe in neue Stile wie Dub, Dancehall und Raggamuffin zu überführen, die dominierenden Einfluss auf die zeitgenössische Clubkultur ausüben sollten.

*Empfehlenswert:*

**Natty Dread (1974)**
Das ultimative Marley-Album. *Natty Dread* ist die erste Platte, die der Rasta-Mann ohne seine Ex-Mitstreiter Bunny Livingston und Peter Tosh, dafür aber mit der Gesangsgruppe I-Threes produzierte. Musikalisch haben Marley und die Wailers ihr eindringliches Vokabular hier zur Reife entwickelt, thematisch steckt ihr Sänger das ganze Spektrum seiner Anliegen ab: soziale und politische Kommentare, One Love und Jah. Zu den Klassikern des Albums zählen die Hymne *Lively Up Yourself*, die berühmte Ballade *No Woman, No Cry*, die kämpferischen *Rebel Music (3'o Clock Roadblock)* sowie *Them Belly Full (But We Hungry)* und das finale Manifest *Revolution*. Mit *Natty Dread* hatte die Dritte Welt ihren ersten internationalen Popstar und die westliche Jugendkultur ihren exotischen Messias.

**Legend (Compilation)**
Diese erfolgreichste Reggae-Compilation aller Zeiten erschien bereits 1984, drei Jahre nach Marleys Tod. Darauf enthalten sind 14 seiner bekanntesten Songs, darunter einige Single-Hits (*Is This Love*, *Could You Be Loved*), Klassiker (*Get Up, Stand Up*, *Stir It Up*, *Exodus*, *Jamming*) und weniger bekannte Tracks, die nichtsdestotrotz zu seinen schönsten zählen, etwa der *Redemption Song*, das posthum zum Hit gewordene *Buffalo Soldier* sowie das lyrische *Three Little Birds*. *Legend* bietet den perfekten Überblick über Marleys Karriere als internationaler Botschafter des Roots-Reggae, spart allerdings seine Zeit vor dem großen Durchbruch 1973 komplett aus.

**Live! At The Rainbow (DVD)**
Im Rahmen seiner *Exodus*-Tour gastierten Bob Marley & The Wailers Anfang Juni 1977 an vier aufeinander folgenden

Abenden im Londoner Rainbow Theatre. Ursprünglich waren sogar sechs Konzerte vorgesehen, die beiden letzten mussten jedoch kurzfristig abgesagt werden, da sich Marley bei einem Fußball-Freundschaftspiel gegen französische Journalisten die fatale Zehenverletzung zugezogen hatte, an der er für den Rest seiner Tage laborieren sollte. In den Tagen zuvor jedoch waren er und seine Band in Top-Form. Zwar wurden die Shows mit nur einer Handvoll Kameras und unzureichendem Ton-Equipment aufgezeichnet, dennoch zeigen sie eindrucksvoll, mit welch unwiderstehlichem Charisma Marley ausgestattet war, mit welch stoischer und souveräner Ruhe die Wailers ihre Reggae-Grooves live anrührten und wie fasziniert das Publikum dem Zeremonienmeister mit den hüpfenden Dreadlocks aus der Hand fraß. Zu hören/sehen gibt's Highlights aus dem Marley-Katalog, darunter *Trenchtown Rock*, *I Shot The Sheriff*, *No Woman, No Cry*, *Jamming* und eine intensive, zehnminütige Lesung von *Crazy Baldhead*. *Live! At The Rainbow* erschien 2005 in limitierter Auflage mit einer zweiten DVD, auf der eine unter dem Titel *Carribean Nights* bekannte Dokumentation über Marleys Leben enthalten ist.

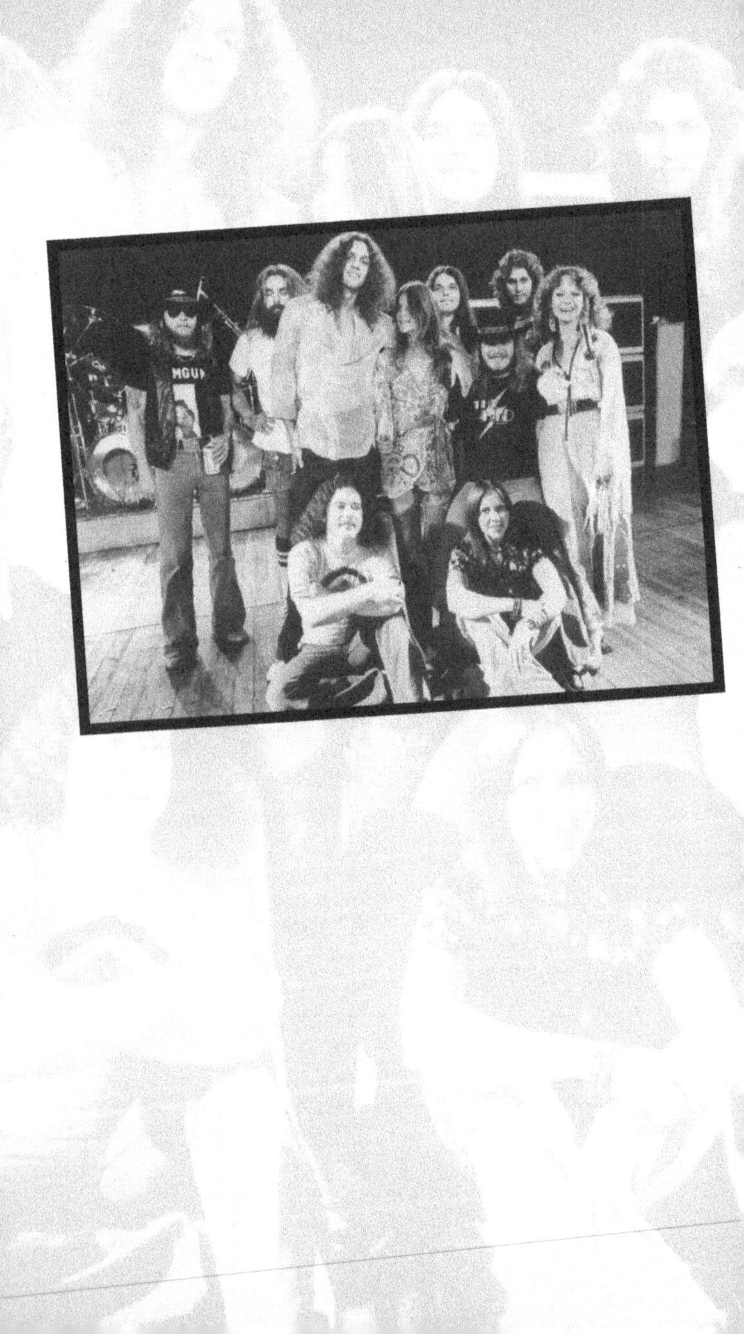

## TURN IT UP!

*Lynyrd Skynyrd – Protokoll einer Tragödie*

*Es ist der 20. Oktober 1977, ein Donnerstag. Später Nachmittag, die Sonne neigt sich im Westen bereits dem Horizont zu. Genau die Richtung, in die Pilot Walter W. McCreary die kleine Maschine vom Typ Convair 240 steuert. Etwa zweieinhalb Stunden zuvor ist das Flugzeug in Greenville, South Carolina, gestartet, nun sind es noch knapp 50 Meilen bis zum Zielflughafen in Baton Rouge, Louisiana. Hinter McCreary und Copilot William John Gray, in der Passagierkabine, ist die Stimmung bestens, geradezu ausgelassen. 26 Personen, darunter Musiker und Crew der Rockband Lynyrd Skynyrd, sind an Bord. Die Gruppe, die morgen in Baton Rouge auftreten soll, ist froh, bald wieder festen Boden unter den Füßen zu haben. Überdies feiert sie diesen Flug als den letzten mit der museumsreifen Maschine, denn ihr Vertrauen in die 30 Jahre alte Convair ist erschüttert. Schon am Tag zuvor, auf dem Weg von Miami nach Greenville, waren aus einem der Motoren riesige Flammen geschossen. Laute Musik ist jetzt an Bord zu hören, Lachen und gelegentliches Gläserklirren. Einige spielen Poker.*

*Augenblicke später allerdings ist es plötzlich mucksmäuschenstill im Flugzeug. Der rechte Motor hat zu stottern begonnen. Erschrocken sehen die Insassen hinaus auf den Flügel. Einer der Passagiere, Keyboarder Billy Powell, läuft nach vorn ins Cockpit. Der Pilot erklärt ihm, dass es kein Problem gebe, man lediglich gerade Treibstoff von einem Flügel in den anderen leite. Als Powell jedoch zurück an seinen Platz kommt, ist der Motor ganz ausgefallen. Wiederum eilt er ins Cockpit, diesmal in Begleitung von Drummer Artimus Pyle. Sie hören, wie der Pilot ein geschocktes »Oh, mein Gott!« murmelt. Copilot Gray weist die beiden an, dafür zu sorgen, dass sich alle Passagiere auf ihren Plätzen anschnallen. Pyle, der schon seinen Vater bei einem Flugzeugabsturz verloren hat, und Powell rennen zurück. Eine Notlandung ist nicht zu vermeiden…*

.......................................

Mehr als zehn Jahre zuvor begann die Geschichte von Lynyrd Skynyrd im Nordosten Floridas. Diese Gegend des Sonnenstaates hat kaum etwas vom Easygoing von Miami Beach, der Exotik der Everglades-Sümpfe oder dem karibischen Flair der Florida Keys. Jacksonville mit seinen knapp 800.000 Einwohnern und einem der wichtigsten Industrie- und Militärhäfen der USA ist ein raues Pflaster, seit Jahrzehnten schon weist die Stadt regelmäßig die höchste Rate an Morddelikten in Florida auf. Hier ist man fast schon in Georgia, einer Region, die schon immer auch im Brennpunkt der Rassenauseinandersetzungen stand.

Seit dem Februar 1964, als die Beatles via TV erstmals über das Land gekommen sind, tummeln sich wie überall im Land auch in Jacksonville jede Menge Beatbands. Die US-Boys scheinen plötzlich nichts anderes mehr im Kopf zu haben als sich möglichst schnell eine Gitarre oder ein Schlagzeug zu besorgen und es den Fab Four aus dem fernen Liverpool gleichzutun.

In derem Kielwasser tauchen weitere britische Invasoren auf, allen voran die Rolling Stones. Und denen ist Ronald

Wayne Van Zant, ältester Sohn eines Lastwagenfahrers und Ex-Boxers, regelrecht verfallen. Ronnie, wie ihn alle rufen, ist zwar erst 16, als er Jagger & Co zum ersten Mal hört, aber er weiß nun, was er will: die amerikanischen Stones gründen! Auf den Straßen von Shantytown, dem Westteil der Stadt, hat er gelernt sich durchzusetzen, gelegentlich auch auf Kosten einer blutigen Nase. In dem rauen Burschen schlägt allerdings auch ein Herz für die Musik. Neben der allgegenwärtigen Countrymusik, die im Dieseltruck seines Vaters aus dem Radio dröhnt, hat Ronnie bald auch ein Faible für den Blues der Schwarzen. Verantwortlich dafür ist ein Nachbar, der ehemalige Farmer Shorty Medlocke aus Georgia, der abends vor dem Haus mit seiner Gitarre Countryblues spielt. Der Junge liebt es, dem alten Mann zuzuhören.

Schon als Teenager hat Ronnie in verschiedenen Schulbands gespielt. Bei den Mods von der Forrest High School trifft er auf den 13-jährigen Allen Collins, der sich das Gitarrespielen selbst beigebracht hat. Mit ihm und dem Nachbarsjungen Bob Burns, der ein Schlagzeug besitzt, will er nun seinen ehrgeizigen Plan in die Tat umzusetzen. Burns schleppt einen weiteren 13-Jährigen an, den dunkelhaarigen Gitarristen Gary Rossington, und der wiederum kennt einen Bassisten namens Larry Junkstrom.

The Noble Five, wie sich der Haufen bald nennt, verschreiben sich dem harten englischen Rhythm'n'Blues der Yardbirds und übernehmen die psychedelischen Zutaten, mit denen Beatles, Hendrix und Cream ihre Musik würzen. In den ersten Monaten spielen alle über den einzigen vorhandenen Verstärker, mit den instrumentalen Fähigkeiten ist es zudem noch nicht weit her. Allmählich aber werden die noblen Fünf zu einer der besten Bands in der Gegend. Was man in der Schule nicht gerne sieht. Vor allem Sportlehrer Leonard Skinner piesackt Gary und Bob immer wieder wegen ihrer langen Haare und unpassenden Rockerklamotten. Der Pädagoge nervt die jungen Künstler dermaßen, dass sie mit 16 die Schule schmeißen und Jahre später aus Rache ihre Band nach ihm benennen – allerdings mit einem y an Stelle der Vokale, um eine Klage von Mr. Skinner zu vermeiden.

Was überdies nervt, sind die Streitigkeiten mit den Nachbarn. Andauernd beschweren die sich über den infernalischen Lärm, der aus Ronnies Garage dringt. Die Lösung: Etwa zwanzig Meilen südlich bei Green Cove Springs finden die Jungs ein kleines Farmhaus, wo sie so lange und so laut üben können, wie sie wollen. In die Bandannalen geht dieser Ort als »Hell House« ein – und als Geburtsort der Musik von Lynyrd Skynyrd.

.....................................

*Auf dem Kabinenboden finden Pyle und Powell ihren Sänger, den ahnungslos schlafenden Ronnie van Zant. Eilig wuchten sie den schweren Mann, der so schnell gar nicht weiß wie ihm geschieht, auf einen Sitz und gurten ihn an. Inzwischen haben alle gemerkt, dass die Maschine immer mehr an Höhe verliert. Es herrscht keine Panik, stattdessen, so wird sich Pyle erinnern, scheint jeder zu beten. Die Bäume des unter ihnen dahin rasenden Sumpfes kommen näher.*

*Sie hören noch, wie Pilot McCreary ruft, dass er versuchen wolle, ein vor ihnen liegendes freies Feld zu erreichen. Im nächsten Moment jedoch, es ist exakt 18.47 Uhr, geschieht es. Powell wird später zu Protokoll geben: »Es war ein Lärm, als würde jemand die Außenhaut des Flugzeugs mit Hunderten von Baseballschlägern traktieren. Ich krachte in einen Tisch. Leute wurden von Gegenständen getroffen, die kreuz und quer durch den Passagierraum flogen. Das Dach des Flugzeugs wurde abgerissen.«*

*Sekunden später: Geradezu gespenstische Stille beherrscht die Szenerie, lediglich unterbrochen vom leisen Stöhnen der Verletzten. Zwischen abgerissenen Wrackteilen, Einrichtungsgegenständen, Gepäckstücken und Gitarrenkoffern glänzen im dämmrigen Grün des Waldes großformatige Promotionfotos. Pyle und Powell, beide schwer verletzt, retten sich mühsam ins Freie.*

*Pyle hat Angst, hier im Sumpf zum Opfer der Alligatoren zu werden. Powell vergewissert sich im ersten Schock, dass seinen Händen nichts passiert ist: »Sie waren noch da. Nicht aber meine Nase, die hing an der Seite meines Gesichts.« Artimus, dem gebrochene Rippen aus dem Brustkorb ragen, Billy und der Roadie Kenneth Peden brechen gemeinsam auf, um Hilfe zu holen (andere Quellen berichten, dass sich statt Powell der Roadie Mark Frank mit Pyle und Peden auf den Weg machte).*

.....................................

»Hell House« wird schnell zum Mittelpunkt im Leben von Ronnie, Gary, Allen, Bob und Larry. Tag und Nacht hängen sie dort ab und beginnen eigene Songs zu schreiben. Geld und Jobs interessieren nicht, sie leben ausschließlich für ihre Band. Jetzt, zum Ende der Sechzigerjahre, hat sich in Jacksonville eine geschäftige Live-Szene entwickelt, die Stadt ist eines der Zentren des aufkommenden Southern-Rock. Junge Musiker wie Gregg und Duane Allman sowie Dickey Betts gehören zum Stammpersonal auf den Clubbühnen. Im Sommer 1969 gründen sie die Allman Brothers Band, die ihr Hauptquartier nicht weit entfernt in Macon, Georgia, bezieht. Weitere Southern-Rock-Größen, die ihre Wurzeln in der Jacksonville-Szene der späten Sechziger, frühen Siebziger haben, sind Molly Hatchet und 38 Special.

Musikalisch faszinieren Van Zant und seine Kumpels nach wie vor die britischen Bands, vor allem diejenigen, die das Erbe der ersten Britblues-Generation nun hin zum Hardrock entwickeln. Neben Fleetwood Mac, die als Erste mit einer leibhaftigen Drei-Gitarren-Front auf US-Bühnen auftauchen, und Led Zeppelin, deren Einfluss um die Jahrzehntwende immens ist, haben es Lynyrd Skynyrd vor allem die blutjungen

Free angetan. Deren Sänger Paul Rodgers wird zum Idol für Ronnie, während Gary und Allen jedes Lick und vor allem das einzigartige Vibrato von Paul Kossoff zu ergründen suchen.

Langsam geht es aufwärts. 1968 gewinnen The Noble Five einen Wettbewerb. Erster Preis: die Studioproduktion einer Single. Erwartungsgemäß aber floppt die Plattenpremiere mit den Titeln *Need All My Friends / Michelle*. Wichtiger ist da schon, dass die Jungs einige Shows für das Westcoast-One-Hit-Wonder The Strawberry Alarm Clock eröffnen dürfen – ihre erste kleine US-Tournee. Im Herbst 1970, inzwischen heißt die Band Lynyrd Skynyrd, entstehen erste Demos in den Quinvy Studios nahe Muscle Shoals, Alabama. Darunter auch eine vierminütige Ballade mit dem Titel *Free Bird*. Das Entscheidende allerdings fehlt noch: Allen Collins' fast sechsminütiges Gitarrensolo, das den Song berühmt machen wird. Jetzt, in den frühen Siebzigern, sind Lynyrd Skynyrd zwar längst schon eine erfahrene Bühnenband mit gut tausend Gigs auf dem Buckel, aber ihre Selbstfindung haben sie noch nicht wirklich abgeschlossen. Die Formel für ihren Southern Rock ist noch nicht marktreif.

Johnny Johnson, Gitarrist der berühmten Muscle Shoals Rhythm Section und Sideman von Größen wie Aretha Franklin und Wilson Pickett, wird auf die Newcomer aufmerksam. Im Frühjahr 1971 holt er sie in die Muscle Shoals Sound Studios. Ihm verdanken Lynyrd Skynyrd ihre ersten echten Studioerfahrungen (bald darauf verewigen sie die Muscle Shoals Crew als »The Swampers« im Hit *Sweet Home Alabama*). Während der Sessions ersetzt Leon Wilkeson den Bassisten Larry Junkstrom. Am Schlagzeug sitzt zu dieser Zeit nicht Bob Burns, sondern Rickey Medlocke – Jahre später soll er mit seiner eigenen Band Blackfoot erfolgreich werden. Mehr als dreißig Jahre danach wird er, diesmal als Gitarrist, wieder zu Lynyrd Skynrd stoßen, 1971 aber gibt er nur ein kurzes Gastspiel.

LS-Manager Alan Walden tingelt mit den Muscle-Shoals-Tapes von einer Plattenfirma zur nächsten. Erfolglos. Lediglich das Label seines Bruders Phil, Capricorn Records, zeigt sich interessiert. Dort aber, das spürt Ronnie, wären Lynyrd Skynyrd nur ein Act von vielen. Erst 1973 geht es voran. Inzwischen hat sich die klassische Besetzung mit Ex-Strawberry-Alarm-Clock-Mann Ed King als drittem Gitarristen gefunden, auch Burns und Wilkeson sind zurückgekehrt. Die Band begegnet Al Kooper, einem respektierten Veteranen der US-Szene, der alle Tricks des Business kennt. Er nimmt Lynyrd Skynyrd unter seine Fittiche.

.....................................

*Das Absturzgebiet liegt in Amite County, nur acht Meilen vom Flughafen des Ortes McComb, Mississippi, entfernt. Die Verletzten stolpern durch das sumpfige Waldgelände und wissen kaum, in welche Richtung sie sich wenden sollen. Nach einer Meile Fußmarsch entdecken sie ein Licht in der Dämmerung. Es gehört zu einer Farm. Um dorthin zu kommen, müssen sie eine Weide und einen Zaun überqueren. Auf der Zufahrt zur Farm begegnet ihnen ein Pickup-Truck. Darin sitzt Johnny Mote, der Besitzer der Farm. Er hält die drei abgerissenen Gestalten mit den langen Haaren zunächst für entlaufene Sträflinge. Mit seinem Gewehr bedroht er sie, feuert sogar einen Warnschuss in die Luft. Pyle jedoch gelingt es, ihn vom tatsächlichen Sachverhalt zu überzeugen. Daraufhin alarmiert Mote Hilfe und macht sich mit den dreien auf den Weg zur Absturzstelle. Dort bietet sich ein grausiges Bild. Copilot Gray hängt in einem Baum, ohne Kopf. Roadmanager Dean Kilpatrick, einer der ältesten Freunde der Band, ist ebenfalls tot. Er liegt auf dem Gesicht, ein großes Wrackteil steckt in seinem Rücken. Leon Wilkeson wimmert vor Schmerz. Ihn hat es schlimm erwischt: Kiefer, linkes Bein und linker Arm des Bassisten sind gebrochen, dazu ist seine Brust gequetscht, seine Lunge verletzt und innere Blutungen sind aufgetreten.*

*Das Flugzeugwrack ist nach vorn auf die Seite gekippt, wodurch sämtliche Insassen in den Bug gerutscht sind. Kaum einer kann sich befreien. Immer wieder sind Rufe zu hören: »Holt mich hier raus!« Unter den Verletzten ist auch Gitarrist Gary Rossington. Sein Arme und Beine sind gebrochen, zudem hat er jede Menge Prellungen und eine schwere Gehirnerschütterung. Sein Partner, der hochgewachsene Gitarrist Allen Collins, trägt schwere Rückenverletzungen davon, zwei Halswirbel sind gebrochen. Ein Metallteil steckt in seinem Arm, die Folge: ein komplizierter Bruch und Knochenabsplitterungen. Später wollen die Ärzte seinen Arm amputieren, Collins' Vater wird dies im letzten Moment verhindern. Auch Backgroundsängerin Leslie Ann Hawkins ist lebensgefährlich verletzt. Sie hat einen dreifachen Halswirbelbruch erlitten, und ihr zerschnittenes Gesicht kann später nur durch aufwändige plastische Operationen wiederhergestellt werden.*

*Sänger Ronnie Van Zant scheint Glück gehabt zu haben. Auf den ersten Blick jedenfalls: Friedlich hängt er in seinem Sitz, äußerlich wirkt er völlig unverletzt, so als würde er schlafen. Nur ein »münzgroßer Bluterguss an seiner Schläfe« (Artimus Pyle) deutet auf eine Kopfverletzung hin. Die jedoch hat ihn das Leben gekostet. Ebenfalls tot: Steve Gaines, erst ein Jahr zuvor zur Band gestoßen, und seine Schwester, die Backgroundsängerin Cassie Gaines. Ihre beiden Körper – auch der von Pilot McCreary – sind grausam entstellt.*

.................................

Unter Koopers Regie entstehen nun in schneller Folge zwei Alben, die das solide Fundament für den Erfolg von Lynyrd Skynyrd bilden: Im Herbst 1973 erscheint *Pronounced 'Léh-Nérd Skin-Nérd'* mit dem fertig ausgearbeiteten *Free Bird* und *Gimme Three Steps*, *Simple Man* und der Ballade *Tuesday's Gone* – heute allesamt Klassiker. Dass die Band quasi aus dem Stand ein riesiges Live-Publikum überzeugen kann, verdankt sie dem glücklichen Umstand, dass sie die *Quadrophenia*-US-Tour von The Who eröffnen darf. Sie nutzt ihre Chance und überzeugt das Publikum, obwohl die trinkfesten Südstaaten-Jungs diese Tournee als ein einziges großes Gelage betrachten. Van Zant berichtet: »Meistens waren wir so zugedröhnt, dass wir uns nicht mehr an die Reihenfolge der Songs erinnern konnten und sie uns zurufen ließen. Wir haben selbst The Who aussehen lassen wie die sprichwörtlichen Messdiener am Sonntag.«

Nur ein halbes Jahr später, im April 1974, folgt *Second Helping*, wiederum ein Volltreffer mit Highlights wie *Don't Ask Me Questions*, *Workin' For MCA*, *The Ballad Of Curtis Loew* und dem furiosen J.J.-Cale-Cover *Call Me The Breeze*. LS haben nun den Bogen raus, wie sie traditionelle Blues- und Countrystrukturen mit zeitgemäßen Stilmitteln, etwa schweren Hardrock-Riffs und zupackenden Boogie-Rhythmen, aufpeppen. Eine Musik, die so bodenständig ist wie die Themen der Songs. Zum Beispiel *Sweet Home Alabama*, das mit einer ganz besonderen Genesis aufwartet und nebenbei die besten Tugenden der Band bündelt.

Entstanden ist *Sweet Home Alabama* schon 1971 als Hommage an die »Swampers«, die Musikerclique der Muscle Shoals Sound Studios. Zur gleichen Zeit hat der Kanadier Neil Young in *Alabama* und *Southern Man* die Südstaatler als hinterwäldlerische Reaktionäre gescholten. Was denen nicht gefällt. Lynyrd Skynyrd fühlen sich zu einer Replik bemüßigt. Van Zant singt: »I hope Neil Young will remember a Southern man don't need him around anyhow«. So ernst wie es zunächst klingt, ist das Ganze nicht. Beide Seiten betrachten den kleinen Beef wohl eher als Spaß, ansonsten, so behaupten sie, ist das Verhältnis getragen von gegenseitigem Respekt. Kurz nach dem Unglück von McComb wird Young *Sweet Home Alabama* bei einem seiner Konzerte als Tribut spielen, Ronnie Van Zant hingegen lässt sich für das Cover des 1977er-Albums *Street Survivors* im Neil-Young-T-Shirt ablichten. Der LS-Sänger selbst stellt damals in einem Interview klar: »Wir haben den Song als Scherz geschrieben und fanden das lustig.« Desgleichen Mr. Young: »Das ist alles kein Thema. *Sweet Home Alabama* ist ein klasse Song!«

Auch der weit verbreitete Glaube, dass es sich bei Lynyrd Skynyrd um stramme Patrioten handeln würde, erweist sich bei näherer Betrachtung als zumindest zweifelhaft. Die *Sweet Home Alabama*-Songzeile »In Birmingham they love the governor« (der damals George Wallace heißt, für die Beibehaltung der Rassentrennung kämpft und dem rechten Flügel der Demokraten zuzurechnen ist) wird schließlich vom Chor mit einem dreifach-kräftigen und deutlich hörbaren »Booh!« gekontert.

Wallace selbst ist das offenbar entgangen – er macht die Mitglieder der Band, die ihre Konzerte vor einer riesigen Konförderierten-Flagge spielt, später aufgrund dieses Songs zu »Ehren-Leutnant-Colonels des staatlichen Militärs«.

Interessante Details zu diesem ersten Skynyrd-Hit, der auf Platz 8 in den US-Charts klettert: Die Idee stammt von Gitarrist Gary Rossington, das Intro-Riff von Ed King, der es auf der Studioaufnahme auch einzählt. Van Zants unüberhörbare Aufforderung »Turn it up!« richtet sich an den Mann im Regieraum, denn die Kopfhörer waren zu leise.

Seit der Veröffentlichung des ersten Albums haben LS im Grunde ununterbrochen getourt. Dabei haben sie nicht nur den Schritt von den kleinen auf die großen Bühnen geschafft, sondern auch den vom lokalen Act mit regionaler Gefolgschaft ins Bewusstsein der landesweiten Rockgemeinde. All das geht sehr schnell – und nicht jeder in der Band ist auf die damit einhergehenden Strapazen vorbereitet. Bob Burns zum Beispiel. Entnervt und völlig erschöpft verlässt er Lynyrd Skynyrd Ende 1974. Artimus Pyle übernimmt den Hocker hinterm Schlagzeug.

Der Rest der Band laviert sich mehr schlecht als recht durch den halsbrecherischen Terminplan. Mit Folgen. *Nuthin' Fancy* (1975), das nächste Studioalbum, fügt dem Repertoire mit *Saturday Night Special*, *Whiskey Rock-A-Roller* und *On*

*The Hunt* zwar weitere Highlights hinzu. Auch rocken Lynyrd Skynyrd so tight wie nie zuvor, andererseits aber offenbart das Album erste echte Formschwankungen im Songwriting. Wiederum folgt eine mörderische Tournee, die mit ihren 61 Gigs in 90 Tagen in der Bandhistorie unter »Torture Tour« firmiert, nicht so sehr wegen des engen Terminkalenders, sondern wegen der alkohol- und drogeninduzierten Spur der Verwüstung, die LS an den einzelnen Tourstationen hinterlassen – Sex, Drugs & Rock'n'Roll. Zuviel für Ed King. Er verlässt das schlingernde Southern-Rock-Flaggschiff noch vor Ende der Tournee, rette sich, wer kann. Die berühmte Drei-Gitarren-Front ist zerbrochen.

*Gimme Back My Bullets* (1976) spielt die Band unter der Regie von Tom Dowd ein, der Van Zant und seine Gang im Studio zu strenger Disziplin anhält. Der handwerklichen Qualität des Albums kommt das zugute, allerdings ist kaum zu überhören, dass Ronnie ausgebrannt wirkt. Auch diesmal kann man nicht wirklich von einer schlechten Platte sprechen, aber gegen die drei Vorgänger fällt *Bullets*, trotz des kompakten Titeltracks und *All I Can Do Is Write About It*, merklich ab.

Das bleibt auch Van Zant nicht verborgen. Als Cassie Gaines, ein Drittel der eben erst angeheuerten Skynyrd-Background-Gesangsgruppe, ihren Gitarre spielenden Bruder Steve zu einem Konzert in Kansas City anschleppt, ist denn auch schlagartig klar, was zu tun ist. Nachdem der hagere Bursche mit der Band über *T For Texas* gejammt hat, ahnt Ronnie, dass Steves Musikalität, deren Spektrum über das von Gary und Allen hinausreicht, sowie sein Enthusiasmus und seine energiegeladene, unkomplizierte Persönlichkeit genau das sind, was Lynyrd Skynyrd brauchen. Er holt Gaines in die Band. Und kurz darauf geht die runderneuerte Gang mit reparierter Drei-Gitarren-Front wieder auf Tournee, dokumentiert auf dem famosen Livealbum *One More From The Road*, veröffentlicht im September 1976. Ein Pfund mit 17 knackigen, energetischen Versionen der inzwischen reichlichen LS-Goodies.

Lynyrd Skynyrd scheinen ausgeruht und strotzen vor Spielfreude. Nun gilt es, die schwelende Krise auch im Studio endgültig zu überwinden. *Street Survivors*, das fünfte Studioalbum der Band, wird zum künstlerischen Triumph. Entstanden bei verschiedenen Sessions zwischen April und September 1977, kombiniert es die raue Härte von *Nuthin' Fancy* mit dem hohen Songwriting-Standard der ersten beiden Alben. Van Zant, dessen Qualitäten als Schreiber immer auch ein wenig im Schatten der spektakulären Gitarren gestanden haben, befindet sich zweifelsohne auf dem Höhepunkt. Songs wie das bedrückende *That Smell* und der Single-Hit *What's Your Name* zeigen ihn gereift. Er meidet Klischees, ist thematisch erwachsener geworden und hat einen Sinn für Zwischentöne entwickelt. Hinzu kommt, dass Steve Gaines bei der Hälfte der Songs mitgeschrieben und dem Rest der Gang hörbar Feuer unter den Hintern gelegt hat. Symbolisch dafür das Cover, dort sieht man die Band vor einer Flammenwand. Im Oktober 1977 sind Lynyrd Skynyrd endgültig bereit für den Rock-Olymp. Stattdessen aber wartet der Rock'n'Roll-Himmel.

....................................

*Die Bergung der Opfer gestaltet sich schwierig. Hubschrauber können auf dem sumpfigen Boden der Absturzstelle nicht landen. Mit zwei Bulldozern muss von der nahegelegenen Staatsstraße 568 ein Pfad durch den dichten Wald geschlagen werden. Die Verletzten werden ins Hospital nach McComb geschafft. Schon am nächsten Tag sind die überlebenden Passagiere in stabilem Zustand und schweben nicht mehr in Lebensgefahr. Einige aber werden noch Jahre lang unter den Folgen ihrer Verletzungen leiden.*

*Nach dem Absturz stellt sich heraus, dass einige Passagiere vor dem Flug umdisponieren wollten. So wollte Cassie Gaines in einem der Equipment-Trucks nach Baton Rouge mitfahren, andere hatten bereits alternative Flüge gebucht. Erst als sich Ronnie kurz vor der Abreise dafür entschieden hatte, die Convair noch ein letztes Mal in Anspruch zu nehmen, war ihm auch der Rest der Crew gefolgt.*

*Das Flugzeug mit der Registrierungsnummer N55VM war 1947 gebaut worden, die Band hatte es bei L&L Leasing Co. in Dallas für die ersten drei Wochen ihrer US-Tournee gechartert. Die späteren Untersuchungen können die Absturzursache nicht restlos klären. Fest steht, dass der Pilot wenige Augenblicke vor dem Unglück »Probleme mit dem Treibstoff-Vorrat« gemeldet hat, woraufhin ihn die Flugsicherung anwies, einen nahegelegenen Flugplatz in McComb anzufliegen. Im offiziellen Bericht des U.S. National Transportation Safety Board, Washington DC, vom 19. Juni 1978 wird als Unfallursache eine »Disfunktion unbestimmter Ursache im rechten Motor mit der Folge erhöhten Treibstoffverbrauchs« festgestellt, was erklärt, warum der Maschine trotz vermeintlich ausreichender Vorräte der Sprit ausgegangen war. Menschliches Versagen soll laut Bericht insofern mitverantwortlich für das Unglück sein, als die Piloten den Treibstoffverbrauch falsch eingeschätzt haben. Da an Bord keinerlei einschlägige Indizien gefunden werden, gilt es als ausgeschlossen, dass Drogen oder Alkohol bei dem Absturz eine Rolle spielten.*

.........................................

Nach dem tragischen Ende der Band vergehen über zwei Jahre, bis sich im Lynyrd-Skynyrd-Lager wieder etwas rührt. 1980 gründen die Überlebenden die Rossington-Collins-Band, in der vier Ex-LS-Musiker mitspielen. Trotz zweier erfolgreicher Alben steht das Ganze jedoch unter keinem guten Stern. Allen Collins ereilt ein Schicksalschlag nach dem anderen. Zunächst stirbt 1980 seine Frau, dann verursacht er 1986 unter Alkoholeinfluss einen Autounfall, bei dem seine Freundin getötet und er selbst weitgehend gelähmt wird, so dass er nicht mehr Gitarre spielen kann. Die Folgen seiner Verletzungen machen ihm immer wieder zu schaffen, im Winter 1990 erkrankt er an einer Lungenentzündung, der er am 23. Januar erliegt.

Zwischenzeitlich haben seine alten Gefährten Rossington, Powell, Wilkeson und Drummer Artimus Pyle Lynyrd Skynyrd wieder auferstehen lassen. Auch das Mikrophon bleibt sozusagen in der Familie, dort steht nun Ronnies jüngster Bruder Johnny. Zwar tourt die Band seit 1987 bis heute regelmäßig und höchst erfolgreich, dazu veröffentlicht sie einige Livealben und ein halbes Dutzend Studioplatten – an alte Erfolge aber kann sie nicht mehr anknüpfen. Verständlicherweise, denn Rossington und seine Mitstreiter verstehen sich nun in erster Linie als Verwalter des großen Erbes, das die Originalbesetzung hinterlassen hat.

Nichtsdestotrotz stehen Lynyrd Skynyrd bis heute als hart und verlässlich rockender Fels in der Brandung musikalischer Tagesmoden, auch wenn mit Gary Rossington nur noch ein Mitglied der ersten Stunde dabei ist. Bassist Leon Wilkeson stirbt am 27. Juli 2001 mit gerade 49 Jahren eines natürlichen Todes, wie die ärztliche Untersuchung des Leichnams trotz chronischer Leber- und Lungenkrankheit des Toten bestätigt. Keyboarder Billy Powell erliegt am 28. Januar 2009 einer Herzattacke, man findet ihn tot zuhause auf – das Telefon, mit dem er selbst den Notarzt gerufen hat, noch in der Hand.

.....................................

*Steve und Cassie Gaines werden am 23. Oktober daheim in Oklahoma beerdigt. Ronnie Van Zants Bestattung findet zwei Tage später, am 25. Oktober, im Memory Garden seiner Heimatstadt Jacksonville statt. Mit ins Grab nimmt der Hobbyfischer seine Lieblings-Angelrute, die während der Trauerfeier auf seinem rosengeschmückten Sarg liegt. Neben Billy Powell, der als einziges Bandmitglied so kurz nach der Katastrophe in der Lage ist, nach Jacksonville zu kommen, nehmen an der Zeremonie Freunde teil wie Dickey Betts, Charlie Daniels, Al Kooper und Tom Dowd sowie Musiker der Bands Grinderswitch und 38 Special, deren Sänger Ronnies jüngerer Bruder Donnie Van Zant ist.*

*Bandmanager Peter Rudge richtet wenig später eine Stiftung für die Hinterbliebenen, insbesondere für die Kinder der Opfer, ein. Während Street Survivors in den folgenden Monaten – mit eilig geändertem Cover – zum bestverkauften Album von Lynyrd Skynyrd aufsteigt, kommen die überlebenden Musiker überein, die Band aufzulösen.*

..................................

Fast vier Jahrzehnte nach den unschuldigen Tagen im »Hell House« sind Lynyrd Skynyrd längst in den Mythenschatz der Südstaaten eingegangen. Und zwar so, wie sich das für Southern Gents gehört – mit einer Geschichte, die an Tragik, Größe, Katastrophen und Triumphen der von *Vom Winde verweht* in nichts nachsteht. Die Bilanz: sieben tote Bandmitglieder, mehr als 30 Millionen verkaufte Platten, eine der schlimmsten Tragödien der Rockgeschichte und nicht zuletzt ein musikalisches Erbe, das zu den einflussreicheren der Siebzigerjahre gerechnet werden darf. Bis heute stehen Lynyrd Skynyrd für den alten Süden, nicht umsonst treten sie noch immer unter einer überdimensionalen Südstaatenflagge auf. Ihre Welt war geprägt von den simplen Wahrheiten, von Werten wie Gut und Böse. Und mehr als alle anderen haben sie mit blues-, country- und gospelgetränktem Hardrock sowie großartigen Songs den romantischen-rebellischen Geist von Dixieland in die Moderne der Post-Woodstock-Generation übertragen. Freilich eine Welt von gestern – dennoch aber eine erstaunlich langlebige, wie der anhaltende Kultstatus der Band beweist.

*Empfehlenswert:*

**Pronounced 'Léh-Nérd Skin-Nérd' (1973)**
Das von Al Kooper produzierte Debüt zeigt Lynyrd Skynyrd gleich in voller Größe, mit allen Qualitäten, die diese Band berühmt machen sollten: knochentrockener Goodtime-Boogie, rustikale Gitarrenfronten, die unverwechselbare Stimme von Ronnie Van Zant und ein nur auf den ersten Blick simples Gebräu aus Blues, Country und kraftvollem Hardrock. Wenn die Allman Brothers virtuos mit Jazzeinflüssen spielten, ließen Van Zant und die Seinen es rau und herzlich krachen, wobei ihre berüchtigte Drei-Gitarren-Front durchaus virtuos zu Werke ging. Die Hälfte der acht Songs hat es zu Southern-Rock-Klassikerstatus gebracht: *I Ain't The One*, *Gimme Three Steps*, *Tuesday's Gone* und das legendäre *Free Bird*.

**Forever (3-CD-Compilation)**
Einen gelungenen Querschnitt durch das Schaffen der originalen Band, also jener Besetzung mit Sänger Ronnie Van Zant, bietet diese liebevoll editierte Metallbox mit drei CDs. Zu hören gibt's 29 Tracks, darunter natürlich alle Highlights von *Sweet Home Alabama* bis zum furiosen J.-J.-Cale-Cover *Call Me The Breeze*. Abgerundet wird das Paket durch ein Booklet mit Bandbiografie und seltenen Fotos. Solange das hierzulande leider vergriffene, aufwändigere Box-Set *Lynyrd Skynyrd* von 1991 nur noch als Import erhältlich ist, bleibt *Forever* die beste Wahl, um die Geschichte dieser von Tod und Tragik verfolgten Band zu ergründen.

**Freebird / Tribute Tour (DVD)**
Leider ist diese feine Dokumentation nur als Billig-DVD in englischer Sprache, ohne Untertitel und als Import erhältlich – trotzdem lohnt die Anschaffung unbedingt. Enthalten sind hier zwei Dokufilme: *Freebird: The Movie* wurde 1996 produziert und erzählt die Geschichte von Lynyrd Skynyrd

von den Anfängen bis zum schicksalhaften Flugzeugabsturz im Oktober 1977. Das Rückgrat des Films bilden Konzertmitschnitte vom englischen Knebworth-Festival 1976 sowie von zwei US-Shows in Oakland und Asbury Park im Jahr 1977. Dazu bietet der Film Interviews, Backstage-Footage und nicht zuletzt einige bedrückende Aufnahmen der Band an Bord ihres Tourflugzeugs. Der zweite Film entstand 1987 aus Anlass der *Tribute* Tournee der Überlebenden, bei der sich Ronnies Bruder Johnny Van Zant erstmals hinter das LS-Mikrophon stellte. *Tribute Tour* dokumentiert diese Konzertreise, die als Initialzündung für die später sehr erfolgreiche LS-Zweitausgabe fungierte. Zu den anrührendsten Momenten des Films gehören die Aufnahmen von Allen Collins, der zu diesem Zeitpunkt bereits seinen Autounfall hinter sich hat und querschnittsgelähmt und von jahrelangem Alkoholmissbrauch gezeichnet im Rollstuhl am Bühnenrand sitzt – immer noch ein Teil der Familie, aber sichtlich dem Tod geweiht.

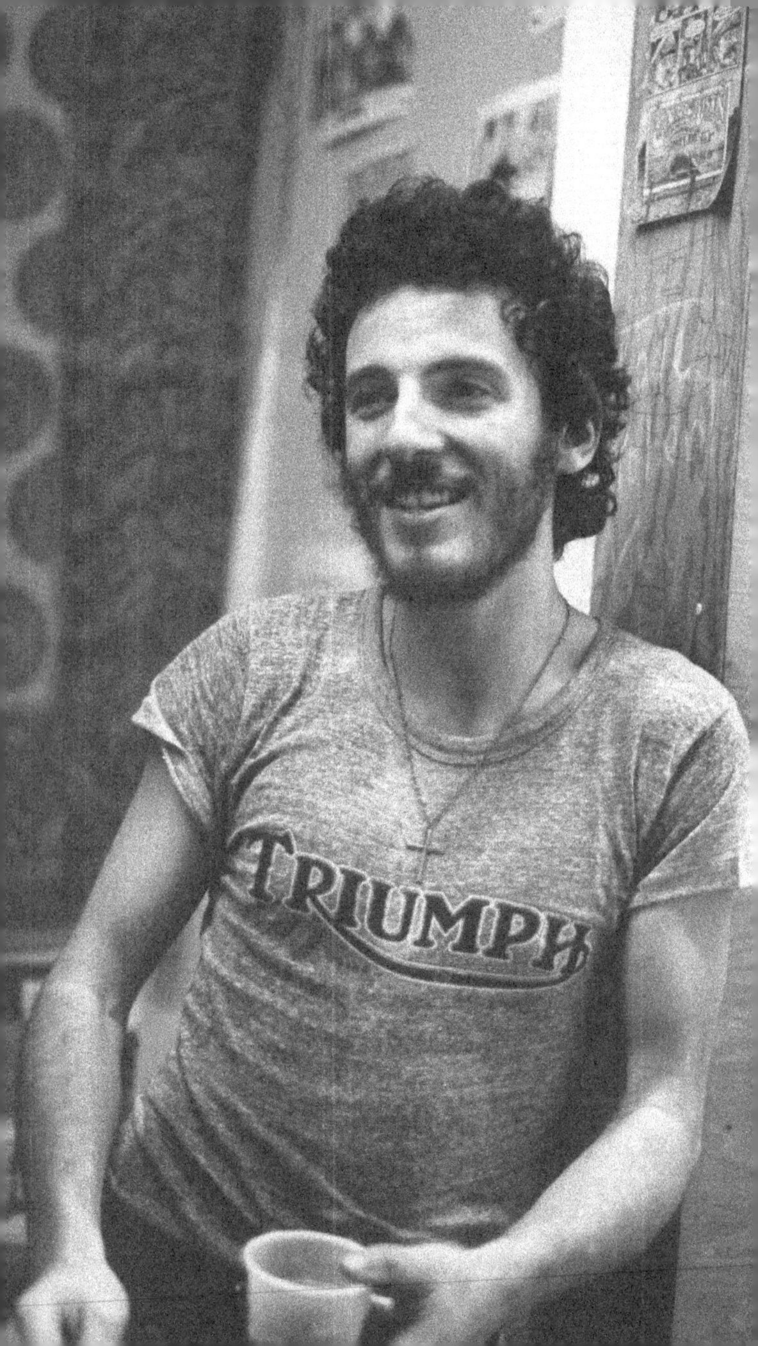
TRIUMPH

## DER BOSS

*Bruce Springsteen, erster Bürger im Promised Land*

Einst zog er aus, um mit der fettesten Band, den fettesten Songs und dem fettesten Sound die Welt aus den Angeln zu heben. Wer ihn auf der Bühne erlebte, sah einen, der um sein Leben spielte. Einen, der offenbar an jedes einzelne Wort glaubte, das er da sang. »Baby, we were born to run« – tatsächlich schien er geboren zu rennen, geboren, in einem 57er-Chevy rauszucruisen auf den Highway und die bleierne Langeweile der Suburbs hinter sich zu lassen, geboren, seinen verdammten Platz in der Welt des Rock'n'Roll zu finden und, stellvertretend für sein Publikum, zum leibhaftigen Beweis all der Versprechungen dieser wilden Musik zu werden. Kein Rocker, dessen Konzerte so sehr in inbrünstige Götzendienste ausarteten, keiner, dessen Publikum diese mitunter vierstündigen Kongregationen so sehr zu Glaubensbekenntnissen umfunktionierte, in denen es frenetisch auf das Testament von *Tutti Frutti*, *Dancing In The Street* und den *Devil With The Blue Dress On* schwor. Wie kein anderer hauchte Bruce Springsteen diesem alten Traum vom Promised Land des Rock'n'Roll in den Siebzigerjahren neues Leben ein, wofür ihn eine von Vietnamkrieg, Watergate und den politischen Morden der späten Sechzigerjahre desillusionierte Generation auf den Schild des Superstars hob. Ein Pakt, an den sich Springsteen arglos hielt – bis zum Superstar-Overkill von *Born In The U.S.A.*, als er sich nach Millionen verkaufter Alben, Mammut-Welttourneen und einer beispiellosen Serie von Hits im Goldenen Käfig des weltentrückten Pop-Idols wiederfand.

All das ist lange her. Ein Vierteljahrhundert nach *Born In The U.S.A.*, der großen Wasserscheide seiner Karriere, hat Bruce Springsteen mit dem, was man gemeinhin unter Pop versteht, nichts mehr zu tun. Heute ist der Mann, der mit seiner Gitarre einst über die Strandpromenade des runtergekommenen Seebads Asbury Park streunte und dort im Sand zwischen vergammelten Tanzpalästen schlief, so etwas wie der John Wayne des US-Rock – mit entgegengesetzter politischer Erdung, doch vom selben bedingungslosen Patriotismus. Elder Statesman, respektierte Autorität und Gewissen einer Kultur, der es an wachsamen Vaterfiguren mangelt. Neben Springsteen gibt es da allenfalls noch Neil Young, der ebenso im kreativen Unruhestand verharrt und sich so wenig wie Springsteen scheut, auch unbequeme Stellung in der gesellschaftlichen und politischen Diskussion zu beziehen (bei Dylan liegt der Fall anders, er verweigert seit je den öffentlichen Diskurs und beschränkt sich auf seine Rolle als »song and dance man«).

Als Künstler zeichnet sich Bürger Bruce inzwischen durch die Gelassenheit dessen aus, der nichts mehr beweisen muss. Kürzlich erklärte er: »Ich habe alles erreicht. Was jetzt noch kommt, ist so eine Art Zugabe, die ich genießen will.« So kann sich Springsteen erlauben, nach nunmehr vier Jahrzehnten im Geschäft den einen oder anderen Kreis zu schließen. Etwa den zur Tradition des amerikanischen Folksongs, der einst auch sein Songwriting maßgeblich prägte. 2006 veröffentlichte er mit *We Shall Overcome – The Seeger Sessions* eine Hommage an Pete Seeger, den Vater des US-Folk, und damit das erste reine Coveralbum seiner langen Laufbahn. Nach diesem Bekenntnis schloss Springsteen mit den Alben *Magic* und *Working On A Dream* einen weiteren Kreis. Die ersten

Studioalben, die er mit der E Street Band seit 2002 einspielte, gehen den langen Weg zurück zu Springsteens Anfängen, als noch der Rhythm'n'Blues, Soul und Rock'n'Roll der Nachkriegsjahre seinen musikalischen Kosmos bestimmten.

Beide Platten bieten großartiges Handwerk. Aber das beherrschte Springsteen bereits, als er zu Beginn der Siebzigerjahre seine ersten Alben veröffentlichte. Schon damals kombinierte er die Gabe der präzisen Beobachtung mit einem Händchen für Slogans und griffige Melodien. Als Kind der schweigenden Mehrheit sezierte er nicht nur die eigene Seele, sondern auch die der Nation. Und für diese Statements, spätestens seit seiner 1975er-Hymne *Born To Run* weithin zu hören, brauchte Springsteen auch nicht immer die laute E Street Band. Ganz so bombastisch wie die Fanfare zu *Born In The U.S.A.* musste es nicht immer sein, gelegentlich genügten Akustikgitarre und Harp. Rock'n'Roll-Zampano und Storyteller, Poet und Hoherpriester – Bruce Springsteen war all das, jeweils zur rechten Zeit.

Sein künstlerisches Anliegen war dabei stets dasselbe: »Ich wollte immer Songs schreiben, die von menschlichen Erfahrungen handeln«, ließ er den *Rolling Stone* 30 Jahre nach *Born To Run* wissen. Und: »Weshalb funktionieren Beziehungen zwischen Menschen? Oder: Woran scheitern sie?« Ende 2007 diktierte er den Reportern des US-Magazins auch die politische Intention seiner Arbeit: »Ich möchte einer von denen sein, die sagen: Als all dies geschah, habe ich meinen Hut in den Ring geworfen und versucht, für das einzustehen, was ich für die richtige Seite der Geschichte halte. Denn was kann ein armer Junge schon tun, außer in einer Rock'n'Roll Band zu spielen?«

Entstanden ist so ein bislang weit über 200 Songs umfassendes, universelles Gesamtwerk, das in Asbury Park ebenso verstanden wird wie in Frankfurt, London oder Tokio und dabei doch die Spurenelemente einer Jugend in New Jersey enthält.

.....................................

Zur Welt kommt Bruce Frederick Joseph Springsteen am 23. September 1949 in Freehold, New Jersey, einem Kaff rund 40 Meilen südwestlich von New York City. Die Nachkriegsjahre dort sind gekennzeichnet von wirtschaftlichem Niedergang. Die einst florierende Rüstungsindustrie gibt es nicht mehr, die Menschen stehen im Abseits. Auch Doug Springsteen, ein mürrischer Choleriker, der seine Familie mit den verschiedensten Jobs mehr schlecht als recht durchbringt, ist häufig arbeitslos. Sein Leben verläuft wie auf Autopilot, getrieben von der damals typischen Mischung aus geplatzten Illusionen und trotzigem Pflichtbewusstsein. Die Tristesse dieses Lebens, das Ablenkung nur in Saufgelagen und der Leidenschaft für Autos findet, wird Bruce später im bedrückenden *Factory* (auf dem Album *Darkness On The Edge Of Town*) festhalten. Mutter Adele hingegen, die das Einkommen als Sekretärin aufbessert, ist das glatte Gegenteil von Doug: liebenswürdig, warmherzig, von italienischem Geblüt. Seiner Mom setzt Springsteen in *The Wish* (enthalten auf *Tracks*) ein Denkmal: »If pa's eyes were windows into a world so deadly and true, you couldn't stop me from looking but you kept me from crawlin' through.«

Schon als Siebenjähriger wird der kleine Bruce von der katholischen Konfessionsschule zum Problemkind erklärt. Tatsächlich ist er ein scheuer Einzelgänger, der gerne bei der Oma hinterm Haus hockt und sich in die Geschichte vom *Wizard Of Oz* träumt. Kein Wunder, dass der Rock'n'Roll, besonders Elvis, den Halbwüchsigen elektrisiert. Wie er später sagen wird: »Als ich neun war, konnte ich mir nicht vorstellen, dass irgendjemand nicht Elvis sein wollte.«

Eine Gitarre muss her. Adele kauft sie. Das Radio wird seine Religion. Bruce vergräbt sich in die Welt von Chuck Berry, Eddie Cochran und Buddy Holly. 20 Jahre später wird er diese Zeit in *No Surrender* mit der berühmten Zeile auf den Punkt bringen: »We learned more from a three minute record than we ever learned in school«. Wie sollte es auch anders sein in einem Haus, in dem es keine Bücher gibt, wohl aber, auch in den ganz schlechten Zeiten, einen Fernseher? Im Februar 1964, er ist gerade 14, zünden die Beatles via *Ed Sullivan Show* die zweite Stufe in Bruces Evolution vom Provinz-Loser zum Rockmessias. Adele schenkt ihm eine Fender-Gitarre – sein Ticket ins Gelobte Land. Doug hat dafür kein Verständnis. Was das bedeutet, erklärte Springsteen später mit dem berühmten Satz: »In meiner Jugend gab es zwei Dinge, die in meinem Elternhaus unbeliebt waren: ich und meine Gitarre.«

Nach dem Beatles-Auftritt bei Ed Sullivan gibt es selbst in Freehold plötzlich an jeder Ecke eine Band. Und Bruce mischt mit. Aus seiner ersten Gruppe allerdings fliegt er, so die Mär, umgehend wieder raus. Zuhause übt er wie besessen, etwa das Solo von *It's All Over Now* der Rolling Stones. Mit 16 endlich wird er Gitarrist der Castiles. 1966 ist das in Freehold der Gipfel für einen rebellischen Beatjüngling, die Band kassiert pro Auftritt in den örtlichen Clubs und Rollercoaster-Bahnen stolze 35 Dollar und verfügt sogar über einen Manager. Endlich ist Bruce jemand: Aus dem Sonderling ist ein lokaler Gitarrengott, aus dem schüchternen Nobody ein von den Mädchen angehimmelter Held geworden.

Dass er sein Leben als Musiker bestreiten will, steht für Bruce fest. Doug und Adele aber sitzen ihm im Nacken, wollen, dass er seinen Abschluss schafft und zum Militär geht. Was das bedeutet, weiß Bruce: Vietnam! Erst im zweiten Versuch besteht er die Prüfungen. Es ist 1967, der Sommer der Liebe. Bruce will nach Monterey trampen, zum ersten großen Rockfestival. Doug sagt nein.

Dann der Einschnitt: Die Eltern beschließen, Freehold zu verlassen und nach Kalifornien umzusiedeln. Kurz zuvor hat der Sohn mehr Glück als Vaterlandsliebe, die Army schickt ihn wieder nach Hause (die Story erzahlt er in *The River* auf *Live 1975–85*). Er ist untauglich, weil er seit einem Motorradunfall leicht humpelt. Plötzlich ist Bruce auf sich allein gestellt. Die neue Freiheit wird von Alltagssorgen überlagert: Wo leben? Wo das Geld für die Miete hernehmen? Immer öfter vagabundiert er nun im 15 Meilen entfernten Seebad Asbury Park, treibt sich in den Clubs herum und schläft am Strand.

Musikalisch findet der dürre Junge mit der langen Mähne allmählich zu sich selbst, mausert sich vom durchschnittlichen Gitarristen zum geübten Songschreiber und überzeugenden Frontmann. Er kennt sich aus, ist firm in allen Stilen, hat den Überblick übers große Ganze. Mit den psychedelischen Hippiebands hat der Alkohol- und Drogenabstinenzler nichts am Hut. Aus banalem Grund: Seit seine Familie Freehold verlassen hat, besitzt er keinen Plattenspieler mehr. Später erklärt er: »Ich kannte praktisch keine Platten, die nach 1967 erschienen waren.« Zwar hört er Radio, aber ernsthaft beschäftigt ihn nur die Musik vor *Sgt. Pepper*. Ein Umstand, der seine auffällige Erdung im R'n'B und Rock'n'Roll der frühen Sechziger erklärt. Seine Helden sind Mitch Ryder, Phil Spector und Smokey Robinson.

Er ist besessen von der Idee, es zu schaffen. Seine Songs schreibt er inzwischen selbst, »vor allem weil mir die Geduld fehlte, mir andere Songs anzuhören und die Noten herauszufinden«, wie er später behauptet. Stationen sind Bands wie Earth, Child, Dr. Zoom & The Sonic Boom und Steel Mill. In der Gegend um Asbury Park findet er Musiker, die ihn ein Leben lang begleiten werden. »Miami Steve« Van Zandt zum Beispiel oder der Keyboarder Danny Federici, beide Schlüsselfiguren der späteren E Street Band. Bruce schreibt nahezu zwanghaft und schafft sich einen riesigen Fundus, von dem andere gleich mehrere Karrieren bestreiten würden.

Als Livemusiker macht ihm bald keiner mehr etwas vor, er spielt mit den Cracks der Asbury-Szene. Männer wie der gewaltige Saxophonist Clarence Clemons, der Keyboarder David Sancious, Bassist Gary Tallent und Drummer Vini »Mad Dog« Lopez (bei einer Audition für Steel Mill versucht auch die 17-jährige Schülerin Patti Scialfa ihr Glück, vergeblich). In Bruces Persönlichkeit spiegeln sich die von der Mutter geerbte Warmherzigkeit und das sture irische Temperament des Vaters. An Selbstbewusstsein hat er mächtig zugelegt, einige nennen ihn schon respektvoll »Boss«. Seine Bands führt er mit harter Hand, und die Mädchen seiner Kumpels besteigt er, wie es ein alter Freund Jahre später ausdrückt, »wie ein raudiger Hund, der seine Spur markiert«. Jeder in den heruntergekommenen Asbury-Clubs vom »Stone Pony« bis zum »Pandemonium« weiß, dieser Typ wird ganz groß. Nur eine Frage der Zeit.

Im November 1971 endlich geht's los – mit dem folgenreichsten Fehler seiner Karriere. In einer unbeleuchteten Parkgarage unterschreibt der 21-Jährige einen Managementvertrag mit Mike Appel. Der hat schon Erfahrungen im Showbiz, gibt gern den Großkotz und hat einen Narren an dem Provinzrocker aus Jersey gefressen. Später wird das Kleingedruckte dieses Vertrags zu einer Justizschlacht führen, die Springsteens Karriere für Jahre auf Eis legt. Jetzt aber ist das Verhältnis der beiden ungetrübt. Appel verhilft seinem Schützling bald zum Sprung in die große Rock'n'Roll-Welt: Für den 2. Mai 1972 arrangiert er ein Vorspielen beim Columbia-Fürsten John Hammond. Dessen Name ist Legende, schließlich hat er einst Billie Holiday, Aretha Franklin, Charlie Christian und Bob Dylan entdeckt. Bruce spielt, Hammond strahlt, und der Vertrag ist perfekt.

Im Januar 1973 erscheint das erste Album, *Greetings From Asbury Park, N.J.* Es floppt, wird aber wohlwollend registriert. So schreibt Lester Bangs von einem »kühnen neuen Talent, das viel zu sagen hat«. *Greetings* zeigt schon typische Merkmale von Springsteens Songwriting: Wie ein Reporter notiert er, was er auf den Straßen sieht. In den Songs wimmelt es von wirklichen Menschen, von Autos, Straßen, Kneipen. Alles echt, zu finden in den Seitengassen des amerikanischen Traums. Seine Technik beschreibt er damals so: »Meine Songs haben weder einen besonderen Anfang noch ein Ende. Die Kamera zoomt einfach ran und dann wieder raus.« Und diese Songs sind extrem wortlastig. Schon der Opener *Blinded By The Light*, den Manfred Mann's Earth Band 1976 zum Hit macht, überschwemmt den Hörer mit einer Sturzflut von Namen und Geschichten (selbstironisch gab Springsteen die Entstehungsgeschichte des Songs beim Konzert für die *VH1-Storytellers*-Reihe zum Besten – »Ich saß auf meinem Bett, in der einen Hand das Reim-Wörterbuch, in der anderen den Notizblock. Und mein Reim-Wörterbuch stand in Flammen ...«).

War *Greetings* noch amateurhaft produziert und der Zeit gemäß wie ein Songwriter-Album angelegt, will Bruce jetzt eine echte Rock'n'Roll-Platte, eine große Band, Streicher, eine Art *West Side Story* für die Generation Rock. Genau das wird *The Wild, The Innocent And The E Street Shuffle* (1973). Hier gibt es alles, vom krachenden Rock in *Rosalita* über Jazzabstecher in *Kitty's Back* bis zur elegischen Ballade *Incident On 57th Street* und der neoklassizistischen Suite *New York City Serenade*. Die Stories sind präziser und kompakter erzählt. Und der harte Realismus von Springsteens »Kamera« ist gekontert mit einem Romantizismus, den nur artikulieren kann, wer wild entschlossen ist, die Welt mit der Gitarre aus den Angeln zu heben. Bis heute ist *The Wild* eines der besten Alben in Springsteens Katalog.

Aber auch diese Platte bleibt hinter den Verkaufserwartungen zurück. Live jedoch genießt Springsteen mit der frisch formierten E Street Band bereits den Ruf eines Messias. Sancious und Lopez werden durch Drummer Max Weinberg und den Pianisten Roy Bittan ersetzt. Wo immer Bruce und die Seinen nun ihre leidenschaftlichen, nicht selten über vierstündigen Rock'n'Roll-Messen zelebrieren, geht keiner vor der absoluten Erschöpfung nach Hause. Die Fans verehren ihn fast wie einen Heiligen. Und die Presse beginnt, ihn als perfekten Rockhelden zu stilisieren. Es ist die Zeit, als der *Rolling-Stone*-Schreiber Jon Landau seine Konzerteindrücke im so berühmten wie verhängnisvollen Satz zusammenfasst: »Ich habe die Zukunft des Rock'n'Roll gesehen, und ihr Name ist Bruce Springsteen.«

.................................

So viel ist 1975 klar: Dieses dritte Album, an dem Springsteen nun schon seit Monaten arbeitet, muss den Durchbruch bringen. Er geht aufs Ganze. Das Ding soll monströser klingen als die opulentesten Werke von Phil Spector, es soll alles in Grund und Boden rocken – und es soll die größten Songs der Welt bringen. Aber im Studio geht nichts voran. Immer wieder verwirft der Rocker mit dem Fusselbart Arrangements, sogar ein fertiges Masterband fliegt aus dem Hotelfenster. Er bittet Landau, bei den Aufnahmen zu helfen. Der Titeltrack, das pompöse *Born To Run*, entsteht. Ein Song wie eine H-Bombe. Wo der gespielt wird, dürfte danach nur noch Stille herrschen. Und wehe, da lacht einer! Überhaupt sind die Songs von *Born To Run* eine verdammt ernste Sache. *Thunder Road*, das Manifest des jungen Springsteen, genauso wie die epischen *Jungleland* und *Backstreets*, das gespenstische *Meeting Across The River* und das hymnische *Tenth Avenue Freeze-Out*. Springsteen selbst weiß nach den aufreibenden Sessions nicht, was er da fabriziert hat. Später gibt er zu Protokoll: »Ich habe es gehasst und hielt es für den größten Schrott, den ich je gehört hatte.«

Ende August kommt das Album auf den Markt. Columbia dreht an sämtlichen Schrauben, kreiert einen Monsterhype. Springsteen scheint überall gleichzeitig zu sein. Und er blickt, bis heute einmalig für einen Rocker, in derselben Woche vom Titel der beiden größten US-Nachrichtenmagazine *Time* und *Newsweek*. *Born To Run* schafft Platz 3 in den Charts und beschert den erhofften Durchbruch. Aber der Sieg schmeckt bitter. Schon bei der Produktion der Platte war es mit Appel zu hässlichen Streitereien gekommen, jetzt entdeckt Springsteen, dass der Manager ihn damals, 1971, übers Ohr gehauen hat.

Er klagt. Appel lässt ihm per einstweiliger Verfügung neue Aufnahmen verbieten.

Fast noch schlimmer: Bruce spürt, dass er nun nicht mehr sich selbst gehört, dass er einen Teil der mühsam erkämpften Kontrolle über sein Leben und seine Musik verloren hat. Die Plattenindustrie hat ihn zum Produkt gemacht, hat investiert und fordert nun ihr Recht. Nicht nur seine bislang größte Tournee steht auf dem Programm. Dazu und dazwischen gibt es Promotermine satt, Interviews, Fotoshootings – all die Begleiterscheinungen des Ruhms stürzen auf ihn ein. Und der Junge aus Jersey reagiert: Proportional zur wachsenden Entfremdung hängt er die ohnehin große Loyalität zu den Fans noch höher, entwickelt die Konzerte zu religiösen Gemeinschaftsritualen und kehrt immer wieder für spontane Gigs zurück in das »Stone Pony« in Asbury Park.

Bis 1978 dauert die Durststrecke. Erst als der Prozess gegen Appel mit einem Triumph für Springsteen endet, kann er mit *Darkness On The Edge Of Town* sein viertes Album aufnehmen. Thematisch hat es nichts vom Optimismus der frühen Jahre. Die Helden von *Racing In The Street*, *The Promised Land*, *Something In The Night* oder *Prove It All Night* sind bitter geworden, lecken die Wunden, kämpfen in den Trümmern ihrer geplatzten Träume ums Überleben. Das Album verkauft sich nicht so gut wie *Born To Run*, schafft aber, was jenes nicht konnte: Es beginnt, Springsteen als Mainstream-Star zu etablieren, zu Zeiten des Punk wird sein traditionsverhafteter Rock'n'Roll dem eher konservativen AOR-Segment (Adult Oriented Rock) zugerechnet. Mehr noch tut dies das Doppelalbum *The River*, das zwei Jahre später erscheint. Es bringt polternde Gassenhauer, lotet aber auch die düstere Seite aus. Mit *Hungry Heart* wirft es Springsteens ersten großen Single-Hit ab, Top Five in den USA.

Bruce ist nun unabhängig. Statt aber weiter krachenden Rock'n'Roll zu machen, zieht er die Bremse. Mit *Nebraska* (1982), einer Sammlung dunkler Akustikballaden von eindringlicher Kargheit, die er daheim auf einem Vierspurrecorder aufgenommen hat, bringt er ein nahezu unverkäufliches Album auf den Markt. Aber es weist seinen Schöpfer mit Texten, die zweifellos literarisches Niveau erreichen, als den derzeit besten US-Songwriter aus. Nicht umsonst gehören Songs wie *Atlantic City*, *Mansion On The Hill* oder *Johnny 99* bis heute zu seinem Bühnenrepertoire. *Nebraska* bringt Springsteen neben großem Respekt vor allem auch die dringend benötigte Atempause.

Was dann kommt, weiß, wer in den Achtzigern nicht auf den Ohren saß: *Born In The U.S.A.*, das bittere Lamento eines Vietnamsoldaten, von nicht wenigen Zeitgenossen jedoch als patriotische Hymne missverstanden; und Hits wie *Bobby Jean*, *My Hometown*, *I'm On Fire*, *Dancing In The Dark* und *Glory Days*, deren üppig rockende Arrangements wie geschaffen sind für das marktbestimmenede FM-Radio. In der Mitte des Jahrzehnts wird Bruce zum Boss XXL. Weltweit werden er und die E Street Band, in der Nils Lofgren den Job von Van Zandt übernommen hat, gefeiert. Mit Julianne Phillips heiratet Springsteen ein hochbezahltes US-Model. Jetzt ist er nicht mehr Zukunft, sondern dominierende Gegenwart des Rock – Bruce Allmächtig. Allenfalls Michael Jackson und Prince können ihm auf Augenhöhe begegnen. Was aber folgt auf *Born In The U.S.A.* (1984)? Wie einen totalen Triumph toppen?

Rückblickend beschrieb Springsteen seine damalige Situation 1992 so: »Bei diesem Image hatte ich das Gefühl: Hey, das bin nicht ich. Am Ende muss man so ein Image zerstören.« Springsteen tut es, indem er den Blick auf die kleinen Dinge richtet, aufs Private, auf den zermürbenden täglichen Beziehungskrieg.

Er wendet sich ab vom Cinemascope-Rock der E Street Band. *Tunnel Of Love* (1987) zeigt den präzisen Beobachter und sensiblen Grübler. Noch einmal geht er mit seiner neunköpfigen Band auf Welttournee, noch einmal sahnt er groß ab. Dann der Zapfenstreich: E Street Band und Gattin schickt er in die Wüste, heiratet die zwischenzeitlich zur Band gestoßene Patti Scialfa und gründet eine Familie.

Erst 1992 taucht er mit den sonderbar lauen Albumzwillingen *Lucky Town* und *Human Touch* wieder auf. Ein Jahr später steuert er den Hit *Streets Of Philadelphia* zum gleichnamigen Kinofilm bei und kassiert dafür einen Oscar. 1995 erscheint *The Ghost Of Tom Joad*, eine leise Songsammlung, die ihn als asketischen Folkie in der Tradition Woody Guthries präsentiert. Zu hören gibt's Roadsongs über das Elend mexikanischer Einwanderer, vorgetragen mit Gitarre und Harp – ein John Steinbeck der Rock-Ära.

Für Fans des *Born To Run*- und *Born In The U.S.A.*-Springsteen ist all dies schwer verständlich. Ihnen fehlt die E Street Band, sie wollen nicht wahrhaben, dass sich ihr Boss seiner selbst geschaffenen Rolle verweigert. Wenige nur ahnen, was Bruce selbst erst allmählich dämmert: Er braucht diese Dekade des Probierens, Ausleuchtens und Erforschens, um Facetten seiner Musik, seines Talents zu erkunden und sich so neue künstlerische Perspektiven zu schaffen. Und: Er ist zu ambitioniert, zu klug und zu sehr auf der Hut vor der destruktiven Eindimensionalität des Popruhms, als dass er um die Fallstricke seines Star-Daseins nicht wüsste. Mit jeder Platte seit *Tunnel Of Love* dimmt er den Rockhero nun weiter herunter, bis am Ende nur noch der allein mit seiner Akustikgitarre auf einem Barhocker sitzende Songpoet im Flanellhemd übrig bleibt, der im Anschluss an die Veröffentlichung von *The Ghost Of Tom Joad* als ruheloser Spielmann durch die Welt zieht. Wenn er dann das zur archaischen Folkklage herunter gestrippte *Born In The U.S.A.* ins stille Rund eines kleinen Theaters heult, ist er endlich und ganz bei sich.

..................................

Die Wirkung dieser Entheldung ist kathartisch, 1999 endlich ist Springsteen wieder bereit zum Big Bang. Er vereint die

E Street Band zur lang erwarteten Reunion und nimmt eine Welttournee in Angriff. Wenig später kracht in New York, quasi vor Bruces Haustür, das World Trade Center und mit ihm das amerikanische Selbstbewusstsein in sich zusammen. Es ist das Ereignis, das den 51-jährigen Springsteen endgültig zurückholt in die zeitgenössische Rockszene. Er schreibt die Songs zu *The Rising* (2002). Es gelingt ihm, Mitgefühl zu zeigen und die emotionale Seite dieser Katastrophe zu fassen, ohne dabei in falsches Pathos und sentimentalen Kitsch abzugleiten. Mit der E Street Band geht er ins Studio, schafft es, ihren Sound zu aktualisieren, auch wenn die Produktion von Ex-Pearl-Jam-Betreuer Brendan O'Brien für manchen Geschmack zu überladen ausfällt. Die anschließende Welttournee präsentiert die alte Gang in vollem Saft, die Fans, darunter viele neue, danken es mit frenetischem Wiedersehensjubel.

Wenn der jedoch nach der Zugabe von *Land Of Hope And Dreams* verklungen ist, ist klar, dass der Bruce Springsteen des neuen Jahrhunderts nicht mehr nur der unbändige Leader Of The Pack ist, stattdessen steht der Mittfünfziger für das aufgeklärte, das andere Amerika, das mit Entsetzen die Veränderungen registriert, die ihm in der Ära des George W. Bush widerfahren. Wohl auch deshalb fühlt sich Springsteen in der »Alten Welt« besser verstanden als von vielen seiner Landsleute. Mit den Jahren nimmt er immer weniger ein Blatt vor den Mund, äußert sich auch konkret politisch. Für seine medienträchtige »Vote For Change«-Kampagne im Wahlkampf Kerry vs. Bush versammelt er gleichgesinnte Kollegen von U2 bis Conor Oberst. Bush kann er so zwar nicht stürzen, lange aber hat die Musikwelt nicht mit so lauter und moralisch integrer Stimme gesprochen wie während jener Konzerte im Herbst 2004.

Zum Volkstribun indes lässt er sich nicht stempeln, lieber tritt er still hinter seine Lieder zurück wie auf *Devils & Dust* (2005), das er wieder fast allein einspielt. Was das Album zusammenhält, ist neben Springsteens konsequenter Haltung des Chronisten amerikanischer Wirklichkeit vor allem die durch Folkpurismen, knackigen Bluesrock und ländlichen Swamp à la J.J. Cale hindurch schimmernde Sepiafarbe der Musik. Die Geschichten der Songs folgen Springsteens Credo: »Die Menschen verdienen Aufrichtigkeit. Und die beste Musik ist diejenige, die dir etwas mit auf den Weg gibt, mit dem du dein Leben meistern kannst.«

Von *Devils & Dust* führt ihn der nächste Schritt noch näher zu dieser Aufrichtigkeit und gleichzeitig zurück in die Tage seiner ersten Gehversuche als Musiker: *We Shall Overcome – The Seeger Sessions* schlägt 2006 die Brücke zwischen der politischen Tradition der amerikanischen Folkbewegung und der ursprünglichen Vitalität des Rock'n'Roll, gleichzeitig zieht es den Hut vor einem der Künstler, die Springsteen einst den Weg wiesen. Mit der Sessions Band, einem runden Dutzend einschlägiger Folkmusiker, bereitet er Pete Seegers Repertoire für eine neue Generation von Hörern auf, der die Ursprünglichkeit und Spontaneität dieser Musik, wie die CD- und DVD-Dokumentation *Live In Dublin* zeigt, augenscheinlich gefällt. Der auch in den Charts überraschend erfolgreiche Ausflug zu den Wurzeln mag die rechte Inspiration gewesen sein für die folgende neuerliche Zusammenarbeit mit der E Street Band auf *Magic (2007)* und *Working On A Dream* (2009), inklusive dazugehöriger Welttourneen. David Fricke, Kritikerpapst der US-Presse, stellt anlässlich der Veröffentlichung von *Magic* fest: »Es ist das deutlich nostalgischste Album, das Springsteen je gemacht hat.« Wohl wahr, die Gitarren im Opener *Radio Nowhere* sind gar nicht so weit entfernt von den wüsten Detroit-Medleys der alten *Born To Run*-Zeiten. Und wer sich den bitterbösen Text genauer anhört, der spürt, dass dem Mann aus New Jersey der Bullshit-Detektor längst nicht abhanden gekommen ist. Auf *Magic* zelebriert die E Street Band alte Tugenden. In *Livin' In The Future* belebt sie den unbeschwerten Streetrock der *The*

*River*-Ära neu, im Intro von *I'll Work For Your Love* zitiert Roy Bittans Piano die denkwürdigen Zeiten von *Backstreets* und *Jungleland*, und in *Your Own Worst Enemy* sowie *Girls In Their Summer Clothes* endlich kommt die Bruderschaft bei den eigenen Wurzeln an, dem sinfonischen Pop von *Pet Sounds* der Beach Boys und dem kernigen Rhythm'n'Blues von Gary U.S. Bonds und Dion DeMucci. *Magic* ist sozusagen eine Reise ins eigene Heartland. Ein bisschen nostalgisch und unüberhörbar auch mit melancholischen Untertonen. Aber Bruce Springsteen wäre nicht der neben Bob Dylan wichtigste Songwriter der Rock-Ära, hätte dieses Album nicht auch deutliche Bezüge zur politischen Lage der USA. *Magic* bezieht Stellung, weniger durch plakative Parolen als durch bohrende Fragen, etwa zum Irakkrieg, wie in *Last To Die*: »Whose blood will spill, whose heart will break, who'll be the last to die for a mistake?« Nach wie vor stellt der Boss, wie der US-Journalist Keith Cameron feststellte, »the questions that matter«.

Nicht weniger relevant gerät *Working On A Dream*, veröffentlicht im Januar 2009, nur eine Woche nach der Amtseinführung des neuen US-Präsidenten Barack Obama. Wo *Magic* die bedrückende Stimmung der Bush-Ära thematisierte, reflektiert Springsteens bislang letztes Album die Hoffnungen, die Amerika mit dem neuen Mann im Weißen Haus verbindet. Der Albumtitel und der als Single ausgekoppelte Titeltrack sprechen für sich selbst: »I'm working on a dream, though it can feel so far away – I'm working on a dream and our love will make it real someday«. Nicht umsonst beschwort Springsteen im dramatischen Opening-Epos *Outlaw Pete* den alten Westen, jene mythologische Welt, aus der die USA bis heute immer wieder die Kraft zur Erneuerung und den Glauben an ihren ureigenen Traum beziehen. Was nicht heißt, dass die Songs des Album durchweg optimistisch wären, der Bonus-Track *The Wrestler* etwa beschreibt einmal mehr einen der Springsteen-typischen Verlierer, und das anrührende *The Last Carnival* wird zum würdigen Farewell für den am 17. April 2008 verstorbenen, langjährigen E-Street-Keyboarder Danny Federici.

2010 kümmert sich Springsteen vor allem um die Aufarbeitung des „Darkness"-Kapitels. Lange schon war bekannt, dass die Sessions zu Darkness On The Edge Of Town ungewöhnlich ertragreich verlaufen waren. Abgesehen von einigen damals nicht veröffentlichten Songs dieser Periode, die später im Outtakes-Boxset Tracks erschienen, schlummerten die schätzungsweise 40 zusätzlichen Stücke bislang jedoch in den Archiven. Mit The Promise: The Making Of Darkness On The Edge Of Town veröffentlicht Springsteen im Herbst 2010 endlich die Hinterlassenschaft jener Jahre – in einem wahrlich großartigen Paket mit 3 CDs inklusive 22 bislang unveröffentlichter Stücke und dreier DVDs, auf denen neben einem faszinierenden Dokumentarfilm auch jede Menge Live-Material aus den späten Siebzigern zu finden ist.

..................................

Einst galt Bruce Springsteen als die Zukunft des Rock'n'Roll, Vorschusslorbeeren, die er eingelöst, gleichzeitig aber auch eine Hypothek, die er auf Heller und Pfennig zurückbezahlt hat. So lange zu seinen Songs, wie zuletzt auf der Welttournee 2008/2009, ganze Stadien euphorisch tanzend die Fäuste recken und seine aktuelle Arbeit noch mit Grammies ausgezeichnet wird wie jüngst der Song *Working On A Dream*, muss man sich um die Zukunft von Springsteen nicht sorgen. Dennoch steht der inzwischen ins Rentenalter gekommene Songwriter heute eher für die Vergangenheit des Rock'n'Roll. Nach wie vor erinnert er mit jedem seiner Auftritte an die vornehmste Aufgabe eines Musikers, so wie er sie versteht: Geh' raus mit der Gitarre vor dein Publikum, sing davon, wie es wirklich ist, und, hey, hab eine gute Zeit. Nostalgisch ist das nicht.

*Empfehlenswert:*

**Born To Run (1975)**
Vielleicht das wichtigste Album in der langen Karriere des Boss. 1975 stand der Songwriter aus New Jersey mit dem Rücken zur Wand, seine ersten beiden Alben waren deutlich hinter den Verkaufserwartungen zurückgeblieben, der dritte Schuss musste ein Treffer werden. Die Operation gelang. In einem quälend langwierigen Entstehungsprozess rangen sich Springsteen und seine Band acht Songs ab, die bis heute allesamt zu den Stützen des Bühnensets gehören und seinerzeit ein Album bildeten, das zu den ganz großen der Siebzigerjahre zählt. Primus inter pares: das gewaltige *Born To Run*, eine wahnwitzige Mischung aus Phil Spectors Wall Of Sound, Roy Orbisons dramatischen Rockabilly-Arien und Mitch Ryders Street-Gang-Rock'n'Roll. Dazu Monolithen wie *Thunder Road*, *Tenth Avenue Freeze-Out*, *Backstreets* und *Jungleland*. *Born To Run* war ein Manifest – und als solches fand es umgehend Eingang in den Katechismus der Rock-Ära. Zum 30-jährigen Jubiläum erschien 2005 die *Born To Run*-Box, die zusätzlich zur originalen, remasterten CD einen 90-minütigen Making-Of-Film sowie eine weitere DVD enthielt, auf der erstmals das legendäre Konzert zu sehen ist, das Bruce Springsteen und die E Street Band am 18. November 1975 im Londoner Hammersmith Odeon zum Start ihrer ersten kleinen Europatournee gaben.

**The Essential Bruce Springsteen (Compilation)**
Der bislang beste Überblick über Springsteens Schaffen. Das 3-CD-Paket mit insgesamt 42 Stücken umfasst den Zeitraum von 1973 bis 2001 und bietet aus jeder Karrierephase die bekanntesten Songs, darunter natürlich *Born To Run*, *The River*, *Hungry Heart*, *Born In The U.S.A.*, *Dancing In The Dark*, *Streets Of Philadelphia* und *The Rising*. Statt allerdings weitere Hits und Schlüsselsongs zu präsentieren, bleibt

CD 3 einer Auswahl von bislang unbekanntem Material aus verschiedensten Karrierephasen vorbehalten, darunter Live-Mitschnitte, Studio-Outtakes und weitere interessante Tracks wie etwa das düstere *Dead Man Walking*, das Springsteen 1995 für den gleichnamigen Kinofilm schrieb.

**Live In New York City (DVD)**
Will man das Phänomen Springsteen verstehen, dann muss man ihn – am besten mitsamt seiner legendären E Street Band – auf der Bühne gesehen haben. Das definitive Live-Dokument ist dieser auf zwei DVDs festgehaltene Mitschnitt zweier Konzerte, die Springsteen am 29. Juni und 1. Juli 2000 im New Yorker Madison Square Garden gab. Zum ersten Mal seit zehn Jahren war er mit der wieder vereinten E Street Band auf Tournee, und die alte Chemie funktionierte wie einst im Mai. Die etwas mehr als drei Stunden Spielzeit enthalten sämtliche großen Hits und dazu einige Songs, die bis dahin kaum je zu Live-Ehren gekommen waren, darunter die wunderbare Pianoballade *The Promise* und das noch aus den Siebzigerjahren stammende *Lost In The Flood*. Eindrucksvoll fängt das Filmteam die überschäumende Energie der Band, die emotionale Verbindung zum Publikum und die explosive Performance des zu diesem Zeitpunkt 50-jährigen Sängers ein. Faszinierend, mitreißend, elektrisierend. An einem solchen Abend sind Springsteen und Band in der Welt des Rock konkurrenzlos. Man bekommt eine Ahnung davon, was diese Mannschaft in jungen Jahren mit ihrem Publikum anstellte.

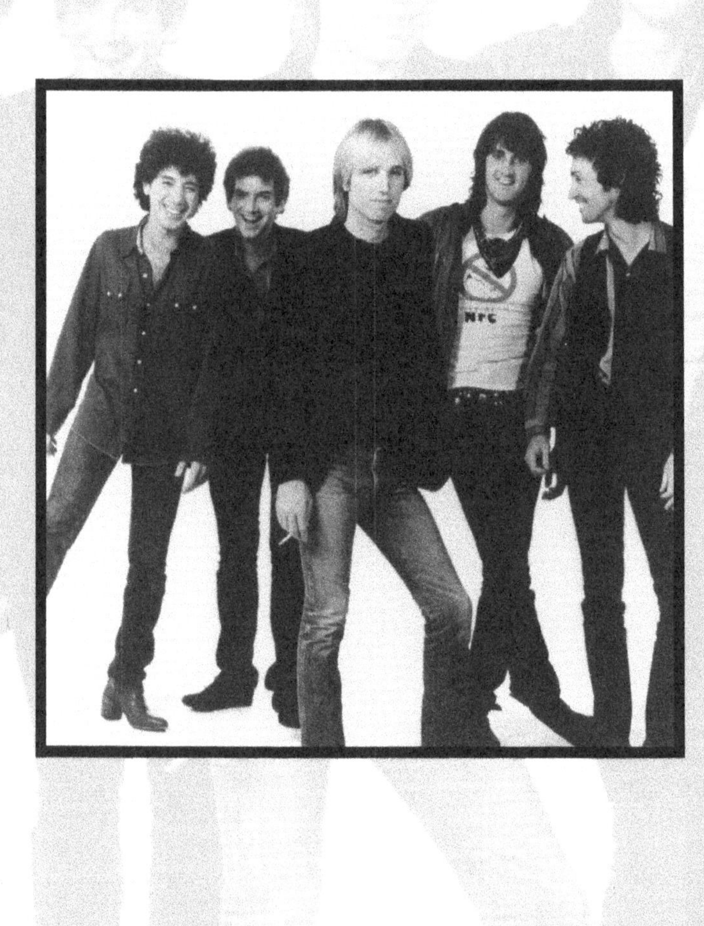

## ANYTHING THAT'S ROCK'N'ROLL

*Tom Petty & The Heartbreakers – last band standing*

»WENN du nicht mehr älter wirst, bist du tot.« Eine simple Wahrheit, die Tom Petty kürzlich einem TV-Reporter von CBS verriet, der ihn auf seinen bevorstehenden 60. Geburtstag angesprochen hatte. Breitester Southern Drawl, träge im Fluss und begleitet von kehligem Lachen – die kurze Szene, gedreht im »Clubhaus«, wie die Heartbreakers ihr Hauptquartier in einem alten Lagerhaus in Los Angeles nennen, zeigt den Mann aus Gainesville, Florida, in seiner ganzen Pracht: von geradliniger Weltsicht, gelassener Autorität und dem herben Charme dessen, der sich seiner selbst gewiss ist.

So vieles hatten Presse und Publikum im Laufe der Zeit in ihm gesehen, vor allem in den späten Siebzigern und mittleren Achtzigern, als seine Heartbreakers ihre ersten Höhepunkte erlebten: das zornige Punk-Kid, den ultracoolen MTV-Rockstar, den Jagger-Wiedergänger wie den Sixties-Kurator, später dann, nach dem Abenteuer mit den Traveling Wilburys und höchst erfolgreichen Soloplatten, den Schutzpatron aller Rock-Traditionalisten. All dies aber war immer nur die halbe Wahrheit, denn in erster Linie war und ist Tom Petty ein hochbegabter Songwriter und überzeugter Anhänger des Band-Konzepts. Ohne die Heartbreakers wäre seine Musik nicht zu der geworden, die sie ist, und ohne Tom Pettys Songs wären die Heartbreakers eine fähige Provinzkapelle geblieben. So aber hatte diese Gruppe von überdurchschnittlich versierten Einzelkönnern grandiose Songs, die sie mit rockender Bodenständigkeit und stilistischer Weltläufigkeit zu großartiger Musik veredeln konnte.

Nicht selten offenbart sich die Bedeutung eines Künstler erst in der Reife, wenn das Werk seinen Platz in den Zeitläuften gefunden hat und ihr Schöpfer sich daran macht, es zu runden. Heute, zwei Dekaden nach kommerziellen Überflügen wie *Free Fallin'* und *Learning To Fly*, entpuppt sich Tom Petty immer mehr als eine Art Clint Eastwood der Rockmusik. Ein knorriger Veteran, der längst keinen Gegner mehr fürchtet, unter dessen rauer Schale sich dennoch ein unverbesserlicher Romantiker verbirgt. Wie der inzwischen 80-jährige Hollywood-Star lässt Petty, ein stoisch gleichmütiger Charakter von wahrem *Dirty-Harry*-Format, die Aufgeregtheiten seiner Branche links liegen, verweigert sich deren Spielregeln weitestgehend und schlägt sich stattdessen unbeirrt seinen eigenen Pfad zum Ziel. Wobei er nicht vergisst, regelmäßig mit dem heiligen Zorn des unbestechlichen Idealisten auf all das zu schimpfen, was er für Missstand hält.

Dass ihm die Branche dies gelegentlich mit gleicher Münze quittierte, liegt auf der Hand. Als er 2002 sein Album *The Last DJ* herausbrachte, eine harsche Kritik an der Gier der Musikindustrie und, zugegeben, ein wenig larmoyant geraten, ließen die Medien kein gutes Haar an ihrem einstigen Helden. Noch dazu schnitt ihn das Radio, weshalb das Album floppte. Anschließend fand sich Petty im Abseits, was ihn offenbar nicht sonderlich störte. Zeit seines Lebens war er schließlich bereit, seine Überzeugungen um den Preis der Isolation durchzuboxen. Mit der Faust, wenn es sein musste.

Wobei diese Überzeugungen immer um die klassische Idee einer Rock'n'Roll-Band kreisten: ein Haufen Gleichgesinnter, aufgewachsen mit den Heldentaten von Elvis, Chuck Berry,

Buddy Holly und Ray Charles und verpflichtet der ehrenvollen Aufgabe, einen Katalog von Liedern zu schaffen, die da draußen möglichst viele Menschen berühren. Im Unterschied zu vielen seiner Kollegen waren Petty Hits dabei nie suspekt, ganz im Gegenteil, sein Katechismus hatte schon immer 45 Umdrehungen, erfolgreiche Singles gehörten zu den erklärten Zielen der Heartbreakers. Und davon hatten sie bis heute so viele, dass ihr Publikum während der Zwei-Stunden-Shows aus dem Mitsingen kaum noch heraus kommt. Dass ausgerechnet die Plattenindustrie, die doch Verbündeter sein sollte im Kampf um des Kunden Gehör, dabei zu seinem größten Feind wurde, zeugt von der sprichwörtlichen Sturheit, mit der Rock'n'Roll-Fundamentalist Petty seinen Dickschädel durchsetzte.

..................................

Dieselbe alte Geschichte: ein aufmüpfiger Teenager, jede Menge Vorstadt-Langeweile und ein Schlüsselerlebnis in jungen Jahren. Im Falle von Thomas Earl Petty, geboren am 20. Oktober 1950, war sogar niemand Geringerer als Elvis persönlich für dieses Erweckungserlebnis verantwortlich.

Sommer 1961: Mitsamt Filmcrew und vielköpfiger Entourage weilt der King im kleinen Städtchen Ocala, Florida. Zu jener Zeit dreht Presley einen Film nach dem anderen, tritt kaum noch als Rock'n'Roller in Erscheinung. Überhaupt: Rock hat eine Auszeit genommen und der King die Koteletten abrasiert. Elvis macht jetzt auf Schwiegersohn. In Ocala dreht er *Follow That Dream*, anspruchslose Massenware, gerade gut genug für die weibliche Fanklientel. Hier, im provinziellen Norden des Sonnenstaates, ist sein Besuch ein Jahrzehntereignis, die Chronik des Städtchens verzeichnet aus Anlass der Dreharbeiten mehr Besucher als zu den Siegesfeiern nach dem Zweiten Weltkrieg. Unter ihnen ist auch der zehnjährige Tom Petty. Sein Onkel hat ihn mitgenommen, der Junge darf Elvis sogar persönlich treffen. Wieder zuhause im 25 Meilen entfernten

Gainesville, tauscht er seine Steinschleuder gegen eine Kiste mit Elvis-Singles. Jetzt hat's den Jungen erwischt. Immer wieder hört Tom die kleinen schwarzen Scheiben. Knapp drei Jahre später brechen die Beatles über das Land herein.

Spätestens jetzt weiß er, was er will. Immer häufiger hängt der Teenager an den coolen Plätzen von Gainesville ab. Er sieht die Continentals, eine lokale Surfband mit dem jungen Don Felder an der Gitarre. Bald schon ergattert er einen Job im örtlichen Instrumentenladen, wo auch Don arbeitet. Von ihm lernt er die ersten Klavierakkorde. Und er sieht die Escorts, eine Beatles-Coverband, angeführt von den Brüdern Gregg und Duane Allman. Wenig später tut sich Don mit seinem Kumpel Bernie Leadon zusammen. Tom ist mittendrin in der quirligen Gainesville-Szene – zu jung, um bei den Großen mitzumischen, aber nahe genug, um alles von ihnen zu lernen.

Daheim in der Familie sorgen Toms Neigungen für jede Menge Stress. Vater Earl hält den bockigen Filius für missraten in jeglicher Hinsicht. Jahrzehnte später, 2009, wird Tom Petty dem *Rolling Stone* erzählen: »Mein Vater dachte wohl, dass ich schwul bin. Sport interessierte mich nicht, und ich kannte nicht die Namen der großen Baseball-Spieler. Ich mochte Filme, Bücher und Schallplatten.« Eine Tracht Prügel war für den Jungen mit der blonden Brian-Jones-Frisur keine Seltenheit, und nichts hasste Tom so sehr wie die gemeinsamen Jagdausflüge, zu denen ihn sein Vater, ein passionierter Jäger, regelmäßig zwang. Schutz und Verständnis fand er nur bei Mutter Katherine.

Frühjahr 1974: Die Lokalmatadoren von Gainesville sind längst weg, nur Tom hält noch die Stellung. Duane lebt nicht mehr. Nachdem er mit Gregg und den Allman Brothers berühmt wurde und mit Eric Clapton *Layla And Other Assorted Love Songs* aufgenommen hat, verunglückt der vielleicht beste weiße Slidegitarrist am 29. Oktober 1971 mit dem Motorrad tödlich. Don und Bernie sind in Los Angeles drauf und dran, mit den Eagles abzuheben; und auch Dons jüngerer

Bruder Tom Felder hat sich aufgemacht ins gelobte Land, nach Kalifornien. Zuvor hatte er jahrelang gemeinsam mit Tom Petty in der Band Mudcrutch Florida unsicher gemacht, nun hat er Don beerbt und dessen Platz in Linda Ronstadts Begleitband übernommen.

Mudcrutch sind inzwischen eine der besten Bands in Florida, aber sie treten auf der Stelle. Tom, längst ein mit allen Wassern gewaschener Frontmann und ausgebuffter Songwriter, weiß das und beschließt, sein Glück ebenfalls in Kalifornien zu suchen – go west! Seine Kumpels von Mudcrutch kommen mit. Und wie es scheint, rennen sie an der Westcoast offene Türen ein. Gleich bei ihrer ersten Stippvisite in Los Angeles finden sie Interessenten für ihre Musik, tatsächlich will London Records, damals Heimstatt der jungen ZZ Top und in den Sechzigerjahren US-Vertriebslabel der Rolling Stones, die junge Band verpflichten. Tom und die Seinen fahren mit ihrem klapprigen Truck so schnell es geht zurück nach Florida, um den endgültigen Band-Treck gen Westen vorzubereiten (wozu auch gehört, dass Tom seine Freundin Jane Benyo heiratet). Kurz vor der Abfahrt allerdings erreicht Tom ein Anruf. In der Leitung meldet sich ein gewisser Denny Cordell, Inhaber von Shelter Records in L. A., wo die Heartbreakers eines ihrer Demos abgegeben haben. Cordell hat sich das Band angehört, ist begeistert und möchte die Jungs unter Vertrag nehmen. Tom lehnt dankend ab und erklärt Cordell, dass Mudcrutch mit London Records handelseinig sind. Cordell aber gibt nicht nach und schlägt der Band vor, auf halbem Weg nach Los Angeles doch einfach bei ihm in Tulsa, Oklahoma, anzuhalten und eine kleine Pause einzulegen. Man könne sich ja dort mal kennenlernen und gegebenenfalls auch in seinem Studio ein paar Aufnahmen machen. Eine gute Idee, findet Tom und sagt zu.

Cordell lebt zwar in den USA, der gebürtige Argentinier aber arbeitete in den Sechziger- und frühen Siebzigerjahren in England, wo er einige der erfolgreichsten Platten, unter anderem von Procol Harum, Manfred Mann und Joe Cocker, produzierte. In Mudcrutchs kompakten Songs erkennt er neben amerikanischen Einflüssen wie Bob Dylan und dem Countryrock der Flying Burrito Brothers auch die Liebe der Band zu britischen Vorbildern. In der amerikanischen Rockszene geben zu diesem Zeitpunkt progressive Acts wie Genesis mit ihrem Konzeptwerk *The Lamb Lies Down On Broadway* und XXL-Rocker wie Led Zeppelin den Ton an, gleichzeitig sind die Eagles und Fleetwood Mac dabei, den millionenträchtigen Adult-Contemporary-Rock zu erfinden – nicht wirklich Cordells Welt. Dem gefallen dafür an Mudcrutch der kompakte Ansatz und die rohe Energie, die unbekümmerte Frische, mit der die Band drauflos rockt. Sein Gefühl trügt ihn nicht: Die Philosophie der Jungs, zuerst einmal auf den Song Wert zu legen, nicht auf virtuose und ausufernde Solo-Showcases, ist alles andere als gestrig. Zur gleichen Zeit schließlich brüten hyperaktive Youngster in den düsteren Clubs von New York und London eine neue Musik aus. In den USA schöpfen diese jungen Musiker aus der Tradition der großen Sixties-Garagenbands, analog dazu knüpfen die Kollegen in England ebenfalls an das Erbe der Sechzigerjahre an. Keine zwei Jahre mehr wird es dauern, bis diese Bewegung, inspiriert von den New York Dolls, Stooges, Ramones, Dr. Feelgood und Eddie & The Hot Rods, in den Punk münden wird.

Als Mudcrutch in Tulsa ankommen, nehmen die Dinge ihren Lauf. Auf Anhieb kommen die Südstaaten-Twens mit dem exzentrischen Briten Cordell klar, jammen in dessen Studio. Bald ist klar, dass die Band ihr Angebot von London Records sausen lässt und stattdessen bei Shelter Records unterschreibt. Das erste Album jedoch wird eine Totgeburt. Mudcrutch sind eine versierte Liveband, Studioerfahrungen haben sie nicht. Bei den Sessions können sie ihre live so reichlich sprudelnde Energie und Spielfreude einfach nicht aufs Tape bannen. Mühsam muss die Gruppe lernen, dass Bühne und Studio zwei verschiedene Welten sind. Außerdem wehrt sich Danny Roberts, der zweite Gitarrist, gegen

Toms zunehmende Dominanz als Songwriter, er will eigene Stücke einbringen. Petty, vom wochenlangen Geplänkel genervt, platzt eines Tages der Kragen – und er steigt, kaum dass seine Karriere begonnen hat, aus seiner eigenen Band aus. Natürlich weiß er genau, dass Cordell in diesem Fall mit ihm ein Soloalbum aufnehmen wird.

Mudcrutch zerbricht, und der Labelchef heuert für Tom ein paar erfahrene Studiocracks an. Der legendäre Al Kooper spielt Hammond, dazu holt er den Bassisten Emory Gordy und Drummer Jim Gordon, der schon bei Derek And The Dominos getrommelt hat. Nur Toms Busenfreund und Gitarrist Mike Campbell ist von der alten Gang dabei. Langsam nimmt die Sache Konturen an. Dennoch: Zufrieden ist Tom mit der Situation nicht. Er wollte immer eine Band haben, Teil einer Gang sein, jetzt aber hat er bezahlte Begleitmusiker, wenn auch hochkarätige. Als Keyboarder und Ex-Mudcrutch Benmont Tench das Rhythmusgespann Stan Lynch und Ron Blair – auch die beiden stammen aus der Gainesville-Connection – für eine Session anschleppt, weiß Tom noch am selben Abend, dass er seine Traumband gefunden hat. Cordell tauft die frischgebackene Gruppe The Heartbreakers. Im November 1976 endlich erscheint das Debütalbum *Tom Petty & The Heartbreakers*.

..................................

Zunächst jedoch interessiert die Platte in den USA niemanden. Im Mai 1977 schickt Cordell seine Schützlinge als Support für Nils Lofgren auf eine Englandtour. Und siehe da, die Briten horchen auf, kaufen das Album in die Top 30. Kein Wunder, ist Pettys Musik doch tief verwurzelt in der Tradition des Britrock. Die Presse rückt den neuen Act gleich in die Nähe des wüst lärmenden Punk, übersieht dabei aber geflissentlich, dass Pettys arroganter Blick auf dem Plattencover und die raue Energie seiner Musik eher auf die frühen Stones verweisen als auf Sicherheitsnadeln tragende Zwei-Akkord-Wunder vom Schlage der Sex Pistols oder Ramones. Mit *Anything That's Rock'n'Roll* erweisen die Heartbreakers Jagger und Co. denn auch eine brillante Reverenz. Und *American Girl* klingt wie ein Byrds-Outtake – deren Chef Roger McGuinn witzelt später, dass er den Song glatt für seinen eigenen hielt, als er ihn zum ersten Mal hörte.

Ermutigt durch den britischen Erfolg bringt Shelter Records *Breakdown* in den USA als Single heraus und pusht, was die Promotionmaschine hergibt. Der Song macht sich allmählich im Radio breit, vor allem dank Jon Scott, einem Promomann von der Shelter-Vertriebsfirma ABC Records, der sich ein Bein ausreißt, um die Single an den Mann zu bringen. Wer sich das Album mit seinen zehn kurzen Songs genauer anhört, stellt fest, dass Petty alles andere als ein Bilderstürmer ist. Im Gegenteil, er und seine Herzensbrecher sind zunächst mal Fans. Nicht die irgendwelcher Stars, sondern vor allem Fans der großen Singles des Rock'n'Roll, des Rockabilly, Rhythm'n'Blues und Memphis Soul; der Beatles, Kinks und Stones, der US-Pioniere wie Dylan, Byrds, Gram Parsons und Buffalo Springfield. Aus diesen Quellen schöpft Toms Songwriting, all dies vermischen die Heartbreakers in ihrer Musik. Mit konsensfähigem Designerrock à la Fleetwood Mac oder Eagles haben sie dabei nichts am Hut. Punks sind sie deshalb jedoch längst nicht, Petty verbindet die klassische Rebellenpose mit schnörkellosem Rock'n'Roll. Eine Formel, die mehr zu bieten hat als kurzlebige Klischees und medienträchtigen Protest gegen was auch immer. Angesprochen darauf, dass die Presse die Heartbreakers dem Punk zurechnet, stellt Tom 1977 in einem TV-Interview klar: »Wir sind unser eigener Club, eine Rock'n'Roll Band.«

Album Nr. 2, *You're Gonna Get It*, erscheint im Mai 1978. Es festigt Pettys Position und klettert in die Top 40. Kurz darauf aber folgt Toms erste heftige Auseinandersetzung mit dem Business. ABC, die Muttergesellschaft von Shelter

Records, wird von MCA geschluckt, einem Major, bei dem Petty niemanden kennt. Big Business, mit dem er nichts zu tun haben will. Zur Überraschung der MCA-Manager will der Newcomer aus seinem Vertrag aussteigen. Mit einem solchen Dickschädel haben sie nicht gerechnet, nach langwierigen juristischen Auseinandersetzungen müssen sie extra für ihn das Unterlabel Backstreet Records gründen. Zum ersten Mal hat Petty sich gegen die Strukturen der Branche behauptet. Nicht weiter erstaunlich eigentlich, denn Toms Naturell entspricht dem des stoisch-sturen Südstaatlers. Zwar ist er im entspannten Klima von Florida aufgewachsen, Gainesville jedoch liegt fast schon in Georgia, weit entfernt vom karibischen Flair Key Wests. Drummer Stan Lynch wird ihn später einen »Redneck, aber im positiven Sinne« nennen.

1979 jedenfalls ist endlich der Weg frei für *Damn The Torpedos*. Dieses dritte Album, veröffentlicht im November dieses Jahres, fasst die Stärken der Heartbreakers und ihres Chefs zusammen: konzentriertes Songwriting, großartige Refrains, Rotz und Power satt, dazu eine Mannschaftsleistung, die wohldosiert jedem Song das Seine gibt, ohne dabei das Pedal bis unten durchzutreten – Volltreffer und nationaler Durchbruch! Die Single *Don't Do Me Like That* wird zum ersten großen Heartbreakers-Hit, daneben gibt's Klassiker in Serie, *Refugee*, *Here Comes My Girl*, *Even The Losers* sowie das sentimentale *Louisiana Rain*. Entscheidenden Anteil daran tragen Jimmy Iovine, ein junger Produzent aus Brooklyn, der zuvor Patti Smith mit dem Springsteen-Song *Because The Night* zum Welthit verhalf, und Toningenieur Shelly Yakus. Sie besorgen den Heartbreakers den Million-Dollar-Sound, der diese kleine Rock'n'Roll Band in einen Big Rock Act verwandelt, ohne ihr Punch und Personality zu nehmen – plötzlich klingen die Drums doppelt so fett, die Vintage-Ästhetik der Gitarren hochmodern, und Toms nasales Gesangsorgan strahlt deutlich mehr Soul aus. Mit *Damn The Torpedos* kommen die fünf Musiker im Mainstream an.

Fünf Jahre spielen die Heartbreakers nun zusammen. Primus inter pares: Gitarrist Mike Campbell, der sich kaum je in den Vordergrund drängt, stattdessen sein geradezu enzyklopädisches Wissen uneitel, virtuos und stilsicher in den Dienst der Songs stellt, die er ohnehin zum großen Teil gemeinsam mit Tom schreibt. Trotz seines immensen Talents hat der zurückhaltende Campbell keinerlei Solo-Ambitionen. Sein Credo: »Ich mag Songs und ich höre gerne Sänger. Bei den Heartbreakers habe ich einen großartigen Schreiber und einen großartigen Sänger, mit dem ich an meinen Songs arbeiten kann. Wo könnte ich schon jemanden finden, der fähig wäre, es mit Tom aufzunehmen?« Ähnlich sehen das Benmont Tench und auch Stan Lynch. Außerdem mausert sich Petty immer mehr zum Rock'n'Roll-Rattenfänger, dem die Herzen nur so zufliegen. Mit seiner blonden Mähne und den markanten indianischen Zügen – in seinen Adern fließt Cherokee-Blut – verkörpert er das Ideal des coolen Rockstars. In der Band ist er der unbestrittene Chef, eine Position, die er wie selbstverständlich einnimmt. Von vornherein war er derjenige, der die anderen mitriss, der wusste, wohin er wollte, der die Entscheidungen für seine Truppe traf und auch verantwortete. Symptomatisch die Anekdote, als er Mike Campbell zu Mudcrutch holte: Nach einer ersten gemeinsamen Session über Chuck Berrys *Johnny B. Goode* bedeutete Petty dem jungen Gitarristen kurz und trocken: »You're in the band.« Unsicher antwortete der schüchterne Campbell: »Aaah, I don't know ...« Daraufhin Petty barsch und bestimmt: »But I know!«

Zu Beginn der Achtzigerjahre genießt die Band auch in Musikerkreisen höchstes Ansehen. Das instrumentale Rückgrat der Heartbreakers, allen voran Mike Campbell und Benmont Tench, ist in den nächsten Jahren auf beinahe jeder kalifornischen Rockproduktion von Rang zu hören. Als MCA den Verkaufspreis des nächsten Heartbreakers-Albums, *Hard Promises* (1981), auf stolze 9,95 $, also einen Dollar mehr als damals üblich, festsetzen will, bekommen die Manager ein weiteres Mal Pettys Sturheit zu spüren. Er droht damit, den Albumtitel in *8,95 $* zu ändern und setzt schließlich durch, dass die Platte zum alten Preis in die Läden kommt. Zur Freude der Fans, deren Geduld mit Hits wie *The Waiting* und einem betörenden Duett von Tom mit Stevie Nicks, *The Insider*, belohnt wird.

Das fünfte Heartbreakers-Album, *Long After Dark* (1982), erfüllt die Erwartungen im Großen und Ganzen, obwohl hinter den Kulissen ein Grabenkrieg zwischen Petty und Produzent Iovine schwelt. Petty möchte weg vom inzwischen etablierten Mainstream-Rock der zuvor veröffentlichten Alben und neue musikalische Jagdgründe erkunden, Iovine will an der platinveredelten Formel festhalten. Diesmal fließen die Energien der beiden Persönlichkeiten nicht zum Wohle des Ganzen ein, Tom fühlt sich müde und kann als Songwriter das schwindelerregend hohe Niveau der letzten Jahre nicht ganz halten.

Nach gut einer Dekade deutet sich bei den Heartbreakers erstmals eine Krise an. Auf dem von Eurythmic Dave Stewart mitbetreuten *Southern Accents* (1985) ist kaum zu überhören, dass die Band ihren Enthusiasmus verloren hat und sich in der schönen neuen Klangwelt, die Stewart aus England mitgebracht hat, nicht wirklich wohl fühlt. Trotzdem, auch *Southern Accents* bietet große Momente, allen voran das psychedelisch aufgeladene und mit Sitar-Klängen gewürzte *Don't Come Around Here No More*, dessen Video-Umsetzung später mit Preisen überhäuft wird. Und doch, auf der Platte, die Tom ursprünglich als Soloalbum über seine Südstaaten-Wurzeln geplant hat, erstickt manch guter Ansatz unter der ambitionierten, stellenweise modischen Produktion. Dennoch verkauft sich das Album gut. In den Liner Notes zum Karriere-Überblick *Playback* (1996) erklärte Petty die Situation rückblickend: »Wir hatten es geschafft, hatten nun Häuser, Freizeit, Geld und waren nicht mehr ständig unterwegs. Zwischen 1983 und 1985 war in meinem Haus Dauerparty!« Was der Konzentration nicht eben förderlich ist. Erstmals seit Jahren kann die Band ausspannen, der Drogenkonsum steigt ins Maßlose, und obendrein steht Toms Ehe kurz vor dem Scheitern. Sein sarkastischer Kommentar: »Ich war in keiner guten Verfassung. Sie nannten unser Haus die beste Bar in L.A. Die ganze Nacht hindurch kamen irgendwelche Leute, wer nach zwei Uhr nachts nichts zu tun hatte, schaute bei uns vorbei.«

Petty wird immer unberechenbarer, gelegentlich jähzornig. Als er vor Wut über einen schlechten Mix von *Rebels* im Studio mit der Faust auf eine Wand schlägt, zieht er sich einen Trümmerbruch des Mittelhandknochens zu – für eine Weile sieht es so aus, als könne er nie wieder Gitarre spielen. Offenbar ein Zeichen zur rechten Zeit, Petty versucht nun sein aus den Fugen geratenes Leben zu ordnen. Und er weiß, dass die Heartbreakers drauf und dran sind auseinanderzufallen. Die Band wirkt ausgelaugt, lustlos, satt – kaum noch eine Spur vom vitalen Drive der frühen Jahre. Bassist Ron Blair hängt das aufreibende Leben als Rockstar bereits seit einiger Zeit zum Hals heraus, er quittiert den Dienst und steigt 1982 ganz aus dem Business aus. Howie Epstein, bis dahin Bassist in der Tourband von Del Shannon, löst ihn ab.

........................................

1986 stehen die Heartbreakers am Scheideweg. Ein neuer Kick, eine kreative Spritze muss her. Und die erscheint in Gestalt von Bob Dylan. Der Altmeister nimmt die Heartbreakers als Begleitband mit auf seine Welttournee. Für Tom, der Dylan seit Teenagertagen verehrt, kommt dies einem Ritterschlag gleich. Die beiden schreiben mit *Jammin' Me* gemeinsam eine Single, die als Zugnummer für das 1987er-Heartbreakers-Album *Let Me Up (I've Had Enough)* fungiert. Erstmals produzieren Petty und Campbell allein, mit dem Album versuchen sie eine Rückkehr zu den Roots, zum unprätentiösen Rock ihrer Anfänge. Das Resultat jedoch kann nicht ganz befriedigen, neben gelungenen Songs wie *Jammin' Me* und *All Mixed Up* finden sich auf *Let Me Up* auch Füller und unfertige Songskizzen. An der Ladenkasse enttäuscht die Platte, von der Kritik wird sie lauwarm aufgenommen. Tom ist frustriert.

Wenig später kommt es an einer Ampelkreuzung in Los Angeles zu einer Begegnung mit Folgen. Petty entdeckt im Auto nebenan zufällig Jeff Lynne, seines Zeichens Chef des Electric Light Orchestra. Er verabredet sich mit dem Engländer. Zur gleichen Zeit ist Tom vernarrt in ein Demotape des bald erscheinenden George-Harrison-Albums *Cloud Nine*, das Lynne coproduziert hat. Die beiden freunden sich an, spielen zusammen und brüten, gemeinsam mit Harrison und Roy Orbison, an dessen Comebackalbum Lynne ebenfalls arbeitet, ein paar Songs aus. Der illustren Clique tritt wenig später noch Dylan bei, und fertig sind die Traveling Wilburys, die erste echte Supergroup seit den fernen Tagen von Cream und Blind Faith. Lässig schütteln die Veteranen – Tom ist der Jüngste von ihnen – ein Dutzend relaxter Stücke aus dem Ärmel. Die Welt applaudiert begeistert und kauft das kurz darauf Grammygekürte Album millionenfach. Wohl auch, weil man *Traveling Wilburys Vol. 1* (1988) anhört, dass es eine reine Spaßveranstaltung ist – ein Aspekt beim Musikmachen, der Tom zuletzt ein wenig abhanden gekommen zu sein schien, den er jetzt aber umso mehr genießt. Neben der Arbeit mit den Wilburys schreibt Tom, zum Teil mit Lynne, Songs für ein Soloalbum.

Als er die seinem Label vorlegt, lehnt man dort eine Veröffentlichung ab – zu wenig Hits! Petty: »Ein halbes Jahr später gab ich ihnen das gleiche Album noch einmal. Und plötzlich liebten sie's.« Im April 1989 bringt Tom *Full Moon Fever* heraus. Die Singles *I Won't Back Down* und *Running Down A Dream* charten, zur Hymne jedoch wird das majestätische Teen-Psychogramm *Free Fallin'*. *Full Moon Fever* wird zum größten Erfolg in Pettys Karriere, es erhält Dreifach Platin, schafft weltweite Top-Five-Platzierungen und macht eine neue Hörergeneration auf Tom aufmerksam.

Im Sommer 1991 trommelt Petty seine Heartbreakers wieder zusammen. Die Sessions zu *Into The Great White Open* werden jedoch schwierig, nicht alle Bandmitglieder harmonieren mit Lynne. Der Produzent tüftelt im Studio, liebt die Bastelei an komplexen Arrangements und trägt detailversessen Farbe um Farbe auf, die Heartbreakers hingegen arbeiten auch im Studio am liebsten live, spielen die Songs möglichst gemeinsam und in einem Take aufs Band. Lynne setzt seine Arbeitsweise im Studio durch. Auf der Habenseite von *Into The Great White Open* landen dabei neben dem Titeltrack Songs wie *Learning To Fly* und *All Or Nothin'*, insgesamt aber bleibt das Album hinter den Erwartungen zurück. Schlimmer noch, fast sprengt es die Band.

Stan Lynch mag nicht mehr. Er ist unzufrieden mit seiner Rolle in der Gruppe und enttäuscht von Pettys Popkurs. Zudem hat er sich als Songwriter profiliert, der den mit Don Henley geschriebenen Track *Learn To Be Still* auf dem Eagles-Comeback-Album *Hell Freezes Over* (1994) untergebracht hat. Jahre später wird Tom zugeben, dass es bei der Produktion von *Into The Great White Open* »ein Fehler war, den Heartbreakers nicht mehr Mitspracherecht zu geben. Wenn sie ihren normalen Input hätten geben können, hätte es wohl funktioniert.«

Stan ist weg, die Show aber muss weitergehen. Steve Ferrone ersetzt Lynch, und Multiinstrumentalist Scott Thurston wird sechster Heartbreaker. Nach einer triumphalen Welttournee macht sich Tom an ein neuerliches Solowerk. Dafür holt er mit Rick Rubin einen Produzenten, der die Musik von Lynnes Bombast befreit, alles aufs Nötigste reduziert und so alte Stärken hervorkitzelt. *Wildflowers*, nichtsdestotrotz mit fast allen Heartbreakers eingespielt, trifft im November 1994 auf eine völlig veränderte Popszene: Kurt Cobain ist tot, Grunge schon wieder Geschichte und *Loser* Beck der Mann der Stunde. Petty, inzwischen fast 44 Jahre alt, gehört plötzlich zu den Elder Statesmen. Ein Status, zu dem das neue Album mit seinem schnörkellosen Sound, introspektivem Ansatz und eindringlichen Songs wie *You Don't Know How It Feels* beiträgt. Letzterer gewinnt 1996 einen Grammy, das Album immerhin erhält eine Nominierung, und die Verkäufe fallen mit Dreifach-Platin höchst respektabel aus.

Zum Ende des Jahrzehnts, nach der entspannten, allerdings wenig aufregenden Songsammlung *She's The One* (1996), die Petty mit den Heartbreakers für den gleichnamigen Ed-Burns-Film eingespielt hat, überrascht er mit *Echo* (1999), das auffällig depressive und düstere Untertöne anschlägt. Zuvor war nach zwanzig Jahren Toms Ehe mit Gattin Jane zerbrochen – eine einschneidende private Erfahrung, die sich in den Songs niederschlägt. Titel wie das resignierte *Rhino Skin* und das zornige *I Don't Wanna Fight*, obwohl aus Mike Campbells Feder, sprechen für sich. Eine schwierige Phase im Leben des Ober-Herzensbrechers, die er in Peter Bogdanovichs epischer Band-Dokumentation *Running Down A Dream* (2006) so kennzeichnete: »Ich schrieb zwar all die Songs für *Echoes*, aber ich saß nicht wirklich am Steuer des Wagens.«

Kämpfen will Tom allerdings sehr wohl – für die Sache der Musik. Immer schon hielt Petty die Industrie für den natürlichen Feind des Musikers, und 20 Jahre nach dem Kleinkrieg mit MCA um den Ladenpreis für *Hard Promises* hat sich an dieser Haltung nichts geändert. Im Zeichen der großen Download- und Copy-Krise, der totalen Durchformatierung der Radiolandschaft und des auch in den USA um sich greifenden Castingwahns, setzt Petty mit seinen Heartbreakers ein neuerliches Zeichen. Das Konzeptalbum *The Last DJ* (2002) rechnet ab mit dem Business, geißelt geldgeile Bosse und korrupte DJs. In den Credits findet sich der vielsagende Satz: »This album is dedicated to everyone who loves music just a little more than money«. Aber: So gerechtfertigt die Klage ist, so wenig überzeugt ihre musikalische Umsetzung. Die Kritik zerreißt das Album, kanzelt es als weinerliches Lamento ab, dem es an Durchschlagskraft und hochkarätigen Songs mangelt. Auch die Fans halten sich zurück.

Ungerührt geht Tom mit der Band auf US-Tour, wie immer vor ausverkauften Häusern. Mit dabei ist auch ein alter Freund: Ron Blair, Ur-Heartbreaker, ist zurück und hat den Mann ersetzt, der einst ihn ersetzt hatte. Howie Epstein, den Petty wegen seiner langjährigen Heroinprobleme kurz zuvor rausgeworfen hatte (Petty: »Wir haben alles getan, um ihm zu helfen, aber ab einem bestimmten Punkt konnte er nicht mal mehr Gigs mit uns spielen«), stirbt am 23. Februar 2003 in Santa Fe, New Mexico, an den Folgen seines Drogenmissbrauchs.

Mitte des Jahrzehnts entdeckt Tom, der inzwischen auch privat wieder festen Boden unter den Füßen respektive mit Dana eine neue Ehefrau hat, eine neue alte Passion: das Radio. Seit 2005 bestreitet er, ähnlich wie sein Buddy Bob Dylan, beim Internet-Radio Sirius XM Radio *Tom Petty's Buried Treasure*, ein regelmäßiges Musikprogramm, in dem er spielt, was er liebt: Wilson Pickett, Slim Harpo, Jerry Lee Lewis, Steve Miller, Joe Cocker und sogar Jakob Dylan's Wallflowers.

Zurück in die Zukunft hätte auch als Motto für sein bislang letztes, insgesamt drittes Soloalbum durchgehen können: *Highway Companion* (2006), enstanden wiederum unter der Produzenten-Ägide von Rick Rubin, bietet sozusagen »Vintage Petty«. Dass er und seine Heartbreakers längst zur amerikanischen Institution geworden sind, bestätigt eine Ehre, die der Band 2008 zuteil wird: Am 3. Februar tritt sie vor gut 100 Millionen TV-Zuschauern in Glendale, Arizona, in der Halbzeit der 42. Super Bowl, des Finales um die amerikanische Footballmeisterschaft, auf. Anschließend gehen die Heartbreakers einmal mehr auf ausgedehnte Tournee – alive and kicking wie immer. Im Sommer 2010 steht dann mit *MOJO* ein nagelneues Heartbreakers-Album in den Hitlisten, das sich in seiner naturbelassenen Knorrigkeit anhört wie eine einzige großartige Liebeserklärung an den rauen, ungestümen Southern Rock, den Mudcrutch einst im Gepäck hatten, als sie gen Kalifornien aufbrachen.

Inzwischen hat Tom Petty, einst Junior-Partner bei den legendären Traveling Wilburys, stolze vierzig Jahre im Profigeschäft hinter sich. Gespielt hat er nicht nur mit den Heartbreakers, sondern auch mit Legenden wie Bob Dylan, Johnny Cash und George Harrison. Verändert hat es sich in all den Jahren kaum, seine Triebfeder ist auch nach 60 Millionen verkauften Schallplatten dieselbe wie einst, als er sich mit seinen Freunden von Gainesville in die Welt des Showbiz aufmachte: »Es ist wie bei einem Prediger. Der ist besessen von seiner Mission, er will den Menschen Gott nahebringen. Und ich bin eben besessen vom Rock'n'Roll.« Die Themen des Songwriters Tom Petty, der sich privat für Greenpeace, US-Veteranen-Organisationen und die AIDS-Forschung einsetzt, sind dabei im Grunde dieselben geblieben, Songs wie *Anything That's Rock'n'Roll*, *American Girl*, *Free Fallin'* und *Dreamville* betrachten die Welt aus der zeitlosen Perspektive der amerikanischen Vorstädte, erzählen von den Träumen und Ängsten der dort heranwachsenden Generationen und spiegeln sich in der Weisheit dieses alten Fahrensmannes, der im Grunde seines Herzens immer der halbwüchsige Southern Rebel aus Gainesville geblieben ist.

Die Heartbreakers indes scheinen zu einer aussterbenden Spezies zu gehören. Eine Gruppe, die über die Jahrzehnte eine einzigartige Evolution erlebt und, im Gegensatz zu manchem Konkurrenz-Act, ausschließlich als Kollektiv gleichberechtigter Musiker funktionieren kann. Kaum denkbar, dass Tom Petty eines Tages mit einer aus hochkarätigen Mietmusikern bestehenden Begleitband unter dem Namen Heartbreakers auf Tour gehen würde. Nicht jedenfalls, so lange dieser Gruppe der letzte große Romantiker des Rock vorsteht. Einer, dem es mit seiner Musik um einen Lebensentwurf geht, nicht um Marken und Renditen.

*Empfehlenswert:*

**Damn The Torpedos (1979)**

Produzent Jimmy Iovine war baff, als Tom Petty ihm die ersten zwei Songs für dieses Album in der Rohversion auf der Akustikgitarre vorspielte: »Es waren *Refugee* und *Here Comes My Girl*. Und es hat mich umgehauen. Ich habe dann zu Tom gesagt, was ich sonst noch nie zu einem Künstler gesagt habe: Du brauchst für dieses Album eigentlich keine weiteren Songs!« Es wurden aber doch noch sieben zusätzliche, darunter die Single *Don't Do Me Like That*, der trotzige Rocker *Even The Losers* und die epische Ballade *Louisiana Rain*. *Dams The Torpedos* kam wie aus einem Guss und katapultierte die Heartbreakers in die erste Liga der US-Rock-Acts. Das Album hatte keine einzige Schwachstelle, rockte und rollte die damalige Szene in Grund und Boden, machte Spaß und bot Songs, die bis heute zu den Säulen von Pettys Repertoire gehören. Zweifellos das stärkste Album der Heartbreakers.

**Anthology: Through The Years (Compilation)**

Mehr als drei Dekaden sind Petty und die Seinen nun im Geschäft, zurückgelegt haben sie dabei einen nicht immer geradlinigen Weg. Einigermaßen umfassend dokumentiert ist ihre Laufbahn auf diesem Doppeldecker, der neben sämtlichen großen Hits der Band wie auch der Solowerke das ursprünglich auf einem Stevie-Nicks-Album erschienene *Stop Draggin' My Heart Around*, das sonst nicht zu findende *Waiting For Tonight* (mit den Bangles) sowie das extra für diese Compilation aufgenommene *Surrender* enthält. *Anthology* bietet den gelungenen Schnelldurchlauf, von *Breakdown* bis *Mary Jane's Last Dance*.

**Running Down A Dream (3-DVD-Boxset + CD, Dokumentarfilm von Peter Bogdanovich)**

Aus Anlass ihres 30-jährigen Bestehens gaben die Heartbreakers am 21. September 2006 in ihrer Heimatstadt Gainesville,

Florida, ein Konzert, das der renommierte Regisseur Peter Bogdanovich filmte und als Ausgangsmaterial für eine aufwändige Kinodokumentation nutzte. Dabei kam ihm zugute, dass nicht nur überraschend viel Filmmaterial aus der Zeit vorlag, bevor die Heartbreakers bekannt wurden, sondern auch, dass die Bandmitglieder bemerkenswert offen Rede und Antwort standen und jede Menge berühmte Weggefährten und Bewunderer – von Denny Cordell und Jimmy Iovine bis hin zu George Harrison, Jeff Lynne, Rick Rubin und Eddie Vedder – für Interviews zur Verfügung standen. Herausgekommen ist dabei eine faszinierende Reise durch mehr als fünf Jahrzehnte, die den langen Weg von Petty und seiner Band detailliert und einfühlsam nachzeichnet – nicht umsonst gewann die vierstündige Dokumetation im Jahr 2007 einen Grammy. Zusätzlich zum auf zwei DVDs verteilten Film bietet das Boxset *Runnin' Down A Dream* auf einer weiteren DVD das komplette Jubiläumskonzert sowie eine beigefügte CD mit Mitschnitten diverser TV-Auftritte der Siebzigerjahre, etwa im englischen *Old Grey Whistle Test*, dazu die berühmte *Honey Bee*-Performance von 1994 bei *Saturday Night Live* mit Dave Grohl am Schlagzeug sowie einige Studio-Outtakes, zum Beispiel John Sebastians *Stories We Could Tell.*

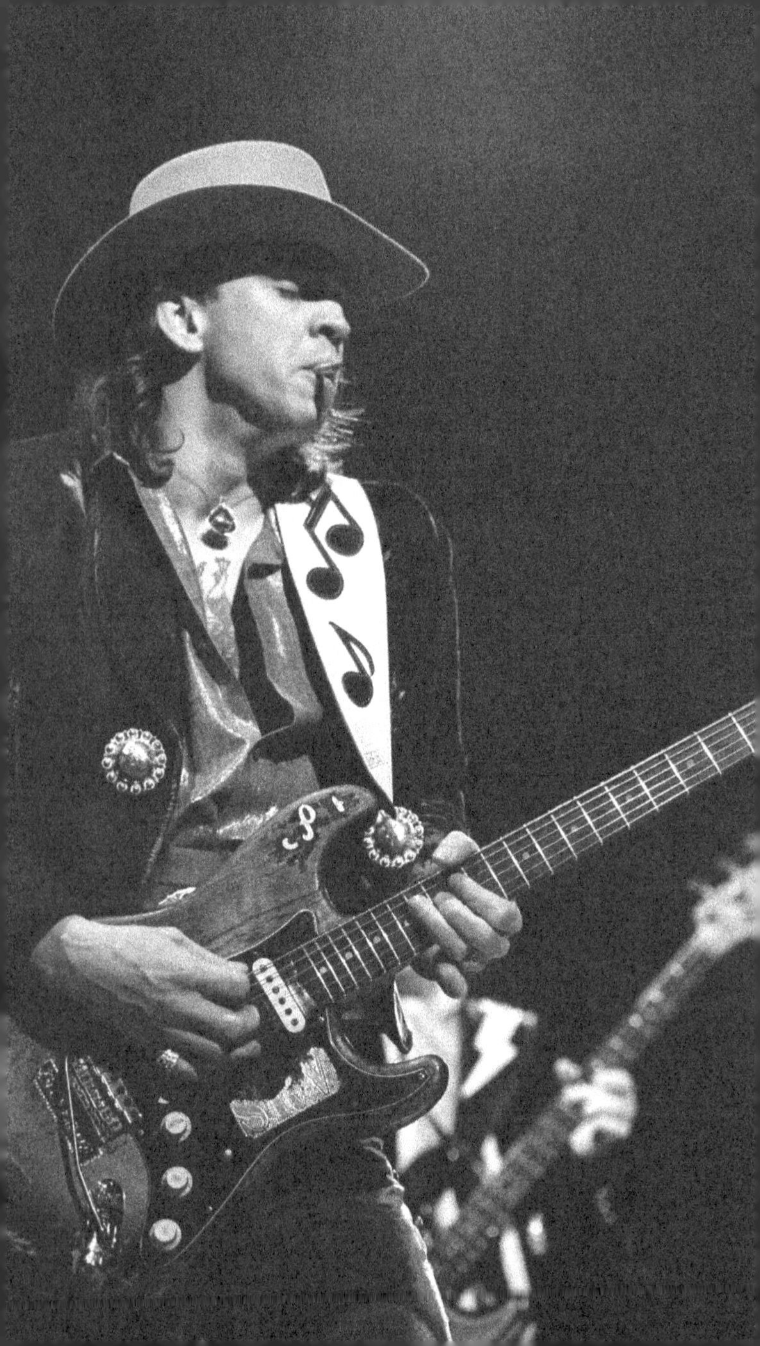

# DER LETZTE BLUESMANN

*Stevie Ray Vaughan und der Tod des Blues*

MAUSETOT ist der Blues im Sommer 1983. Wieder einmal haben die Briten mit einer neuen Mode die Kommandobrücke im Popgeschäft übernommen. Boy George und seine Kohorten haben die Charts im Griff. Und nicht nur die, so scheint es, denn auch die Herzen der jugendlichen Fans gehören nun den schrillbunten Paradiesvögeln aus dem Königreich. Neben Culture Club sind das zum Beispiel die Popper von Duran Duran und Heaven 17, Teen-Idol Limahl mit seiner grotesken Frisur und Shakin' Stevens, der den guten alten Rock'n'Roll kurzerhand zum Schlager umfunktioniert. Schlechte Zeiten also für Echtes, für raue Gitarren und kantigen Rock – erst recht schlechte Zeiten für den Blues.

Dennoch wird dieses Jahr ein großes für den weißen Blues, eines der größten seit den glorreichen Tagen von John Mayall, Cream, Fleetwood Mac und Johnny Winter. Denn in diesem Jahr feiert ein bis dahin völlig unbekannter texanischer Gitarrist seinen weltweiten Durchbruch. Mit seinem Debütalbum *Texas Flood* landet Stevie Ray Vaughan einen fetten Pophit und verkauft Millionen Platten. Die Gazetten zwischen London und Los Angeles rufen ihn prompt zum neuen Gitarrengott aus. Ein erstaunlicher Vorgang, der gute Gründe hat.

»Seit Robert Johnson habe ich keinen so vom Geist des Blues beseelten Musiker wie Stevie gehört!« Große Worte. Und der das sagt, ist selbst Legende: Produzent und Talentscout John Hammond. Als er 1982 Stevie Ray Vaughan einen Vertrag mit Epic verschafft, sorgt er damit für den letzten süßen Musenkuss, den der Blues dem Pop für eine lange, lange Zeit verpassen sollte.

Und natürlich bedeutet dieser Vertrag auch die Wende im Leben des 28-jährigen Stevie Ray Vaughan. Endlich kann er einem größeren Publikum zeigen, was er bei Hunderten von Clubgigs längst unter Beweis gestellt hat: Er ist der wohl einzige Gitarrist seiner Generation, der den Blues auch jugendlichen Hörern schmackhaft machen kann. Überdies pumpt Stevie wie keiner sonst Personality in die zwölf Takte. Seine Musik, sein Ton, seine Stimme – schon 1982 sind sie unverwechselbar.

.....................................

Stevies Geschichte beginnt am 3. Oktober 1954 im Methodist Hospital von Dallas, Texas. Die Familie lebt im Bezirk Oak Cliff, einem südlichen Vorort der Ölmetropole. Die Eltern sind zwar selbst keine Musiker, aber echte Fans. Ihre Plattensammlung birgt Schätze von T-Bone Walker, Chuck Berry und Lightnin' Hopkins. Und sie nehmen ihre zwei Jungs schon früh mit zu Konzerten, so sieht Klein Stevie R'n'B-Urgestein Fats Domino, Blueslegende Jimmy Reed und Western-Swing-Veteran Bob Wills mit seinen Texas Playboys. 1963 bricht sich sein drei Jahre älterer Bruder Jimmie das Schlüsselbein, zum Trost bekommt er eine Gitarre. Stevie quengelt, will auch eine und bekommt seinen Wunsch bald erfüllt. Mit acht Jahren klimpert er nun zum ersten Mal auf seiner eigenen Gitarre, und Jimmie wird zum wichtigsten Einfluss für den Knirps.

Als die Nation in diesem Herbst den tragischen Tod ihres Präsidenten John F. Kennedy betrauert, der am 22. November

1963 keine drei Meilen vom Haus der Vaughans entfernt ermordet worden ist, hocken die beiden Jungs in jeder freien Minute daheim in ihrem Zimmer und üben wie besessen. Noten können sie nicht lesen, sie lernen nach Gehör. Um den Vorbildern auf die Schliche zu kommen, spielen sie auf ihrem Plattenspieler immer wieder dieselben abgenudelten 45er-Platten ab. Zu ihren Idolen zählt neben den Kings – B. B., Freddie und Albert – vor allem Johnny »Guitar« Watson. Der raue Rhythm'n'Blues des Mannes aus Houston, Texas, hat es den Vaughans besonders angetan, sie werden ihn in den nächsten drei Jahren regelrecht sezieren. Auf dem Album *Family Style* (1990), dem einzigen, das die zwei gemeinsam einspielten, ist ein Foto aus jenem Jahr 1963 abgebildet. Es zeigt die halbwüchsigen Brüder hinter riesigen Akustikgitarren.

1965, Stevie ist gerade zehn, trifft er einen Jungen, der zum lebenslangen Freund wird, Doyle Bramhall. Er ist zwar nur ein Jahr älter als Stevie, spielt aber bereits in der Band von dessen Bruder Jimmie. Doyle (dessen Sohn, Doyle Bramhall II. heute als Gitarrist in Eric Claptons Tourband spielt) ermutigt Stevie, weiter hart an seinem Spiel zu arbeiten. Eine Motivation, die Stevie nie vergessen wird. Jahre später wird er über seinen Freund sagen: »Doyle war der Erste, der mir sagte, dass ich gut bin.« Die Eltern sehen die Dinge nicht so rosig. Sie sorgen sich um ihre Jungs, die, kaum in der Pubertät, einen lockeren Umgang mit Drogen und Alkohol pflegen. Das aber ist nur eine Sache, die die Eltern beunruhigt. Eine andere hängt mit vier jungen Männern aus dem fernen England zusammen. Denn spätestens seit die Beatles im Frühjahr 1964 die USA erobert haben, wissen Jimmie und Stevie, was sie wollen: Musik machen, sonst nichts. Schule interessiert nicht. Immer wieder kommt es zu heftigen Auseinandersetzungen mit den Eltern. 1967, im Flower-Power-Jahr, folgt dann die finale Machtprobe im Hause Vaughan: Vater und Mutter wollen den Söhnen das Spielen verbieten. Wie Tausende andere Kids in diesem Sommer beschließt nun auch Jimmie, das Elternhaus zu verlassen. Ihn zieht es nicht wie all die anderen ins Hippiezentrum Haight-Ashbury nach San Francisco, und auch steckt er sich keine Blumen ins Haar. Der 16-Jährige bleibt zunächst in Dallas. Er will sein eigener Herr sein und als Musiker vorankommen. Stevie bleibt allein mit seiner Gitarre daheim in Oak Cliff.

Das Jahr 1970 bringt ein Schlüsselerlebnis für den inzwischen 15-jährigen Stevie: Während er als Tellerwäscher in einem Burger-Restaurant ein paar Dollar dazuverdient, fällt er bei Reinigungsarbeiten in ein Fass mit Fett. Fluchend sitzt er da bis zum Hals im Dreck und beschließt, nie wieder etwas zu tun, was er nicht tun will. Er konzentriert sich nun voll auf die Gitarre. Jimmie und Doyle verabschieden sich in diesem Sommer nach Austin. Ein Jahr später verlässt Stevie die Justin F. Kimball Highschool und folgt den beiden. Jetzt ist er wieder mit seinem Bruder vereint, jetzt werden sie mit der Gitarre die Welt erobern. Was Stevie nicht ahnt: Vor ihm liegen erst einmal zehn harte Lehr- und Wanderjahre.

In Austin läuft ihm zunächst Tommy Shannon, später Bassist bei Double Trouble, über den Weg. Die beiden spielen zusammen in verschiedenen Bands, machen sich eine gute Zeit und in der Szene der Stadt allmählich einen Namen. Die nächste Station auf Stevies Weg nach oben ist eine Lady – allerdings eine aus Holz: In einem Gebrauchtwarenladen namens »Ray's Heart Of Texas Music Shop« in Austin findet er 1973 eine ramponierte Fender Stratocaster. Er nennt sie »Number One«. Bis zu seinem Lebensende bleibt sie seine Lieblingsgitarre. In einem Interview erklärt er Jahre später: »Ich musste gar nicht darauf spielen – ich sah auf den ersten Blick, dass diese Gitarre großartig klingen würde. Meine 63er-Strat hatte ich dabei und so fragte ich Ray, ob er sie eintauschen würde. Gott sei Dank tat er das, seitdem ist sie meine bevorzugte Streitaxt.« Ganz besonders hat es ihm der Hals der Gitarre angetan, er ist ungewöhnlich dick und kommt damit Stevies kohlenschaufelgroßen Händen sehr entgegen.

Bei ungezählten Auftritten in den Clubs von Austin holt sich Stevie Routine, erweitert sein Repertoire, und immer deutlicher arbeitet er seinen ganz eigenen Stil aus, der ihn schon in diesen frühen Tagen unverwechselbar macht. Meistens ist er mit einer Band namens The Cobras unterwegs, im Laufe der Zeit bringen sie es sogar auf drei Singles bei lokalen Labels – allesamt Flops. Gelegentlich jammt er mit anderen, besonders gern natürlich mit Jimmie, den er nach wie vor für den besten Gitarristen in Texas hält.

1975 brechen die Cobras auseinander, und Stevie gründet seine eigene Band, Triple Threat. Er ist nun 21 Jahre alt, hat alles drauf, was man können muss, so glaubt er jedenfalls, und fühlt sich bereit für den großen Ruhm. Bruder Jimmie ist in den Südstaaten bereits eine Berühmtheit, seit 1974 gehört er zu den Fabulous Thunderbirds, einer vor allem live angesagten R&B-Truppe mit dem Harpvirtuosen und Shouter Kim Wilson. Überall im Land tritt Stevie mit Triple Threat auf, zu denen nun auch der spätere Double-Trouble-Drummer Chris Layton gehört, aber so richtig will der Knoten nicht platzen. Noch nicht, doch 1980 kommt es endlich auch für Stevie zur entscheidenden Weichenstellung. Als Sängerin Lou Ann Barton seine Band verlässt, übernimmt der inzwischen verheiratete 25-jährige Gitarrist den Platz am Mikro selbst und nennt das verbliebene Trio Double Trouble. Jetzt hat er die volle musikalische Kontrolle über das Unternehmen. Bald vermisst kein Mensch mehr die Sängerin, und Stevie findet schnell Gefallen an seiner neuen Rolle als Frontmann. Mit seiner Gitarre ist er ohnehin längst der Star der Band.

.................................

Sein Ruf als exzellenter Bluesgitarrist spricht sich allmählich auch im Oberhaus der Rockelite herum: Die Rolling Stones höchstpersönlich helfen ihm schließlich in die Belle Etage. Ein Konzertmitschnitt von Double Trouble war bei deren

Drummer Charlie Watts gelandet – daraufhin lud Mick Jagger die Band aus Texas ein, am 22. April 1982 bei einer privaten Party der Stones im New Yorker Nightclub »Danceteria« zu spielen. Wenig später tritt Stevie als erste ungesignter Künstler beim Montreux Jazz Festival auf. Allerdings gefällt nicht allen, was der Texaner am Genfer See zu bieten hat, zahlreiche Jazzpuristen buhen Double Trouble aus, weil ihnen die Band zu rau, zu rustikal, zu ruppig erscheint. Auch David Bowie steht im Publikum, er aber ist restlos begeistert. Anschließend besucht der Thin White Duke Stevie auf der Aftershow-Party, er will ihn als Gitarristen für sein nächstes Album verpflichten. US-Songwriter Jackson Browne, ebenfalls vor Ort, fährt genauso auf Stevies explosives Live-Set ab. Er bietet der Band unbegrenzte Aufnahmezeit in seinem Studio in Los Angeles.

Im Dezember hinterlässt Vaughan bei der Produktion von Bowies Erfolgsalbum *Let's Dance* seine gitarristischen Duftmarken, berühmt wird vor allem das Solo auf dem Hit-Track *China Girl*. Das im April 1983 veröffentlichte Album macht das Pop-Publikum zum ersten Mal mit Stevies Gitarre bekannt und bereitet so den Boden für sein Debüt. In Jackson Brownes Studio haben Double Trouble an nur drei Tagen im November 1982 sämtliche Tracks für dieses Debüt eingespielt. Die Demos der Stücke landen auf dem Schreibtisch von John Hammond in New York, und der greift sofort zum Hörer, um der Band einen Vertrag bei Columbia zu besorgen. Am 13. Juni 1983 erscheint *Texas Flood* (der legendäre Talentscout ist denn auch auf dem Backcover-Foto der Platte zu sehen).

Das kraftvolle, ungeschliffene Bluesrockalbum schlägt ein wie eine Bombe. Nach Michael Jacksons elegantem, auf Hochglanz poliertem *Thriller*, den schrillen Auftritten eines Boy George und den dekadenten Dandy-Posen, mit denen sich Hardrock-Gigolo David Lee Roth inszeniert, sehnt sich die Rockgemeinde nach einem bodenständigen Burschen wie Stevie Ray Vaughan. Nach einem Musiker, der um seine Erscheinung nicht allzu viel Aufhebens macht und ansonsten die Musik beziehungsweise seine Gitarre sprechen lässt. Und welcher Stil wäre für einen solchen Back-to-the-roots-Helden besser geeignet als der gute alte Blues? Stevie gelingt es geradezu spielerisch, diese seit einem Jahrzehnt in der kommerziellen Versenkung und vom Radar des jugendlichen Publikums verschwundene Musik zu revitalisieren. Neben den Einflüssen seiner Vorbilder drückt er ein gerütteltes Maß an Personality in seinen Blues. Da ist seine ausdrucksstarke Stimme, die für hohen Wiedererkennungswert sorgt, und da ist dieses furiose Gitarrenspiel. Das allein aber erklärt noch nicht den überraschenden Erfolg von *Texas Flood*. Entscheidend: Stevies Blues ist keine nostalgische Beschwörung einer versunkenen Epoche, er lebt vom Hier und Heute, sein Schöpfer injiziert ihm den Energielevel der Achtzigerjahre, und er erzählt von Dingen, mit denen sich ein junges Publikum identifizieren kann.

Mit *Love Struck Baby* und *Pride And Joy* startet *Texas Flood* gleich mit zwei der besten Songs, die Stevie je geschrieben hat, weitere Highlights wie der Titeltrack, das atemberaubende Instrumental *Rude Mood* und das relaxt groovende *Mary Had A Little Lamb* runden das Bild ab – Kritik und Publikum sind sich einig: So souverän und gleichzeitig aufregend hat lange kein Musiker mehr den Blues erkundet. Und außerdem: Bei Vaughan ist der Sound nicht unter Tonnen von Equalizern, Kompressoren und sonstiger Klangkosmetik verschüttet, bei ihm klingt die Gitarre so wie sie klingen muss: mal rau und brutal, mal lyrisch, fast nachdenklich, im nächsten Moment zornig und dann wieder zärtlich. Stevies Ton ist unverkennbar, er gehört zum Fettesten, was je einer Stratocaster entlockt wurde. Sein Trick: Vaughan benutzt die dicksten Saiten weit und breit. Damit sie sich beim Spiel überhaupt ziehen lassen, müssen sie einen Halbton tiefer gestimmt werden. Die Legende berichtet, dass Stevie seine durch ständiges Saitenziehen dauerverletzten Fingerkuppen ungerührt mit Hornhautfetzen vom eigenen Fuß zuklebte. Ob wahr oder nicht – die Anekdote illustriert, mit welcher

Hingabe und Leidenschaft Vaughan alles in seinem Leben der Musik unterordnete. Eine Charaktereigenschaft, die man ahnt, wenn man ihn hört, die aber zur Gewissheit wird, wenn man den Mann mit den scheuen Augen, der Vorliebe für mexikanische Ponchos und dem spanischen Filzhut, unter dessen breiter Krempe er sich regelrecht zu verstecken scheint, erst spielen sieht.

.....................................

Im Herbst 1983 ist Stevie zweifelsohne der Held der Stunde, reflexartig phantasieren die Medien alsbald vom »neuen Hendrix«. Tatsächlich ist der Sixties-Superstar einer der wichtigsten Einflüsse für Stevie. Schon als Kind hat er Hendrix auf dessen erster US-Tour gesehen, die Doyle Bramhall in Dallas mit seiner damaligen Band The Chessmen eröffnen durfte. Zeitlebens spielt Stevie auch Hendrix-Covers, zu seinen bekanntesten gehören *Voodoo Chile* und *Little Wing*.

Die US-Kids sind von dem Burschen mit der Gitarre elektrisiert, *Texas Flood* verkauft sich auf Anhieb überraschend gut. Nicht nur in den Staaten, auch in Europa geht Stevies Stern in diesem Jahr auf. Das Album beschert seinem Urheber einige Auszeichnungen inklusive zweier Grammy-Nominierungen – und vor allem bringt es den Blues wieder auf die Pop-Agenda. Kaum zu überschätzen ist denn auch der immense Einfluss, den gerade *Texas Flood* auf die Achtzigerjahre im Allgemeinen und auf das angesichts der voranschreitenden Synthetisierung der Popmusik leicht angestaubte Image der Gitarre im Besonderen hat – plötzlich ist es wieder cool, Gitarre zu spielen. Und noch cooler, wenn man dabei auf den Blues zurückgreift.

Für Stevie und Double Trouble beginnt nun eine Tour de Force. Konzert reiht sich an Konzert, Termin an Termin und Session an Session. Der Texaner nutzt die Chance, seine Musik bekannt zu machen. Um sich voll und ganz auf seine

Band konzentrieren zu können, schlägt er David Bowies Angebot aus, ihn auf seiner 1983-Stadiontournee zu begleiten. Im Januar 1984 ist Double Trouble wieder im Studio, wo die Band in Windeseile den *Texas Flood*-Nachfolger, das im Mai erscheinende *Couldn't Stand The Weather*, einspielt. Mit diesem Album und mit *Soul To Soul* (1985) festigt Stevie seinen Ruf als neuer Wundergitarrist. Zwar verkauft sich *Couldn't Stand The Weather* sogar in noch mehr Exemplaren als *Texas Flood*, die Kritik aber zeigt sich trotz der explosiven Performance leicht enttäuscht – vielleicht nur deshalb, weil Stevie auf dem Album nichts weiter bietet als das, was ohnehin schon auf dem Debüt zu hören war: der pure Stoff, eingespielt in Triobesetzung mit bestenfalls gelegentlichem Tasteneinsatz. Vaughan belässt seinen Sound so wie er ist, verzichtet auf den ansonsten überall obligaten Produktionsoverkill und zeigt auch keinerlei Interesse, seine musikalischen Jagdgründe ohne Not auf fremdes Territorium auszuweiten. Erst mit *Soul To Soul* deutet er an, dass sein Horizont über den Blues hinausreicht. Erstmals kommt hier neben Keyboards auch das Saxophon von Joe Sublett zum Einsatz. Zwar ist auch *Soul To Soul* noch eine reinrassige Bluesplatte, aber Einflüsse aus Soul und Funk öffnen der Musik neue Dimensionen. Konsequenterweise nimmt Stevie 1985 den Keyboarder Reese Wynans in die Band auf, der Neue verschafft dem Sound von Double Trouble eine zusätzliche Dichte.

Fast ununterbrochen sind Double Trouble nun auf Tournee. Und dort, auf der Bühne, liegt nach wie vor ihre größte Stärke, im Zusammenspiel der Musiker untereinander, in Stevies intensivem Vortrag, dem Gesang natürlich, vor allem aber in seinen so emotionalen wie atemberaubend virtuosen Ausflügen auf den sechs Saiten. Dokumentiert wird Double Troubles Live-Set auf dem im Spätsommer 1986 erscheinenden Doppelalbum *Live Alive*, das sich wiederum prima verkauft und den Ruhm seines Schöpfers weiter mehrt.

Alles in Butter also, oder? Nicht wirklich. Auf einer Deutschland-Tour im Jahre 1986 lässt sich nicht länger verbergen, dass Stevie dem Druck dieses hektischen Zigeunerlebens nicht mehr gewachsen ist. Längst hat er die Kontrolle über seinen Drogenkonsum – er bevorzugt lange schon eine fatale Whiskey-Kokain-Mischung – verloren. Am 28. September bricht er in Ludwigshafen auf der Bühne zusammen und muss das Konzert abbrechen. In einem späteren Interview erzählt er selbst, wie er diese Tournee, den Tiefpunkt seiner Karriere, erlebte: »Es war unterwegs, im Tourbus, irgendwo in Deutschland. Ich wachte auf, konnte aber nicht aufstehen. Plötzlich hatte ich Angstzustände und konnte mit niemandem sprechen. Ich war geschockt und verwirrt. Heute danke ich Gott, dass ich diesen Zusammenbruch hatte!«

Denn der hilft dem inzwischen 31-Jährigen wieder zurück in die Spur. Stevie zieht die Notbremse und begibt sich in eine Entzugsklinik. Das unstete Musikerleben der letzten 15 Jahre hat die Konstitution des robusten Texaners geschwächt, sein Körper läuft auf Reserve, inzwischen ist er nur noch ein Schatten seiner selbst. Und auch privat muss Stevie einiges wegstecken. So geht seine 1979 geschlossene Ehe mit Lenora »Lenny« Bailey in die Brüche, überdies ist wenige Wochen vor dem Zwischenfall in Deutschland sein Vater an der Parkinsonschen Krankheit gestorben. Der Gitarrist braucht eine Auszeit, wird sich nun ein Jahr lang konsequent erholen. Und er räumt in seinem Privatleben auf, lässt sich 1988 scheiden. *Pride And Joy* und *Lenny* von seinem Debüt waren übrigens Lenora gewidmet.

Anfang 1989 ist Stevie wieder fit. *In Step* markiert ein glänzendes Comeback und überzeugt alle, auch die, die ihm zuletzt Phrasendrescherei und Schwächen im Songwriting vorwarfen. Songs wie *Wall Of Denial* und *Tightrope*, geschrieben mit Doyle Bramhall, beweisen nachhaltig, dass auch der Songwriter SRV etwas zu sagen hat. *The House Is Rockin'* und *Scratch'n'Sniff* lassen die ungestüme Power des Debütalbums wieder aufleben, während er mit *Travis Walk*, einer Hommage an den legendären Country-Fingerpicker Merle Travis, eine bis dahin nicht gezeigte Facette seiner Spielkunst demonstriert. Kurzum: Mit *In Step* gelingt Stevie Ray Vaughan sein größter künstlerischer Triumph. Ein Opus Magnum, das ihn als gereiften Songwriter zeigt, der seine Mittel effizient zu nutzen weiß, stilistisch variabel arbeitet und sich dabei noch immer von Neugier und Leidenschaft treiben lässt. Wer den Gitarristen auf der Bühne erlebt, etwa bei einem Konzert, das im Sommer 1989 für die TV-Show *Austin City Limits* aufgezeichnet wird, der kann über Stevies wiedergewonnene, geradezu pausbäckige Vitalität nur staunen. Musikalisch zündet er mit Double Trouble ein Feuerwerk, das sämtliche Kritiker mit offenem Mund zurücklässt.

Der Markt schließlich honoriert Stevies Genesung. *In Step* wird sein erstes Nummer-1-Album, gewinnt einen Grammy – und wird zum Vermächtnis: Am 26. August 1990, wenige Wochen vor Veröffentlichung des mit Bruder Jimmie eingespielten Albums *Family Style* (1990), tritt Stevie in Alpine Valley, Wisconsin, auf. Bei der Zugabe steht er mit Jimmie, Eric Clapton, Robert Cray und Buddy Guy auf der Bühne. Gemeinsam spielen die fünf Gunslinger eine kochende, gut 20-minütige Version von Robert Johnsons *Sweet Home Chicago*. Frenetischer Applaus. Abgang. Wenige Minuten später ist Stevie Ray Vaughan tot.

Wie so viele tragische Unglücksfälle ist auch Stevies Ende eine Folge fataler Zufälle. Ursprünglich hatte der Gitarrist vor, mit seinem Bruder und dessen Frau Connie mit dem Auto zurück in sein Hotel nach Chicago zu fahren. Im letzten Moment jedoch findet er heraus, dass in einem der drei verfügbaren Hubschrauber noch drei Plätze frei sein sollen. Als er mit Jimmie und Connie die Maschine vom Typ Bell 206B Jet Ranger besteigen will, ist darin allerdings tatsächlich nur noch ein Sitz frei. Stevie fragt seinen Bruder: »Ist das okay, wenn ich den Platz nehme? Ich möchte echt schnell zurück!« Jimmie nickt. Und Stevie steigt ein.

Kaum ist die Maschine in jener Nacht um 00.40 Uhr in der Luft, geschieht das Unglück, das alle fünf Insassen das Leben kosten wird. Wenige Augenblicke nach dem Start steuert der offensichtlich mit den örtlichen Gegebenheiten nicht vertraute Pilot Jeff Brown den Helicopter im dichten Nebel gegen einen künstlichen Schneehügel. Die Maschine zerschellt, die Trümmerteile werden erst am nächsten Morgen gegen fünf Uhr morgens gefunden. Keiner der Insassen hat beim Aufprall auch nur den Hauch einer Chance. Mit Stevie sterben Pilot Brown, Colin Smythe, Assistent von Eric Claptoons Tourmanager, dazu ECs Agent Bobby Brooks sowie sein Bodyguard Nigel Browne. Clapton und Jimmie Vaughan werden am nächsten Morgen an den Unglücksort gerufen, um die sterblichen Überreste der Opfer zu identifizieren. Bei der Trauerfeier am 31. August 1990 im Laurel Land Memorial Park in Oak Cliff, Dallas, erweisen Stevie neben Bruder Jimmy, Mutter Martha und seiner neuen Freundin Janna so berühmte Kollegen wie Stevie Wonder, Buddy Guy, Dr. John, Bonnie Raitt, Jackson Browne und Nile Rodgers die letzte Ehre.

..................................

21 Jahre ist es nun her, dass Stevie Ray Vaughan die Bühne für immer verließ. Viele kamen nach ihm, die hinterlassene Lücke aber konnte keiner füllen. Einige haben es versucht, aber niemand konnte so viel musikalische Autorität und Virtuosität, so viel Stil und Persönlichkeit in die Waagschale werfen wie dieser Mann mit seiner abgewetzten alten Stratocaster, auf der stolz die Initialen SRV prangten. Vaughan war der bis heute Letzte in einer langen Reihe von großen Musikern, die dem Pop eine kräftige Bluesspritze verabreichten und so weltweit Tausende von jungen Gitarristen anfixten. Seit jenen Morgenstunden des 27. August 1990 ist der Blues als Musik mit weltweitem Massenappeal tatsächlich mausetot.

*Empfehlenswert:*

**Texas Flood (1983)**
Dieses Debüt hat alles, was Stevie Ray Vaughan auszeichnete: ansteckend vitalen Chicago-Bluesrock mit Chuck-Berry-Anleihen (*Love Struck Baby*), kompakte Gitarren-Showcases (*Rude Mood, Lenny*) und bleischweren, trotzdem locker swingenden Texas-Shuffle (*Pride And Joy*). Als Gitarrist demonstriert der Texaner, dass man dem Thema Gitarrensolo auch nach den Heldentaten von Jimi Hendrix, Eric Clapton und Jeff Beck neue, frische Saiten abgewinnen kann, und dass zeitgemäßer Blues nicht von Klischees überflutet sein muss. Im Gegenteil, emotionale Tiefe war auch im Zeitalter der Plastiksounds möglich, jede Menge Platz für feine Würze, gerne auch aus dem Bereich des Jazz, blieb überdies.

**Stevie Ray Vaughan And Double Trouble (Box-Set, 3 CD + 1 DVD)**
Jenseits des Materials, das Vaughan zu Lebzeiten veröffentlichte, gibt es noch jede Menge mehr Musik des Texaners zu entdecken. Das Meiste davon fasst diese Fundgrube zusammen: Etwa zwei Drittel der auf den drei CDs zu hörenden 49 Stücke sind vormals unveröffentlicht geblieben, darunter diverse Live-Mitschnitte (unter anderem auch von seinem letzten Konzert am 26. August 1990), Radio-Performances und Gastspiele bei verschiedenen Kollegen wie Albert King, Johnny Copeland und Lonnie Mack. Zusätzliches Bonbon: die beigefügte DVD, die bislang ungesendetes Material seines Auftritts bei der TV-Show *Austin City Limits* vom 10. Oktober 1989 zeigt. Ein Fest für Vaughan-Forscher!

**Live From Austin, Texas (DVD)**
Stevie Ray Vaughan war vor allem ein Bühnenkünstler, und diese Live-Kunst ist hier perfekt dokumentiert. Das Material von *Live From Austin, Texas* besteht aus zwei Konzerten. Das

erste fand statt am 13. Dezember 1983, also zu Beginn von SRVs Karriere als Plattenkünstler, der zweite Auftritt datiert vom 10. Oktober 1989, also dem anderen Ende seiner Laufbahn. Eindrucksvoll belegen die Szenen, wie sich der anfänglich noch nervöse und unsichere Vaughan nach sechs Jahren zum souveränen und entspannten Entertainer gemausert hat, der sein Publikum vom ersten bis zum letzten Moment elektrisiert. Nicht umsonst wurde sein 89er-Auftritt zur beliebtesten Folge in nunmehr 34 Jahren *Austin City Limits*.

# REGISTER

*A*



*B*

*I*



*J*

*M*

O



*P*

*S*

*U*



*V*

Z

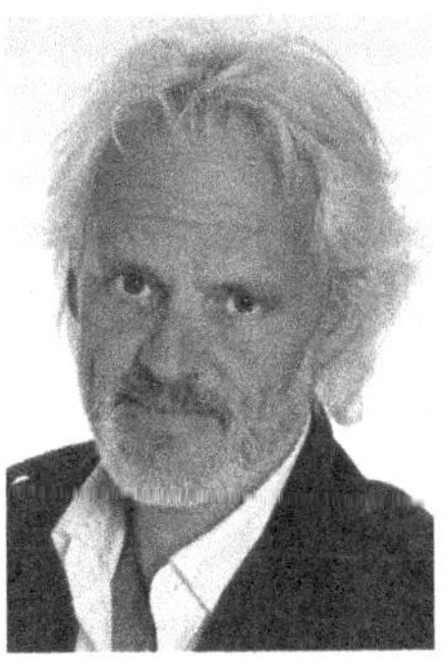

Ernst Hofacker arbeitet seit mehr als 25 Jahren als Musikjournalist. Er führte Interviews mit vielen der hier vorgestellten Persönlichkeiten und schrieb unter anderem für *Rolling Stone*, *Musikexpress*, *Guitar* und *Goodtimes*. Bis 2010 leitete er die Redaktion des Themenmagazins *Sounds*. Als Buchautor veröffentlichte er 2009 »Confessin' The Blues – die Musik der Rolling Stones 1963–2008«, das inzwischen als Standardwerk gilt.